21世纪经济管理精品教材

创新创业教育系列

商业模式创新战略

Innovation Strategy of Business Model

方志远◎著

清华大学出版社

北　京

内 容 简 介

本书提出了一套商业模式设计模型、工具、方法、流程,构建了商业模式创新战略设计的基本框架和路线图,使商业模式创新的逻辑更加明晰化。本书首创的商业模式创新的九要素分析模型——产品价值、经营战略、市场定位、营销推广、运作管理、资源整合、营利收入、成本控制、资本运作,从不同的侧面解释了商业模式的创新战略。同时,本书运用大量案例进行分析,深度剖析商业模式创新的奥秘。阅读本书,可以帮助深入理解创新的商业模式机理、流程、作用及其变化,发现商业模式的创新规律以确定商业模式的优化,评估创新的商业模式结构变化的影响并找到商业模式成功的关键因素。

商界精英和白领、MBA 和商科学生,战略研究学者以及商界决策者必读之书!

图书在版编目(CIP)数据

商业模式创新战略/方志远著. —北京:清华大学出版社,2014(2022.6重印)
(21 世纪经济管理精品教材·创新创业教育系列)
ISBN 978-7-302-35686-8

Ⅰ. ①商… Ⅱ. ①方… Ⅲ. ①企业管理－商业模式－高等学校－教材 Ⅳ. ①F270

中国版本图书馆 CIP 数据核字(2014)第 056731 号

责任编辑:杜 星
封面设计:汉风唐韵
责任校对:王荣静
责任印制:杨 艳

出版发行:清华大学出版社
   网 址:http://www.tup.com.cn,http://www.wqbook.com
   地 址:北京清华大学学研大厦 A 座   邮 编:100084
   社 总 机:010-83470000   邮 购:010-62786544
   投稿与读者服务:010-62776969,c-service@tup.tsinghua.edu.cn
   质量反馈:010-62772015,zhiliang@tup.tsinghua.edu.cn
印 装 者:北京国马印刷厂
经 销:全国新华书店
开 本:185mm×260mm   印 张:22.75   字 数:521 千字
版 次:2014 年 6 月第 1 版   印 次:2022 年 6 月第 8 次印刷
定 价:59.00 元

产品编号:056167-02

序言

　　《商业模式创新战略》是一本有深度、有广度、有思想的书。书中提出了许多有新意的商业模式创新的思想和方法，凝聚了作者多年来对商业模式研究的独特视野、实战经验和理论修养。本书论述了一套商业模式设计模型、工具、方法、流程，构建了商业模式设计的基本框架和路线图，使得商业模式创新的逻辑更加明晰化。

　　在全球化和信息化的当今社会，企业之间的竞争不仅是产品之间的竞争，还是商业模式之间的竞争。商业模式创新能为企业的发展转型提供直接的、现实的甚至更有效的行动方略。基于此，如何进行商业模式的创新是企业家和创业者必须思考的战略问题。

　　商业模式的创新设计十分不易。商业模式在理论和实践中都缺乏固化的模型和标准的评价方法。同时，商业模式的动态性强，也很难预测，价值链和价值网络的结构复杂性和流程复杂性，更加强了商业模式形态的不稳定性。

　　因此，我们需要一种研究商业模式结构、运作和动态模型的创新方法，以帮助理解创新的商业模式机理、流程、作用及其变化，发现商业模式的创新规律以确定商业模式的优化，评估创新的商业模式结构变化的影响并找到商业模式成功的关键因素。

　　循着这样的思路，作者把商业模式创新的内在逻辑逐次展现在读者面前。作者提出了商业模式创新的九要素模型——产品价值、经营战略、市场定位、营销推广、运作管理、资源整合、营利收入、成本控制、资本运作。依托这九要素，作者从不同的侧面解释了商业模式的创新。在论述商业模式创新战略的同时，作者重点分析了运营创新战略模块、业务创新战略模块和盈利创新战略模块。在九要素模型下，作者还阐述了商业模式九大创新战略，并用许多实践案例进行分析，剖析商业模式创新的奥秘。

　　商业模式的理论研究越来越受关注，商业模式的创新实践越来越重要。在学术界，看到包括志远老师在内的越来越多的海内外学者潜心探索商业模式及其创新，我倍感欣慰。在国内外业界，看到越来越多的大小企业正以商业模式创新为依托来培养自己独特的竞争优势和探索企业自身的成长路径,我倍感鼓舞。

中国力量的崛起需要中国企业竞争力的崛起。对许多缺乏核心资源的本土企业来说,商业模式创新可能比产品创新、流程创新和组织创新更现实、更见效,更具竞争优势。相信本书对众多学生,学者以及业界的决策者们在理解或制定商业模式时很有助益。

中山大学管理学院院长
美国迈阿密大学杰出讲座教授
陆亚东
2014 年元旦

第一篇　商业模式创新战略的概念与模型

第三篇　运营创新战略模块

第四篇　盈利创新战略模块

第十章　营利收入创新战略 …………………………………………… 219

第一篇

PART ONE

商业模式创新战略的概念与模型

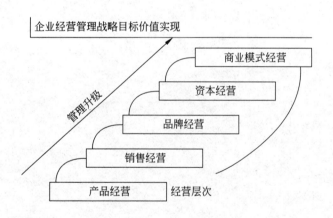

今天企业间的竞争已经不是产品间的竞争，而是商业模式之间的竞争。

—— 世界管理学大师、美国哈佛大学商学院教授彼得·德鲁克

第一篇　PART ONE

产品价值模式		战　略　模　式	
资本运作模式	市场定位模式	营销模式	成本控制模式
	资源整合模式	管理模式	盈利模式
钱	—　　物　　—　　钱		

如何获得资本	钱到物的转化	战略管理	物到钱的转化	如何收回资本

产品价值管理　　产品定位　　做什么　怎么做　做了卖给谁　怎么卖　客户定位　　资本运作管理

供应链管理　　资源整合管理　　客户关系管理

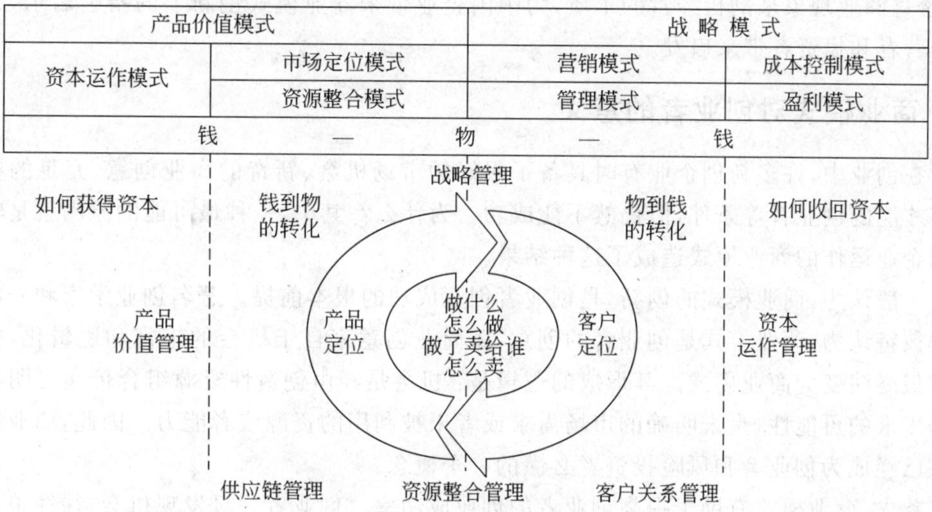

图 1-1　商业模式逻辑结构

一个商业模式的创新,首先要回答以下三个最基本的问题。

(1)你准备提供什么样的产品或服务?这就是产品价值定位的问题。

(2)你的客户是谁?这就是市场定位的问题。

(3)客户为什么愿意付钱?这就是盈利模式的问题。

第一节　商业模式的意义

　　已近 2013 年年末,现时经济界最流行的话题就是:你怎么看十八届三中全会后的中国经济?经过 6 月钱荒、第二季 7% 的缓速经济成长率,使人莫不感到这一年经济暗潮汹涌、惊涛骇浪,颇似坐过山车,对中国前景的乐观态度已经改变许多。非常令人感到担忧的,就是中国经济成长已经减速,从过去动辄十位数的经济成长,今年降到 7.5%,而中国地方财政债务严重,显示过去靠政府投资拉高经济成长的模式再也无法见效。受原材料价格上涨、土地价格上涨、人口红利消失、出口严重受阻、金融危机后世界经济不景气等影响,以"投资拉动内需、劳动密集型、低附加值加工生产"为主要特点的"中国制造"风光不再,中国经济增长潜能在逐渐减弱,潜在不利因素也在不断积聚。对于未来 10 年或 20 年的发展,中国头等重要的大事,就是找到取代传统拉动投资的新成长模式。如何从中国制造向中国创造过渡和发展?中国经济结构调整、经营方式转型迫在眉睫,却又困难重重。

　　在这样的宏观环境下,商业模式的创新战略对中国经济转型的重要性更加日益凸显。十八大三中全会提出,要凝聚深化改革的共识、注重深化改革的统筹谋划、协同推进各项改革,积极探索管理模式创新,为全面深化改革和扩大开放探索新途径。这里,又再次提出促进企业商业模式创新,将商业模式创新提升到国家战略创新的高度。到底什么是适合中国企业的商业模式,如何进行商业模式的设计、重构和创新? 中国企业家和投资者越来越需要这样的追问和思考,而这也是本书写作的初衷所在。同时,笔者希望通过创立自己的商业模式创新分析模型,来提升理论研究能力和工具,研究和分析商业模式变化趋势,透过商业现象来剖析经营的本质,为中国企业带来商业模式创新上的指引启示,为企业经营者和投资者带来启发。

一、商业模式对创业者的意义

在创业中,许多新创企业有时具备了很好的市场机会、新奇的商业创意、充足的资源和有才能的创业者等条件,但仍然不能成功。为什么? 其中,一种最可能的原因就是驱动新创企业运作的商业模式造成了这种结果。

一般认为,商业模式的创新,是创业者创业成功的根本前提。著名创业学家和经济学家熊彼特认为,商业模式是创业者的创意,而商业创意来自于机会的丰富和逻辑化,并有可能最终演变为商业模式。其形成的逻辑是: 机会是经由创造性资源组合传递更明确的市场需求的可能性,是未明确的市场需求或者未被利用的资源或者能力。因此,商业模式现在已经成为创业者和风险投资者必懂的一个概念。

首先,商业模式有助于提高创业者的创业成功率。创业者一旦发现机会,往往迫不及待、不顾一切地去进行投入或开发,结果通常是以失败告终。其实,创业失败的原因并不是创业者工作不努力或没有把握好机会,而是在创业中一味地注意产品利润创造大小,在机会开发过程中,没有重视满足顾客需求和解决实际问题,没能对创业活动进行有效协调,没能把握好创业机会的内在经济逻辑。对同样重要的产品价值因素视而不见,忽视市场可行性分析、客户渠道的开拓和获取利润收益来源,这已成为许多新创企业失败的主要原因。初创企业利用商业模式创新,可以站在一个不同的新的高度来认识创业的问题,更加系统全面地对创业活动过程进行思考,能有效避免企业匆忙创业造成的失误,从而提高创业成功率。

一个创新的商业模式,对于创业者而言,是其事业成功一半的保证。简单而言,商业模式就是企业通过什么途径或方式来赚钱。简言之,星巴克咖啡店通过卖咖啡来赚钱; EMS快递公司通过送快递来赚钱;淘宝网上商店通过网购来赚钱;苹果手机通过收取增值服务费来赚钱;沃尔玛超市通过平台和仓储来赚钱,等等。只要有赚钱的门路,就有商业模式存在。

随着市场需求日益清晰以及资源日益得到准确界定,机会将超脱其基本形式,逐渐演变成为创业者的创意,而成为企业的商业概念。卡多佐说,随着商业概念的自身提升,它变得更加复杂,包括产品/服务概念,市场概念,供应链/营销/运作概念,进而这个准确并差异化的创意和商业概念就逐渐成熟最终演变为完善的商业模式,从而形成一个将市场需求与资源结合起来的系统。

对于创业者而言,商业模式是一种包含了一系列要素及其关系的概念性工具,用以阐明某个特定实体的商业逻辑。它描述了公司所能为客户提供的价值以及公司的内部结构、合作伙伴网络和关系资本等用以实现（创造、推销和交付）这一价值并产生可持续营利收入的要素。

　　创业者在创业开始，就要明白自己到底要做什么，什么是应该做的，设定自己的经营目标。肯尼斯·劳顿在《电子商务：商业、技术和社会》一书关于商业模式的构成要素分析中提出了以下8个问题。

　　（1）顾客为什么要购买你的东西？
　　（2）你如何赚钱？
　　（3）你要服务的市场是什么，市场的规模大小如何？
　　（4）谁是你目标市场的竞争对手？
　　（5）在市场中，你公司具有什么竞争优势？
　　（6）你计划如何去促销你的产品以吸引顾客？
　　（7）你公司实施你的商业计划的组织结构如何？
　　（8）公司领导层的管理经验和背景如何？

　　一个创业者在创业中，只有回答上述8个问题，才能解决企业成长的问题，这就需要商业模式创新在支撑这样事业的成功。

　　从某种意义上来说，商业模式是创业者创意概念开发的最终成果，具体体现出创业的战略价值和基础意义。同时，商业模式创新也成为创业者或企业创业中最具经济潜力的一种重要形式。商业模式的创新是创业者的立命之本。创立之初的商业模式也并不是不变应万变的，应当随着市场需要、产业环境、竞争势态和竞争对手的变化而不断地调整和创新。有时候，商业模式并不是均衡创造价值的，有的模式相对容易轻松，企业很快就扶摇直上，迅速成长；而有的模式则需要历经磨难，成长却总是差强人意。因此选择、设计一个好的商业模式会事半功倍，也最需要成为创业者的一项基本功而被高度重视。

二、商业模式对企业管理的战略意义

　　《管理是什么》一书中，玛戈丽特在关于商业模式的定义中指出：

　　建立什么样的产品价值链，可以成功实现产品的商业化？

　　在这一价值链中，新企业将扮演什么角色？

　　还有哪些合作伙伴需要加入？他们分别将扮演什么角色？其获利点在哪儿？

　　谁将向谁负费？为什么？或者说，在即将建立的价值链中，顾客是谁？是否有足够多的顾客愿意加入？

　　以上都属于企业管理战略中的商业模式的问题。玛戈丽特在《管理是什么》一书中描述，商业模式就是一个企业如何赚钱的故事。与所有经典故事一样，商业模式的有效设计和运行需要有人物、场景、动机、地点和情节。为了使商业模式的情节令人信服，人物必须被准确安排，人物的动机必须清晰，最重要的是情节必须充分展示新产品或服务是如何为顾客带来了实惠和便利，同时又是如何为企业创造了利润。

　　因此，可以说，企业管理的商业模式创新战略贯穿于企业经营的整个过程，贯穿于企业资源开发、研发模式、制造方式、营销体系、市场流通等各个环节，也就是说在企业经营的每一个环节上的创新都可能变成一种成功的商业模式。以制造业为例，它先后经历了手工作坊、工厂式、福特式等商业模式阶段,任何一个阶段的生产方式都是一种新的商业模式。商业模式研究的核心是研究企业如何通过产品或服务的增值活动来盈利。具体而言,企业需要在业务模块内发现产品或服务的客户商业价值,制定业务战略目标和发展方向,进行目标客户的定位与细分;然后通过运营模块的活动来制定营销战略,整合企业本身的核心关键能力和资源,建立战略合作伙伴关系,再造企业运作流程,从而实现价值发现、创造;最后是在盈利模块中通过资本运作,进行成本结构的分析,找到实现价值的营收方式,实现盈利的目的。

哈佛大学教授约翰逊(Mark Johnson)认为,任何一个商业模式都是一个由客户价值、企业资源和能力、盈利模式构成的三维立体模式。哈佛大学教授约翰逊(Mark Johnson),克里斯坦森(Clayton Christensen)和SAP公司的CEO孔翰宁(Henning Kagermann)共同撰写的《商业模式创新白皮书》把这三个要素概括为:"客户价值主张",是指在一个既定价格上企业向其客户或消费者提供服务或产品时所需要完成的任务。"资源和生产过程",即支持客户价值主张和盈利模式的具体经营模式。"盈利模式",即企业用以为股东实现经济价值的过程。

每一次商业模式的创新都能给公司带来一定时间内的竞争优势。但是随着时间的改变,公司必须不断地重新思考它的商业设计。随着(消费者的)价值取向从一个工业转移到另一个工业,公司必须不断改变它们的商业模式。一个公司的成败与否最终取决于它的商业设计是否符合消费者的优先需求。魏炜和朱武祥认为,企业必须先明确自身的定位。定位就是企业应该做什么,它决定了企业应该提供什么特征的产品和服务来实现客户价值,定位是企业战略选择的结果,也是商业模式体系中其他有机部分的起点。对于制造型企业来说,定位可以理解成在战略层面和执行层面建立更直接和更具体的联系,即企业的定位直接体现在商业模式所需要实现的客户价值上,强调的是商业模式构建的目的。

李振勇认为,商业模式的创新意味着企业需要采取不同于竞争者的经营活动,或者以不同的方式来组织和实施类似的经营活动。它不仅追求经营效率差异,更追求企业经营活动的差异和执行方式的差异。评价一项经营变更是不是商业模式创新,主要看变革是否对市场需求进行了重新定义,是否改变了客户价值的实现方式。商业模式创新就是围绕着满足客户未被满足的绣球,给客户增加价值的逻辑。

从企业经营的价值增值来说,商业模式能够为企业创造更多的商业价值。孔翰宁、张维迎、奥赫贝认为,公司的价值来源于客户的价值,而客户的价值来源于客户流程。为更多客户和为客户创造更多价值能够更多地增加公司的价值。这就是商业模式的价值。

总之,商业模式创新有助于实现企业快速成长过程的平稳发展。商业模式以产品价值为核心,以价值链为轴线,整合系统内外部资源,塑造价值创造与机会获取的内在经济逻辑,这是企业运营模式的系统描述。因此,企业进行商业模式创新,就意味着构建特有的资源组合形式,它具有独特的核心竞争力,有可能改变它在整个产业中的产业链地位,赋予巨大的经济增长潜力,从而有可能为企业快速成长打下基础。另外,由于商业模式关注企业战略系统的搭建,因而能较好地帮助企业明确目标,找好战略方向,从而能保证企业在竞争激烈的环境中稳固、快速、健康地成长。

三、商业模式创新对企业经营方式转换的意义

首先,商业模式创新为我国企业的发展转型提供了更具创业精神的行动方略。在今天竞争激烈的动态复杂环境中,处于转型经济中的我国企业面临着许多新的挑战。经过三十多年的改革开放,国内企业逐渐成长起来,企业今天取得成功的模式与当初依靠创业者的胆识和善于把握机遇的模式已大不相同,企业必须依靠更具创业精神的行动与创新的商业模式才能在激烈的竞争中取胜。

其次,商业模式创新为我国企业二次创业提供了新思路。尤其是对我国民营企业而言,二次创业并不意味着企业权力的传承,而是具有丰富内容的再发展问题。从企业的发展阶段来看,我国的许多民营企业已度过当初的机会开发阶段而进入了更高级的成长阶段。但现实问题是,在全球化、知识经济、改革深化的条件下,依靠创业者个人才能与低成本优势的民营企业还能否续写辉煌。新时期的竞争必然是企业综合系统间的竞争,得依靠企业具有的难以模仿的综合优势来最终赢得胜利。过去,企业可以通过单一的产品或技术创新获得成功,而现在就越来越需要通过更为综合的商业模式创新来战胜对手。因为商业模式可以提供具有独特资源组合的企业系统,并为企业持续发展竞争优势奠定基础,所以商业模式创新是我国民营企业进行二次创业的新途径。

中国经济增速放缓,对于企业而言,下一步如何走?如何制定下一阶段经济转型的具体战略规划与目标?企业进行什么样的创新才能走出目前的困境,重塑企业的辉煌?在这样的境地下,商业模式创新战略对中国企业实现升级换代和持续发展的重要性愈发凸显。对于初创企业而言,需根据自身资源进行商业模式设计,力求在蓝海中找到自己的一片新天地。对于已经在行业内取得一定成绩的领先企业,更需要顺应市场环境变化对其商业模式进行改造和重构,无论是传统行业还是初创公司,无论是商业模式的设计、重构还是创新,企业都希望以"低投入"来赢取"高产出"。这是一种顺势而动的商业智慧,更关乎企业的命运。因此,"商业模式战略创新"已成为企业经营方式转换的大趋势。这其中,"虚拟经营模式""移动电子商务""价值链模式"成为受广大中小企业欢迎的"商业模式创新战略"路径。

拥有高新科技强大武器的同时,企业也必须思考如何打造"商业模式创新战略",进行创新,提升自己的核心竞争力,打造竞争壁垒。对于某些企业而言,领先的技术固然可以成为其商业模式的起点和核心竞争力。但是,对于那些市场定位是大众消费者和产品技术含金量不高的企业而言,商业模式的创新则显得更为重要。商业模式的重要作用,正如前时代华纳首席技术官(CTO)迈克尔·邓恩所说:"相对于商业模式而言,高技术反倒是次要的。在经营企业的过程当中,商业模式比高技术更重要,因为前者是企业能够立足的先决条件。"如果商业模式设计失误,任凭你企业资金多么雄厚、资源多么丰厚,最后也会累死白搭。例如,微信的SNS+移动电子商务、苏宁的O2O云商模式、小米手机市场定位模式和三和茶叶的连锁模式,它们的发展历程都是对商业模式创新战略的最好诠释。

企业的成功与失败,关键就在于商业模式及执行力方面。转型、转行、转向之路,没有任何一家中国企业能够回避,但如何转型、转行、转向,贯穿始终、决定成败的核心即是"商业模式"。企业经营中反映出来的方方面面问题,如土地升价、利润薄、库存积压、资金紧张、对上

下游控制力差、风险高、品牌影响力低等，归根结底，症结其实都是"商业模式"的问题。

转型之间，在明确的战略目标和有效的执行之间，作为企业战略优化核心的商业模式的创新至关重要，企业商业模式创新战略运筹决定着现代企业的快速增长，创新性商业模式正在缔造中国成功的企业。因此，研究商业模式创新战略，必须深入研究虚拟经济时代的创新经营和商业模式创新的新思路，从产品研发到资本运作，从运营管理到营销传播，从企业自身资源到战略联盟，从单一模式到整合模式，从局部策略到全局战略，全方位、全过程、全阶段、系统化诠释企业战略运筹的核心系统——商业模式管理的创新。

商业模式的创新有助于增强我国企业应对全球化竞争的能力。全球化的竞争环境下，我国企业必须与国外企业在同等条件下展开激烈的竞争，并竞相追逐资源、追逐发展机会和抢占市场。在全球化的大背景下，我国企业依靠廉价劳动力的低成本优势在国际市场竞争中很难持久保持，而且这也已阻碍了我国企业经营素质的提高。要想继续在竞争中战胜来自全球的竞争对手在世界市场之林占有一席之地，我国企业就必须根据自身国情和企业经营特点，利用全球化下的各种资源和环境条件，围绕市场提供的特殊机会，强壮自身，打造独特的经营系统，创建具有开创性的商业模式，从而提高全球化竞争的能力。

商业模式创新的实践意义和理论远不止上述几个方面，它对企业战略构建、组织变革、企业决策支持、人力资源开发等研究领域均能提供有益的借鉴。实践中，国内一些耳熟能详的企业，如华为、腾讯、阿里巴巴集团等，都以各自不同的创新方式构建起富有特色的商业模式。本书通过对众多的大中小型企业的商业模式最佳实践进行总结，力图揭示在全球化经济竞争激烈的环境下，哪些创新的商业模式最为有效以及如何构建它们，从而为我国经济增长困境中寻找突破口的企业，提供更为切实可行的参考行动方案。

第二节　商业模式创新战略的功能

商业模式创新战略的功能包括有下面几个方面。

一、商业模式的产品价值创新功能

商业模式创新所追求的最高目标或者说最基本的目标就是创造价值。从这个角度来看，所有商业模式的创新，无论是产品层面的创新还是市场渠道的创新，对一个企业而言，都是围绕一个目的，这个目的就是通过创新来创造价值。决定企业价值的核心因素主要有三点，第一，企业现在的盈利能力，企业能不能赚钱；第二，公司未来盈利的持续成长能力，是决定其价值高低最为关键的核心因素；第三，企业未来盈利的稳定性、持续增长性和风险率。因此，商业模式的创新，或者产品、技术创新的目的，从提升价值的角度来看，要提升价值就应该提升增长速度，要提升增长速度就应该提升生产力，商业模式最主要的目的是通过创新来提高销售利润率。这就要求创新能够帮助企业，要么能够获得客户，要么产品更有竞争地位，要么能够通过创新获得成本优势。

二、商业模式的战略创新功能

企业战略成功的关键在于隐藏在产品背后的商业模式的创新。商业模式的创新能为企业带来可持续性发展。商业模式的本质和意义是什么？企业如何实现商业模式的模仿式创新？凡是成功的企业，首要因素是具备一个思路清晰的战略框架和逻辑，为企业的发展指明方向。企业商业模式的创新对企业发展的战略具有积极引导的作用。根据战略视角的不同，商业模式的创新对战略的影响力表现在三个方面：战略定位、战略规划以及战略执行力。波特认为，战略就是形成一套独特的经营活动，去创建一个价值独特的定位，即定位是战略的核心。战略规划是对企业各方面活动进行的谋划，是战略定位下的具体化、专门化和导向化。战略执行力是从生产运营、资源保障和战略支持等企业运营的维度去思考企业内部如何调配资源能力以实现最优，与其匹配的是资源布局能力和支持辅助能力。

三、商业模式的市场定位创新功能

商业模式创新的目的是创造新商业机会，也就是所谓的市场定位的"蓝海"。而商业模式创新的蓝海战略的核心就是，运用市场定位分析的方法，通过对比竞争对手在客户细分的基础上，针对不同客户的消费行为特征和心理习惯，找出可以提升企业市场销售业绩的价值环节，然后对其进行有目标性的营销手段，创造全新价值点，从而以完全不同的客户定位和市场战略与竞争对手形成差异化，并借此重新赢得竞争优势。商业模式创新就是指围绕着企业的业务是什么、面向哪些目标客户、为什么是这个产品或服务、有没有其他更好的产品或服务来提高利润等方面所做的创新，往往是在客户定位层面上找到一种新的突破点，并相应地创新产品和服务，为顾客带去最好的产品价值感受。

四、商业模式的营销创新功能

在高度同质化的市场竞争环境中，只有实现差异化才有机会赢。实现差异化无非三个方面，一是在产品本身就寻求差异化，包括产品的设计、科技创新，等等；二是建立强大的、差异化的产品形象；三是市场销售的渠道、方式方法的差异化。唯有通过商业模式创新来推动营销的创新。例如，跨越不同产业的营销、跨越不同战略群组的营销、跨越不同客户价值链的营销、跨越不同产品品牌的营销、跨越不同服务项目的营销、跨越针对卖方的功能诉求的营销、跨越针对卖方的情感导向诉求的营销以及跨越时空的营销、电子营销或虚拟营销等，这里，每一个营销创新的操作路径都是商业模式创新的体现。

五、商业模式的运作管理创新功能

商业模式创新的本质在于价值链上的资源的整合。商业模式的核心就是为了创造价值。因此，只有深刻理解价值链的本质，基于价值链进行运作管理创新，才能有效地实现商业模式的创新。价值链是在一个特定行业、企业或业务领域内产生价值的各项关键活动的有序组合，通过这些关键活动的开展，才能使企业业务得以有效运营、不断循环、周而复始。通过价值链分析，企业可以对某个业务领域的关键活动进行透彻了解，从而抓住这些特定领域的运行本质，并提炼出独特的商业模式，或者对商业模式进行有效的创新。所谓整合价值链资源，就是从业务运营过程中的关键活动入手，对每个关键活动环节进行系统分析，了解企业在这些关键环节擅长做哪些事情，存在哪些优势，是如何做这些事情的。

六、商业模式的资源整合创新功能

商业模式创新就是对企业内部所有资源整合和运作能力的创新。企业的主要活动如服务、市场营销及销售、外部物流、运营、内部物流等以及一些相关的辅助活动,如企业基础设施、人力资源管理、技术开发和采购等方面的创新都属于资源能力创新的范畴。在商业模式创新下,资源能力的整合更多的是以提高企业运营管理效益的角度进行的创新。创新一定要结合企业自身的情况,做到各种资源能力的相互匹配。因此,商业模式的创新是最值得借鉴的思路。通过虚拟、联盟与外界其他企业进行优势互补和资源共享。企业在发展中互相依赖,结成一个"生态系统",一种共生关系,从而形成企业生态链的价值网,这也是商业模式的一种创新。

七、商业模式的营利收入创新功能

随着经济环境和顾客需求的变化,消费者对价格越来越敏感,同质化的竞争产品不断出现,客户群日渐萎缩,企业的盈利将面临许多困难。因此,企业需要通过创新商业模式,把握战略控制点,洞察新的利润区,发现新的盈利模式,通过不同的创新路径,例如在产品上不断创新领先,或拓展新的渠道,或分拆价值链,或以平台整合资源,或向服务转型,或提供系统的解决方案,或将品牌进行有效衍生等,无论何种路径或方式,创新的盈利模式都是立足于新利润区,捕捉并满足顾客的新价值需求,推动企业利润的持续增长。所以,商业模式的创新,就是揭秘盈利模式的秘密,洞悉收入倍增盈利倍增的突破模式。企业盈利模式和来源如何,如何搭建快速盈利系统,通过改善产品线结构和区域销售结构,迅速提高利润,加速资金周转,轻资产,利用杠杆效应提升投资回报率,这都是商业模式创新的功能体现。

八、商业模式的成本控制创新功能

从商业模式创新的角度来看,成本产生于产品或服务生产过程的各个环节,并在对人力、物力、财力等资源消耗过程中创造着价值。因此,在价值链流程中蕴含着更多的成本控制机会,只有通过价值链流程分析,识别出各价值活动和成本间的关系以及价值活动和产品间的关系,才可以有效地实现成本控制。商业模式的创新,就是在对资源构成、运营效率及业务流程分析的基础上,对企业业务流程和运营进行定量的资源消耗核算,最终汇总成为企业的总成本控制。商业模式的成本控制创新功能,就是通过确定价值链流程,分析各活动和成本之间的关系以及活动和产品之间的关系,通过分析为企业决策提供有价值的信息,并发现企业潜在的成本问题,为进一步对成本进行控制提供依据。通过对企业所有的价值活动进行成本与价值的衡量,并通过提高效率的方式来帮助整合、缩减或删除流程中的某些价值活动,降低企业运营成本,使成本控制方式更有助于管理和战略决策。

九、商业模式的资本运作创新功能

商业模式创新企业价值的路径之一是围绕资本运作的创造提升价值。企业经营者为了实现企业价值最大化,必须具备资本经营的战略,即投融资模式的战略创新。如果一家公司既不进行债务融资,也不进行股权融资,完全依靠自己的原始资本和公司积累滚动发展,即便是产品研发、生产、销售等方面都是一流的管理水平,企业也难以做大。因此,企业必须不失时机地适度举债和股权融资来扩大规模,充分发挥财务杠杆作用,通过兼并收购,通过上市运作和资本市场的运营,实现利益最大化。资本运作结构如何才能够做到合理也属于资本运营管理的范畴。在这里,就是我们所说的资本运营。从经营战略层面,商业模式就是资本运营的创新。如何成功对接 VC 等战略性投资者,如何演绎并购整合的投资战略,如何把握历史机遇登陆股市或创业板、中小企业板,如何进行股权投资,都是商业模式创新中资本运作的操作性方式方法。一方面,商业模式是资本运营的核心基础;另一方面,资本运营又是很多商业模式实现或创新的重要途径。

21 世纪是商业模式创新改变企业经营的观念和思维的时代。企业必须改变常规的获得市场份额的规模增长模式,转向以客户为中心的价值增长模式,转为追求卓越的客户价值能力、企业盈利能力和产业价值链中的战略模式的增长。因此,可以说,商业模式创新是企业决胜未来的关键!

第三节　案例分析　S 公司"隐形冠军"的商业模式创新战略

(一)S 公司背景

S 公司于 1965 年成立,位于英国曼岛(Isle Of Man,又称英国人岛),该岛由英国管辖,岛上的最高管理者可以自己定义税率、司法制度,代表英国女王行使管理职责。该岛位于英国本岛和爱尔兰之间,岛上人员出行一般乘坐可载 100 人左右的螺旋桨飞机抵达曼彻斯特、利物浦、伦敦等城市,也可以选择乘坐轮船的交通方式。岛上拥有优惠的税率,促进研究开发的体制,鼓励创新型公司和金融企业的发展。因此,岛上拥有一批以研究开发为核心竞争力的小企业和金融机构。吸引了很多外籍华人、英国以外创办的企业进驻。

S 公司总部设立在曼岛,负责公司总体的研究开发、运营管理和市场开发等业务。在曼岛拥有两家工厂,中国广州拥有一家工厂,在英国本岛曼彻斯特、中国香港拥有办事处,在欧洲、美洲、亚洲、非洲等国家和地区都设立了销售中心,全球员工六百多人,每年销售额可达 6 亿元人民币,官方网站上号称全球每天有人使用该公司的产品达 10 亿次,号称占有全球 60% 的市场份额。

S 公司是一家以技术创新为核心的典型西方公司。公司成立之初,开始给航空飞行员的航空服设计一些机械温度控制装置,后来业务拓展到家用小家电领域,致力于家庭用电器的温度控制装置的研发和生产及销售。从 20 世纪 90 年代开始,该公司创新性地提出了无绳电热水壶的概念,推出了划时代的 U 系列温度控制器产品,同时在全球主要目标市场申请专利保护,之后在长达十多年的时间内占据市场领先地位。

S 公司深刻地理解消费者的需求,研究开发集中在液体加热领域,水的沸点是 100℃,其应用可以拓展到牛奶、茶、咖啡等。因此,S 公司的研究定位于研究水加热的控制技术,通过研究工程塑胶应用和双金属敏片的温度控制技术来实现对水的加热的控制。公司的主要产品为家庭用液体加热器的温度控制器和对应的配件,如电热水壶、咖啡壶等的温控装置。

在研究方面,S公司的产品设计和客户的产品设计结合在一起,通过客户解决方案的模式,在解决客户问题的基础上,创新性地提出自己的产品解决方案,使客户在客户的竞争性市场上取得竞争优势,由此和客户共同拓展市场。在此理念下,S公司和西方的品牌拥有者取得了很好的合作关系,如 BRAWN、RUSSELL HOBBS、TEFAL、BOSCH、PHILIPS、ELECTROLUX 等。(参见图1-2)

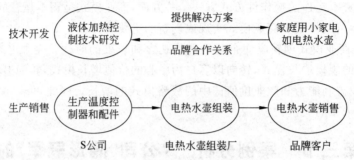

图1-2　S公司业务与产业链关系图

S公司的产品出现在全球各地,但是它并不投入任何费用在主流媒体上做品牌宣传,却在行业内拥有非常重要的地位,在规范市场如英国和德国等国家拥有超过80%以上的市场占有率;其产品并不广为人知,可是在电热水壶等液体加热器行业内确实众人皆知,是名副其实的"隐形冠军"。具体表现如下。

在1995年和1999年,S公司因为巨额出口量给曼岛带来了大量的税收,因此2次获得英国女王奖(The Queen's Award)。

2000年因为划时代的产品创新(U系列)第三次获得英国女王奖,同时获得 Montagu Private Equity 的投资。

2005年 ABN AMRO 取得了S公司的大部分股份。

2008—2009年度,在金融风暴期间,公司利润目标达成,增长5%。

2009年S公司的产品累计出货达10亿套。

在全球范围内总共拥有约600件专利,全球市场份额约60%。

2008年年度营业额和人均产值比较以及2008年度人均产值见表1-1、图1-3。

表1-1　2008年度人均产值

	营业额(百万元)	员　工　数	人　均　产　值
海尔	30 408	35 105	866 201
长虹	27 930	46 023	606 870
苏泊尔	3 622	6 231	581 287
S公司	615	598	1 028 428

通过对比2008年国内著名家电公司如海尔,长虹,苏泊尔和S公司的人均产值发现,

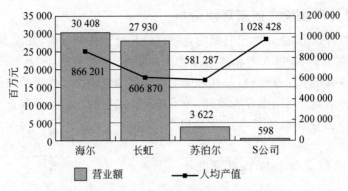

图 1-3　2008 年度营业额和人均产值比较

S 公司的人均产值可达 100 万元人民币，拥有很高的经营效率。

（二）九要素模型商业模式创新战略分析

下面结合九要素商业模式创新战略分析模型对 S 公司进行具体分析。按照该模型，商业模式由三个层面的要素构成：业务创新战略模块、运营创新战略模块和盈利创新战略模块。其商业模式要素分析图如图 1-4 所示。

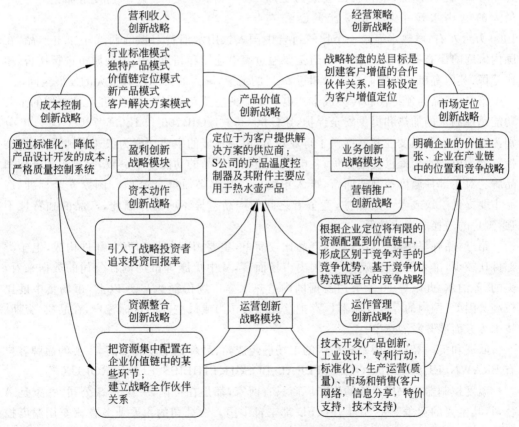

图 1-4　S 公司商业模式创新战略分析图

（三）S公司商业模式创新环境分析

迈克尔·波特认为，企业对于利润的竞争已经超过了传统行业，并涵盖了其他4种竞争力量：买方、供应商、新进入者和其他替代产品或服务（参见图1-5）。源自这5种力量扩展之后的竞争决定了产业结构，并且形成了产业内部竞争交互作用的特性。而且，企业盈利能力的各种推动力之间也存在差异，为了理解市场中的产业竞争和企业盈利能力，必须通过5种竞争力量模型对基本产业结构进行分析。

现有企业间的竞争表现在以下几个方面。

第一，产业增长。S公司的产品温度控制器及其附件主要应用于电热水壶产品。目前，全球90％以上的电热水壶生产都已经移到中国。随着国内一些知名小家电品牌开始介入该领域，如九阳、苏泊尔、美的等，电热水壶在国内市场的占有率快速上升。2005年开始中国市场就已经成为全球最大的电热水壶市场，市场容量已经在

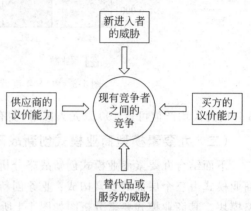

图1-5　波特产业竞争五力分析模型

1000万台左右；电热水壶是一个比较符合中国人饮用水消费习惯的西式小家电产品，在国内家庭的保有量比较低，销售渠道主要通过家电连锁和超市在大中型城市进行销售，相比德国、英国等市场的家庭渗透量超过95％的情形，国内的市场还有很大的发展空间。

第二，产品的独特性和转换成本。电热水壶的主要功能是加热水，温度控制器的主要功能是控制水的加热和提供安全保护，IEC 60335—1/GB4706和IEC 60730/GB14536分别为电热水壶和温度控制器提供了行业规范，电热水壶的主要功能为快速烧沸开水，温度控制器为电热水壶提供安全保护，各电热水壶提供产品的功能基本一致，差异点为外观和品牌。对于部件温度控制器而言，准入市场的产品都必须符合IEC和国家安全标准，产品主要提供二级或者三级保护，竞争者之间的产品差异不明显。因此，产品的独特性不强，客户的转换成本比较低。

第三，品牌集中度。电热水壶产品比较简单，主要由塑胶件和五金部件构成，电子类部件比较少，准入门槛比较低。对国内市场而言，从中怡康等市场调查公司的数据来看，美的、苏泊尔、九阳等10家公司占据国内电热水壶市场份额达70％以上，市场集中度比较高。因此，国内的温度控制器厂商把这几家公司当成最主要的目标客户，在品质、交期、技术等方面展开激烈竞争。

欧洲和美国等发达国家和地区的市场已经成熟，品牌集中度非常高，主要的品牌客户有BRAWN、RUSSELL HOBBS、TEFAL、BOSCH、PHILIPS、ELECTROLUX等。

温度控制器在中国以外的生产厂商只有两家，都是在英国，一家是S公司，一家是A公司，其主要的竞争对手SLT、JT、FD都来自中国。A公司的主要业务在汽车用温度控制器领域，和S公司相比，在该领域内还处于跟随者位置。国内的温度控制器厂商基本处于模仿阶段，无法直接面对国外的知识产权保护，因此，国内的厂商的目标市场为国内市

场和对知识产权要求不高的中东、非洲等市场。产业竞争态势图如图1-6所示。

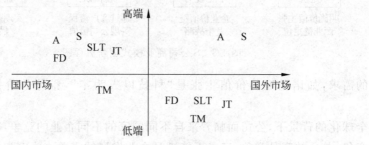

图 1-6　产业竞争态势图

　　从五力模型分析来看,S公司所处的电热水壶的温度控制器产业的竞争主要来自于现有竞争者之间的竞争和客户日益增长的议价能力威胁,新进入者、替代者和供应商都不会对这个产业形成高的威胁。行业竞争力的强度会影响价格、成品以及竞争所需要的投资,因此,该行业的竞争力总体较弱,该产品在生命周期中处于成长期,有较高的利润和成长性,将吸引越来越多的进入者(参见图1-7)。

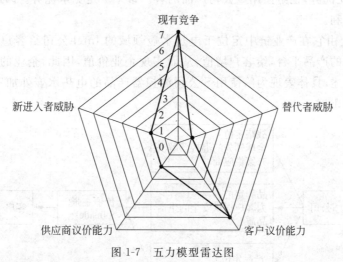

图 1-7　五力模型雷达图

(四)S公司商业模式创新战略分析

　　制造行业的中小企业不同于其他行业,主要通过产品为客户提供价值。它们的商业模式运行和商业模式创新需要围绕客户未被满足的需求,将企业的价值主张通过提供产品和服务给目标客户来实现。在企业实现价值的过程中,首先要通过定位来明确企业的价值主张、企业在产业链中的位置和竞争战略;中小制造企业拥有的资源有限,需要把资源配置在企业价值链中的某些环节,产生区别于竞争对手的竞争优势;通过高效率的企业运作流程,从客户流程中获取公司的价值;最终通过基于企业资源的盈利模式来实现公司的价值(见图1-8)。

1. 企业的产品价值模式

　　价值主张是公司通过其产品或服务为客户提供的价值,对客户而言是企业将如何满

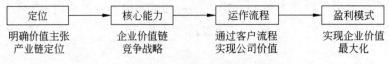

图 1-8　S公司商业模式创新流程图

足他们的需求,如诺基亚的价值主张是"科技以人为本",雅芳的价值主张是"女性的知己"。

在全球化的背景下,公司面临着来自不同国家的不同企业的竞争,客户也同样面临着更多的竞争,单一的产品竞争,已经不能满足企业发展的需要。为客户提供整体的解决方案,解决客户流程中的问题,通过为客户创造价值来实现自己的价值,因此,S公司定位于为客户提供解决方案的供应商。

温控器产品的本质是为电热水壶等液体加热电器提供温度控制功能和保护功能,因此,它的品牌价值定位为客户提供安全的产品。

S公司每年为产品研究开发投入巨资,致力于为客户提供差异化的产品,通过专利布局战略维持领先优势,也给使用S公司产品的客户带来一定竞争优势。因此,产品定位于创新、质量和专利。

S公司决定由它在产业链中定位于电热水壶领域的 Intel 公司给客户提供创新的解决方案,标准化的产品平台,给客户增值,从而实现企业价值,因此,企业的价值主张通过"S Inside"来表述,具体表现为给使用S公司温控器产品的电热水壶外加一张"S Inside"的标签(参见图 1-9)。

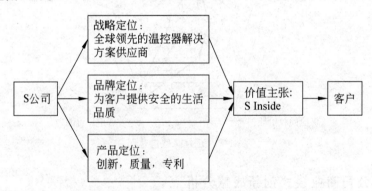

图 1-9　S公司的价值主张和定位图

产业链(Industry Chain)是指经济布局和组织中,不同地区、不同产业之间或者相关联行业之间构成的具有链条绞合能力的经济组织关系。

电热水壶等家用液体加热器属于厨房电器,西方国家有消费这些电器的传统,而且有很强的购买能力,因此,西方市场是主要的市场,发达国家的家庭拥有量达95%。而中国等新兴国家,消费者正在逐步养成使用这些电器的习惯,是有增长潜力的市场。由于贴近消费者,西方的厂商更加熟悉消费者的消费习惯、审美观,因而形成了西方的产品品牌,如BODUM、TEFAL、BRAUN、ELECTROLUX、BIALETTI、PRESTIGE、RUSSELL HOBBS、KENWOOD、WIK、MORPHY RICHARDS 等。中国国内也逐渐形成了占主导地位的品牌,如美的、九阳、苏泊尔等(参见图1-10)。

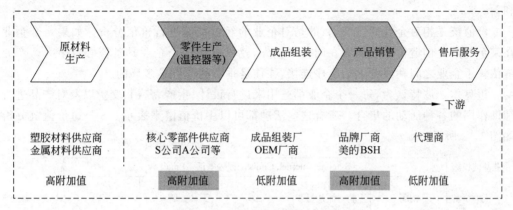

图 1-10　电热水壶产业链示意图

在全球化浪潮中,外资整机品牌和核心部件厂商相继在中国的珠三角、长三角投资设厂,逐渐形成完整的产业链。类似于其他行业,电热水壶产业链的高附加值的环节也是在核心零部件的生产和产品销售环节。电热水壶的核心零部件为温度控制器(简称"温控器")及其连接器,为电热水壶提供温度控制功能和安全保护功能,是电热水壶产品中技术含量最高的环节。高的技术含量给企业带来更高的附加值。OEM厂商贴牌生产后出货给品牌厂商,品牌厂商通过渠道、代理商完成产品销售,品牌给产品销售带来高的附加值。

电热水壶产业链中,温控器生产企业拥有最高的经营效率,在中高端市场的毛利润率可以高达50%,其次品牌厂商毛利润率可达30%以上(来自S公司企业2009年内部数据)(参见图1-11)。

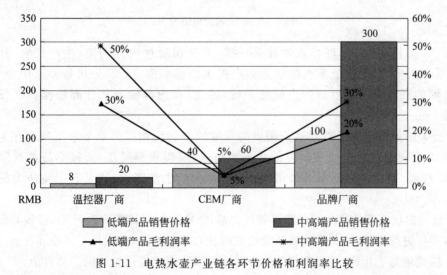

图 1-11　电热水壶产业链各环节价格和利润率比较

2. S公司经营创新战略模式

价值链(Value Chain)是指企业在一个特定产业内的各种活动的组合,它反映企业所从事的各个活动的方式、经营战略、推行战略的途径以及企业各项活动本身的根本经济利益。

价值链是相对企业而言的,目的是对企业的经营情况进行价值分析。如果一个企业在某个节点上创造价值的能力在同行中领先,就可以说这个企业具备核心竞争力。产业链依赖于企业之间在经营上的有序连接,往往是垂直的或者是多环的。

迈克尔·波特认为,每一个企业都是用来进行设计、生产、营销、交货以及对产品进行辅助作用的各种活动的集合。所有这些活动都可以用价值链来表示。S公司价值链分析如图1-12所示。

企业基础设施	Syteline, Internet, Citnix，视频电话，Email					
人力资源	招聘	校企合作培养招聘，派遣员工培训体系	招聘	招聘	招聘	利润
技术开发	自动化系统设计	产品开发 与客户合作开发 制造过程设计 标准化工作 外观设计	信息系统开发	专利保护 客户技术支持 市场研究 市场数据信息库	服务手册和程序 产品设计手册	
采购	运输服务	原材料 物资供应	运输服务	物资供应	备用件	
	进化检查	模具加工 关键部件生产 质量控制 设备维护	订单处理 装运	销售队伍 客户关系 市场调查	服务信誉 客户生产支持	利润
	内部物流	生产经营	外部物流	市场和销售	服务	

图1-12　S公司价值链分析

第一,基本活动。和现有竞争对手一样,S公司通过内部物流、生产经营、外部物流、市场和销售、服务5个基本活动为客户提供产品和服务。S公司是一家中小企业,没有足够的资源去构筑独立的供应链系统,因此,在内部物流和外部物流方面没有竞争优势。

S公司的价值主要通过对客户提供高质量的产品和相应的服务来实现。在生产经营环节,S公司通过最大限度的自动化生产模式,实现规模经济,通过学习曲线降低生产成本,提高产出效率,目前S公司拥有全球最大的生产能力,这是公司竞争力的来源之一。

S公司把核心部件的生产留在了英国总部,由中国工厂协调生产计划,将核心部件运到中国工厂进行组装,避免了人员流动造成的核心机密外泄,也保证了核心部件的高品质生产。同竞争对手相比,核心部件的生产策略可以为客户提供独特的产品价值。

S公司非常重视市场和销售,比其他竞争对手投入更多的资源到客户沟通,将公司的价值主张适宜地传递给客户,同时带回客户的真正需求给公司,通过为客户提供更好的服务来实现更多的公司价值。

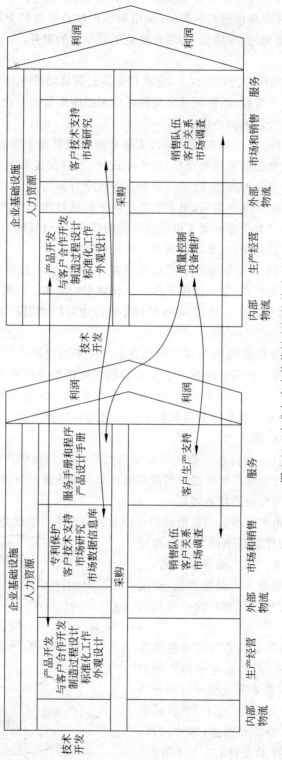

图 1-13　企业与客户价值链之间的关系

第二,辅助活动。技术开发是S公司赖以生存的基础,是企业价值实现的核心因素。通过技术开发,公司为客户提供创新的产品;采用和客户联合开发的策略,同客户结为利益共同体;技术开发与市场、销售结合,为客户提供更加专业的服务,这是公司竞争优势的来源之一。

S公司的高层在周期性的公司会议上,会根据企业经营环境变化的情况,周期性地检讨公司的定位和客户服务流程,不断调整公司的定位来适应形势的变化,通过企业价值链活动的持续创新来创造公司的竞争优势。

(1)企业的竞争战略。S公司的竞争压力主要来源于现有竞争者的竞争和客户的议价能力。温控器产品是典型的机械类产品,以产品设计、模具加工和制造、生产和销售为主要环节,经过接近20多年的发展,除了品牌和运营效率方面的差异外,竞争者们的产品品质趋于同质化。产品进入成熟期后,更多的竞争对手提供给客户更多的选择,客户的议价能力在提高,因此,客户有更多的要求供应商降价的机会;通过长时间和客户的合作,客户已经累计起丰富的产品知识,具备向前纵向一体化的能力。

S公司的创始人于21世纪初引入了战略投资者,投资者追求投资回报率,对资金的使用效率提出了比较高的要求,公司面临着提高运作效率的要求。经过长达50多年的发展,S公司的规模始终保持在中小规模,掌握的核心资源也局限在温控器的设计开发和销售领域。

S公司企业价值链分析表明,S公司的核心竞争力在于温控器产品的技术开发、生产运营、市场和销售。五力分析模型说明,S公司面临的主要挑战为现有竞争对手竞争和客户的议价能力,还包括来自公司投资者的高成长性要求。S公司的价值主张为"S Inside",因此,适合S公司的竞争策略为聚焦于产业链的温控器生产环节,通过提供差异化的产品来为客户提供价值。

(2)S公司企业运营流程分析。企业的运营流程是为客户提供产品和服务的过程,和客户流程相结合,通过为客户流程提供增值的途径来实现企业的价值,为客户流程增加的价值越多,企业获取的价值回报就越高。

技术开发、市场和销售是S公司价值链中可以为公司带来竞争优势的环节,S公司通过企业流程将价值链的优势环节同客户的相对应流程相结合,来提升客户的产品研发能力、生产制造过程控制能力,提升客户品牌价值,通过产业价值链的整合来实现降低客户成本和提高客户的效益(见图1-13)。

S公司的竞争战略轮盘的总目标是创建客户增值的合作伙伴关系,把企业运作流程的目标设定为客户增值。主要业务流程可以划分为技术开发(产品创新,工业设计,专利行动,标准化)、生产运营(质量)、市场和销售(客户网络,信息分享,特价支持,技术支持)三个环节(见图1-14)。

图1-14　S公司业务组合图

（3）产品创新：基于客户开发流程的产品开发流程。为客户提供温度控制解决方案是 S 公司的战略定位，温度控制器是内嵌到客户整机里的控制部件，因此，温控器是否能够实现整机的控制功能，能否很好地实现和客户设计的融合，是非常重要的因素。

在新产品开发阶段，S 公司和客户展开联合设计，利用公司在温度控制领域累计的专业知识和经验，协助客户对整机的温度控制系统进行设计，同时给客户提供外观设计方案，使客户提供很少的资源，获得信赖性和质量都很高的设计方案。目前，这种模式是 S 公司新产品开发最重要的一种模式。

针对已经形成规模生产的产品，在客户的新机种选用这些产品的时候，S 公司会展开客户整机审查程序，对客户的样机进行安全性和功能性检测，将检测结果反馈给客户，直到检测完全通过后，才会把产品交付给客户使用。

除了供应温控器产品给客户，公司还参与整机的概念开发。公司有一套 i2i(idea to implementation)程序，将来自公司内外部的概念导入公司的评估体系，通过销售团队和研发团队的联合讨论，将可行的概念引入新产品开发阶段。为迎合消费者快捷的生活节奏，公司推出了即时快速热水器的概念，可以实现真正的即时沸水加热。公司将整机概念样品和配套的温控器产品一起销售给品牌厂商，采用整机概念的厂商将获得唯一授权许可，条件是采用比正常价格高 20％的价格去购买温控器产品。

基于客户流程的产品开发缩短了客户开发时间，降低了客户的开发成本，提高了开发效率，从而使客户在开发流程上实现增值。

基于客户增值的设计开发程序如图 1-15 所示。

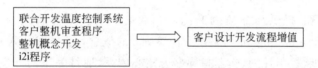

图 1-15　基于客户增值的设计开发程序图

（4）标准化运作体系。英特尔是微处理器的行业标准奠定者，类似地，S 公司也是温控器行业标准的奠定者。S 公司的标准化部门同时参与 IEC 标准和中国国家标准的起草和修订工作，通过 AMDEA（欧盟家用电器制造商协会）代表英国参加 IEC 标准工作组，推动 IEC 标准不断更新和完善。公司参与的标准不仅包括温控器本身，还主动参与到客户的整机标准，客户会使用到的另一个核心元件——加热管的标准。因此，在技术领域内，S 公司通过横向一体化，掌握了电热水壶产业的相关技术资源。

S 公司掌握标准资源的结果是，可以为客户提供更多的技术服务。特别地，温控器的本质是为客户提供安全保障，而 IEC、国家标准都是把安全标准列为强制实施的标准，因此，竞争者必须符合 S 公司参与或者主导定义的行业标准。因此，S 公司可以通过持续不断地修订标准来保持竞争优势。

和标准化相对应的是贸易壁垒。各国都依据 IEC 标准或者 UL 标准构筑自己的标准化体系，符合标准的产品才予以准入。而相应的标准体系之间存在差异性，甚至同一体系下不同的国家之间也存在差异性，这就给企业进入这些市场设立了技术门槛。S 公司和 INTERTEK 认证公司签订全球合作协议，协助购买 S 公司温控器的产品进入全球市场。

这样,通过成为 S 公司客户,不仅降低了产品设计开发的成本,也提高了公司的标准化水平,为进入全球市场打下基础,从而实现客户增值。同时提高市场准入壁垒,减少潜在竞争者的进入。

标准化运作体系如图 1-16 所示。

图 1-16　标准化运作体系图

（5）专利行动:基于市场的知识产权运作。西方的企业非常重视知识产权战略,通过专利布局来保护企业的智慧财产,尽可能地阻止新进入者进入同一领域。这些知识产权运作往往同市场和销售工作结合到一起,共同维护市场的领先地位。

基于市场的知识产权运作图如图 1-17 所示。

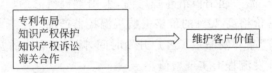

图 1-17　基于市场的知识产权运作图

（6）生产运营:提供高品质的产品。企业的产品实现过程结合 APQP（advanced production quality planning,先期生产品质策划）的概念,引入 FMEA 概念,在开发文件体系中以工程图纸、控制计划、作业指导书为核心体系,通过完整的开发体系使产品通过各个阶段的审查和验证,确保开发出来的产品能够满足客户要求,以实现量产要求。

质量是 S 公司产品定位的诉求之一,S 公司通过引入高度自动化的生产线,实现 SPC（统计制程控制）管制,实时监控关键特性的波动情况。

（7）客户网络和信息分享。在产业链中,S 公司占据温控器的生产环节,是产业链中最核心的环节,产品有很高的附加值。处于销售环节的品牌厂商拥有定价的权利,在该环节同样获取比较高的附加值。S 公司策略性的强化和品牌厂商的合作,除了在产品设计开发（提供设计合作和工业设计方案）外,还提供多方面的商务支持,如签订长期采购合同的情况下,予以特价支持;积极参与全球各地的展会,加强同品牌客户的沟通和信息分享。

S 公司很好地利用了它和品牌客户的资源优势和技术优势,对购买它的产品的 OEM 厂商提供商务支持,把购买它的产品的客户的电热水壶产品引荐给品牌客户,扩大 OEM 厂商的销售渠道,将 OEM 厂商的产品引入海外市场。

（8）技术支持。在客户的生产制造环节,往往会存在和温控器相关的品质问题,而客户并没有掌握温控器相关的知识和解决问题的方法,而且,温控器本身的价格比较高,当不良率比较高的时候,会增加客户的使用成本。S 公司的销售团队中组建了一支客户服务团队,定期拜访客户,主要工作是解决客户生产中出现的和温控器相关的品质问题,通过和客户的生产流程相结合,提高客户生产效率,降低客户损失。

对客户而言,需要的是一个完整的解决方案,而不是单一的温控器产品。电热水壶系统中,和温控器匹配的还有发热装置,温控器就是控制发热管工作的控制单元。当发热管提供的温度过高和过低时,电热水壶都不能正常地工作,过低时液体没有完全沸腾,过高时对整机产生损害。S公司在开发温控器产品的时候,同时替客户寻求优价高质的发热管厂商,在评估温控器产品的设计方案的时候,自行开发2~3家配套的发热管厂商,通过内部的匹配性实验,选择适合的发热管产品。在客户采购温控器的同时可以获取S公司提供的发热管采购建议。

3. S公司盈利模式创新战略

盈利模式在商业模式外围结构中非常重要,是实现企业价值的环节。企业通过运营流程生产出产品和服务给客户,通过客户流程使客户获取相应的价值,相应地,企业需要在客户流程价值实现的过程中实现自身的价值。这个价值实现过程就是盈利模式。

盈利模式的选择需要考虑企业相对于竞争对手的竞争优势,企业在产业链中的位置和客户的议价能力。

(1) 行业标准模式。行业标准模式最大的优点在于规模收益性。电热水壶行业具有正的收益性,近年来市场增长很快,大量的竞争者被吸引入该行业,这个行业的价值随着竞争者地增多而提高。S公司参与和控制了温控器行业标准和电热水壶行业标准的制定,通过持续不断地主导标准修订,始终和跟随者保持技术上的优势,给客户提供差异性的增值服务。相应地,作为行业标准制定者,S公司拥有更高的议价能力,能够取得比跟随者更多的利润;S公司在技术方面拥有横向一体化提供的资源,购买该公司的产品就相当于获取了整个电热水壶产品的生产技术,相对于竞争对手而言客户能够从S公司获取更多的价值;因此,S公司有很强的议价能力。可以实现比国内竞争对手高200%的溢价。

另外,S公司和客户签订的销售合同中规定,客户先支付现金再安排生产和出货。这样的设计使公司几乎不存在应收账款,减小客户因素造成的财务风险。

(2) 独特产品模式。S公司率先提出无绳电热水壶概念,无绳概念的核心是创新性的U系列温控器产品。产品开发出来后,S公司在英国、德国、中国等主要国家和市场申请了专利保护,接下来又申请外围专利限制竞争对手。在若干年的时间内从产品的溢价中获利。另外,S公司实施积极的知识产权保护策略,在减少产业竞争的同时,通过知识产权策略胁迫客户购买S公司的产品,保护企业的市场份额。

企业根据市场调研的结果进行市场研发,更多的时候,企业通过和客户的开发团队一起开发产品,对开发的产品首先进行专利调查,选择有专利保护价值的项目进行开发。由此形成独特的产品风格。

独特的产品可以使S公司获得较大的议价能力,是企业的优势来源。

(3) 价值链定位模式。在电热水壶行业内,温控器生产和设计是行业利润率最高的环节,S公司将自身的企业定位在这个环节,采用聚焦战略利用公司资源在价值链各个环节配置优质资源,获取竞争优势,通过温控器的市场研究、新产品研发、生产制造和客户服务各个环节实现客户价值在客户流程上的增值,从而实现企业流程的增值。

对比温控器生产、电热水壶组装和电热水壶销售环节的厂商,温控器生产厂商拥有最高的利润率,而投资回报率是投资者最看重的财务指标之一。如果 S 公司利用技术优势进行纵向一体化,投资开发和销售电热水壶,那么会降低企业的盈利能力,降低投资者的吸引力。

(4) 新产品模式。S 公司每年投入超过营业额 5% 的资金来进行新产品开发,区别于其他温控器竞争对手,S 公司推出了四大系列平台,基于这些产品平台的特点来开发温控器产品,目标客户为中高端市场。

① 高喷雾量的电熨斗平台。产品设计特点为在最短的时间内产生最大的喷雾量,满足客户高效率的需求。

② 电子水壶用温控器平台。率先将电子控制模块融入无绳电热水壶。

③ 即热式电热水壶温控器平台。通过高效率的加热系统实现即时烧开热水。

④ 传统的温控器平台。

企业通过上述平台的开发,拓展温控器在不同产品上的应用,延长产品的生命周期。通过授权客户使用新产品概念,扩大传统温控器产品的市场份额和销售价格,持续不断地获取产品溢价。

(5) 客户解决方案模式。S 公司掌握了电热水壶行业标准、温控器行业标准和发热管行业标准,在技术资源上实现了纵向一体化;企业内部流程设计以为客户流程增值为目标,通过企业价值链的有机结合来实现企业和客户价值的最大化,提高了客户的经营效率,降低了客户的总使用成本。

购买 S 公司的温控器产品,可以同时从 S 公司获取该产业上下游的技术资源和供应商、客户资源,从而获得整机的解决方案。

客户通过 S 公司的客户解决方案模式,可以专注于电热水壶的生产和销售。2008 年北京奥运会期间,中国有一家新进入电热水壶领域的企业,通过 S 公司的技术资源,在很短的 3 个月内就将自己的全新产品打入奥运村。

商业模式研究最基本的问题是"企业为什么能够盈利"或者"什么样的企业才能盈利"。实际研究表明,商业模式创新构成要素中,关注最多的是选择哪些客户,选择何种业务为客户提供价值,如何通过战略实施来保持利润。

对于中小制造企业而言,企业拥有的资源有限,无法在产业链中实施纵向一体化和横向一体化,也无法构筑起完整的供应链。通常,中小制造企业会通过产业链中的定位,选取基于竞争优势的聚焦战略,通过企业流程和盈利模式来实现企业价值。

通过以 S 公司的商业模式研究来阐述和分析中小制造企业商业模式的内在逻辑和联系。

第一,明确企业在产业链中的定位,即解决向什么客户服务的问题。

第二,根据企业定位将有限的资源配置到价值链中,形成区别于竞争对手的竞争优势,基于竞争优势选取适合自己的竞争战略,即解决企业为什么盈利的问题。

第三,企业的价值主张通过企业向客户提供产品和服务来实现,企业通过客户流程的增值来实现企业的价值,企业价值链的相互作用可以降低客户总的使用成本,提高客户的价值。解决企业如何盈利和如何保持盈利的问题。

第四,盈利模式是企业价值的实现机制,是商业模式最外围的环节。

S公司商业模式创新战略架构如图1-18所示。

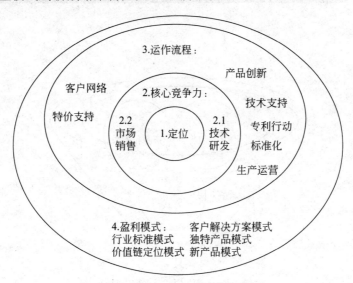

图1-18　S公司商业模式创新战略架构

第二章

商业模式理论综述

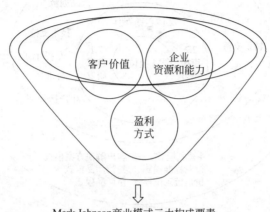

客户价值　企业资源和能力　盈利方式

Mark Johnson商业模式三大构成要素

什么是商业模式？商业模式就是一块钱在你的公司里转了一圈,最后变成了一块一,这增加的部分就是商业模式所带来的增值部分。

————美国著名投资商罗伯森

第一节　商业模式的定义

商业模式是干什么用的？商业模式的创新,在企业中究竟起着什么样的作用？其实,很简单,商业模式就是关于做什么,为谁做,如何做,怎样赚钱的问题,其实质是一种创新形式。

什么是商业模式？马格丽特(Magretta,2003年)认为,商业模式是组织如何运作,为其客户和参与者创造价值的一种假说。从本质上讲,商业模式是一个需要不断在市场上进行检验的理论。近10年来,国内外许多学者和专家作文著述都力图对商业模式的基本定义和概念进行诠释。总体而言,对商业模式研究主流的定义有4种不同维度的定义:一是经济类的定义,把商业模式描述为企业的经济模式,其本质内涵为企业获取利润的逻辑;二是运营类定义,把商业模式描述为企业的运营结构,重点说明企业通过何种内部流程和基本构造设计来创造价值;三是战略类定义,把商业模式描述为不同企业战略方向的总体考察,设计市场主张、组织行为、增长机会、竞争优势和可持续性等;四是整合类定义,把商业模式说成是企业商业系统如何很好运行的本质描述,是对企业经济模式、运营结构和战略方向的整合和提升。该定义的研究者认为成功的商业模式必须是独一无二的和无法模仿的。

归纳起来,笔者认为,关于商业模式主流研究有三种方法的定义,即从商业模式的结构、运作和动态分析的方法来定义。

（1）结构定义。从结构的角度，把商业模式描述为企业的运营结构，分析商业模式的相关概念和理论，以及它们之间的关系。把商业模式说成企业获取利润的逻辑结构和关系，是企业商业系统的一种整合，对企业管理模式、运营结构和战略方向的整合优化。

（2）运作定义。从运作的角度，把商业模式描述为企业的流程管理创新，在企业运营流程中去定义这些商业模式的要素是如何交互作用的，并进一步分析阐明通过企业的结构重组和商业流程再造，设计新的商业模式来创造价值。

（3）动态定义。从动态的角度，把商业模式描述为企业战略的动态发展，展示商业模式如何进行全过程价值的创造。从战略管理的高度，进行客户价值定位，市场细分，整合资源，打造竞争优势以达到企业可持续发展。

本书从其他学者研究的著作和网络上的转载，引述下列一些定义用以归纳上述三种划分方法。

Rappa(2002)将商业模式描述为：清楚说明一个公司如何通过价值链定位赚钱。

Geoffrey Colvin(2001)认为商业模式就是赚钱的方式。

Timmers (1998) 认为商业模式是产品、服务和信息流的体系，描述了不同参与者和他们的角色以及这些参与者潜在利益和最后受益的来源。

Patrovic 等(2001)认为一个商业模式不是对它复杂社会系统以及所有参与者关系和流程的描述，相反，一个商业模式描述了存在于实际流程后面一个商业系统创造价值的逻辑。

Weil 和 Vital (2002)把商业模式描述为在一个公司的消费者、联盟、供应商之间识别产品流、信息流、货币流和参与者主要利益的角色和关系。

Applegate(2000)认为商业模式描述了复杂商业能促使研究它的结构和结构要素之间关系以及它如何对真实世界作出反应。

Pigneur(2000)认为商业模式是关于公司和它的伙伴网络，给一个或几个细分市场顾客以产生有利可图的可持续的收益流的体系。

Amit 和 Zott(2001)认为商业模式是利用商业机会的交易成分设计的体系构造，是公司、供应商、辅助者、伙伴以及雇员连接的所有活动的整合。

Alexander Osterwalder、Yves Pignewr(2002)把商业模式定义为一个公司提供给一个或几个细分顾客和公司架构体系及合作伙伴网络的价值，公司创造、营销、传递这些价值和关系资本是为了产生营利性的可持续的收益流。

Magretta (2002)认为商业模式是说明企业如何运作，就是企业为了最大化企业价值而构建的企业与其利益相关者的交易结构。

（1）商业模式设计的目的是最大化企业价值。

（2）商业模式是连接顾客价值与企业价值的桥梁。

（3）商业模式为企业的各种利益相关者，如供应商、顾客、其他合作伙伴、企业内的部门和员工等提供了一个将各方交易活动相互联结的纽带。

（4）一个好的商业模式最终总是能够体现为获得资本和产品市场认同的独特企业价值。

（5）商业模式是企业战略的战略。

经常被引用的一个定义是狄莫斯的定义（Timmers，1998）：商业模式是对产品、服务和信息流的构架的描述，包括各种业务的影响要素及其作用，各种业务参与者的潜在获利和收入来源体系结构。

莫里斯（Morris，2003）认为，商业模式是一种简单的陈述，旨在说明企业如何对战略方向、运营结构和经济逻辑等方面具有内部关联性的变量进行定位和整合，以便在特定的市场上建立优势。

穆勒－斯蒂文斯和勒克纳（Müller－Stewens，Lechner，2005）等认为，一个商业模式是指客户、产品、销售渠道和企业的收入结构，企业在其价值网络和其业务关系性质的定位，以及企业的根本的经济逻辑。

奥斯特瓦德等人（Osterwalder、Pigneur、Tucci，2005）认为，商业模式是一个理论工具，它包含大量的商业元素及它们之间的关系，并且能够描述特定公司的商业模式。它能显示一个公司在以下一个或多个方面的价值所在：客户，公司结构，以及以盈利和可持续性盈利为目的，用以生产、销售、传递价值及关系资本的客户网。

左特和阿密特（Zott，Amit，2007）对商业模式进行定义：商业模式是关于如何联结公司与客户，合作伙伴和供应商进行交易的结构模板，即要素和产品市场如何连接的选择。涉及所有可能相关联的、跨越边界的交易形态的总和。

奥利佛·格拉索（Oliver Grasl，2008）把商业模式定义为，是如何在其价值网创造和增加所有参与者的价值。它表明公司通过何种渠道，如何连接产品和要素市场的参与者，予交易以支持，如何驱动这些渠道。商业模式还确定了这些交易所需要的支持资源和能力及其成本费用。商业模式清晰确定企业的商业策略，以管理和支持销售渠道和交易，促进所销售产品或服务所需资源和能力的发展，商业模式还包括企业如何设计和执行其市场战略，即需要进行交易，支持渠道，或开发的产品和服务的业务流程和活动。

国内学者李振勇（2009年）认为，商业模式是为实现客户价值最大化，把能使企业运行的内外各要素整合起来，形成一个完整的、内部化的或利益相关的、高效率的、具有独特核心竞争力的运行系统，并通过最优实现形式满足客户需求、实现客户价值，同时使系统达成持续盈利目的的整体解决方案。

魏炜和朱武祥（2010）认为，商业模式本质上就是利益相关者的交易结构。

表 2-1 是笔者归纳总结出来的学者们和专家们的定义。

表 2-1　商业模式定义汇总表

序号	学者（年）	商业模式定义
1	Geoffrey Colvin（2001）	商业模式就是企业赚钱的方式
2	王波，彭亚丽（2002）	企业在动态的环境中怎样改变自身以达到持续盈利的目的
3	Rappa（2002）	公司如何通过价值链定位赚钱
4	魏炜，朱武祥（2010）	商业模式本质上就是利益相关者的交易结构

序号	学者(年)	商业模式定义
5	Petrovic (2001)	通过一系列业务过程创造价值的商务系统
6	Chesbrough Rosenbloom(2002)	商务模式是连接技术开发和经济价值创造的媒介
7	袁新龙,吴清烈(2005)	商业模式可以概括为一个系统,由不同部分、各部分之间的联系及其互动机制组成,是指企业能为客户提供价值,同时企业和其他参与者又能分享利益的有机体系
8	芮明杰(2010)	包括企业经营的环境、企业需要实现的财务目标,以及在给定环境中实现既定的财务目标所需要的内部活动和能力。商业模式是一种系统的设计,用于衡量和打造一个企业的健康状况和盈利方法
9	Weil 和 Vital (2002)	在一个公司的利益相关者中如消费者、联盟和供应商之间识别产品流、信息流、货币流参与者主要利益的角色和关系
10	Allan Afuah (2003)	互联网商业模式是公司利用互联网在长期内获利的方法,它是一个系统,包括各组成部分、连接环节以及动力机制
11	Osterwalder, Pigneur Tucci (2005)	商业模型是一个理论工具,它包含大量的商业元素及它们之间的关系,并且能够描述特定公司的商业模式。它能显示一个公司在以下一个或多个方面的价值所在:客户、公司结构,以及以营利和可持续性营为目的,用以生产、销售、传递价值及关系资本的客户网
12	李政勇 (2009)	为实现客户价值最大化,把能使企业运行的内外各要素整合起来,形成一个完整的、内部化的或利益相关的、高效率的、具有独特核心竞争力的运行系统,并通过最优实现形式满足客户需求、实现客户价值,同时使系统达成持续盈利目的的整体解决方案
13	马格利,杜波森 (2002)	企业为了进行价值创造、价值营销和价值提供所形成的企业结构及其合作伙伴网络,以产生有利可图且得以维持收益流的客户关系资本
14	托马斯(2001)	商业模式是开办一项有利可图的业务所涉及流程、客户、供应商、渠道、资源和能力的总体构造
15	Morris (2003)	商业模式是一种简单的陈述,旨在说明企业如何对战略方向、运营结构和经济逻辑等方面具有内部关联性的变量进行定位和整合,以便在特定的市场上建立优势

第二节　商业模式的维度和要素

国内主要研究商业模式的学者魏炜和朱武祥(2010)认为,商业模式体系包括定位、业务系统、关键资源能力、盈利模式、自由现金流结构和企业价值6个方面。

Richardson and Allen (2006)认为商业模式有三个层次:一是战略问题,二是营运层面,三是经济层面。对于商业模式的把握需要问六个问题:怎样创造价值;为谁创造价值;竞争力和优势来源;与竞争对手差异;怎样赚钱;时间、空间和规模等的目标。

Osterwalder(2004)提出九要素模型:价值主张;消费者目标群体;分销渠道;客户关系;价值配置;核心能力;合作伙伴关系;成本结构;收入模型。

张维迎、孔翰宁、奥赫贝(2010)认为2010年商业模式的特征将是:提供解决方案而不是产品、客户接触的新途径、紧密的客户关系、生态系统、便利、更富有弹性的价格体系和快速转型。

袁新龙、吴清烈(2005)认为商业模式包括产品及服务流、信息流和资金流的结构,对不同商业参与者及其角色的描述,不同商业参与者收益及其分配的划分。

Chesbrough Rosenbloom (2002)认为商业模式的功能包括:明确价值主张;确定市场分割;定义价值链结构;估计成本结构和利润潜力;描述其在价值网络中的位置;阐明竞争战略。

阿福亚赫、图西(2000)认为商业模式必须明确向客户提供什么样的价值,向哪些客户提供价值,如何为提供的价值定价,如何提供价值及如何在提供的价值中保持优势。

李政勇(2009)认为商业模式的组成部分有:融资模式;营销模式;管理模式和生产模式。

彭歆北(2008)认为,商业模式分为三个层面,包括内层核心竞争力,中层业务组合,外层实现模式。核心竞争力是指能为客户带来超额利润的能力,具备价值性、难以模仿性和延展性。业务组合式企业所从事的所有业务的综合,纵向业务组合式指企业在某条产业链上所从事的业务组合;横向业务组合式指企业在不同产业中所从事的业务组合。外层实现模式由收入模式、运营模式和资源模式构成。

综合以上观点,笔者认为,商业模式要素可分为业务模式、运营模式、盈利模式,核心就是资源的有效整合。业务模式指的是产品或服务的价值创造方式;运营模式特指企业内部人、财、物、信息等各要素的结合方式,这是商业模式的核心和最基本体现;盈利模式主要指企业获得资本的方式以及资本运行的方式。这是商业模式的支撑体系。

商业模式的结构如图2-1所示。

图2-1 商业模式的结构

第三节　商业模式的理论分析模型

下面引述几个主要观点的模型。

一、商业模式的建构要素模型说

Müller-Stewens 和 Lechner(2005)的观点如下：商业模式可以定义为一家企业通过资本化运作，如何配置其价值链，解决其业务如何赚钱的问题。商业模式通过运作管理优化，回答如下问题：其服务如何提供给客户？企业的结构如何保证提供这些服务？如何赢得客户和培育客户？如何确定其收入模式？

这一定义的模式要素的建构如图 2-2 所示。

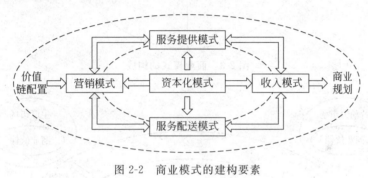

图 2-2　商业模式的建构要素

二、三层面模型说

彭歆北(2008 年)认为，商业模式分为三个层面，包括内层核心竞争力，中层业务组合，外层实现模式。核心竞争力是指能为客户带来超额利润的能力，具备价值性、难以模仿性和延展性。业务组合式企业所从事的所有业务的综合，纵向业务组合式指企业在某条产业链上所从事的业务组合；横向业务组合式指企业在不同产业中所从事的业务组合。外层实现模式由收入模式、运营模式和资源模式构成。其构成如图 2-3 所示。

三、交易系统模型说

Oliver Grasl(2008)认为，商业模式的概念是一个复杂的概念，公司的业务伙伴、客户、产品和价格结构不是独立的，而是通过多种方式彼此相连，导致结构复杂。这些利益相关者之间的交易以及支持这些交易的渠道涉及许多活动，必须由许多合作伙伴配合协调，这导致运作的复杂性。同时，在这些交易中所创造的价值，其中部分必须反馈到系统，以支持该公司实现的渠道和交易。这种反馈也导致了动态复杂性。根据这一观点，他给出了一个商业模式要素的关系图，如图 2-4 所示。

四、运营系统模型说

纪慧生(2010)认为，商业模式和企业运营系统的目的相同，都是为企业创造价值；两

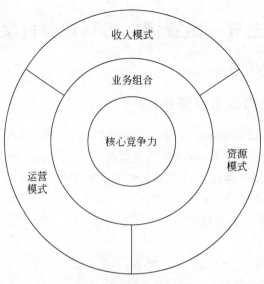

图 2-3　商业模式的构成

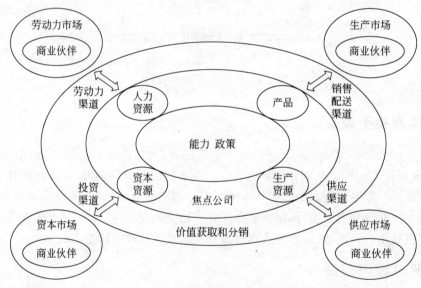

图 2-4　商业模式要素

者的内核也是相同的,都需要核心能力作为其功能实现的保障。商业模式输出的是产品、服务的价值,而运营系统输出的是产品、服务。商业模式主要从商业客户、供应商和合作伙伴的视角出发,研究价值产生的过程,而企业运营系统是从运营流程的角度出发,研究产品、服务提供过程。其过程如图 2-5 所示。

五、商业模式七要素说

　　李振勇认为,商业模式就是为实现客户价值最大化,把能使企业运行的内外各要素整合起来,形成一个完整的内部化的或利益相关的、高效率的、具有独特核心竞争力的运行

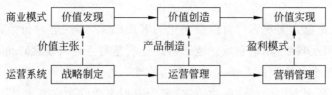

图 2-5　商业模式和运营系统的关系

系统,并通过最优实现形式满足客户需求、实现客户价值,同时使系统达成持续盈利目标的整体解决方案。

商业模式的七要素缺一不可,其中整合、高效率、系统是基础或先决条件;核心竞争力是手段;客户价值最大化是主观目的;持续盈利是客观结果。模式要素结构如图2-6所示。

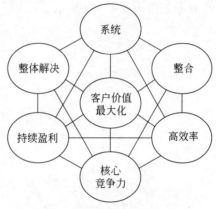

图 2-6　商业模式要素结构

客户价值最大化是企业制定战略的出发点,是企业一切经济活动的指南和动力源泉。客户价值最大化有4层含义:一是这里的客户包括消费者、股东、合作伙伴、员工和社会,其中消费者是主导,只有消费者的价值实现了,后4者的价值才能实现;二是确定消费者,并能洞察消费者内心真实的需求;三是不断满足客户的需求,并能给予超值的服务;四是客户不仅仅是指公司外的,也包括公司内所有创造价值的员工,系统内所有的下游都是上游的客户,让下游满足是上游工作的标准(见图2-7)。

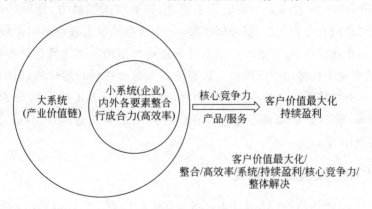

图 2-7　商业模式与客户价值最大化

系统,既指企业内的小系统,也指企业所属整个产业价值链的大系统;是最佳整体的意思,即个体的最佳组合。系统是最佳整体的意思,即个体的最佳组合。

整合就是协调、组织和融合,使企业内外部与企业的经营管理系统进行有机的整合,形成一个整体,以达到最高效率。

高效率就是通过整合系统内外的各要素,使之高效率地运作。其目的就是使系统形成核心竞争力。

持续盈利是企业为实现客户价值最大化的客观结果,实现客户价值最大化是企业的主观追求,二者相互联系、相辅相成。能否持续盈利是对企业实现客户价值最大化结果的最直接反映,因此也是检验商业模式是否成功的唯一外在标准。

整体解决就是全方位的整体解决方案,便于发掘客户的潜在需求,满足客户全面的要求。整体解决是对客户价值最大化的显形体现,为客户提供整体解决方案,能够使得用户价值的全面最大化,也是一个企业能力的整体体现。

核心竞争力如图 2-8 所示。

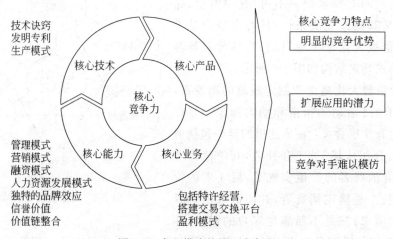

图 2-8　商业模式的核心竞争力

核心竞争力有三个特征:明显的竞争优势、扩展应用的潜力、竞争对手难以模仿。相对于传统的"结构—行为—绩效"分析框架,企业核心竞争力理论不拘于形式和外在的东西,更多地从企业内在的、发展的观点去分析企业和市场。企业是否具备核心竞争力,是影响企业长期竞争优势的关键因素。核心竞争力是处在核心地位的、影响全局的竞争力,是一般竞争力的统领。从表现形式的角度,可以将企业核心竞争力分为 4 类:核心产品、核心技术、核心业务和核心能力。它们之间关系密切,产品来自技术,技术创造业务,业务实现能力。

六、约翰逊商业模式三要素说

由哈佛大学教授约翰逊(Mark Johnson),克里斯坦森(Clayton Christensen)和 SAP 公司的 CEO 孔翰宁(Henning Kagermann)共同撰写的《商业模式创新白皮书》把这三个要素概括为以下三个方面。

(1) 客户价值主张是指在一个既定价格上企业向其客户或消费者提供服务或产品时所需要完成的任务。

(2) 资源和生产过程是指支持客户价值主张和盈利模式的具体经营模式。

(3) 盈利公式是指即企业用以为股东实现经济价值的过程。

七、张维迎、孔翰宁、奥赫贝商业模式八要素模型

张维迎、孔翰宁、奥赫贝(2010)在《2010 商业模式——企业竞争力优势的创新驱动力》中勾画了他们的商业模式八要素模型(见图 2-9)。

张维迎、孔翰宁、奥赫贝(2010)对这一模型分析道:

(1)产品与服务。创建个性化的创新服务和消除多余服务,需要关于客户及其要求的知识。

(2)客户接触。在权衡开发新的目标客户群、新的地区销售渠道和降低销售成本哪个更迫切时,IT 是一种特别有效的方式。所有客户联系,从营销到售后,都使客

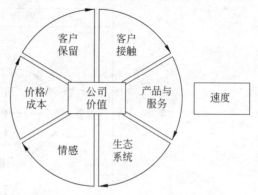

图 2-9 商业模式八要素模型

户更容易被理解,因为这些过程产生了大量客户信息,最重要的是需求信息。这就为从更人性的层面拉近客户以及为交叉销售(cross-selling)和提升销售(up-selling)提供了可能。

(3)客户保留。关于客户及其流程的知识,是获得客户忠诚度的最重要因素之一。除非客户信赖公司,否则他们不会冒着数据滥用和丢失的风险把信息交给它。

(4)生态系统。许多生态系统的成员都在努力获取客户数据和巩固客户关系。

(5)情感。企业越了解客户,就能越有效地找准客户需要,并通过便利的服务提高客户满意和信任。

(6)价格/成本。价格是由产品或服务对客户的价值和替代品的情况决定的。不同的定价是商业模式的核心元素。

(7)速度。对 CRM(客户关系管理)项目的观察表明,员工对客户的态度比软件更重要。由于竞争对手同样针对市场和客户开发进行新的投资,市场份额只能从那些没有跟上创新速度的竞争者手中获得。

八、魏朱商业模式的六要素模型

魏炜、朱武祥两位教授在其所著《发现商业模式》中提出商业模式的六要素模型——业务系统、定位、盈利模式、关键资源能力、现金流结构和企业价值,用交易价值、交易成本和交易风险三把标尺,从不同的侧面解释了"利益相关者的交易结构"。

六要素模型简略阐述如下:业务系统是内外部利益相关者作为行为主体形成的"网络拓扑结构+交易角色+治理关系";定位是企业为满足利益相关者需求而与其交易的方式;盈利模式指"盈利来源+计价方式(数量、时间、价值)";现金流结构要体现轻资产的现金流结构设计,如充值卡(预收款+高质量服务=提高客户满意度+释放现金流压力);企业价值是商业模式的落脚点,等于股票市值;关键资源能力是改进效率的重点(业绩的差异)。

为此,魏、朱把商业模式定义为焦点企业在动荡的商业生态环境下围绕上述六要素为其利益相关者设计的一个全息交易结构的交易价值、交易成本和交易风险。结构如图 2-10 所示。

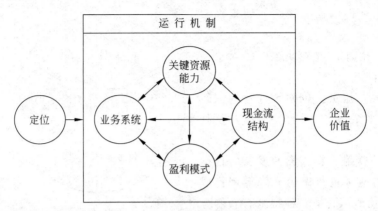

图 2-10　魏朱商业模式结构图

这些基本要素总结如下。

(1) 定位。企业满足客户需求的方式(产品、客户、需求和方式)。

(2) 业务系统。企业选择哪些行为主体作为其内部或外部的利益相关者(构型:连接的结构;关系:交易内容、交易方式、交易性质;角色:有一定资源能力的利益相关者)。

(3) 盈利模式。以利益相关者划分的收入结构、成本结构以及相应的收支方式。

(4) 关键资源能力。支撑交易结构背后的资源和能力。

(5) 现金流结构。以利益相关者划分的企业现金流流入的结构和流出的结构以及相应的现金流的形态。

(6) 企业价值。未来净现金流的贴现。对上市公司而言,直接表现为股票市值。

九、亨利·伽斯柏商业模式六功能说

亨利·伽斯柏在其论著《开发型商业模式》中提出了六功能模型说(见图 2-11)。他认为,商业模式是一种连接创意和技术与经济收益的有用的结构。随着商业模式这个术语频频在公司的范围中引用,这个概念在理解公司(不论大小)是由如何将技术潜能转化为经济价值的过程中非常有用。

说到底,商业模式主要有以下两个重要的功能:创造价值和获取价值。首先,它定义了一连串的商业活动——通过在整个商业活动中创造商业净值的方法来生产新产品或提供新服务;其次,获取价值,从这些商业活动中为发展这种模式的公司获取价值。

如果拥有了商业模式,不仅要发展商业模式,而且必须管理好商业模式。管理商业模式是有内在风险和不确定的行为。将一条创意或技术商业化有多种途径,

图 2-11　亨利·伽斯柏商业模式六功能说

虽然有许多潜在的途径,但很多很可能会失败。成功的商业模式会造成许多额外的风险。公司内部强烈的惯性都会使这些针对公司商业模式的改革遇到更多的阻力。

虽然如此,但一些公司也能在商业模式内酝酿变革。一些锐意进取的公司根据市场的变化而变化其商业模式,而这种变化是为了对抗危机。更多的公司采取这样的方式——以做得最好的其他公司为基准,在自己公司内部一定程度上模仿这种基准。这样,公司就可以为公司如何提高及哪里提高商业模式获得一些感觉,商业模式就真可能得到提高。

但是公司也需要提供一些大体方向的路线图——如何变革商业模式,如何延续这些变革措施。阐明了可解释不同商业模式的框架结构,概略地叙述了相应地支持每一种商业模式的创新过程和知识产权管理。

亨利·伽斯柏认为,商业模式包含以下六大功能。

(1) 明确价值的任务。更确切地说,卖方为用户创造价值。

(2) 确定市场分割。更确切地说,对用户、卖方及其市场目标有所帮助。

(3) 定义了公司必要的价值链结构来创造和分配这些产品,定义了支持公司在价值链中地位的补充资产(包括公司的供应商和客户,应该从原料扩展到最终客户)。

(4) 为公司明确利润创造机制,评估费用结构和公司出产产品的潜在利润,明确价值的任务以及选择的价值链结构。

(5) 描述公司在价值网络(价值网络也可以定义为"生态系统")中的位置,将供货商和客户联系起来,包括甄别潜在的补充人员(第三方软件开发人员)和竞争者;

(6) 阐明了竞争战略,创新公司利用此战略赢得和保持竞争优势。

十、奥特华德商业模式九要素说

亚历山大·奥特华德在其 2010 年出版的《商业模式新生代》一书中,在综合了各种概念的共性基础上,提出了一个包含 9 个要素的参考模型。这些要素如下。

(1) 价值主张(value proposition)。即公司通过其产品和服务所能向消费者提供的价值。价值主张确认了公司对消费者的实用意义。

(2) 消费者目标群体(target customer segments)。即公司所瞄准的消费者群体。这些群体具有某些共性,从而使公司能够(针对这些共性)创造价值。定义消费者群体的过程也称为市场划分(market segmentation)。

(3) 分销渠道(distribution channels)。即公司用来接触消费者的各种途径。这里阐述了公司如何开拓市场。它涉及公司的市场和分销策略。

(4) 客户关系(customer relationships)。即公司同其消费者群体之间所建立的联系。通常所说的客户关系管理(customer relationship management)即与此相关。

(5) 价值配置(value configurations)。即资源和活动的配置。

(6) 核心能力(core capabilities)。即公司执行其商业模式所需的能力和资格。

(7) 合作伙伴网络(partner network)。即公司同其他公司之间为有效地提供价值并实现其商业化而形成的合作关系网络。

(8) 成本结构(cost structure)。即所使用的工具和方法的货币描述。

（9）收入模型（revenue model）。即公司通过各种收入流（revenue flow）来创造财富的途径。

这一九要素模型如图 2-12 所示。

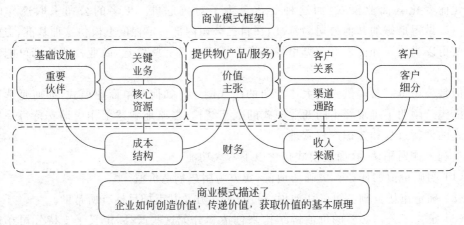

图 2-12　奥特华德商业模式九要素说

综上所述，商业模式作为战略管理中创业领域一个新的研究热点，已经引起了学术界的高度关注。随着国内外学者对商业模式的理论研究不断深入，在各种观点中，越来越多的学者倾向于用系统、战略、创新的方法和观点全面研究商业模式。对商业模式的含义、构成要素和模型等不断有新的界定和理论，相信随着商业模式应用的日益广泛、深入，关于商业模式的研究也会不断跃上新台阶。目前，国内外对商业模式的研究已经具有一定的广度和深度，从早期的商业模式概念、要素、分类研究逐渐转向商业模式创新研究。在梳理相关文献的基础上，商业模式的创新力、创新途径和创新模型、创新战略等方面是商业模式创新研究今后的研究方向。

归纳总结一下，成功的商业模式具有以下共同特点。

（1）商业模式重构性。商业模式并非一成不变，当市场环境发生变化时，企业便需要对自身的商业模式进行重构，重构就是一种创新。

（2）有效性。商业模式的有效性，一方面是指能够较好地识别并满足客户需求，做到客户满足，不断挖掘并提升客户的价值；另一方面，还指通过模式的运行能够提高自身和合作伙伴的价值，创造良好的经济效益。同时，也包含具有超越竞争者的，体现在竞争全过程的竞争优势，即商业模式应能够有效地平衡企业、客户、合作伙伴和竞争者之间的关系，既要关注客户，又要使企业盈利，还要比竞争对手更好地满足市场需求。

（3）整体性。好的商业模式至少要满足两个必要条件：第一，商业模式必须是一个整体，有一定结构，而不仅仅是一个单一的组成因素；第二，商业模式的组成部分之间必须有内在联系，这个内在联系把各组成部分有机地关联起来，使它们互相支持，共同作用，形成一个良性循环。戴尔的直销模式之所以成功，其重要原因之一是戴尔具有低于 4 天的存货周转期，这种高周转率直接带来了低资金占用率和低成本效益，使得戴尔的产品价格低，具有竞争对手不可比拟的优势。戴尔的低库存高周转效率正是来自于其核心生态系统内采购，产品设计，订货和存货治理，制造商及服务支持等一系列生态链中的相关活动的整体联动所产生的协同作用,这是其真正的核心竞争力所在。

(4)差异性。商业模式的差异性是指既具有不同于原有的任何模式的特点,又不轻易被竞争对手复制,保持差异,取得竞争优势。这就要求商业模式本身必须具有相对于竞争者而言较为独特的价值取向以及不易被其他竞争对手在短时间内复制和超越的创新特性。戴尔的直销模式重新定义了顾客对速度及成本价值的衡量方式,创造了阻碍竞争对手模拟的障碍。

(5)适应性。商业模式的适应性,是指其应付变化多端的客户需求、宏观环境变化以及市场竞争环境的能力。商业模式是一个动态的概念,今天的模式也许明天被演变成不适用的,甚至成为阻碍企业正常发展的障碍。好的商业模式必须始终保持必要的灵活性和应变能力,具有动态匹配的商业模式的企业才能获得成功。

(6)可持续性。企业的商业模式不仅要难于被其他竞争对手在短时间内复制和超越,还应保持一定的持续性。商业模式的相对稳定性对维持竞争优势十分重要,频繁调整和更新不仅增加企业成本,还易造成顾客和组织的混乱。这就要求商业模式的设计具备一定的前瞻性,同时还要进行反复矫正。

(7)生命周期特性。任何商业模式都有其适合的环境和生存土壤,都会有一个形成、成长、成熟和衰退的过程。

第四节 案例分析 三和茶叶公司"茶人合一"商业模式创新

(一)三和企业简介

三和企业成立于1995年,是福建省安溪县人民政府指定的"乌龙茶定点经营企业"。目前,公司拥有面积50 000多亩的7个安溪高山生态茶园和1个柘荣有机茶基地,在安溪建设有年产2 000吨的标准化生产车间,在柘荣建设有年产200吨的有机茶初制厂房,面积达3 500平方米的茶文化博物馆,并在全国有数百家"三和名茶"连锁专卖店。2011年,三和企业在加拿大多伦多专卖店的盛大开业更是启动了三和国际市场的实践战略,并且2011年还代表福建乌龙茶出访法国。三和企业主要从事茶产品的研发生产、加工销售及农业、林业的综合开发、旅游业、酒店业、房地产业等众多领域的投资、经营管理等。

长期以来,三和企业以"弘扬中国茶文化,发展中国茶经济,打造中国茶品牌"为己任,以"人与人之和气,人与自然之和谐,人与社会之和美"的兴茶理念,在社会各界具有较高的知名度和美誉度,先后被认定为"省知名字号""省著名商标""省农牧业产业化龙头企业""国家级扶贫龙头企业""中国茶业百强企业""中国驰名商标"等荣誉称号,并被联合国授予"联合国南南合作网示范基地示范项目"。

三和企业品牌内涵为:《道德经》中"道生一,一生二,二生三,三生万物,万物负阴而抱阳,冲气以为和",此之为"三和"最初由来。"三和"是天时、地利、人和的总称,象征着人与人、人与自然、人与社会的关系融洽,是人类最美好的祈愿。以"三和"作为品牌命名,集中体现了公司希望以茶为媒介,通过茶文化的传播,创造"人与人之和气,人与自然之和谐,人与社会之和美"的"茶人合一"的精神境界。

核心广告语为:中国韵·三和茶。

经营理念为:

以茶为媒、祈天之美,只为人与人之间的至善和气。

以客为尊、采地之精,只为人与自然之间的和谐共存。

以和悟道、集茶之韵,只为人与社会之间的和美真谛。

茶韵自在人心,只有"以善为贵、以和为美"才能采制出最好的茶。三和企业始终秉持"人与人之和气,人与自然之和谐,人与社会之和美"的经营理念,将茶友、消费者的健康品茗放在第一位,持续在茶园的生态环保及茶叶的生产研制方面进行投入,同时以最杰出的品质和最优质的服务打造一流的专卖连锁营销体系,为中国茶韵走向全球而不懈努力。

(二) 三和茶叶商业模式分析

1. 客户细分

客户构成了商业模式的核心,只有客户才能为企业带来可以看得见的收益。所以对于客户进行细分,找到客户的共同需求,共同的行为和其他共同的属性尤为重要。

对于茶叶市场来讲,目前大部分茶叶企业的市场为大众市场。大众市场,即它在不同的客户细分之间没有多大差别。价值主张、渠道销路和客户关系全都聚焦在一个大范围的客户群组,在这个群组中,客户具有大致相同的需求和问题。以目前茶叶销售企业来看,产品种类包含的范围较广,以铁观音为例,包含了几十元到上万元不等的各种产品,种类齐全,以产品来定位不同的人群,而对于品牌则是包罗万象,对于三和企业来说,和福建大部分的茶叶企业一样,几乎囊括了所有福建的茶叶品类,如乌龙茶中的铁观音,武夷山的岩茶,各种红茶等。其他还有茶具、茶食品等相关的产品。对于目前行业最大的企业——台湾的天福茗茶更是如此,它还包含了其他地域的茶叶,如普洱、绿茶、花茶,等等。

对于产品,三和企业则针对不同的消费群体设计了不同的产品。例如,根据地域的不同,产品的种类有所区别,按照人口统计,对于收入不同的人群也有不同价位,口感和包装的差别,对于不同的购买动机也有区别,对于求美、求新商务用途有包装精美、携带方便的产品,对于自用的产品也有求实、高性价比的产品。产品通过各种不同的细分广泛地满足人们对于茶叶的需要。随着市场的渐渐成熟,产品的细分也越来越细,目前光乌龙茶里的铁观音,清香型的就达几十种之多。

对于三和的市场,粗略分可分为国内市场和国际市场。除大陆市场外,三和企业对中国台湾和日本均有出口,日本和中国台湾也是三和企业的一个较大的出口市场。2011年,三和开始进入加拿大和美国市场,并已在加拿大多伦多建立分店,2012年,三和同福建其他几家大的茶企业组成"安溪铁观音"大品牌进入欧洲,并在法国建立销售中心,开始进入技术条件最为严格的欧盟市场。

2. 价值主张

在一个茶艺馆与酒吧、咖啡馆林立街巷的时代,如何在茶的实用之上体验一份精神的价值,是三和茶叶一直所追求的。在品茶的同时,使人获得茶性的松适平和,获得与茶性相呼相应的文化熏陶,感受到中国茶饮艺术散发出的美感,这就是三和的魅力所在。三和茶业将继续以弘扬中国茶文化为己任,以茶为业,以茶会友,以更好的产品、更优质的服务回报广大顾客。

随着市场经济的加速发展,商品的市场占有率竞争是日益激烈。铁观音在市场上产品的品质、价格也是鱼龙混杂,对此,三和企业深刻地认识到,只有积极地树立起自己的品牌,统一标识、统一包装、统一明码实价、统一销售和售后服务,统一门面,在提高产品的品质和扩大宣传上狠下功夫,在提高品质方面,一是从茶形、茶韵上结合内外安溪的土壤、气候特点,对多种茶叶进行拼配制,使"三和名茶"的乌龙茶都带有自然花果香,香气高长,滋味醇厚鲜爽,回甘味强,汤色金黄,绿叶红边;二是包装上,由原来的大包装改成真空包装、充氮包装、无菌包装、除氧包装;三是设计上力求做到融广告宣传、艺术欣赏、礼品器具于一体,使消费者一看品牌就能产生良好而深刻的印象,从而产生很强的吸引力和购买欲,在加大"三和名茶"品牌宣传力度方面,在各大报纸、电视台等新闻媒体上宣传"三和名茶"品牌;四是在福州开设端庄典雅的三和形象特色的专卖直营形象店,定时或不定时地在福建《东南快报》组织举办茶叶的鉴定及斗茶活动,为客人提供茶叶品质及价格鉴定,供客人斗茶或请专家开讲座使用,让更多人了解安溪乌龙茶。

三和企业通过让顾客的体验,把三和企业优质的产品、独特的口感传达给顾客,并让顾客在其中体会到"俭、清、和、静"的精神体验。

3. 渠道通路

沟通、分销和销售是公司对于用户的接口界面。销售渠道包含的功能有:提升公司产品和服务在客户中的认知;帮助客户评估公司的价值主张;协助客户购买特定的产品和服务;向客户传递价值主张;提供售后客户支持,见表2-2。

表2-2　渠道类型与阶段

渠道类型		渠道阶段				
		认　知	评　估	购　买	传　递	售　后
自有渠道	销售队伍	如何在客户中提升公司产品和服务认知	如何帮助客户评估公司价值主张	如何协助客户购买特定产品和服务	如何把价值主张传递给客户	如何提供售后服务
	在线销售					
	自有店铺					
合作伙伴渠道	合作伙伴店铺					
	批发商					

4. 连锁企业经营模式

连锁经营是一种商业组织形式和经营制度,是指经营同类商品或服务的若干个企业,以一定的形式组成一个联合体,在整体规划下进行专业化分工,并在分工基础上实施集中化管理,把独立的经营活动组合成整体的规模经营,从而实现规模效益。[4] 通常连锁包括三种形式:直营连锁、特许经营和自愿加盟。

(1)特许经营。是指特许经营权拥有者以合同约定的形式,允许被特许经营者有偿使用其名称、商标、专有技术、产品及运作管理经验等从事经营活动的商业经营模式。特许经营必须有一套完整的运作技术优势，从而转移指导，让加盟店能快速运作，并且从中获取利益，加盟网络才能日益壮大。

（2）直营连锁。是指总公司直接经营的连锁店，即由公司总部直接经营、投资、管理各个零售点的经营形态。总部采取纵深似的管理方式，直接下令掌管所有的零售点，零售点也必须完全接受总部指挥。直营连锁的主要任务在"渠道经营"，意思是指透过经营的渠道从消费者手中获取利润。因此实际上，直营连锁是总部的一种对于直营店的"管理产业"。

（3）自愿加盟。是自愿加入连锁体系运作的商店。这些商店在连锁企业指导前就已经存在，所以不属于加盟连锁企业所有。在这个体系中，商品所有权是加盟主所有，而运作技术和商品的品牌归总部持有，所以一方面这些商店要兼顾共同发展的利益共同体的前提，一方面也要保持运作的自主性。可以称为思想的产业。

对于茶叶连锁企业的连锁经营模式选择，可以从以下三个方面来考察：总部和连锁店的主要纽带主要是产品，其次才是服务；加盟商对总部连锁体系的依赖度；连锁企业总部对加盟店的掌控能力。

目前，三和企业在全国有加盟店和直营店共计二百多家，在大部分省份的省会和一线城市都建立了销售网络。在 2011 年，三和企业新增加盟、直营店二十多家，预计在未来几年内，加盟店和直营店的数量会有较大的发展。

对于连锁企业经营模式的分析，其优缺点及风险如表 2-3 所示。

表 2-3　拓展方式的分析比较

拓展方式	优　点	缺　点	风　险
直营连锁	• 高度集权 • 易统一标准化管理与控制 • 连锁网络稳定 • 复制成功率高	• 扩张速度慢 • 资金人员需求等对企业压力大，是发展瓶颈	• 资金风险 • 人才风险
特许加盟	• 扩张速度快 • 扩大规模需用资金少 • 扩大规模人才压力小	• 加盟连锁店难以管控 • 复制成功率低	• 管控风险
自由连锁	• 各加盟店或企业自由经营 • 统一采购或物流 • 共担利益与风险	• 组织与管理难度大 • 连锁极不稳定，各自为政	
收购兼并	• 快速扩大规模	• 需要资金大 • 收购或兼并后的遗留问题及整合难处理	• 资金和整合风险
托管加盟	• 品牌和管理输出，投资风险小	• 盟主品牌及成功模式要求高 • 如果品牌影响小，较难运作	• 经营盈利风险

对于茶叶企业连锁经营来说，直营店有着众多优点，但对于公司经营来说，有着巨大的资金压力，从门店的成本来看，租金近几年价格不断上涨，人工也面临巨大的上涨压力，门店装修、经营、维护面临巨大的资金占款，会严重影响扩张速度，同时对于茶叶企业，人

员流动性较大,茶艺师和导购学历较低,流动性较大,在人力资源培训和招聘方面支出较大,不利于三和企业快速的发展。同样对于加盟店来说,其缺点在于比较难管控和复制成功率低。这些缺点相对比较容易克服。三和企业有着二十多年做茶叶的经验,并且有多年茶楼管理方面的经验。尤其对加盟连锁具有相当丰富的经验,比较容易克服对加盟店的不利方面。

所以目前对于三和企业,以大力发展加盟店为主,除一些比较重要的市场采取直营作为急先锋占领市场外,对于全国市场,单独设立招商部,加大加盟店的发展力度。

对于三和企业来说,目前加盟店和直营店的数量各占到 200 家左右,对于直营店的设立,公司基于以下两点考虑。

(1) 市场的合理布局。直营店作为开路先锋抢占市场,调整全国市场的合理布局,增强品牌的形象辐射带动能力,时机成熟,直营店可以变成区域中心,推动加盟店的发展。目前,三和企业已于河北、河南、内蒙古、陕西、江苏、黑龙江、吉林、辽宁、广东、广西、江西、山东等大部分省区建立了省会或重要地市的直营店,在北京、上海、重庆、天津、深圳、广州等一线城市建立了直营店,作为抢占市场的先锋,由公司统一管理,统一配送,统一定价,统一财务核算,统一标识和统一经营策略。

(2) 区域中心的设置。对于直营店在全国布局慢慢完成和不断深入,伴随加盟店发展,公司分别设立了东北、华北、华南、华东、华中等几个大的区域管理中心,方便直营店和加盟店的管理。区域中心对总部和下面直营店及连锁店的管理起到很好的纽带作用。

对于直营店,公司对每月的经营情况进行考核,经营资金由公司统一调配,月底对库存和营业情况进行汇总,对于不同地域的经营策略和促销手段,由区域主管根据实际情况汇报公司总部,由总部审核修订。

对于加盟店,公司通过品牌使用控制权,产品控制,IT 系统控制及客源控制,通过协议的方式,以法律形式保证对加盟店的控制,对于各个加盟店,以统一的产品折扣作为进货价。对于商标的使用,销售策略的使用,有统一规定,使用统一的店名,统一的装修风格,提供标准化的产品和服务。对于采购、配送、零售一体化,公司内部职能分离,总部负责集中进货和配送,各连锁店负责分散销售。

5. 客户关系

三和企业通过体验营销把口感优质的茶叶推介给顾客,对于茶叶行业来讲,一旦顾客自己形成习惯,则口味一般不容易改变,因为改变自己的喝茶习惯和口感是一个比较长的过程。所以让顾客对茶叶口感形成习惯一直是每个茶叶企业所追求的。要让顾客改变口味,需要一定时间,成本较大。

三和企业也追求和客户供应商共同创造价值,如和客户合作,从产品到服务定制化。

三和企业也十分重视同政府的合作,目前三和名茶珍珠韵、玉玲珑、翡翠香已被指定为国家机关专属用茶。

6. 收入来源

三和集团下属盛世名茶三和茶业有限公司收入来源目前有两部分:一是营销网络的产品和服务收费,来自于各加盟店、直营店的产品销售,服务收费等;二是会所的收入,三和茶业在全国有几家直营或是加盟的茶会所,会所的经营收入作为收入来源之一。

7. 核心资源

每个商业模式都有自己的核心资源。核心资源使得企业组织能够创造和提供价值主张、接触市场、与客户细分群体建立关系并赚取收入。不同的商业模式核心资源也不同。核心资源可以是实体资产、金融资产、知识资产或是人力资源。

魏炜和朱武祥(2009)在核心资源中还提到了核心能力,即他们把能力、竞争力、组织程序、企业特征、信息、知识等都归入核心资源中,他们认为,能力是企业协作和利用其他资源的内部特征,能力包含组织能力、物资能力、交易能力、知识能力。

一般来说,企业由于存在不同的商业模式,所以对于需要的重要核心资源也是不同的。一个行业的企业要想获得成功,一定要自己具备关键的资源,并且能够控制其他的资源能力。

8. 关键业务

关键业务是创造和提供价值主张、接触市场、维系客户并取得收入的基础。业务系统是由相应的工作流、信息流、实物流和资金流组成。业务系统反映的是企业与其内外各种利益相关者之间的交易关系。

对于茶叶行业来讲,产业链一般如图 2-13 所示。

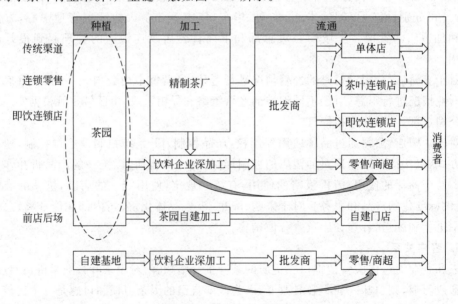

图 2-13　茶叶产业连锁图

三和在建立品牌、营销的过程中,放弃了传统商超的方式,建立自营店面或是加盟连锁店以维持自身品牌形象。

三和茶叶商业价值链与附加值之间的关系如图 2-14 所示。

在价值链的整个上中下游中,三和企业上控制源头,下到销售通路均有涉及,这也是目前竞争力较强的茶叶企业均采取的方式。

微笑曲线理论是 20 世纪 90 年代,中国台湾 IT 教父宏碁的施正荣先生根据波特理论

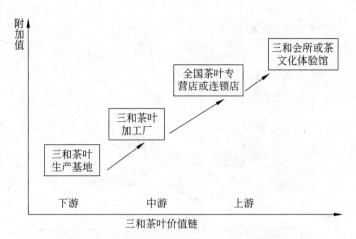

图 2-14　三和茶叶商业价值链与附加值关系

和他多年从事 IT 产业的经验提出的。所谓微笑曲线，就是以附加值高低随着产业链分工中的业务工序上中下游变化而变化。三和茶叶的产业价值链微笑曲线如图 2-15 所示，由中间的低点向两端的高附加值延伸。

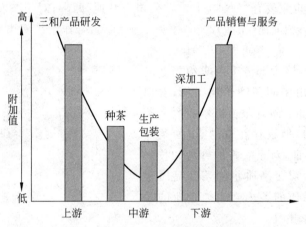

图 2-15　三和茶叶的产业价值链微笑曲线

　　同样对于茶叶产业价值链适用，三和上游发展茶园种植技术，提高竞争力，适应更加严格苛刻的国内外茶叶安全、优质、无污染的高标准管理，研制各种口感，适合各类人群不同需要的茶叶，下游建立直营、加盟店以及各种文化体验店，直接面对顾客，提供优质的服务和产品。其微笑曲线如图 2-16 所示。

　　现在的茶叶企业经过规模效益之争后，开始着重发展自己的核心竞争力，专注品牌的打造和研发。通过研制技术含量更高的产品，差异化的产品来使自己的产品拥有更高的附加值。对于品牌更加看重，注重产品的品质，发展品牌的文化内涵，借助各种媒体宣传打造品牌价值。例如，三和企业一直与厦门航空等一些公司企业合作，宣传公司的价值、品牌，打造高端的形象，而且对于主流和网络媒体也进行了宣传。同时，由茶叶的销售、种植、制造延伸了茶叶文化园、安溪茶博物馆、茶创意园以及相关的茶用品。

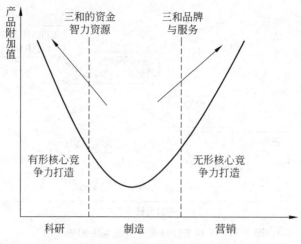

图 2-16　三和在关键业务核心竞争力的打造

9. 重要合作伙伴

对于茶叶行业来讲,上游的毛茶主要由农户或是公司自有基地提供的,所以目前行业内加工生产的模式也主要有"公司＋农户""公司＋基地"两种,对于茶农茶叶的销售主要有:农贸市场 12％;中间商(茶贩)20％;龙头企业 46％;合作组织卖出 6.40％;自营店销售 2.90％;交叉的 13％(参见图 2-17)。

对于农户来讲,绝大部分毛茶卖给当地的龙头企业,或是经由中间商到达加工厂,农户对于企业来说,议价空间有限。虽然收购毛茶对于企业来讲方便,但也存在着缺点,如茶叶的质量很难获得保证,对于农户的管理和技术指导显得很重要。对于高质量的茶叶品质来说,卫生的要求、品质的要求会增加企业的管理难度,对企业要求更高。

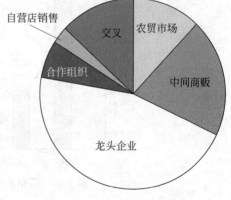

图 2-17　茶农茶叶的销售对象

三和企业在茶园资源上借鉴法国葡萄酒庄园管理经验,公司拥有大片优质茶园,为公司自有,同时也与农户合作,为农户提供技术指导和管理经验的传授,同时通过合同与农户建立起稳定的联系,农户为公司提供有质量保证的茶叶,公司进行加工和生产。

在下游公司还有一定数量的加盟店,如果说茶企发展专柜是一种迈进,那么,加盟营销就是一种跨越。为打造铁观音加盟名店,实现茶企与加盟商的互利双赢,三和企业对其麾下加盟店,从前期的店面选址、对象斟选,到中期的店堂设计、人员培训,乃至后期的店堂管理、问题排除,都狠下功夫,达到互利双赢的效果。在门面上,三和坚持文化、队伍建设同行。选中加盟商,确定加盟店地址,签订相关协议合同后,进入店铺的设计装修和员工的岗前培训等开业筹备阶段。三和企业对其加盟店进行统一免费的店铺装修设计,以更好地传达企业理念,提升企业形象。同时三和还为其加盟店免费提供总部统一的广告策划宣传和媒体广告支持。例如,成功运营经验手册、获得的各项认证和企业荣誉等宣传用品,展示茶企文化,提高品牌档次。支援加盟店文化建设的同时,三和还会为加盟店员工进行系统的培训。三和企业对加盟店实行人员统一配置,包括店长、收银员、营业员等,都须在上岗前接受总部运营模式培训。培训内容包括专业知识(含茶艺、茶叶、茶具、茶文化)、经营管理、销售技巧、客户管理、物流管理(进销存管理)、设备使用,产品陈列等。三和企业对新开业的加盟店,还分别指派店长和店助,进行为期3个月的驻店指导。

10. 成本结构

对于三和茶叶来说,以安溪、福安等三处的基地为例,其成本如表2-4、表2-5所示。

表2-4 三和茶叶生产区生产成本分析表(元/667平方米)

	安溪基地	建瓯基地	福安基地
茶园种植成本	1 158	661	810
1. 茶苗	342	120	320
2. 开垦	500	450	400
3. 种植	316	91	90
茶园管理成本	890	394	716
1. 修剪	30	43	18
2. 采摘	357	95	350
3. 施肥	203	80	220
4. 除草	59	40	65
5. 耕作	130	92	25
6. 喷药	111	44	38

表2-5 福建茶叶主产区生产成本分析表(元/0.5千克)

	安溪基地	建瓯基地	福安基地
管理成本	4.46	1.98	3.58
茶叶初制成本	2.82	1.61	0.81
1. 燃料	0.37	0.53	0.35
2. 水电	0.39	0.08	0.08
3. 工资	1.85	0.33	0.22
4. 机器折旧	0.21	0.22	0.16
茶叶精制成本	1.03	0.95	0.74
1. 燃料	0.06	0.13	0.09
2. 水电	0.05	0.07	0.03
3. 工资	0.18	0.14	0.15
4. 拣工	0.71	0.56	0.43
5. 机器折旧	0.01	0.03	0.02
6. 厂房折旧	0.02	0.02	0.02
茶叶销售费用	0.64	0.13	0.23
1. 包装费	0.3	0.12	0.2

续表

	安 溪 基 地	建 瓯 基 地	福 安 基 地
2. 储运费	0.34	0.01	0.03
税费	3.15	1.56	1.63
1. 特产税	1.02	0.92	1.25
2. 增值税及其他税费	2.13	0.64	0.38

从表 2-4 和表 2-5 可以看出,茶园管理成本有些高,采摘成本较高。这是因为茶园的机械化程度低,造成了茶叶采摘成本占到生产成本的 1/3,如安溪基地的采摘成本为 357元,占到总成本的 40% 左右,还有就是能源价格的上涨,使得茶叶生产的隐形成本不断上升,如相关的电、柴油、燃料等,造成了成本的高涨,对于无机茶来讲,其成本比一般茶园成本更高,要求更严。三和在茶园管理上采用世界上的先进技术,无机茶园引用日本的技术,而对茶园的管理则借鉴法国酒庄的管理经验,加大茶园高品质茶叶的生产,为出口、内需中生产高品质茶叶,增加产品的附加值创造了必要的条件。

(三)三和的商业模式创新战略分析

我们把九要素分成三大板块,分别为企业内部平台板块,主要是对自身业务的支撑,公司经营的主要业务,公司拥有资源和与其他企业的业务联系;企业外部客户板块,包含公司的客户细分、价值主张、与客户的关系,以及公司的渠道;公司盈利模式,包含公司对外部的收入来源以及内部的主要成本(见图 2-18)。

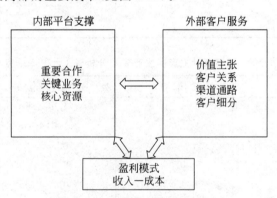

图 2-18　九要素三板块分析

三和拥有面积更大的茶山资源,对于毛茶的质量、茶山的自然和地理条件有着非常重要的影响,如山的海拔、温差、降水、阳光等要素的影响,所以三和拥有数量更多的优质茶山,三和自有茶园有近 6 万亩,这是其优势所在,因此三和企业的茶叶普遍较为优质,也能够成为政府机关指定的使用茶。三和注重产业链整体一体化,也就是说从茶山、茶厂到渠道建立,自建居多,如此产品质量容易把控,注重下游产业链的打造。

三和茶叶的现有商业模式如图 2-19 所示。

由图 2-19 可知,三和与行业内大部分茶叶企业一样,有明显的商业模式创新上的差异。对于三和的核心资源,如最近几年建立的闽台文化交流中心,5 000 平方米的企业茶

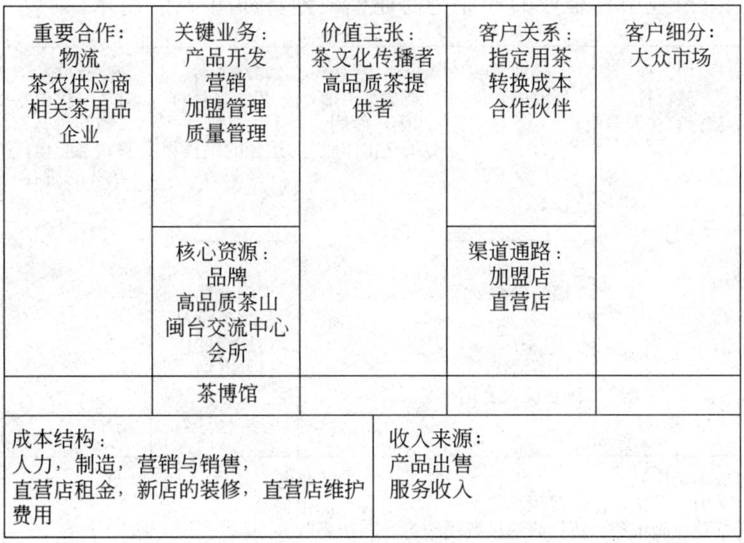

重要合作： 物流 茶农供应商 相关茶用品 企业	关键业务： 产品开发 营销 加盟管理 质量管理	价值主张： 茶文化传播者 高品质茶提 供者	客户关系： 指定用茶 转换成本 合作伙伴	客户细分： 大众市场
	核心资源： 品牌 高品质茶山 闽台交流中心 会所		渠道通路： 加盟店 直营店	
	茶博馆			
成本结构： 人力，制造，营销与销售， 直营店租金，新店的装修，直营店维护 费用			收入来源： 产品出售 服务收入	

图 2-19 三和茶叶商业模式九要素分析

文化博物馆,近 6 万亩的高品质茶山,海拔 1 000 米以上的云中山自然资源保护区无污染的优质安溪乌龙茶茶园,对于下游建立的渠道方面的加盟店,近年来数量有大的增长。对于三和来讲,更好地利用自己的优质茶园,提高自己的品牌形象,对于中高端的茶叶市场尤其是以技术和卫生为壁垒的对外出口,也将是未来三和的发展方向之一。

对于三和以前的以销售为主的商业模式,对于高端产品其商业模式如图 2-20 所示。

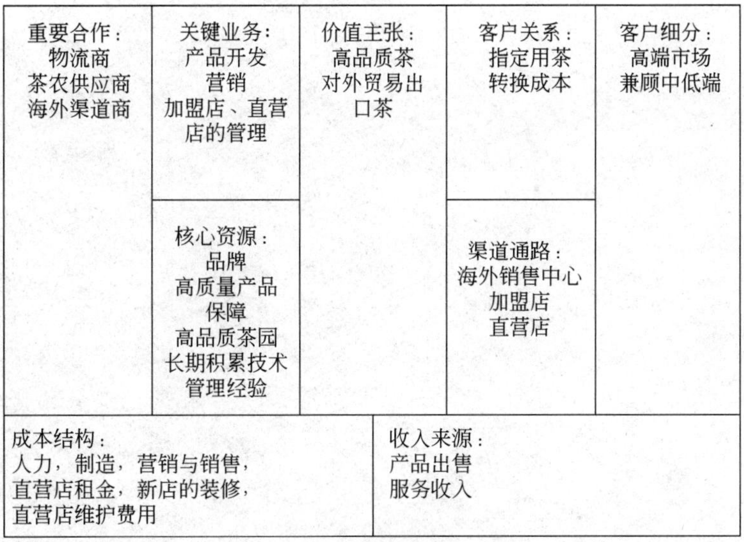

重要合作： 物流商 茶农供应商 海外渠道商	关键业务： 产品开发 营销 加盟店、直营 店的管理	价值主张： 高品质茶 对外贸易出 口茶	客户关系： 指定用茶 转换成本	客户细分： 高端市场 兼顾中低端
	核心资源： 品牌 高质量产品 保障 高品质茶园 长期积累技术 管理经验		渠道通路： 海外销售中心 加盟店 直营店	
成本结构： 人力，制造，营销与销售， 直营店租金，新店的装修， 直营店维护费用			收入来源： 产品出售 服务收入	

图 2-20 三和茶叶产品商业模式

充分发挥茶园基地、茶博馆、闽台交流会所等资源的作用,可以将旅游产业引入企业的产业链发展。学习天福的商业模式,依托安溪县的旅游发展平台,扩大产业的外延。投入的资金少,可获得长久稳定的现金流。

三和将旅游产业引入企业的产业链商业模式创新如图 2-21 所示。

重要合作： 旅行社 旅行有关服务公司	关键业务： 茶园的管理	价值主张： 茶文化传播 休闲，度假， 茶文化体验	客户关系： 客户喜爱的品牌 追加的销售和服务	客户细分： 对茶文化感兴趣的游客 喜欢茶园自然风光的游客
	核心资源： 茶园 茶厂 茶博馆 闽台交流会所		渠道通路： 各大旅行社 自助游团体 各种媒体介绍	

成本结构： 人力，营销，宣传费用， 基础设施维护和新设施建设费用	收入来源： 产品出售 服务收入 旅游现金收入

图 2-21　三和旅游事业商业模式创新

第三章

商业模式九要素模型与创新战略

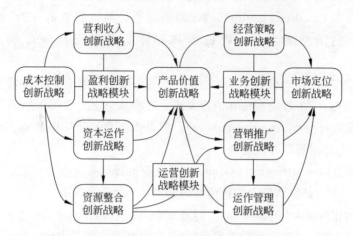

商业模式创新战略＝运营创新战略模块＋业务创新战略模块＋盈利创新战略模块

运营创新战略模块是指企业整合其内部或外部可获得资源以达到经营高效,成本节约,风险降低的手段、方式的创新战略;业务创新战略模块是指企业创造客户价值或满足客户需求的手段、方式的创新战略;盈利创新战略模块则指企业利润获取的手段、方式的创新战略。

第一节　商业模式的九大要素模型

在创业中或企业经营创新中,为企业系统地设计和配置一个新的商业模式是不容易的。其原因在于:商业模式在研究和商业实践中缺乏统一的概念;商业模式的量化评价是困难的,因为大多数的研究只是案例式的研究,缺乏标准性;商业模式的动态特性是很难预测的,价值网络是相互依存的,往往显示复杂的反馈动态;还有缺乏有效的分析方法来分析商业模式的静态方面(如产品结构)和动态方面(如全过程价值创造)。

因此,需要一种研究商业模式的结构,运作和动态业务模型的方法,分析一个特定的商业模式结构、流程、关系作用及其变化,发现商业模式的创新规律以确定商业模式的优化,去评估创新的商业模式结构变化的影响,找到创新的或重新设计的商业模式成功的关键因素。

一、商业模式分析模型九要素

在综合商业模式概念和要素分析的基础上,提出了一个包含九要素的商业模式分析模型。这些要素如下。

(1) 产品价值(products value)。即企业通过其产品和服务所能向消费者提供的价值。提供什么产品和服务给消费者,是商业模式的关键。产品或服务价值体现了企业对消费者的价值最大化。

(2) 经营策略(business strategy)。即企业如何通过对商业环境的战略分析,制定战略目标为有效地提供价值服务并实现其商业化而形成的战略、策略、计划等。

(3) 市场定位(market positioning)。即企业通过对消费者的分析,对目标市场定位产品或服务的消费者群体。定位客户群体的过程也称为市场划分(market segmentation)。

(4) 营销推广(marketing tactics)。即企业用来接触消费者的各种途径。也即企业如何制定市场策略,开拓市场和建立销售渠道。它涉及企业的市场和分销策略。

(5) 运作管理(operation management)。即企业在业务开拓中的运作模式和营运过程,是指如何整合公司资源开展业务。

(6) 资源整合(resources integration)。即企业执行其商业模式所需的核心能力和关键资源之整合。也就是价值链上和价值网内的资源和活动的配置。

(7) 资本运作(capital operation)。即通过融资获取运作资金,通过兼并收购等财务杠杆来扩大业务,最后通过上市获得投资回报,实现利润价值最大化。

(8) 成本控制(cost control)。即企业使用财会工具和方法来细分产品或服务的成本,核算企业经营的总成本。

(9) 营利收入(business revenue)。即企业通过各种现金收入流(cash revenue flow)来创造收入以达到盈利的方式和途径。

进行进一步细分,商业模式由三个层面的要素构成:业务模块、运营模块和盈利模块。

业务模块要素组成有产品价值(包括创新实用价值、服务价值、品牌价值、客户价值)、经营策略(包括战略选择、战略计划、战略执行)、市场定位(包括市场机会、市场壁垒、目标客户群、市场细分)。

运营模块要素组成有营销推广(包括市场策略、产品策略、分销渠道、促销推广)、运作管理(包括结构化、标准化、流程化、虚拟化)、资源整合(资源丰富性、价值链、价值网、内外部整合程度)。

盈利模块要素组成有成本控制(包括成本结构、资产负债、经营损益、现金流)、营利收入(包括收入渠道、收入多样性、收入稳定性、收入增长性)、资本运作(包括融资能力、财务治理能力、投资能力、上市能力)。

二、商业模式九要素模型及其关系

业务模块、运营模块和盈利模块三者的关系:业务模块连通战略价值创造,运营模块连通商业管理整合,盈利模块连通价值利润最大化。其关系如图3-1所示。

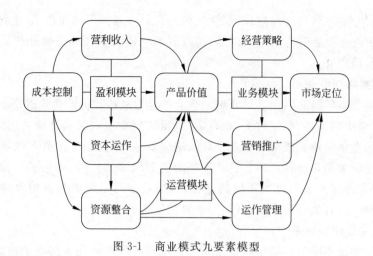

图 3-1　商业模式九要素模型

第二节　商业模式创新战略模型

根据这一模型我们拟定了一个商业模式创新战略的分析模型,以用于对企业商业模式创新战略的分析,如图 3-2 所示。

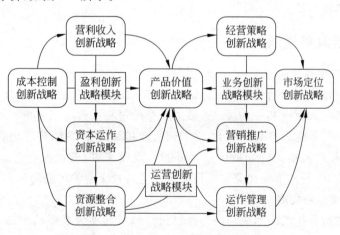

图 3-2　商业模式九大创新战略模型

一、业务创新战略模块

1. 产品价值创新战略

产品价值创新战略,提高产品或服务的核心竞争力,通过为顾客创造更多的价值来争取顾客,赢得企业的成功的创新战略。在市场定位上,该战略通过重新定义新目标市场(新顾客划分方式、新的地理区隔)来创造产品的价值优势,重新定义顾客的新的需求认知来达到产品或服务价值创新。在价值链或产业链上,也可经由价值链的重组与价值活动的创新等方式来增加产品的价值优势。在产品功能方面,可以通过商品组合整合的创新,增加功能、增加服务、改变产品定位(属性)、改变交易方式等不同途径,来达到产品或服务价值创新;在企业产品创造上,企业可以通过利用引进新科技或是提升产品平台来达到产品或服务价值创新。

2. 经营策略创新战略

经营策略创新的核心问题是重新确定企业的经营战略目标。企业战略制定的经营目标,决定了经营中的顾客、竞争对手、竞争实力,也决定企业对关键性成功因素组合,并最终决定企业的竞争策略。成功的企业经营策略创新战略,会制定出具有独特商业模式要素和特征的竞争策略和经营目标。经营策略的创新战略的目的,是为了取得核心竞争力优势,适应企业外部宏观和微观环境的变化,利用竞争对手间的利益相关性和优势互补性,实现资源整合,打破资源重新再组合,来寻找增长的潜力。

3. 市场定位创新战略

市场定位创新战略就是指企业根据竞争者现有产品在市场上所处的位置,针对顾客对该类产品某些特征或属性的重视程度,为本企业产品塑造与众不同的,给人印象鲜明的形象,并将这种形象生动地传递给顾客,从而使该产品在市场上确定正确的位置的创新战略。市场定位创新战略是指差异化竞争战略。主要可以从地域市场划分、消费者群体细分、产品差异化、技术壁垒和营销模式等差异,来确定精准的市场定位。这些创新战略有:地域市场创新战略;消费群细分创新战略;产品差异化创新战略;技术壁垒创新战略;营销模式创新战略等。

二、运营创新战略模块

1. 营销推广创新战略

营销创新就是根据营销环境的变化情况,并结合企业自身的资源条件和经营实力,寻求营销要素在某一方面或某一系列的突破或变革的过程。市场细分与定位帮助企业确定自己的目标客户群及优势产品或服务,而如何有效接触目标群体,传递企业的产品或服务价值,则需要依靠营销模式(marketing model)。通常来讲,营销推广创新战略是指企业如何制定市场策略,开拓市场和建立销售渠道。它涉及企业的市场和分销策略。

2. 运作管理创新战略

运作管理创新是指组织形成一创造性思想并将其转换为有用的产品、服务或作业方法的过程。也即富有创造力的组织能够不断地将创造性思想转变为某种有用的结果。运作管理创新又指企业把新的管理要素(如新的管理方法、新的管理手段、新的管理模式等)或要素组合引入企业管理系统以更有效地实现组织目标的创新活动。这三类因素将有利于组织的运作管理创新,它们是组织的结构、文化和人力资源实践。

运作管理创新包括管理思想、管理理论、管理知识、管理方法、管理工具等的创新。按功能将管理创新分解为目标、计划、实行、检馈、控制、调整、领导、组织、人力九项管理职能的创新。按业务组织的系统,将管理创新分为战略创新、模式创新、流程创新、标准创新、观念创新、风气创新、结构创新、制度创新。以企业职能部门的管理而言,企业管理创新包括研发管理创新、生产管理创新、市场营销和销售管理创新、采购和供应链管理创新、人力资源管理创新、财务管理创新、信息管理创新等类创新。

3. 资源整合创新战略

资源整合创新是企业战略创新的手段和过程。整合就是要优化资源配置，获得资源整体的最优化。资源整合是指企业对不同来源、不同层次、不同结构、不同内容的资源进行识别与选择、汲取与配置、激活和有机融合，使其具有较强的柔性、条理性、系统性和价值性，并创造出新的资源的一个复杂的动态过程。资源整合创新是优化配置的决策。就是根据企业的发展战略和市场需求对有关的资源进行重新配置，以凸显企业的核心竞争力，并寻求资源配置与客户需求的最佳结合点。目的是要通过组织制度安排和管理运作协调来增强企业的竞争优势，提高客户服务水平。

资源整合创新战略包括客户资源整合创新、能力资源整合创新和信息资源整合创新等战略。企业的商务结构主要指企业外部所选择的交易对象、交易内容、交易规模、交易方式、交易渠道、交易环境、交易对手等商务内容及其时空结构，企业的业务结构主要指满足商务结构需要的企业内部从事的包括科研、采购、生产、储运、营销等业务内容及其时空结构。业务结构反映的是企业内部资源配置情况，商务结构反映的是企业内部资源整合的对象及其目的。业务结构直接反映的是企业资源配置的效率，商务结构直接反映的是企业资源配置的效益。

三、盈利创新战略模块

1. 营利收入创新战略

营利收入模式是对企业经营要素进行价值识别和管理，在经营要素中找到盈利机会，即探求企业利润来源、生成过程以及产出方式的系统方法。还有观点认为，它是企业通过自身以及相关利益者资源的整合并形成的一种实现价值创造、价值获取、利益分配的组织机制及商业架构。简单地说，营利收入模式就是企业赚钱的渠道，通过怎样的模式和渠道来赚钱。营利收入模式又是企业在市场竞争中逐步形成的企业特有的赖以营利的商务结构及其对应的业务结构。企业营利收入模式创新分析和设计的三大要素包括利润源、利润点和利润杠杆，是三大要素组合形式的整合。利润源是指企业提供的商品或服务的购买者和使用者群体，他们是企业利润的唯一源泉。利润源分为主要利润源、辅助利润源和潜在利润源，好的企业利润源，一是要有足够的规模，二是企业要对利润源的需求和偏好有比较深的认识和了解，三是企业在挖掘利润源时与竞争者比较有一定的竞争优势。利润点是指企业可以获取利润的产品或服务，好的利润点一要针对明确客户的清晰的需求偏好，二要为构成利润源的客户创造价值，三要为企业创造价值，有些企业有些产品和服务或者缺乏利润源的针对性，或者根本不创造利润。利润点反映的是企业的产出。利润杠杆是指企业生产产品或服务以及吸引客户购买和使用企业产品或服务的一系列业务活动，反映的是企业的投入。

2. 成本控制创新战略

成本控制创新是企业根据一定时期预先建立的成本管理目标，由成本控制主体在其职权范围内，在生产耗费发生以前和成本控制过程中，对各种影响成本的因素和条件采取的一系列预防和调节措施，以保证成本管理目标实现的管理行为。成本控制就是以成本作为控制的手段，通过制定成本总水平指标值、可比产品成本降低率以及成本中心控制成本的责任等,达到对经济活动实施有效控制的目的的一系列管理活动与过程。成本控制又指降低成本支出的绝对额,故又称为绝对成本控制;成本降低还包括统筹安排成本、数量和收入的相互关系,以求收入的增长超过成本的增长,实现成本的相对节约,因此又称为相对成本控制。

成本控制的对象是成本发生的过程,包括设计过程、采购过程、生产和服务提供过程、销售过程、物流过程、售后服务过程、管理过程、后勤保障过程等所发生的成本控制。

3. 资本运作创新战略

简单地说,它是以资本最大限度增值为目的,对资本及其运动所进行的运筹和经营活动。所谓资本运作创新,是指以利润最大化和资本增值为目的,以价值管理为特征,将本企业的各类资本,不断地与其他企业、部门的资本进行流动与重组,实现生产要素的优化配置和产业结构的动态重组,以达到本企业自有资本不断增加这一最终目的的运作行为。

资本运营的创新是指通过以货币化的资产为主要对象的购买、出售、转让、兼并、托管等活动,实现资源优化配置,从而达到利益最大化。资本经营是指围绕资本保值增值进行经营管理,把资本收益作为管理的核心,实现资本盈利能力最大化。

四、商业模式创新战略九要素分析板块图模型

结合九要素商业模式创新战略分析模型,架构了一个分析板块图模型,可以运用此模型对所有企业或公司的商业模式九大板块的创新活动进行具体分析。按照该模型,商业模式由三个层面的九大要素构成:业务模块、运营模块和盈利模块。其商业模式创新战略要素分析图如图 3-3 所示。

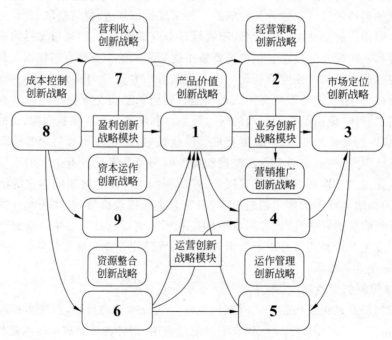

图 3-3　九要素商业模式创新战略分析版块图模型

第三节　商业模式九大创新战略的量化模型

一、商业模式综合指数 BMI 的量化

商业模式要素模型的量化是指在商业模式的分析中,将其概念或变量用数据表示并进行赋值的一种过程。本节试图运用量化方法来研究商业模式的要素模型。在此过程中,将影响商业模式的最重要的关键要素量化,使之可用于统计分析,最终形成一个可供比较和选择的变量指数——商业模式综合指数 BMI(business modeling index,BMI)。这一指数由三大模块指数构成:业务创新战略集指数、运营创新战略集指数和盈利创新战略集指数。

1. 业务创新战略集量化分析

业务创新战略集分析的主要指标是产品价值指数(PVI)、经营策略指数(BSI)和市场定位指数(MPI)。这三方面可总称为业务创新战略集指数(BUI)。产品价值指数(PVI)、经营策略指数(BSI)和市场定位指数(MPI)相加之和就是业务创新战略集指数(BUI),即 $PVI+BSI+MPI$。

其中,产品价值指数(PVI)可由创新实用性(PVI_1)、服务价值(PVI_2)、品牌价值(PVI_3)、客户价值(PVI_4)的乘积求得($PVI=PVI_1 \cdot PVI_2 \cdot PVI_3 \cdot PVI_4$)。

经营策略指数(BSI)可由环境分析(BSI_1)、战略选择(BSI_2)、战略计划(BSI_3)、战略执行(BSI_4)的乘积求得($BSI=BSI_1 \cdot BSI_2 \cdot BSI_3 \cdot BSI_4$)。

市场定位指数(MPI)可由市场机会(MPI_1)、市场壁垒(MPI_2)、目标客户群(MPI_3)、市场细分(MPI_4)的乘积求得,即 $MPI=MPI_1 \cdot MPI_2 \cdot MPI_3 \cdot MPI_4$。

2. 运营创新战略集量化分析

运营创新战略集分析的主要指标是营销推广指数(MTI)、运作管理指数(OMI)和资源整合指数(RII)。这三方面可总称为运营创新战略集指数(OPI)。

营销推广指数(MTI)、运作管理指数(OMI)和资源整合指数(RII)相加之和就是运营创新战略集指数(OPI),即 $MTI+OMI+RII$。

其中,营销策略指数(MTI)可由市场策略(MTI_1)、产品策略(MTI_2)、分销渠道(MTI_3)、促销推广(MTI_4)的乘积求得($MTI=MTI_1 \cdot MTI_2 \cdot MTI_3 \cdot MTI_4$)。

运作管理指数(OMI)可由结构化(OMI_1)、标准化(OMI_2)、流程化(OMI_3)、虚拟化(OMI_4)的乘积求得($OMI=OMI_1 \cdot OMI_2 \cdot OMI_3 \cdot OMI_4$)。

资源整合指数(RII)可由资源丰富性(RII_1)、价值链(RII_2)、价值网(RII_3)、内外部整合程度(RII_4)的乘积求得,即 $RII=RII_1 \cdot RII_2 \cdot RII_3 \cdot RII_4$。

3. 盈利创新战略集量化分析

盈利创新战略集分析的主要指标是成本控制指数(CCI)、营利收入指数(BRI)和资本运作指数(COI)。这三方面可总称为盈利创新战略集指数(RVI)。成本控制指数(CCI)、营利收入指数(BRI)和资本运作指数(COI)相加之和就是盈利创新战略集指数(RVI),即 $CCI+BRI+COI$。

其中,成本控制指数(CCI)可由成本结构(CCI_1)、资产负债(CCI_2)、经营损益(CCI_3)、现金流(CCI_4)的乘积求得($CCI=CCI_1 \cdot CCI_2 \cdot CCI_3 \cdot CCI_4$)。

收入来源指数(BRI)可由收入渠道(BRI_1)、收入多样性(BRI_2)、收入稳定性(BRI_3)、收入增长性(BRI_4)的乘积求得($BRI=BRI_1 \cdot BRI_2 \cdot BRI_3 \cdot BRI_4$)。

资本运作指数(COI)可由融资能力(COI_1)、财务治理能力(COI_2)、投资能力(COI_3)、上市能力(COI_4)的乘积求得,即 $COI=COI_1 \cdot COI_2 \cdot COI_3 \cdot COI_4$。

4. 商业模式创新战略综合指数 BMI 的计算

商业模式综合指数 BMI 是选择决策的最后标准,所以,必须对影响商业模式的各关键要素进行综合考虑。上文已经分析到,关键要素有三:业务创新战略集指数(BUI)、运营创新战略集指数(OPI)和盈利创新战略集指数(RVI)。根据三者对某商业模式的优化理想程度的影响,我们可得到以下公式:

$$BMI_1 = k \cdot r_1 \cdot BUI \cdot r_2 \cdot OPI \cdot r_3 \cdot RVI \qquad (3-1)$$

公式(3-1)没有考虑产品市场和竞争对手的影响,但在现实中商业模式的运作,产品市场和竞争对手往往不是唯一的。考虑到这一影响因素,所以把公式修改如下

$$BMI = \left[k \cdot r_1 \cdot \left(\sum BUI/n_1 \right) \right] \cdot \left[r_2 \cdot \left(\sum OPI/n_2 \right) \right] \cdot$$
$$\left[r_3 \cdot \left(\sum RVI/n_3 \right) \right] \qquad (3-2)$$

公式(3-2)中 k 为比例常数,可根据不同行业的具体情况由各行业统计数据得出。r_1、r_2 和 r_3 为各关键要素在影响商业模式中的权重,可根据统计数据得出不同行业权重常数,再加上商业模式决策者的偏好略加调整。公式中的 n_1、n_2 和 n_3 分别表示产品市场中竞争者数量。

经量化后,以上各个指数变量均成为可以调查得到的数据,各指数变量表征的含义和计算公式见表3-1。

表 3-1　商业模式九大创新战略分析的指数表

代码	指　　数	变　　量	计　算　公　式
BMI	商业模式创新战略综合指数	业务创新战略集指数×运营创新战略集指数×盈利创新战略集指数	$BMI = \left[k \cdot r_1 \cdot \left(\sum BUI/n_1 \right) \right] \cdot$ $\left[r_2 \cdot \left(\sum OPI/n_2 \right) \right] \cdot$ $\left[r_3 \cdot \left(\sum RVI/n_3 \right) \right]$
BUI	业务创新战略集指数	产品价值指数+经营策略指数+市场定位指数	$PVI+BSI+MPI$
PVI	产品价值指数	创新实用性(PVI_1)、服务价值(PVI_2)、品牌价值(PVI_3)、客户价值(PVI_4)	$PVI=PVI_1 \cdot PVI_2 \cdot PVI_3 \cdot PVI_4$
SPI	经营策略指数	环境分析(BSI_1)、战略选择(BSI_2)、战略计划(BSI_3)、战略执行(BSI_4)	$BSI=BSI_1 \cdot BSI_2 \cdot BSI_3 \cdot BSI_4$
TMI	市场定位指数	市场机会(TMI_1)、市场壁垒(TMI_2)、目标客户群(TMI_3)、市场细分(TMI_4)	$MPI=MPI_1 \cdot MPI_2 \cdot MPI_3 \cdot MPI_4$

代 码	指 数	变 量	计 算 公 式
OPI	运营创新战略集指数	营销策略指数＋运作管理指数＋资源整合指数	$MTI+OMI+RII$
MTI	营销推广指数	市场策略（MTI_1）、产品策略（MTI_2）、分销渠道（MTI_3）、促销推广（MTI_4）	$MTI=MTI_1 \cdot MTI_2 \cdot MTI_3 \cdot MTI_4$
MGI	运作管理指数	结构化（OMI_1）、标准化（OMI_2）、流程化（OMI_3）、虚拟化（OMI_4）	$OMI=OMI_1 \cdot OMI_2 \cdot OMI_3 \cdot OMI_4$
RII	资源整合指数	资源丰富性（RII_1）、价值链（RII_2）、价值网（RII_3）、内外部整合程度（RII_4）	$RII=RII_1 \cdot RII_2 \cdot RII_3 \cdot RII_4$
RVI	盈利创新战略集指数	成本控制指数＋营利收入指数＋资本运作模式指数	$CCI+BRI+COI$
CTI	成本控制指数	成本结构（CCI_1）、资产负债（CCI_2）、经营损益（CCI_3）、现金流（CCI_4）	$CCI=CCI_1 \cdot CCI_2 \cdot CCI_3 \cdot CCI_4$
ICI	营利收入指数	收入渠道（BRI_1）、收入多样性（BRI_2）、收入稳定性（BRI_3）、收入增长性（BRI_4）	$BRI=BRI_1 \cdot BRI_2 \cdot BRI_3 \cdot BRI_4$
ICI	资本运作指数	融资能力（COI_1）、财务治理能力（COI_2）、投资能力（COI_3）、上市能力（COI_4）	$COI=COI_1 \cdot COI_2 \cdot COI_3 \cdot COI_4$

二、商业模式综合指数 BMI 测量

商业模式综合指数 BMI 是本节提出的一个新概念,它是指将商业模式九大创新战略模型中的关键要素变量量化成研究中可获得的数据,并根据各数据对商业模式的作用影响程度,用数学方法综合成一个分析参考的模型标准。它是表征某一商业模式创新的优化程度计量,要素模型的综合指数越大,表明该模式越理想,反之为越不理想。其功能作用是科学理性的量化分析来代替以往对商业模式研究传统分析所依靠的个案的感性描述,加强商业模式各关键要素之间的系统整合,使得各个关键要素可以量化分析,为商业模式评估和选择提供一个理性化的参考模型。

为了进一步展开九大创新战略模型的分析,基于上述量化的数据分析,本节还构建了一个商业模式创新战略量化分析的"雷达图"模型,它是从企业的商业模式创新战略构成的三大模块的业务创新战略集、运作创新战略集和盈利创新战略集:产品价值、经营策略、市场定位、营销推广、运作管理、资源整合、资本运作、成本控制、营利收入等 9 个方面,对企业商业模式战略的创新状态和创新程度进行直观、形象的综合分析与评价的图形(见图 3-4)。

图中有 5 个同心圆,并将其等分成 9 个扇形区,分别表示产品价值、经营策略、市场定位、营销推广、运作管理、资源整合、资本运作、成本控制、收入来源等商业模式九大创新战

略。通常,最小圆圈代表低于行业商业模式平均值水平的最低水平,低于 20%,称为最低线;次小圆圈代表低于行业商业模式平均值水平,低于 40%,称为低标线;中间圆圈代表行业商业模式平均值水平,约为 60%,称为基准线;第四圆圈代表略高于行业商业模式平均值水平 20%,约为 80%,称为高标线;最大圆圈代表行业商业模式创新水平或高于平均值水平的 20%,达到或接近 100%,称为创新线。在 9 个扇形区中,从圆心开始,分别以放射线形式画出 9 条主要模式指标线,并标明指标水平和尺度。然后,将企业商业模式战略构成分析的相应指标值标记在雷达图上,以 9 条线段依次连结 5 个圆圈的各个相邻点,构成一个扇区闭环的分析雷达图。

就各商业模式九大战略构成的指标来看,若接近最小圆圈最低线或处于其内,说明该指标处于极差状态,是企业商业模式的死亡标志,基本不具备操作的可行性,必须废弃;若接近第二圆圈低标线或处于其内,说明该指标处于比较差状态,是企业商业模式的危险标志,应全面剖析模式中各方面问题,加以分析,找到出路;当指标值处于第三圆圈的标准线以内时,说明该指标处于行业商业模式平均值水平,需要找出不佳影响的关键点,加以改进;当指标值处于第四圆圈的高标线以内时,说明该指标略高行业商业模式平均值水平,需要找出问题制定措施,加以提升;若接近或处于最外圈的创新线,说明该指标处于理想状态,企业商业模式具有竞争优势,应加以发扬光大,可持续性发展。

运用这一九大创新战略分析模型的"雷达图",就可以对企业的商业模式进行定量性的分析(参见图 3-4)。

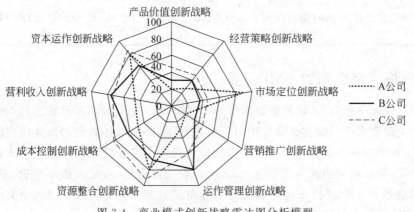

图 3-4　商业模式创新战略雷达图分析模型

第四节　商业模式创新战略影响因素和赋值分析

一、商业模式创新战略影响因素

商业模式创新战略影响因素包括下面九个方面的影响要素,下面一一作分析。

1. 产品价值创新影响因素

(1)创新实用价值。即创新实用性,是指提供一些具有实用价值的产品和服务以满足客户从未感受和体验过的全新需求或提供新的需求满足。

（2）服务价值。是构成顾客总价值的重要因素之一。价值体现不仅在于产品本身价值的高低，而且在于产品附加价值的大小。特别是在同类产品质量与性质大体相同或类似的情况下，企业向顾客提供的附加服务越完备，产品的附加价值越大。

（3）品牌价值。是指关于品牌价值的创新，迈克尔·波特在其品牌竞争优势中曾提到：品牌的资产主要体现在品牌的核心价值上，或者说品牌核心价值也是品牌精髓所在。产品的价值，可以通过客户使用和显示某一特定品牌而发现价值。

（4）客户价值。是指由于企业在生产经营活动过程中而能够为其顾客带来的利益，即客户从企业的产品和服务中得到的需求的满足。肖恩·米汉认为，客户价值是客户从某种产品或服务中所能获得的总利益与在购买和拥有时所付出的总代价的比较，也即顾客从企业为其提供的产品和服务中所得到的满足。

2. 经营策略创新影响因素

（1）环境分析。是指通过对企业采取各种策略，对自身所处的内外环境进行充分认识和评价，依据环境中各构成要素的数量（环境复杂性）和变动程度（环境动态性）的不同，以便发现市场机会和威胁，确定企业自身的优势和劣势，从而为战略经营提供指导性的活动。

（2）战略选择。是确定企业未来战略的一种决策，是战略决策者从多个可行方案中选择出一个切实可行的方案。战略选择可选取成本领先的战略、聚焦化战略或差异化战略等。

（3）战略计划。就是企业制定的长期目标并将其付诸实施的过程。其计划性是组织资源和环境的匹配，也是目标和组织活动的匹配。

（4）战略执行。即战略实施，就是将公司战略付诸实施的过程，也即战略管理过程的行动阶段。

3. 市场定位创新影响因素

（1）市场机会。是指通过分析市场上存在的尚未满足或尚未完全满足的显性或隐性的需求，根据企业的资源和能力，找到内外结合的最佳点，有效地组织和配置资源，向客户提供所需产品或服务，实现价值创造的过程。

（2）市场壁垒。是指企业在市场竞争中，基于自身的资源与市场环境约束，构建的有效地针对竞争对手的"竞争门槛"，以达到维护自身在市场中的优势。

（3）目标客户群。就是对该企业产品有需要也有一定购买能力的人群。一是寻找企业品牌需要特别针对的具有共同需求和偏好的消费群体；二是寻找能帮助企业获得期望达到的销售收入和利益的群体。

（4）市场细分。是指企业根据不同的市场需求的多样性和购买者行为的差异性，把整体市场即全部顾客和潜在顾客，划分为若干具有某种相似特征的顾客群，以便选择确定自己的目标市场的策略或方法。

4. 营销推广创新影响因素

（1）市场策略。是企业以顾客需要为出发点，根据顾客需求量以及购买力的信息和经营期望值，有计划地组织各项市场活动，通过相互协调一致的产品策略、价格策略、渠道策略和促销策略满足顾客需求的方法和战略。

（2）产品策略。主要是指产品的包装、设计、颜色、款式、商标等，给产品赋予特色，让其在消费者心目中留下深刻的印象。

（3）分销渠道。是指企业选用何种渠道使产品流通到顾客手中。它有很多种，如直销、间接渠道（分销、经销、代理等），企业可以根据不同的情况选用不同的渠道。

（4）促销推广。主要是指企业采用一定的促销手段来达到销售产品，增加销售额的目的。手段有折扣、返现、抽奖、免费体验等多种方式。

5. 运作管理创新影响因素

（1）结构化。是指建立标准化和规范化的产品架构、包装塑造、渠道进入战略、市场推广工具和大型活动策划等整个价值链条管控系统和经营理论体系以及工具模块。

（2）标准化。是指对生产过程中产品的类型、性能、规格、质量、原材料、工艺装备和检验方法等制定统一规范的标准并贯彻实施的策略。

（3）流程化。是指以流程为主线的管理方法。流程化管理是在哈默提出的流程再造的基础上发展而来的。流程化管理模式是一种基于业务流程进行管理、控制的管理模式，是一种新的企业组织工作模式。

（4）虚拟化。是指针对企业虚拟化部署以及虚拟环境中的管理环节，是网络时代的需求，公司的成员分布于不同地点时的管理；也指团队成员并不一定由单一公司成员组成。其管理状态是跨越时间、空间和组织边界的实时沟通和合作，以达到资源的合理配置和效益的最大化。

6. 资源整合创新影响因素

（1）资源丰富性。就是企业对其资源进行全面规划和配置、利用和开发等系统管理活动，即是对企业资源配置、利用、开发活动进行组织、计划、协调、监督、控制的过程，以创造更多的资源。

（2）价值链。是企业的价值创造的各个环节的链条，是一个企业创造价值的动态过程。它由基本活动和辅助活动组成。基本活动包括内部后勤、生产作业、外部后勤、市场和销售、服务等；而辅助活动则包括采购、财务、技术开发、人力资源管理和企业基础设施等。一系列互不相同但又相互关联的经济活动或增值活动，其总和即构成企业的价值链。

（3）价值网。是指由客户、供应商、代理商、战略合作伙伴等价值流及其之间的信息流所构成的动态网络架构。价值网的框架完全突破了原有价值链的概念，它从更大的范围内构成一个由各个相互协作企业所构成的战略虚拟价值网。

（4）内外部资源整合力。是指企业利用和整合内外部资源的能力，即企业对内部核心资源业务、对产业上下游的关联业务、优势资源之间进行的调整合并过程，以达到增强企业竞争实力，加强对产业控制力的目的。

7. 营利收入创新影响因素

（1）收入渠道。是指收入来源的多元性和多样化结构。

（2）收入多样性。是指企业收入呈现多样性变化，不同来源、不同结构、不同方式的收入。

（3）收入稳定性。是指企业在构建营利收入来源时应考虑以持续性增长的方式获得的基本收益的稳定性。稳定的收入有利于企业的发展和战略。

（4）收入增长性。是指企业年度主营业务收入总额同上年主营业务收入总额差值的比率的增长。这是评价企业成长状况和发展能力的重要指标。

8. 成本控制创新影响因素

（1）成本结构。是指对企业经营成本的各个组成部分或成本项目进行分析。它包括对产品成本中各项开支费用（人力、原材料、土地、设备、信息、物流、技术、能源、资金流动、管理成本、公关成本等）所占的比例或各成本项目占总成本的比率的计算和分析，进一步分析各个项目成本发生增减及成本结构发生变化的原因，寻找进一步降低成本的途径。

（2）资产负债。是财务状况的反映和表现，表示企业在一定日期的财务状况（资产、负债和业主权益的状况）。资产负债分析和控制是利用会计平衡原则分析企业资产、财务状况和盈利情况。

（3）经营损益。是指对企业在一定会计期的经营成果及其分配情况的会计报表分析，它反映了这段时间的销售收入、销售成本、经营费用及税收状况，是衡量企业经营成果的依据。

（4）现金流。是指企业在一定会计期间通过一定经济活动（包括经营活动、投资活动、筹资活动和非经常性项目）而产生的现金流动，即企业一定时期的现金和现金等价物的流入和流出的数量。它是衡量企业经营状况、现金偿还债务、资产的变现能力等的重要指标。

9. 资本运作创新影响因素

（1）融资能力。是指在一定的经济金融条件下，一个企业可能融通资金的规模大小，即持续获取长期优质资本的能力。多渠道、低成本融资的企业融资能力是企业快速发展的关键因素，融资能为企业创造更多的价值。

（2）财务治理能力。是指企业协调、控制财务管理，构建财务管理工作体系的能力，包括财务预测能力、财务决策能力、财务计划能力、财务控制能力和财务分析能力。

（3）投资能力。是指企业资本经营的收入水平、融资能力和投资效率。其资本结构、信贷能力，通过兼并、投资控股等方式迅速扩大企业规模，获得其发展的能力。投资经营能力分析是企业经营最重要的一项经济能力。

（4）上市能力。是指企业通过证券交易所首次公开向投资者增发股票，在证券交易所挂牌交易，以期募集用于企业发展资金的能力。上市能力包括 IOP 能力、借壳上市能力、发行债券能力等。

二、商业模式创新战略赋值分析

为了方便进行测量分析，一般构架了商业模式创新战略赋值分析表，如表 3-1 所示。这是一个李克特量表的五等级赋值选项。要求受测企业对每个回答给一个分数，如从非常同意到非常不同意的有利项目分别为 5、4、3、2、1，对不利项目的分数就为 1、2、3、4、5。

根据受测企业的各个项目的分数计算代数和，得到企业态度总得分，并依据总分多少将受测企业划分为高分组和低分组。一般选出若干条在高分组和低分组之间有较大区分能力的项目，构成一个李克特量表。计算每个项目在高分组和低分组中的平均得分，选择那些在高分组平均得分较高并且在低分组平均得分较低的项目。

表 3-2 商业模式创新战略赋值分析表

商业模式创新战略影响因素	评估赋值(1~5)				
	1	2	3	4	5
产品价值创新					
创新实用性(PVI$_1$)					
服务价值(PVI$_2$)					
品牌价值(PVI$_3$)					
客户价值(PVI$_4$)					
经营策略创新					
环境分析(BSI$_1$)					
战略选择(BSI$_2$)					
战略计划(BSI$_3$)					
战略执行(BSI$_4$)					
市场定位创新					
市场机会(TMI$_1$)					
市场壁垒(TMI$_2$)					
目标客户群(TMI$_3$)					
市场细分(TMI$_4$)					
营销推广创新					
市场策略(MTI$_1$)					
产品策略(MTI$_2$)					
分销渠道(MTI$_3$)					
促销推广(MTI$_4$)					
运作管理创新					
结构化(OMI$_1$)					
标准化(OMI$_2$)					
流程化(OMI$_3$)					
虚拟化(OMI$_4$)					
资源整合创新					
资源丰富性(RII$_1$)					
价值链(RII$_2$)					
价值网(RII$_3$)					
内外部整合程度(RII$_4$)					
成本控制创新					
成本结构(CCI$_1$)					
资产负债(CCI$_2$)					
经营损益(CCI$_3$)					
现金流(CCI$_4$)					
营利收入创新					
收入渠道(BRI$_1$)					
收入多样性(BRI$_2$)					
收入稳定性(BRI$_3$)					
收入增长性(BRI$_4$)					
资本运作创新					
融资能力(COI$_1$)					

商业模式创新战略影响因素	评估赋值（1～5）				
	1	2	3	4	5
财务治理能力（COI_2） 投资能力（COI_3） 上市能力（COI_4）					

　　归纳上面的分析，一般得出的结论是，商业模式研究的核心是研究企业如何通过产品或服务的增值活动来盈利。具体而言，企业需要在业务创新战略集内发现产品或服务的客户商业价值，制定业务战略目标和发展方向，进行目标客户的定位与细分；然后通过运营创新战略集的活动来制定营销战略，整合企业本身的核心关键能力和资源，建立战略合作伙伴关系，再造企业运作流程，从而实现价值发现、创造；最后是在盈利创新战略集中通过资本运作，进行成本结构的分析，找到实现价值的营收方式，实现盈利的目的。业务创新战略集、运作创新战略集和盈利创新战略集是商业模式中非常重要的因素集。现有的商业模式理论、要素、结构和典型商业模式范例也提供一些通用的模板，但是由于企业本身拥有的资源和所处的行业有差异，这些模板无法直接适用到处于不同行业和地域的企业中。因此，本节所研究的商业模式创新九大战略分析模型的创新就显得尤为重要。特别是我国中小企业，在国际竞争压力倍增下，面临更加严峻的转型压力，能否进行商业模式战略的创新，选择什么样的商业模式，是应当首要考虑的。

　　下面运用这一九要素创新战略模型理论，分析一些案例，以展示商业模式创新战略的魅力。

第五节　商业模式创新战略最佳实践分析

一、T.I.T 创意园

　　T.I.T 创意园前身为广州纺织机械厂，建厂于 1956 年 3 月。建筑多为 20 世纪五六十年代工业厂房，园区内绿树环绕，郁郁葱葱，是广州市旧工业厂区的典型代表，2007 年11 月按照城市发展"退二进三"规划停产关闭。

　　T.I.T 创意园由广州新仕诚企业发展有限公司（以下简称"新仕诚公司"）进行改造和管理。新仕诚公司是由广州纺织工贸集团有限公司携手深圳市德业基投资集团有限公司共同合资成立的企业。新仕诚公司以开拓创新为导向，信守"平等、互利、互惠、共创辉煌"的经营宗旨，追求高品质服务，围绕服装创意、服装品牌创意展示、时尚休闲、配套服务主题，涉及企业文化交流活动策划、展览服务、物业管理、商务会议组织策划等，形成以专业人才为基础，以多元化的经营为平台，以科学化的管理为依托的现代化企业。

　　改造后的园区呈现服装展示区、设计师之家、创意工作区、时尚休闲、配套服务等五大功能。一个以服装、时尚、文化为主题，以服饰创意设计、时尚潮流发布、信息咨询等产业服务为纽带，以物业租赁、服装展示、博览、商务、时尚配套服务为辅的时尚商务创意园，致力缔造一个具有专业背景，集产业、休闲、娱乐等于一体的全国著名的创意产业区，引领中国时尚的前沿，创建中国服装业的"创新基地"。在对园区的改造过程中，遵循"修旧如旧，建新如故"的原则,最大限度保留园区老工业厂区有价值的原始建筑体貌特征及原生态环境,同时以符合园区的功能定位和发展的需要,以服饰、时尚、创意、文化、艺术为主题对园区各部分物业的使用功能进行了重新规划,分为设计区(名师)、创意区(名企)、时尚发布中心(名模)、名店街(名牌)、服务配套区等几个区域,投资增添了现代化的设备,满足园区现代商用物业的使用需要。目前,整个园区的一期工程业已基本完成。2008 年、2009 年连续两年被列为广州市重点建设项目。国家发改委、财政部、商务部及广州市各级政府部门分别下拨专项资金扶持创意园的发展,体现了政府对创意园的大力支持。在广州市最新制定的《广州市贯彻落实[珠江三角洲地区改革发展规划纲要(2008—2020 年)]实施细则》里,创意园被确立为其中的重点战略工程。园区建设以来还接待了国家、省市各级领导的视察和访问,并吸引了国际商界的关注,美国商会、意大利参赞、法国奥地利等国商会及商务参赞都专程前来参观并给予了很好的评价。

二、T.I.T 商业模式创新分析

结合九要素商业模式分析模型对广州 T.I.T 创意园进行了具体分析。按照该模型,商业模式由三个层面的要素构成:业务模块、运营模块和盈利模块。其商业模式要素分析图如图 3-5 所示。

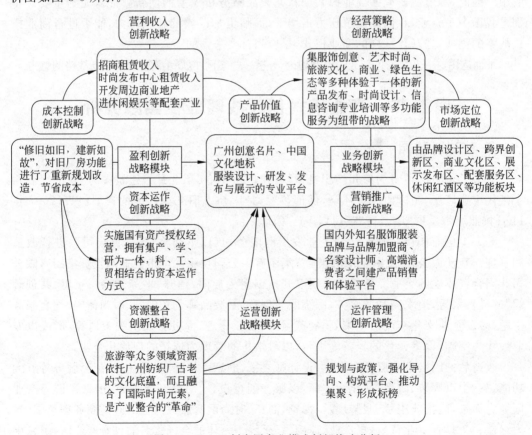

图 3-5   T.I.T 创意园商业模式创新战略分析

T.I.T 创意园商业模式九大模块具体分析如下。

（一）产品价值模式（products value model）

广州 T.I.T. 创意园定位为"广州创意名片、中国文化地标"。

广州 T.I.T 国际服装创意园以广州 2200 多年的历史积淀与服装文化底蕴为背景，以紧邻的广州新电视观光塔、南中轴线的国际性和吸引力为重要依托，以服饰、时尚、创意、文化、艺术为主题，分为设计区（名师）、创意区（名企）、时尚发布中心（名模）、名店街（名牌）、服务配套区等几个区域，以吸引国内外时尚界著名设计师、名模、名企、名牌进园发展为目标，以新产品发布、时尚设计、信息咨询、专业培训等多功能服务为纽带，集创意、艺术、文化、商业、旅游体验于一体，把具有传统纺织工业历史的老厂房着力打造为主题突出、品位独特的南中国现代纺织服装时尚业的高端服务名片，着力构建涵盖华南地区、辐射东南亚的服装设计、研发、发布与展示的专业平台，最终成为集聚服饰创意的高端要素和引领文化时尚的全国知名的中心领域。

传承着岭南纺织服装悠久的历史，广州 T.I.T 创意园有着与生俱来的高贵自然的独特气质，园区纯天然的园林环境更是为广州新电视观光塔广场作了完美的延伸。为发扬传统的岭南服装文化，创意园还将设立纺织服装博物馆，集中展示"广绣""香芸纱""潮绣"等具有广东特色的非物质文化的代表作，充实和丰富园区的历史文化内涵，提升园区的层次，使时尚服装与创意设计、岭南文化与当代文明、绿色生态与国际潮流有机结合，散发出集服饰创意、旅游文化、艺术时尚、绿色生态于一体的时代魅力。

（二）战略模式（strategy model）

从传统的厂房到全新的创意园，转型之路得到了政府的大力扶持，再加上"创意产业"的模式创新，成为其成功的最关键因素，也为产业升级提供了崭新的思路，值得进一步尝试和推广。通过综合分析，广州 T.I.T 创意园战略模式的成功主要包括以下几个方面。

1. 准确的环境分析

首先，政策层面上，由于产业结构调整和产业升级的需要，国家及地方政府对于第三产业的扶持力度不断加大，而"退二进三"政策的出台为创意园的诞生提供了很好的政策温床。其次，从地区外部环境而言，广东作为改革开放的先导，往往敢为人先，一直以来都充当着"春江水暖鸭先知"的领路人。思想解放的广东人，向来就不缺乏创意，而创意园置身于拥有 2200 多年历史和文化底蕴的广州老厂房，新老结合本身就是一种创意，令人耳目一新。另外，广州作为中国改革开放的南大门，传承着岭南悠久的历史的同时，也接纳了欧美的开放性思维和创意元素，中西结合自然产生创意的火花。

2. 正确的战略选择

广州 T.I.T 创意园的战略方向为国际服装创意园。广州作为传承岭南悠久服装的平台，拥有悠久的历史，"广绣"等具有广东特色的非物质文化的代表均起源于此，再加上其南中轴线的城市发展核心地位和作为广州新电视观光塔广场完美延伸的园区天然环境，使广州 T.I.T 创意园天生就具有一种高贵的气质，集服饰创意、艺术时尚、旅游文化、商业、绿色生态等多种体验于一体的商业模式散发出新广州的时代魅力。

3. 战略执行到位

广州 T.I.T 创意园的战略选择得到了政府的大力扶持和民间资本的追捧，战略实施初期即取得了良好的社会效应和经济效应,成为了产业升级的典型案例,吸引了国内外时尚界著名设计师、名模、名企、名牌进园发展,以新产品发布、时尚设计、信息咨询、专业培训等多功能服务为纽带的战略得到了很好的执行。建设初期便接待了国家、省、市各级领导的视察和访问,并吸引了国际商界的关注,美国商会、意大利参赞、法国奥地利等国商会及商务参赞都专程前来参观,也为园区增添了新的活力和时尚元素。

（三）市场模式（market targeting model）

服装市场是一个非常庞大的消费市场,而中国作为服装生产国和消费国,已成为全球最大的服装生产加工基地,是世界上生产规模最大、产业链最完整、具有较强竞争力的纺织制造业大国。广州的服装行业闻名遐迩,形成了完整的产业链。置身于广州服装业沃土的 T.I.T 创意园占据先天优势,又邻近国际轻纺城,时尚元素汇集,创意百花齐放,借助这一平台可将广州的服装业推至世界舞台。广州有"展都"之称,位于海珠区琶洲的国际进出口商品交易中心每年均举办一系列展览,吸引世界各地外商无数前来采购。T.I.T 创意园毗邻会展中心,占据地理优势,拥有广阔的国际市场前景。

园区由品牌设计区、跨界创意区、商业文化区、展示发布区、配套服务区、休闲红酒区等功能板块组成,以巨资投入打造一个以服装、服饰为主题,产业多元化整合,集时尚、文化、艺术、创意、设计研发、流行趋势发布、新品展销、品牌推介等功能于一体的服装产业资源整合平台。另外,T.I.T 创意园的艺术、文化产品、旅游也各有亮点,满足了国内外不同消费群体的要求。

（四）营销模式（marketing model）

广州 T.I.T 创意园的营销策略突出主题(以具有传统纺织工业历史的老厂房为重点),打造一张品位独特的南中国现代纺织服装时尚业的高端服务名片,着力构建涵盖华南地区、辐射东南亚的服装设计、研发、发布与展示的专业平台。园区除了创作最时尚的设计款式,还具备品牌展销功能和高端奢侈品定制功能,为国内外知名服饰服装品牌与品牌加盟商、名家设计师、高端消费者之间搭建产品销售和体验平台,国内外大批服装设计师在此开设工作室,打造中国服装新品牌。定期举办大型时装表演、品牌服装订货会等活动,第一时间呈现南中国最尖端的新潮流,成为引领时尚文化的风向标,目标是立足广州、垄断华南、吸纳港台、辐射中国、影响世界。

（五）管理模式（management model）

T.I.T 创意园由广州新仕诚企业发展有限公司进行改造和管理,由广东创意经济研究会高校以商业模式为基础,从理论上对创意产业园区的规划、管理和经营进行指导,解决创意园商业模式欠缺的问题,为企业提供平台服务。新仕诚公司实施科学管理机制,培养和造就一支富有挑战性、创造性的高素质技术专才及管理精英队伍,以引领和带动纺织服装产业实现盈利模式的战略转变,提升纺织服装产业的竞争力和附加值,从而以实现社会效益、产业效益和企业效益"三大效益"的完美结合为目标,积极配合广州市创意产业发展的规划与政策,强化导向、构筑平台、推动集聚、形成标榜。

（六）资源整合模式（resources integration model）

广州 T.I.T 创意园的运作模式注重资源整合。由于其涉及服饰、文化、旅游等众多领域,与单一的某个传统工业园区相比,具有较强的资源整合度。不仅依托了广州纺织厂古老的文化底蕴,而且融合了国际时尚元素,是一次产业整合的"革命"。这个创意本身就给投资者及消费者巧妙地赋予了不同以往的体验。具体整合情况如下。

(1) 在不破坏原有环境的基础上,以招商租赁方式,吸引相关领域的商家入驻创意园。

(2) TIT 时尚发布中心租赁方式,为时尚活动提供展示平台。

(3) 提供幽雅的环境和完善的配套服务,吸引大批设计师在此创办工作室。倡导涂鸦等创意活动,为市民提供集休闲、娱乐、怀旧于一体的好去处的同时,注重品牌的提升,打造新名片。

(4) 通过以政府为引导,以合作方式整合网络与媒体资源,加强宣传并直接快速地扩大影响力。

(5) 对周边商业地块进行开发,提升该园区的区位优势。

(七) 成本模式(cost model)

广州 T.I.T 创意园充分利用其前身(广州纺织机械厂),新仕诚公司在对园区的改造过程中,遵循"修旧如旧,建新如故"的原则,最大限度保留园区老工业厂区有价值的原始建筑体貌特征及原生态环境,同时以符合园区的功能定位和发展的需要,以服饰、时尚、创意、文化、艺术为主题对园区各部分物业的使用功能进行了重新规划,分为设计区(名师)、创意区(名企)、时尚发布中心(名模)、名店街(名牌)、服务配套区等几个区域。为满足园区现代商用物业的使用需要,园区增添了现代化的设备,前期共投入资金约 2 亿元。旧厂房的维护费用较低,新购置的现代化设备虽然一次性投资较大,但后期保养资金较少。因此,广州 T.I.T 创意园的整体投资额不大,而收入比较稳定,这也成为其后期迅速盈利的保障,大大减少了投资风险。

(八) 营收模式(revenue model)

营收模式是广州 T.I.T 创意园特有的商业模式,其营收也具有多样性。具体如下。

(1) 招商租赁。目前成功导入的商家包括展览策划、影视、服饰、广告、家居等。

(2) T.I.T 时尚发布中心租赁。时尚发布中心所在地为原纺机厂铸造车间,原来是全厂最黑但空间又最大的地方,改造后的时尚发布中心共 4300 多平方米,集 T 台、文化艺术展示、服装发布等功能于一体,各种大型活动的举办使这里成为名模、名流、名人云集、群星辉映的地方,是 TIT 创意园镁光灯的聚焦点。是目前华南地区最专业的服装发布 T 台,已先后承接了广东时尚周、真维斯设计大赛、广东狮子会、名衣扬品牌夏季订货会等多项大型活动。优秀的场地条件及硬件设施吸引了广东省模特行业协会、广州市服装协会等知名行业、策划人、策展机构合作、进驻。

(3) 开发周边商业地产。与合生创展集团合作开发超大型商业综合体并长期持有,打造南中轴地区及琶洲区域标杆。

(4) 成功引进潮庭精工酒楼、纺园公寓、述古堂等配套产业,完善配套服务,幽美的自然环境、极具底蕴的文化内涵,为市民提供休闲好去处。

（九）资本运作模式（capital operation model）

新仕诚公司的综合实力较为雄厚，外部发展环境良好，两个股东为公司发展提供强大的后盾支持：一股东为广州纺织工贸企业集团有限公司，是以广州纺织品进出口集团有限公司和广州纺织企业集团为核心联合组建的大型跨国的现代化企业集团，是广州市重点打造的第六大产业板块。集团实施国有资产授权经营，集产、学、研于一体，科、工、贸相结合，拥有广州纺织品进出口集团和广州纺织工业联合进出口公司、保科力贸易公司、中化广州进出口公司等数家中国进出口额500强企业及出口额200强企业。另一股东为深圳德业基投资有限公司，是一家以房地产投资开发为主导，多元化、跨地域发展的大型企业集团。公司业务范围涵盖酒店餐饮、文化传播、商业贸易、广告装潢、物业管理等多个领域。

第六节　案例分析　秋鹿商业模式创新战略

（一）公司背景

广东秋鹿实业有限公司成立于1989年，坐落于交通便利，风光旖旎，素有"花城"美誉的著名国际大都市——广州。公司占地面积近3万平方米，倾资打造了符合国际前沿标准的服装生产基地，拥有国际最先进的家居服生产设备一千多台，家居服年产量达七百多万套。公司的历史始于方俊洪，他1987年在潮阳峡山创建了服装加工厂。随后在同胞兄弟方俊楷的通力合作下，业务不断发展和扩大，于1989改名为潮阳市峡山针织三厂，并于2000年正式命名为汕头市秋鹿服饰有限公司；与此同时，1991年在广州成立了广州市秋鹿服饰有限公司。秋鹿公司自1989年成立伊始，就确立了以家居服为核心产品的发展战略，致力于生产与销售家居服系列产品，始终如一坚持走品牌发展之路。

如今，秋鹿已发展成为集设计研发、生产供应、营销管理一体化运作，家居服产、销量最大的大型专业公司。旗下拥有了"秋鹿""梦伴""增妳姿"等多个知名品牌。2005年，"秋鹿"品牌产品荣获国家质检总局授予的"国家免检产品"殊荣及广东省颁发的"广东省著名商标"荣衔。秋鹿公司拥有完善的产品质量保障运行体系，在同行中率先通过了ISO 9001质量体系认证。近几年来，秋鹿公司又在新产品研发上大力投资，组建了一支强大的产品设计队伍，以最快速度把握最新市场动态，并将国际流行元素与公司品牌理念完美结合，设计出新颖独特的款式，以近乎完美的生产工艺，过硬的质量，赢得了客户的信赖与支持。秋鹿在质量上的保证换来的是品牌的市场占有率和美誉度。

通过近20年的打造，秋鹿销售网络已辐射到全国200多个大中城市，设立了形象专柜及形象专卖店八百多间。在美国、加拿大等10多个国家，秋鹿也早已经留下了清晰有力的足迹。秋鹿向人们充分展示了丰满的产品形象与优质服务形象。

（二）秋鹿商业模式分析

制造业与其他行业不同，主要通过产品为客户提供价值。它们的商业模式运行及创新需要围绕客户未被满足的需求，提供优质的产品和服务给目标客户来实现企业的价值主张。商业模式要素可分为销售模式、运营模式、资本模式，核心就是资源的有效整合。

销售模式指的是产品或服务的销售方式;运营模式特指企业内部人、财、物、信息等各要素的结合方式,这是商业模式的核心和最基本体现;资本模式主要指企业获得资本的方式以及资本运行的方式。这是商业模式的支撑体系。

结合九要素商业模式分析模型对广州秋鹿家居服公司进行了具体分析。按照该模型,商业模式由三个层面的要素构成:业务模块、运营模块和盈利模块。其商业模式要素分析图如图 3-6 所示。

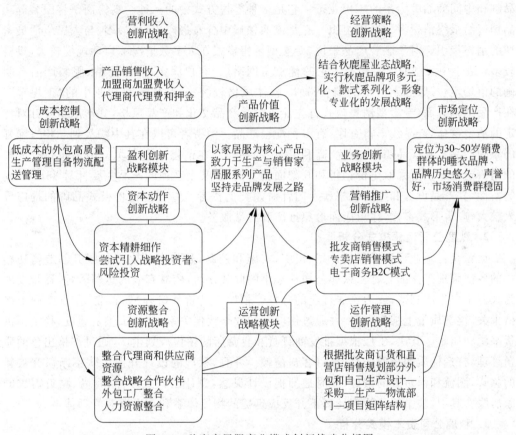

图 3-6　秋鹿家居服商业模式创新战略分析图

1. 秋鹿公司销售模式分析

秋鹿的销售模式主要分为两种:批发商销售模式;专卖店销售模式。两类营销机构在角色及功能上各有侧重,批发商起到了地区的物流中心、促销中心及管理中心的作用;专卖店和专柜作为品牌终端,起到了直面消费者、方便消费者购买、提高品牌形象的作用。

(1) 批发型销售模式分析。是指服装生产商采取二级或多级渠道进行销售,即生产商以出厂价售予批发商,由批发商以批发价售予零售商再由零售商以零售价售予消费者。批发型销售模式的销售终端一般是小个体时装店、大卖场、超市、批发市场等。服装企业生产的服装若采用直接与消费者交易的方式似乎中间环节少销售费用低。但实际上这种交易次数庞大不方便效率也不高,采用这种方式的好处是将运输销售等职能分摊给批发商,减少了生产商的负担。对于服装产品来说,批发型销售模式在大多数情况下启动规模较小,投资较少,风险也就相对较小,在产品开发中有多重性的选择,至今仍为大多数中小服装企业首选的销售模式。这是一个服装企业在建立品牌初期采用的较好的试用销售模式,可以用比较少的资金去探索适合于产品风格和品牌未来的走向。

在发展的初期,秋鹿依靠强有力的批发商团队,成功地把渠道铺到全国,覆盖广,打开了销路,并与经销商长期保持良好的合作关系,从而占据了较大的市场份额。

(2)专卖店销售模式分析。专卖是专门经营或授权经营某一主要品牌商品、制造商品牌和中间商品牌为主的零售业态。它是多种零售方式中的一种。零售商是将服装等产品销售给最终消费者的销售组织。它是流通领域中分布最广、数量最多、与人民生活最密切的销售组织。对于服装产品来说,专卖型销售模式在大多数情况下启动规模较大,投资较多,适于中大型的服装企业。它的优点是网络广、客户固定、产品独特,服装产品有明确的市场定位,服务于一定的消费群体,整体风格较统一,堪称服装行业中的"正规军"。在产品结构方面,专卖型销售模式首先注重的是产品文化和产品风格,其产品主要针对特定的消费群体,产品线丰富有序,有多种配套产品。消费者可以在其中购买到互相搭配好的系列产品。其产品销售,质优、高利、销售周期长。在销售方面专卖型销售模式有清晰的销售定位。主要采取定价销售和开架面售。例如,某个系列的产品主要针对36～45岁的女性,其产品设计和整体风格就专门针对该类消费者。专卖型销售模式品牌的推广投入较大,广告形式多样,注重店面形象推广和终端服务。

2. 秋鹿公司运营模式分析

运营是对企业经营过程的计划、组织、实施和控制,是与产品生产和服务创造密切相关的各项管理工作的总称。秋鹿公司从小小的服装作坊,依靠有效的运营管理,逐步发展为大型工厂生产制造,成为家居行业的标杆。依照波特价值链模型,首先,在供应商上严格把关,挑选质量上乘的布料,并通过供应商的战略伙伴关系,加快了供货速度,稳定了供货来源和质量。其次,工厂根据批发商订货和直营店的销售规划生产,通过严格出色的质量管理,打造优质的秋鹿产品,赢得客户信赖。并且,秋鹿的设计开发团队不断研究最新的款式、潮流和消费者的偏好,及时地捕捉设计灵感,设计出款式多样、时尚、贴近需求的家居服。其中,整个运营管理还离不开反应迅捷的物流体系和人力资源管理体系。

3. 秋鹿公司资本模式分析

资本模式主要指企业获得资本的方式以及资本运行的方式。这是商业模式的支撑体系。

秋鹿从成立以来,主要依靠自筹资金、资金积累作为基本资金来源,资产负债率低,财务杠杆低。在企业的成长期,也没有尝试引入战略投资、风险投资或者发企业债券等其他融资方式。现金流遵循简单的资金—设备材料—产成品—销售收入—资金的单一循环,这一模式有效地支持了秋鹿的起步和初步成长,使得秋鹿面对快速变化的服装行业潮流和多元化的诱惑而坚守在家居服行业精耕细作,从而一步树立了优质的口碑和品牌形象。

秋鹿家居服商业模式分析如图3-7所示。

(三)秋鹿商业模式的创新

根据以上对秋鹿的商业模式、竞争环境的分析可以看出,对于秋鹿来说,市场已经走

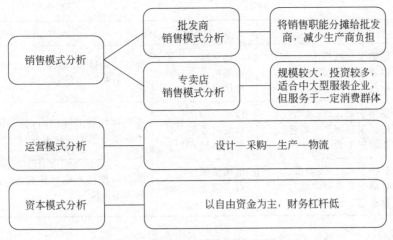

图 3-7　秋鹿家居服商业模式分析

过了功能期,现在穿家居服更多展示自我生活品位,在追求产品质量的同时更注重品牌的理念和文化内涵,终端店铺的购物环境、产品的陈列、色彩款式的设计、销售人员的服务是否表达了消费者的心理需求和愿望,决定了品牌的发展。现在是品牌经营时代,能表达消费生活理念的品牌化操作才能获得持久的成功,谁为消费者想得多,谁能服务好消费者,谁才有可能取得成功。因此需要创新公司的企业战略和进行商业模式创新。

1. 企业的发展战略的创新

过去秋鹿定位的目标是成为家居服生产企业,目前,面对新的市场发展契机,秋鹿确立了以"秋鹿"家居服为核心产品的多品牌连锁发展战略,秋鹿公司现有秋鹿家居服、增姝姿文胸、AUTUMNDEER 时尚内衣、梦伴睡衣等多个品牌,将公司从家居服生产制造企业转变成为家居服的品牌连锁,打造秋鹿品牌超市。基于这一战略定位和战略创新,公司提出了打造"秋鹿屋"的概念,即将秋鹿屋发展成为秋鹿的高端品牌超市,满足消费者的个性化和品牌化需求,提升秋鹿的品牌内涵,从一个家居服生产企业升级为家居服品牌连锁。

此外,还进行了特色多样化商品的创新,秋鹿公司一向以设计见长,推向市场的产品有阳光少女系列、男装系列、合家欢家庭生活系列、浪漫情侣系列、运动休闲服系列、真丝系列、内衣内裤系列等,几乎涵盖了家居生活服装的各个方面。多样化的产品,丰富和充实了家居生活的每个层面。

2. 业态战略发展的创新

(1)秋鹿原有的业态体系,见表 3-3。

表 3-3　秋鹿原有的业态体系

业态	定　　位	实力、规模	能力、潜力
代理商	集中于二、三线城市社区家庭型消费群体业态定位为中低端	市场份额:高市场覆盖率:高发展时间:长	业态可控性和弹性最低,无法掌握终端市场和树立品牌形象,发展空间受限

续表

业态	定　　位	实力、规模	能力、潜力
直营店	集中于一线城市 白领及家庭型消费群体 业态定位为中高端	市场份额：中 市场覆盖率：中 发展时间：中	业态可控性高，品牌作用最强，是公司打造核心价值的主要方向
专柜	集中于一、二线城市 社区家庭型消费群体 业态定位为中端	市场份额：中 市场覆盖率：中 发展时间：中	业态可控性和弹性高，是占领一线城市中低端市场的主要力量
网店	集中于一、二线城市 时尚年轻消费群体 业态定位为中高端	市场份额：低 市场覆盖率：低 发展时间：短	业态可控性和弹性最高，市场空间和发展潜力巨大

（2）业态体系发展策略。

① 新增业态——秋鹿屋。重点打造全新的连锁业态，通过多元化、高端化、品牌化的秋鹿屋连锁体系，转变公司旧有的受制于经销商的代理模式，通过终端品牌门店的打造掌控市场、树立形象，使之成为公司的核心竞争力。

② 转变业态——直营店、专柜。将已有的直营店、专柜两大业态重点转化为内衣品牌渠道，在旧有的终端渠道基础上，重新打造公司的内衣品牌，成立内衣业态体系。

③ 提升业态——网店。对于网店业态，通过资金、架构及品牌的重组，将其进行全面的提升，打造成单独的具有影响力的线上销售渠道，与线下合力，实现两个战场的双重出击。

④ 淡化业态——代理商。旧有的代理商业态具有成熟而强大的发展基础，但已无法适应市场发展，成为限制公司发展的瓶颈，因此对大中型代理商采取鼓励代理加盟秋鹿屋的策略，对小型代理商则给予保留但是淡化其地位的策略。

3. 品牌战略发展方向

（1）现存品牌体系见表 3-4。

表 3-4　秋鹿创新的业态体系

品牌	现　　状	问　　题
秋鹿	定位为 30～50 岁消费群体的睡衣品牌，品牌历史悠久，声誉好，市场消费群稳固	单一品项制约品牌的后续发展
增姝姿	定位为 30～50 岁消费群体的内衣品牌，但市场形象并不清晰；具有一定的市场份额，但消费者的品牌印象不强	品牌定位不清晰，市场诉求不准，无法在消费者心中形成强烈的品牌形象；内衣类年轻细分市场空白，没有相应品牌填补市场
梦伴	定位为 15～30 岁消费群体的梦幻清纯型睡衣品牌，在网店的品牌塑造及市场份额有一定基础	线上与线下渠道发生冲突，给市场的感觉不统一，同时导致内部斗争
依媚儿	定位为 15～30 岁消费群体的格子风格睡衣品牌，品牌影响及市场份额都较差	依媚儿给消费者的实际品牌定位与梦伴相同，存在重叠混淆，导致市场区分不明显，存在内部竞争和冲突

（2）品牌体系发展策略。品牌体系安索夫矩阵分析如下（见图3-8）。

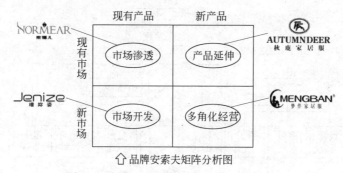

图 3-8　秋鹿品牌安索夫矩阵分析图

① 秋鹿——扩充品项，打造形象。结合秋鹿屋业态战略，实行秋鹿品牌品项多元化、款式系列化、形象专业化的发展策略，使其在丰富内在的同时，脱离原有直营店，与秋鹿屋品牌结合为一体，将秋鹿及秋鹿屋这一整体打造成具有生命力的品牌，甚至可以成为家居服的代名词。

② 增妳姿——借助外力，独立发展。在原有直营店、专柜的公司资源基础上，实行三步发展的独立策略，即团队独立、品牌独立和品牌发展三个步骤。借助外部资源，将增妳姿品牌打造成独立一体的内衣品牌，成为内衣市场的佼佼者。

③ 梦伴——独立业态，全面发展。将梦伴品牌完全交由网店渠道经营，撤出线下销售渠道，将其打造成完全的专业化的线上家居服品牌，并逐步扩充品项，从现在的睡衣品牌扩展成系列化的家居服线上品牌。

④ 侬媚儿——淡化品牌，填补低端。逐步缩减侬媚儿的品牌投入资源，将其作为一个低端细分市场的补充品牌交给小型经销商代理。

4. 经营管理模式的创新

（1）秋鹿公司现有的管理架构。在原有的商业模式中，秋鹿采用传统的职能部门制，功能和结构如图3-9所示。

这一结构在创业初期能够保障高的执行效率和执行效果，但是在公司发展壮大以及二次创业时会出现以下问题。

首先，公司层级过于扁平，缺乏副总和总监级等可以协调、沟通各部门、进行决策的中层管理人员，导致高层事务繁多、信息超载、决策量大。

其次，秋鹿屋项目只明确了营销拓展团队和70％的日本产品的采购团队，缺乏30％秋鹿产品的设计开发、生产制造团队，缺乏物流配送、财务、人力资源等后勤支持的团队和人员，管理结构和管理职责还没有明确，导致项目管理职责和落实分工无法明确，实施滞缓，运作混乱。

（2）引入部门—项目矩阵结构。根据组织管理相关理论，结合公司所处于的二次创业阶段，为配合秋鹿屋的打造，借鉴ZARA的成功组织结构经验，引入矩阵结构，如图3-10所示，在原有职能部门的结构基础上引入项目经理制，选调各部门人员，成立秋鹿屋、增妳资及网店的项目组，由各项目负责开拓各个三大项目，形成部门—项目的矩阵结构。

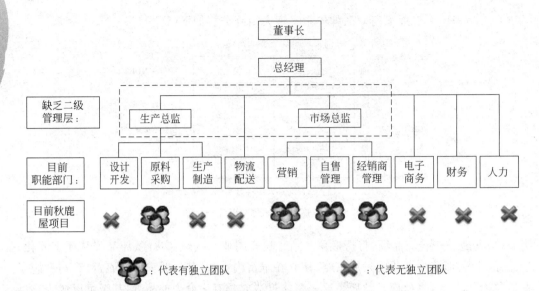

图 3-9　秋鹿公司现有的管理架构

争取在未来两年内形成这一体系,在未来五年内沿用这一体系,形成有效的运作方式。

结合目前的部门特性和项目情况,建议秋鹿采用重度矩阵结构,即由项目经理负责项目的决策和管理,员工主要在项目组中工作,项目组的运作相对独立,以达到让增妳资、网店、秋鹿屋成熟、独立运作的目标(参见图 3-10)。

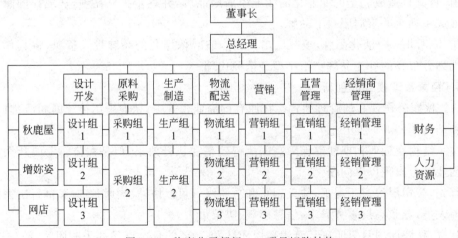

图 3-10　秋鹿公司部门——项目矩阵结构

(3) 最终创新方向——事业部管理结构。根据秋鹿的战略规划,巩固现有业态,形成网店、秋鹿屋、增妳姿三个新的独立业态,建议进一步强化过渡期的部门—项目矩阵结构,最终形成以项目组为主导的组织模式,将项目组升级成为部门,形成事业部制,由事业部经理负责各事业部运作与决策,如图 3-11 所示。按照上面的规划,当在未来 5 年,网店、秋鹿屋、增妳姿三个新的独立业态成熟后,事业部架构的建设才启动,并在未来 7 年内形成和完善,使之逐渐独立,完成公司的二次创业(参见图 3-11)。

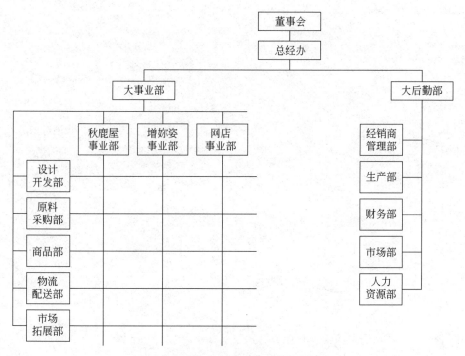

图 3-11　秋鹿公司未来事业部管理结构

5. 秋鹿公司商业模式创新战略设计路线图

如图 3-12 所示,商业模式创新战略设计路线图遵循的核心步骤应该包括三个方面,即商业模式分析、商业模式选择、商业模式实施。

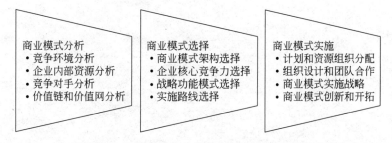

图 3-12　秋鹿公司商业模式创新战略设计路线图

首先,进行商业模式分析。既要从企业的外部竞争环境和内部资源和能力(竞争力)对企业进行分析,也要从企业的价值相关者、从企业的价值网进行分析,如分析企业的合作伙伴、上下游等。

其次,进行商业模式选择。根据分析得出可以采用的商业模式方案,对商业模式方案进行评估分析,选择和形成合适企业和外部环境的商业模式,从销售模式、运营模式和资本模式进行分析选择。

最后,实施和打造商业模式。根据上面的选择和商业模式,在公司内部进行计划和资源调配,形成组织架构和执行结构,对销售模式、运营模式和资本模式进行打造,并不断根据环境变化进行商业模式再创新。

第二篇

PART TWO

业务创新战略模块

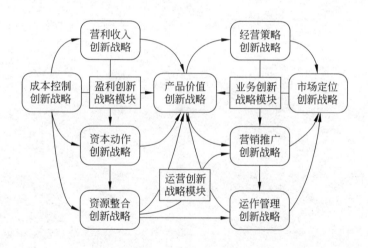

业务创新战略模块要素组成有产品价值（包括创新实用性、服务价值、品牌价值、客户价值）、经营策略（包括战略选择、战略计划、战略执行）、市场定位（包括市场机会、市场壁垒、目标客户群、市场细分）。

业务创新战略模块、运营创新战略模块和盈利创新战略模块三者的关系：业务创新战略模块连通战略价值创造，运营创新战略模块连通商业管理整合，盈利创新战略模块连通价值利润最大化。

第四章

产品价值创新战略

什么是我们向顾客所提供产品或服务的价值？我要为客户提供何种产品和服务,同时对这些客户的价值定位是什么？对产品或服务的选择隐含的实质其实就是一种战略决策的选择:公司应该以一种战略的眼光来考虑向客户提供什么服务。

——康斯坦丁诺斯·马凯斯

第一节 产品价值创新战略的概念

一、产品价值创新战略的定义

(一)产品价值创新战略

产品价值创新战略是指围绕产品或服务的内涵和外延,明确企业产品的价值诉求和客户的价值主张,提高企业核心竞争力,通过为顾客创造更多的价值来争取顾客,赢得企业的成功的创新战略。在经营策略上,企业可调整战略目标方向为客户需求导向型的战略,来创新产品价值,得到客户和全体员工的认同;在市场定位上,该战略通过重新定义新目标市场(新顾客划分方式、新的地理区隔)来创造产品的价值优势;在客户定位上,可通过重新定义顾客的新的需求认知来达到产品或服务价值创新;在价值链或产业链上,也可经由价值链的重组与价值活动的创新等方式来增加产品的价值优势;在产品功能方面,可以通过商品组合整合的创新,增加功能、增加服务、改变产品定位(属性)、改变交易方式等不同途径,来达到产品或服务价值创新;在企业产品价值创造上,企业可以通过利用引进新科技或是提升产品平台来达到产品或服务价值创新。

什么是我们向顾客所提供产品或服务的价值？产品的价值是指在生产的特殊事物产品与其生产者和消费者之间所形成的一种特殊的效用或者说价值关系。或者说,它是指特殊事物产品对于其客户的价值。如何去定义这种关系或产品对客户的价值定位？康斯坦丁诺斯·马凯斯在 2010 年出版的《攻略—商业模式创新线路图》一书中指出,"我要为客户提供何种产品和服务,同时对这些客户的价值定位是什么？"对产品或服务的选择隐含的实质其实就是一种战略决策的选择:公司应该以一种战略的眼光来考虑向客户提供什么服务。许多公司似乎觉得客户的随机选择就是公司提供相应的产品或服务的导向。这可能是一种情况,但是以一种商业创新的眼光来看,一般需要在思考模式上换种思路。

因此不是说，"这些是我们的（新）客户，所以让我们看看他们需要什么，以便提供给他们"，而是换种思路，"这是我们想要提供的新产品或服务，让我们来看看谁想拥有它们"。

马凯斯认为，战略性思考客户需求应该是任何战略决策过程的一部分。不管怎样，开始商业模式创新时，公司要首先确认新的或者正在转变的客户需求及客户的优先需求，并且由此开发新产品或做得更好，对同样的产品做新的价值定位。

（二）产品的不同价值定位的创新

回顾前面所提到的商业模式创新的产品或服务的价值创新方面，无论是与竞争对手相比，还是与战略伙伴相比，都是从不同的价值定位来确定自己的战略目标和方向，定位市场和销售的。

表 4-1 是马凯斯列出的运用产品价值创新战略的一些商业模式创新的案例归纳总结。

表 4-1　相同产品、不同价值定位的创新

老牌竞争者的价值定位	创新者的价值定位
施乐：复印速度	佳能：优异的复印速度、优惠的价值和质量
美林证券：研究和建议	嘉信理财：令人满意的调查和咨询能力，优惠的价格，较强的执行力
精工表：准确性、价格、功能性	斯沃琪：价格和款式上优异
吉列：剃须彻底	比克：剃须彻底、价格优惠且携带方便
巴诺书店：经验、服务和环境	亚马逊：优质服务、优惠价格、可获得性、便捷
哈雷摩托：速度、动力	本田：高速、动力，优越的规格和优惠的价格
美国钢铁：品质	钮科钢铁：优质的品质，优惠的价格
传统大学：研究为本，素质教育、职业定向	菲尼克丝大学：素质教育、灵活教学和低廉的学费
传统银行：个人服务、分支网络、产品获得	荷兰直接银行：优质服务、优惠价格、便捷

马凯斯认为，一个新价值定位是否是好的或具有创新性？在向客户推出新产品之前，必须认真评价一下产品定位。在决定提供一种新的价值定位前，必须满足以下三个基本标准。

（1）新的价值定位与现有的价值定位有没有什么实质性区别？

（2）在新的价值体系下，能否吸引很大一部分客户群体？

（3）新的价值定位是否难以为竞争对手模仿、复制或替代？

（三）如何发现和确认产品或服务的新的价值定位

企业管理者如何能够发现新的产品或服务的价值定位呢？

首先，确定客户价值导向的战略。顾客价值创造和提供过程的优化是企业生产经营过程的优化，也是对企业内部生产经营过程和企业与外部关系不断进行重组的过程，但这个过程始终须坚持顾客导向，即以提高顾客价值创造和提供效率为目的。偏离这个中心，价值链的改造就很难为企业带来真正的竞争优势。顾客价值是企业资源、能力与有

吸引力的市场之间的重要链接。这里强调的是企业战略的制定要立足于充分利用核心能力。

其次,客户需求调查和分析是确认新产品或服务创新价值或者新价值定位的一种方式。与客户交流获得信息或关注客户需求变化,经过创新性跳跃思维,就能获得创新商业模式的突破口。首先是要改进产品提升产品或服务的价值,来满足客户的需求。创新突破需要超越表面现象去理解客户的真实需求,明确开发什么样的产品和服务才能满足客户价值主张的需求。

第三,深入了解客户经营业务的本质,以及该客户如何满足他自己的客户的需求和客户运营的价值诉求。通过这种方式可以为客户考虑到其经营未来的新需求来提供服务,关注客户的潜在需求的发展走向。

第四,改变企业的运营结构和流程去真正理解客户需求。要实现客户价值必须做到改变公司的经营价值观哲学和企业文化、组织架构、管理体系、人力资源激励措施以及团队建设,要根本上改变基础经营环境。

第四,设定产品或服务新的基准是商业模式创新的一种有效的引领新潮流和新产品的方式。用创新产品的基准去设定企业为客户服务的目标,这是一种有效的方式。

第五,不断尝试新产品直到最终发现新的(潜在的,不明显的)需求。只有不断尝试产品创新,才有可能发现新的领域或者潜在的客户需求。

发现客户新价值定位的方式,难的不是方法的获得,而是心态。需要改变心态。创新的心态让我们不断地创新地提出问题:我们如何寻找新产品或新的价值以便提供给我们的客户?我们现在究竟给客户提供着什么?将来客户需要什么产品或服务价值?只有不断地在我们的经营中提出这样的问题,我们的商业模式才能求得创新。

从本书的定义来说,企业通过其产品和服务所能向消费者提供的价值,一般称为产品价值模式。商业模式的关键就在于企业能够提供什么产品和服务给消费者,这一点体现了企业对消费者的价值最大化。

归根结底,产品价值创新是一种以顾客为中心,基于顾客价值的商业模式创新。因此,企业要进行产品价值创新,就要从顾客的角度出发,深入研究分析顾客的需求,并建立与顾客有效沟通的机制,以发现新的市场机会,并根据目标顾客的需求提出产品价值主张。

具体而言,产品价值模式创新可以通过产品功能型创新、服务创新、品牌创新和客户价值增值等方式来实现,而创新方式的选择则取决于具体的市场需求和企业的资源条件等。

二、产品或服务的价值主张构造块

我们应该向客户传递什么样的价值?我们要帮助我们的客户解决哪一类难题?我们要满足哪些客户需求?我们必须提供给我们的客户细分群体哪些系列的产品和服务?奥斯特瓦德提出了一个"价值主张构造块"的概念和理论。

所谓客户价值主张,就是企业通过其产品和服务所能向消费者提供的价值。即是指客户通过购买所能够得到的一切,既包括有形的,也包括无形的。客户价值主张可以用一个等式来表示：客户价值 ＝（产品性能 ＋ 提供的服务 ＋ 形象）/支付的价格。客户价值主张，在实际操作中可以体现在客户选择产品或服务时的几项关键指标，如客户关注的产品质量、售后服务、价格、品牌等方面。据此，我们可以对客户价值主张进行定量化的分析。

奥斯特瓦德认为，价值主张通过迎合细分群体需求的独特组合来创造价值。价值可以是定量的（如价格、服务速度）或定性的（如设计、客户体验）。

奥斯特瓦德设计了一个价值主张构造块，用来描绘为特定客户细分创造价值的系列产品和服务。他指出，价值主张是客户购买一个公司产品的理由，它解决了客户的问题或困难或者满足了客户需求。每个价值主张都包含可选系列产品或服务，以迎合特定客户细分群体的需求。在这个意义上，价值主张是公司提供给客户的受益集合或受益系列。有些价值主张可能是创新的，并表现为一个全新的或从未有过的产品或服务，而另一些可能与现存市场产品或服务类似，只是增加了功能和特性。

总结归纳一下，奥斯特瓦德的客户价值主张主要包括下面一些特征要素。

（1）产品或服务的新颖性创新。

（2）产品或服务的性能创新。

（3）产品或服务的定制化。

（4）产品或服务的简单化创新。

（5）产品或服务的设计创新。

（6）产品或服务的品牌创造。

（7）产品或服务的价格降低。

（8）产品或服务的成本降低。

（9）产品的"服务"模式创新。

（10）产品或服务的可达性。

第二节　产品价值创新战略影响因素和赋值分析

一、产品价值创新战略的影响因素

在九要素商业模式创新战略模型中，产品价值创新战略影响因素包括下列要素。

（一）创新实用价值

创新实用价值即创新实用性，是指提供一些具有实用价值的产品和服务以满足客户从未感受和体验过的全新需求或提供新的需求满足。它包括以下几个方面。

（1）重新定义顾客新需求。是指创新从关注消费者诉求入手，以顾客为核心的新的创新模式，让企业从新定义客户的需求来适应新的产品的开发。

（2）改变产品定位（属性）。是指重新区分和细分客户、改变产品的市场定位和目标客户群、复制产品从某一领域到新的领域，改变产品的属性以适应客户的需求。

（3）增加功能。是指为产品提供附加增值服务、增强产品功能多用途的张力。

（4）增加服务。是指为产品的使用增加更多的服务内容和功能。

（二）服务价值

服务价值是构成顾客总价值的重要因素之一。价值体现不仅在于产品本身价值的高低，而且在于产品附加价值的大小。特别是在同类产品质量与性质大体相同或类似的情况下，企业向顾客提供的附加服务越完备，产品的附加价值越大。它包括以下几个方面。

（1）商品组合创新。所谓商品组合，就是卖方向买方提供的所有产品系列（或产品线），是指在某一产品系列内不同品种、规格、价格、样式、质量的特定商品的整合。组合创新会产生整体或系统效果。

（2）价值活动的创新。是指价值活动的创新是企业系列的创新活动，它不是单纯提高产品的技术竞争力，而是通过为顾客创造更多的价值来争取顾客。

（3）价值链重组整合。是指面向市场供应商和客户资源，对核心业务流程进行整合、重组和优化，提高运作效率，降低运营成本，增强企业核心竞争力。

（4）交易方式创新。即交易方式创新，是指交易过程中双方采用的创新交易做法，是创新交易双方联系的手段和方式。例如，电子商务的交易方式和移动电子商务交易方式的创新。

（三）品牌价值

关于品牌价值，迈克尔·波特在其品牌竞争优势中曾提到，品牌的资产主要体现在品牌的核心价值上，或者说品牌核心价值也是品牌精髓所在。产品的价值，可以通过客户使用和显示某一特定品牌而发现价值。它包括以下几个方面。

（1）品牌的上下延伸。是指将某一知名品牌或某一具有市场影响力的成功品牌扩展到与成名产品或原产品不近相同的产品上，以凭借现有成功品牌推出新产品作为延伸。

（2）品牌价值溢价。是指一个品牌同样的产品能比一般产品的品牌卖出更高价格，也称为品牌的溢价能力。品牌越著名就越可以获得更高的价格。如果品牌价值管理溢价成功，品牌业绩就会更加辉煌。

（3）品牌社会化和网络化。是指在新媒体营销、网络口碑营销、互动营销和社会化营销的新环境下，社会化和网络化给品牌带来的本质性变化，体现在其价值的升华。

（4）品牌持续拓展创新。是指持续拓展品牌，实现从低端市场向高端市场突破，从传统客户向新客户突破。

（四）客户价值

客户价值是指由于企业在生产经营活动过程中而能够为其顾客带来的利益，即客户从企业的产品和服务中得到的需求的满足。肖恩·米汉认为，客户价值是客户从某种产品或服务中所能获得的总利益与在购买和拥有时所付出的总代价的比较，也即顾客从企业为其提供的产品和服务中所得到的满足。它包括以下几个方面。

（1）利用引进新科技。是指引进先进科学技术，应用最新科技成果以实现客户价值。

（2）产品定位的创新。即品牌定位创新，是指品牌在消费需求和市场形势的变化下，为了确保自己的优势与特征，向其特定的目标消费者更新定位的活动。品牌定位只有不断创新才能创造更多的客户价值。

（3）创新产品的平台。是指给创新产品提供一个开放的平台以推动市场前进的动力,保持创新意味着为客户提供竞争优势。创新产品平台致力于研发全新的产品并提供开创性的解决方案。

(4) 产品价值优势创造。是指建立以核心优势创造产品价值的创新体系。

二、产品价值创新战略赋值分析

为了方便进行测量分析,在第三章,我们构架了商业模式创新战略赋值分析表。表 4-2 是商业模式创新战略赋值分析表的二级量表——产品价值创新战略赋值分析表。这是一个李克特量表的五等级赋值选项。我们要求受测企业对每个回答给一个分数,如从非常同意到非常不同意的有利项目分别为 5、4、3、2、1 分,对不利项目的分数就为 1、2、3、4、5。

表 4-2　产品价值创新战略赋值分析表

产品价值创新战略影响因素	评估赋值(1~5)				
	1	2	3	4	5
创新实用价值(PVI_1)					
重新定义顾客新需求					
改变产品定位(属性)					
增加功能					
增加服务					
服务价值(PVI_2)					
商品组合创新					
价值活动的创新					
价值链重组整合					
交易方式创新					
品牌价值(PVI_3)					
品牌的上下延伸					
品牌价值溢价					
品牌社会化和网络化					
品牌持续拓展创新					
客户价值(PVI_4)					
利用引进新科技					
产品定位的创新					
创新产品的平台					
产品价值优势创造					

根据受测企业的各个项目的分数计算代数和,得到企业态度总得分,并依据总分多少将受测企业划分为高分组和低分组。我们选出若干条在高分组和低分组之间有较大区分能力的项目,构成一个李克特量表。计算每个项目在高分组和低分组中的平均得分,选择那些在高分组平均得分较高并且在低分组平均得分较低的项目。这样,我们就可以测量得到产品价值创新战略的分值。

例如,某 A、B、C 三家公司产品价值创新战略赋值分析图如图 4-1 所示。

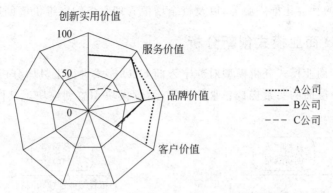

图 4-1　A、B、C 三家公司产品价值创新战略赋值分析图

第三节　产品价值创新战略最佳实践分析

一、苏宁 O2O 模式

从理论上来说，O2O 的商业模式就是，线上揽顾客，线下服务；线上下订单，线下消费；线下购买，线上支付。

苏宁云商 O2O 模式，是将线上的便利性与线下的体验功能进行完美的融合，将互联网的技术应用与零售核心能力进行充分的对接，从而更好地满足消费者的需求和供应链的优化，形成可持续发展的商业模式。苏宁在 2012 年提出"店商＋电商＋零售服务商"的云商模式，依托实体连锁和网上销售两个平台、两个网络，运用互联网和物联网的技术，全面转型互联网零售。

为此，从 2013 年年初开始，苏宁云商做了三件大事：首先是破除组织壁垒，一季度再造组织架构，实现了双线渠道的全面融合、资源的全面共享、成本的统一核算；二是破除价格壁垒，6 月推行"双线同价"；三是破除体验壁垒，将原先纯粹销售功能的店面，升级为集展示、体验、物流、售后服务、休闲社交、市场推广于一体的新型互联网化门店，如全店开通免费 WiFi、实行全产品的电子价签、布设多媒体的电子货架，利用互联网、物联网技术收集分析各种消费行为，推进实体零售进入大数据时代。

图 4-2　苏宁云商模式

在云商的模式下，苏宁云商模式不再简单区分线上和线下，现在是全渠道融合、全资源共享和全成本核算。双线同价是全渠道融合的第一步，全渠道融合的产品服务价值，就是线上线下是一个统一的整体，共同提供全品类、覆盖全客群、实现全零售，这是一种规模经济加范围经济。

苏宁云商 O2O 模式布局成型后，其未来的商业模式，将从单纯的进销差价的阶段进入到以核心能力建设形成产品定制包销服务、物流供应链服务、商品和消费者数据化服务、品牌和促销的社会化推广服务,以及资金增值管理服务的多维价值创造阶段。

二、苏宁O2O商业模式创新分析

结合九要素商业模式分析模型对苏宁云商 O2O 模式进行了具体分析。按照该模型,商业模式由三个层面的要素构成:业务模块、运营模块和盈利模块。其商业模式要素分析图如图 4-3 所示。

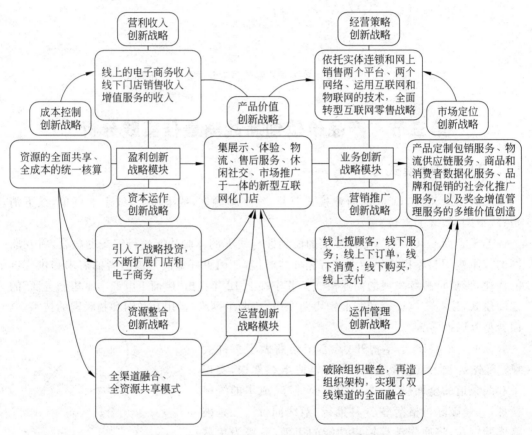

图 4-3　苏宁云商 O2O 商业模式创新战略分析图

第四节　产品价值创新战略的模式

一、功能型创新模式

功能型创新模式是一种企业为满足顾客需求而在提供产品和服务的功能方面进行的创新。以信息技术为核心的知识经济,使产品和服务的设计、开发和使用周期日益缩短,产品创新的竞争也日益激励。因此,产品或服务在功能上的创新成为一种常见的商业模式创新方式,这种功能型创新不仅改变了产品和服务的功能价值,也改变了顾客价值实现的方式和顾客价值的提升。

例如,海尔手机就是在手机产品的功能上做出许多创新的一种功能型创新。

二、功能战略群重组模式

功能战略群重组模式是指按照产品的功能配置的显著差异来进行划分的创新方法。在一个产业内部,总有许多追求相同或相似战略的公司,我们把它们的集合称为战略群,由于产品的某些要素的相似性,战略群内的竞争总是特别激烈。功能战略群便是按照产品的功能配置的显著差异来进行划分的。一般而言,公司往往关注生产相似产品的那些竞争者,习惯于致力在战略群内部改善其竞争地位。而打破战略群局限,改造或新建战略群,重塑产业格局,创造新的产品价值,反而有可能开辟一片蓝海,创造新市场。

例如,联想的电脑(PC＋笔记本电脑＋服务器＋平板电脑＋手机)的战略群,重塑产业格局,开辟一片蓝海,创造新市场。

三、开创跨产业的广义替代品的模式

开创跨产业的广义替代品的模式是跨越产品和产品的属性去转换企业的战略方向的创新方法。顾客所需的产品的某种基本功能,常常可以通过不同行业的不同产品来部分或全部实现,但是实现的功能水平和相关功能的配置却有很大不同。这通常是由行业的技术特点、惯例和其主要顾客决定的。开创跨产业的广义替代品模式就是从消费者的角度出发,比较各种替代品的各主要功能满足细分市场消费者需要的状况,在技术允许的条件下,将不同替代品的功能优点集中到自己的产品中,开发出新产品和新市场。

例如,苹果将 PC 和手机杂交开发,就是在替代品之间进行"远缘杂交",而"杂交优势"将转变为产品的竞争优势,并创造出新的市场。

四、将被替代品转换为互补品的模式

将被替代品转换为互补品的模式是一种以旧的功能来补充新的功能的创新方法。在市场上,被替代的产品往往是技术比较陈旧和完全成熟的产品,而采用新技术的新换代产品往往处于优势地位。但是新产品往往并不能完全实现旧产品的全部功能,这就给原有产品改造成新产品的互补产品提供了机会。这种功能创新将竞争激烈的替代品至少部分地转化为互补性产品,极大地改变了竞争状态。

例如,艾美特就将电风扇变成空调的互补品。

五、顾客价值扩展模式

顾客价值扩展模式是根据客户需要,开发将产品、服务、体验等多样化方式集合的方案,从而为客户带来更多价值。这种模式包括从产品到"产品＋附加产品(服务)"形式,到"顾客解决方案"(customer solution)等,强调经营战略定位的重心从产品向顾客转移,强调顾客的体验过程,而不是产品本身。惠普的商业模式就是典型的顾客价值扩展模式,它提出为客户提供更丰富的消费体验的价值主张,实际上就是成为一个全面解决方案的供应商。

例如,惠普提出为客户提供服务体验、购买体验、使用体验及应用体验等个性化体验是其通过提供全面客户体验创造价值的具体内容。

六、顾客价值细分模式

企业还可以通过分析辨别出不同客户偏好和需求特点,让客户得到分别对待服务,甚至可以细致到每位客户得到专门服务。这种模式支持目标高度明确的市场营销,提供改进、沟通和服务。随着行业的成熟,客户差异性和成熟度的提高正在改变市场基本性质。市场发展早期,大部分客户得到标准产品的良好服务,但随着竞争的日益激烈,产品市场被不断分割,以满足客户对产品的不同应用目的和不同程度的需求。企业旨在改进产品,更好地服务不同客户。例如,世界著名牛仔裤品牌 Levi's 在发现顾客愿意为购买适合的牛仔裤而支付更高价格后,开发了定做业务,以符合不同顾客的不同腰围、臀围及裤线长度等需求。

七、其他创新模式

(1)从产品到品牌模式。是指从有形的产品和功能到无形的品牌承诺,创造出品牌来产生溢价收益的创新方法。例如,同样的手表,"瑞士制造"可以产生品牌溢价。

(2)卖座大片模式。是指从制造多个普通产品到集中力量开发几个拳头产品的创新方法。例如,好莱坞电影公司通过拍摄电影大片来获得高收益。医药企业研发出拳头药品产品,如伟哥。

(3)利润乘式模式。是指从单一产品获取最大利润提升到重复多次利用这个产品盈利的创新方法。例如,广东原创动力文化传播有限公司从电影《喜羊羊与大灰狼》到喜羊羊与大灰狼玩具、服装、书籍、音乐等。

(4)金字塔模式。是指创建一个多层次的产品体系确保顶端产品高额利润的创新方法。例如,海尔的家用电器的产品体系创新。

(5)客户解决方案模式。是指超越产品功能去改进客户的系统经济性、从服务中获利的创新方法。例如,金蝶 ERP 产品解决方案的"一站式服务"。

(6)速度创新模式。是指通过快速、持续创新产品,在别人模仿之前赚取高额利润的创新方法。例如,华为在电信产品中的创新。

(7)售后利润模式。是指通过销售产品的后续配件、维修等服务的创新方法。例如,广州本田汽车 4S 店的 4S 店模式的服务。

第五节　产品价值量化分析

玛格丽特(Magretta)谈及商业模式产品价值问题,问道:谁是顾客?顾客所看重的价值是什么?企业应如何盈利?企业怎样以一个合适的成本将价值传递给顾客,这样根本的经济逻辑又是什么呢?

Kagermann 和 Österle(2006)预测未来的商业模式创新将比产品创新更加重要。在研究实践中,系统地设计和架构商业模式被证明是困难的。商业模式评价的量化是困难的,因为商业模式通常是非正式地发展形成的,并且经常是在散文中记录下来的(Heinrich 和 Winter,2004)。在现在的研究中,并没有一个单一的方法可以同时分析商业模式的静态方面(如产品的结构)和动态方面(如价值的创造)。

分析商业模式结构、行为和活力的可持续的方法,我们应该研究可能的最优化规则——掌控商业模式行为的规则,评价商业模式结构创新变化影响的规则,以及新商业模式实施的关键成功规则。

一、价值增值的概念

Muller-Stewens 和 Lechner 于 2005 年提出了以下观点:商业模式解决了一个企业价值链的特定结构是如何通过运用资本的视角结合起来的,从而也回答了企业是如何在商业活动过程中营利的问题。商业模式通过回答以下问题从而解决了运营管理的缺陷:哪种服务应该对应提供给顾客群? 这些服务是应该通过和在怎样的组织架构提供给顾客的? 企业如何赢得、培养和保持自身合适的顾客群? 收入模式应该如何具体地去定义?

图 4-4 阐释了如何识别商业模式的架构。

在用价值网模型去分析商业模型所创造的价值增值之前,我们很有必要先了解究竟什么是价值。一个最基本的用来测量在企业交互作用过程中所产生的价值增值模型是由 Brandenburger 和 Stuart 于 1996 年提出来的:价值增值＝支付意愿－机会成本。这里的支付意愿(willingness to pay)是消费者带有强烈主观情感在里面的对特定物品或者劳务的个人估价,是消费者为特定数量的物品或者劳务所愿意支付的最大金额。

为了更好地理解这个公式,我们可以用图表 4-5 来进行解释说明。从图中我们可以看出,价值并非由商业环境中单独的一个参与者所创造出来的,而是由供应商、生产商(我们所关注的企业)和消费者共同创造出来的。这是由于公式里的价值增值并非用产品的实际价格和向供应商购买原材料的实际成本计算出来的。相反,价值增值是用顾客所愿意为产品支付的价格和供应商利用资源的机会成本计算出来的。

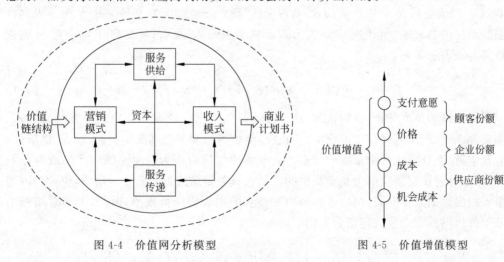

图 4-4　价值网分析模型　　　　　图 4-5　价值增值模型

二、商业模式价值的量化模型分析

Brandenburger 和 Stuart(1996)曾提出以下公式作为价值创造的衡量标准：

价值增值(value-added)＝支付意愿(willingness to pay)－机会成本(opportunity cost)

在该模型中,价值不是仅由一个角色创造,供应商、企业和顾客都给价值创造作出了贡献。这种分析的思路和方法,摆脱了过去用产品实际价格减去从供应商处购买原料的实际成本来计算创造的价值的方法,而将顾客购买产品的愿意程度和供应商所提供原料的机会成本考虑进去。一般而言,顾客购买意愿高于或者几乎等于产品的价格,不然顾客没有理由购买该产品。同样,供应商所提供原料的机会成本低于或者几乎等于产品的价格,不然企业没有理由采购该供应商的原料来进行生产。

但是,在上述的分析方法中,针对顾客的购买意愿和供应商机会成本的测算是十分困难的。经常地,企业创造的价值被视为价值的增值(Müller-Stewens and Lechner,2005),实际上测量的是企业创造的毛利润：

价值增值(value-added)＝净销售(net sales)－外部成本(external costs)

然而,这个公式并没有考虑运营成本,因此,两家企业可能产生同样的价值增值,但是其中一家可能因为更高级、有效的组织管理得到更高的利润率,另一家则亏损较多。这个公式没有考虑到一家企业需要对自身进行再投资来确保将来价值的创造能够延续,因此它并没有展现企业表现的各个方面。

商业模式解释了一家企业能创造价值的潜在逻辑。Zott 和 Amit(2007)曾对商业模式中创造的价值进行了量化的定义——交易产生的总收入减去支撑交易的从成本等于创造的总价值增值。

设 $P(T)$ 为顾客愿意为交易 T_i 中产品或者服务所支付的价格,或者是为了能够参与交易 T_i 所支付的价格。指定所研究的企业对象为 F,企业的供应商和其他商业伙伴为 S_i,其中 i 是一个从 1 到 N_s 的整数,N_s 表示商业模式中的一个供应商和其他商业伙伴的总数目。设 $R(S_i, T)$ 是企业 F 在交易 T 中从供应商和其他商业伙伴得来的收入,同时设 $C(S_i, T)$ 为交易 T 中从 F 流向 S_i 的现金流,设 $C(F, T)$ 为在交易 T 中 F 为了提供自身资源而付出的成本(如财务资本、人力资源资本……)。然后,在交易 T 中企业 F 创造的价值可以表示如下：

$$V(F, T) = P(T) + \sum_{i=1}^{N_s} R(S_i, T) \sum_{i=1}^{N_s} C(S_i, T) C(F, T) \tag{4-1}$$

从价值网的角度分析,我们认为,这个公式虽然体现了企业商业模式中涉及的收入、外部资源成本、产品开发及生产成本、再投资,但价值网模型内部除了企业、顾客、供应商,还有竞争者、互补者这两个重要的元素。竞争者使得供应商为企业提供的产品或服务更加昂贵,互补者使得供应商为企业提供的产品或服务更加廉价。商业活动中,企业会因为竞争者的出现而成本升高,同时也会因为互补者的出现而降低成本,因此,本书总结归纳出基于价值网的商业模式定量分析模型：

$$V(F, T) = P(T) \sum_{i=1}^{N_s} C(S_i, T) - \sum_{i=1}^{N_s} R(S_i, T) C(F, T) \sum_{j=1}^{N_{CP}} C(CP_j, T) +$$

$$\sum_{k=1}^{N_{CO}} C(CO_k, T) \tag{4-2}$$

设 $P(T)$ 为顾客愿意为交易 T_i 中产品或者服务所支付的价格,或者是为了能够参与交易 T_i 所支付的价格。指定所研究的企业对象为 F,企业的供应商和其他商业伙伴为 S_i,其中 i 是一个从 1 到 N_s 的整数,j 是一个从 1 到 N_j 的整数,k 是一个从 1 到 N_k 的整数。N_s 表示商业模式中的供应商和其他商业伙伴的总数目,N_j 表示商业模式中竞争者的数目,N_k 表示商业模式中互补者的总数目。设 $R(S_i, T)$ 是企业 F 在交易 T 中从供应商和其他商业伙伴得来的收入,同时设 $C(S_i, T)$ 为交易 T 中从 F 流向 S_i 的现金流,则括号中 $\sum_{i=1}^{N_s} C(S_i, T) - \sum_{i=1}^{N_s} R(S_i, T)$ 表示企业为获得供应商资源而付出的总成本。设 $C(F, T)$ 为在交易 T 中 F 提供自身的资源而付出的成本(如财务资本、人力资源资本……),令 CP_j 为竞争者,CO_k 为互补者,则 $\sum_{j=1}^{N_{CP}} C(CP_j, T)$ 为交易 T 中企业 F 因为市场竞争者的存在而付出的额外成本,$\sum_{k=1}^{N_{CO}} C(CO_k, T)$ 为交易 T 中企业 F 因为市场互补者的存在而减少的部分成本。

本公式从价值网原理的角度,较为全面地分析了价值网中各个要素的存在以及各个要素对企业商业模式的影响,并归纳总结了其量化分析的模型与方法。

第六节　案例分析

一、亨吉利名表零售业务商业模式创新战略分析

(一)亨吉利母公司飞亚达公司介绍

亨吉利母公司是飞亚达公司。飞亚达(集团)股份有限公司(以下简称"公司")创立于 1987 年,并于 1993 年在深圳证券交易所上市,股票代码为:飞亚达 A(000026);飞亚达 B(200026),是中国钟表行业的旗舰企业,也是中国境内目前唯一一家表业上市公司。公司注册资本为 3.928 亿元人民币,主营业务为亨吉利名表连锁零售及自有品牌腕表制造与销售。公司坚持"产品+渠道"的品牌发展战略,重视技术研发和新品研发,拥有多项国际和国内领先技术。

飞亚达公司主要通过下属深圳市亨吉利世界名表中心有限公司("亨吉利")经营世界名表连锁零售业务。亨吉利成立于 1997 年,注册资本为 60 000 万元人民币,是飞亚达(集团)股份有限公司的全资子公司,主营业务为世界名表连锁零售,截至 2012 年年底,亨吉利公司总资产为 21 亿元人民币,净资产为 6.5 亿元人民币。目前在全国拥有百余家连锁店,是国内使用统一商号、覆盖地域最广的名表零售商,与国际各大钟表集团、独立品牌有着良好的合作关系。经过不断发展,亨吉利已经成为国内最大的名表零售企业之一,飞亚达表品牌连续 14 年成为销量第一的国内知名腕表品牌。2012 年度,飞亚达公司实现营业收入为 30.24 亿元人民币,利润总额为 1.36 亿元人民币;截至 2012 年 12 月 31 日,

公司资产总额为 33.27 亿元人民币,净资产为 14.47 亿元人民币。

(二)亨吉利名表零售业务特点评述

自成立以来,亨吉利始终坚持以专注钟表行业,帮助顾客实现高品质生活,为员工提供舞台,为股东创造回报为使命,秉承顾客导向、诚信、合作、学习与创新、速度为核心的企业价值观。亨吉利公司以"成为最优异的名表零售商"为目标,以国际优异企业为标杆,长期坚持更高的标准和更有效的实践,高质量地进行渠道拓展、市场推广、市场销售、客户信息管理、营销队伍建设、管理工具创新等方面的工作并取得了较好成绩,使亨吉利即使在危机下也能持续、稳定和较快地发展,2001—2012 年销售额复合增长率保持在 40% 以上。

飞亚达下属亨吉利名表零售业务特点如下。

(1)认清自我定位,充分在价值链中寻求自我价值。名表零售行业商业价值链分析,如图 4-8 所示。

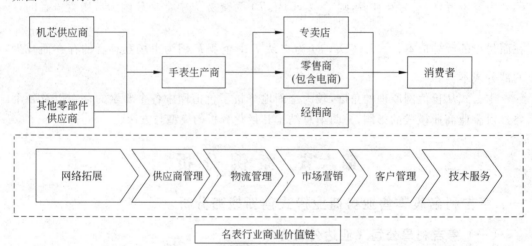

图 4-8　名表零售行业商业价值链分析

亨吉利的主要商业模式是在国内开设名表连锁店,以销售名表和售后服务为主要业务。亨吉利是目前国内使用统一商号、覆盖地域最广的著名名表销售连锁商业品牌。在价值链中遵循"微笑曲线"规律,选取价值链的下游通过销售和服务获取利润。

(2)营销网络建设形成"点线面"逐层推进模式。亨吉利在发展过程中,坚持内生式的拓展和增长模式,在注重质量的前提下,以大型旗舰店为龙头拓展亨吉利网络。在实践中总结了一套适合亨吉利发展的独特模式:以点带面,分三个层次全线覆盖,全面推进网络建设。以亨吉利旗舰店为点,着力提升亨吉利品牌形象,打造以旗舰店为中心的顾客家园;以战略合作伙伴为线,迅速稳健拓展亨吉利网络;以其他合作伙伴为面,发展亨吉利网络。截至 2012 年年底,亨吉利连锁店达到 254 家(含亨联达),这为提高亨吉利的盈利能力和行业的影响力奠定了坚实的基础,实现了亨吉利名表连锁"百花园"的规划。

近 3 年亨吉利门店数变化情况见表 4-3 所示。

表 4-3　亨吉利门店数变化情况

项　　　目	2010 年	2011 年	2012 年
新增门店	57	64	23
门店合计	187	251	254

（3）盈利模式较为传统单一，沿用零售行业盈利模式，创新性不足。亨吉利的主要盈利模式是向名表品牌商指定的供货商购进名表，通过公司自营名表专卖店和与商场联营的名表店中店向顾客销售，获得收入抵减成本及营运各项费用后实现盈利。

（4）品牌建设不遗余力。亨吉利自身品牌建设投入较大，2011 年是亨吉利品牌建设持续发展与巩固的一年，具体事件包括：“西艺·东韵”大型奢华腕表巡展、与高端车友会、高尔夫球会、私人银行、拍卖行等合作沙龙、创办亨吉利《HARMONYWORLD》杂志和官方微博、首次荣登“亚洲品牌 500 强”排行榜。

亨吉利重视与各大媒体的合作关系，与全国类高端媒体包括《名表》《周末画报》《生活月刊》《BQ》《望》《ELLE MAN》《中国之翼》《东方航空》《NIHAO 空中之家》等，进行包括广告投放、合作活动、合作制作专题别册等形式，加强亨吉利品牌的曝光度，树立亨吉利品牌形象；与地方类媒体包括《深圳特区报》《深圳商报》《太原晚报》《沈阳日报》《哈尔滨日报》《江南都市报》等媒体建立战略合作关系，定期发布亨吉利品牌信息，持续传递品牌形象。

同时，亨吉利与宝玑、宝珀、雅克德罗、积家、芝柏、欧米茄、沛纳海、雅典、雷达、百年灵、豪利时、天梭、蕾蒙威等众多品牌共同举办了多次推广活动，提升了亨吉利与品牌的双重影响力。

总的来说，飞亚达下属亨吉利名表零售业务在钟表零售行业具有较好的代表性与权威性，也是名表零售行业的标杆企业，以此来研究名表零售行业具有较好的参考性。

（三）亨吉利名表零售业务商业模式分析

我们可以从九要素商业模式分析进行分析，包括下面 9 个方面：产品价值模式；战略模式；市场模式；营销模式；管理模式；资源整合模式；资本运作模式；成本模式；营收模式（见表 4-4）。

表 4-4　亨吉利名表零售业务商业模式分析表

商业模式要素	特　　征	描　　述
产品价值模式	销售＋服务	选取价值链的下游通过销售和服务获取利润
战略模式	以品牌为核心	产品品牌以自有为主，代理为辅，渠道品牌同步发展直营渠道和加盟渠道
市场模式	“四种形态”店面	亨吉利旗舰店；大型百货 SHOPPING MALL 综合店；大众百货；品牌专卖店（独立品牌店）
营销模式	三层营销理论	销售过程划分为表层、中层和深层三个层次，形成了将顾客从感官上的享受到交易过程的享受，再到心灵享受三个层次的营销体验理论

续表

商业模式要素	特　征	描　述
管理模式	1. "经理人发展通道" 2. "销售人员成长通道"两个并列的员工发展通道	打造一支懂管理、善经营的经营管理队伍的同时，也打造一支稳定的懂顾客、善销售的销售员队伍，激发了一线员工的激情，有效地提升服务水平和销售业绩
资源整合模式	坚持与优异品牌合作，并与其建立长期、密切的战略合作关系	品牌合作"五项原则"：好的国际品牌、好的产品、好的团队、好的推广、好的价格
资本运作模式	1. 资本运作模式传统单一 2. 通过上市募集资金	通过飞亚达上市募集资金，用营收抵减费用获取利润回报股东
成本模式	1. 现金买货资金占用 2. 人工成本高	毛利空间受限，同时人工成本较高、库存压力很大，使得亨吉利运营成本居高不下，现金流压力也比较大
营收模式	营收模式较为传统单一	通过店面名表销售带来的营业收入抵减店铺成本、人工成本、世界名表供应商购货成本等，以获取利润

以下从 9 个维度进行深入分析。

（1）产品价值模式。亨吉利在产品价值链中遵循"微笑曲线"规律，选取价值链的下游通过销售和服务获取利润。通过在价值链中做好市场营销和销售服务两个环节，为消费者提供价值，产品或服务价值体现了企业对消费者的价值最大化。

（2）战略模式。亨吉利坚持以品牌为核心，产品品牌以自有为主，代理为辅，渠道品牌同步发展直营渠道和加盟渠道，渠道业务与设计制造业务有效互动，优化价值链布局，打造行业领先，全面提升专业化运营的效率及效益。充分采用战略合作的方式，利用亨吉利在中国内地的影响力，充分加大与国际顶级与知名品牌如 Swatch 集团、Rolex 集团、Richemont 集团、Sowind 集团等进行战略合作，形成品牌资源共享，大力提升亨吉利的知名度。

（3）市场模式和营销模式。为了给顾客提供优异的购物体验，亨吉利提出"诚信、规范、专业、温馨"的经营理念，使员工有了明确的行为规范和服务理念。同时还根据行业特点，创造性提出了"三层营销"理论，即根据顾客的不同层次的体验需求，将销售过程划分为表层、中层和深层三个层次，形成了将顾客从感官上的享受到交易过程的享受，再到心灵享受三个层次的营销体验理论，见图 4-9 所示。

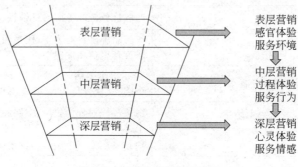

图 4-9　三层次营销体验理论

在亨吉利全体员工的共同努力下，三层营销理论得到了不断的丰富和发展，已成为员工培训蓝本和服务标准。"三层营销"理论是奢侈品行业营销理论的首创，得到了行业的认可和国际主流品牌的借鉴。

根据"三层营销"理念，亨吉利坚持以顾客需求为导向，科学、合理地与顾客保持着较好的互动。为使顾客关系管理工作落到实处，公司把服务人员定位为顾客的"秘书"、朋友和顾问，在进行专业化服务的同时，为顾客提供手表及相关配饰的解决方案，真正成为顾客的顾问。为确保顾客得到优质的服务，公司会定期及不定期进行"神秘顾客"调查，对发现的问题进行改进。在 2009 年开发了多种形式的顾客管理和维系方案，以加强客户信息管理，如亨吉利客户关系管理系统（CRM 系统）、亨吉利客户服务中心系统（Call Center 系统）及系统化的客户关系管理（各类 VIP 回馈活动等）。

为进一步提高顾客满意度，亨吉利于 2009 年对所有店面进行了分类梳理，划分了"四种形态"店面：亨吉利旗舰店；大型百货 SHOPPING MALL 综合店；大众百货店；品牌专卖店（独立品牌店）。针对以上 4 种不同形态店面的定位、顾客群体特点，亨吉利作了深入的研究和分析，形成了相应的经营模式，包括品牌规划、店面装修规范、市场推广、促销活动以及服务规范和流程等。

（4）管理模式。为了打造一支专业稳定的营销队伍，亨吉利提出了"经理人发展通道"和"销售人员成长通道"两个并列的员工发展通道。尤其是"销售人员成长通道"，将销售人员实行分级管理，为大批一线销售人员的职业发展开辟了新的通道。公司还在不断加强员工培训，提升员工素养。"两个通道"的建立，旨在打造一支懂管理、善经营的经营管理队伍的同时，也打造一支稳定的懂顾客、善销售的销售员队伍，激发了一线员工的激情，有效地提升服务水平和销售业绩。

（5）资源整合模式。公司从营销价值链的前端入手，坚持与优异品牌合作，并与其建立长期、密切的战略合作关系。亨吉利在合作过程中总结出了品牌合作"五项原则"：好的国际品牌、好的产品、好的团队、好的推广、好的价格。多年实践证明，品牌合作"五项原则"已成为亨吉利选择品牌合作方的有效方法和原则。在与品牌的合作过程中，亨吉利以是否能为对方创造价值为出发点，获得了一批独特的优质品牌资源，不仅得到了强势品牌的大力支持，还支持一批国际名表品牌进入中国市场，亨吉利成为了这些品牌在中国最大的零售商。目前，亨吉利与包括 Swatch 集团麾下的欧米茄、宝玑、宝珀、格拉苏蒂、雅克德罗、浪琴、雷达和天梭等，Rolex 集团的劳力士和帝舵，Richemont 集团的朗格、积家、卡地亚、伯爵、万国、沛纳海和名士等，Sowind 集团的芝柏、尚维沙，以及独立品牌萧邦、雅典、爱彼、宝齐莱、百年灵、昆仑、柏莱士、瑞宝、艾米龙、蕾蒙威、豪利时、梅花等众多世界顶级品牌和主流品牌建立了密切的合作关系。这些品牌在中国的成功进驻一定程度上奠定了它们在全球名表行业的市场地位，该现象引起了其他国际品牌的关注，使得亨吉利与世界三大名表集团的众多世界顶级品牌和主流品牌建立了密切的合作关系。亨吉利公司得到的优异品牌资源为亨吉利公司的长远发展奠定了良好基础。

（6）资本运作模式。亨吉利名表零售业务的资本运作模式传统单一，与传统零售行业差异不大。主要通过飞亚达上市募集资金，通过股东资金运作，一是从世界名表供应商处租用名表库存，二是通过营业店面设计供应商和工程供应商进行店面设计和工程装修(此过程充分与名表供应商和物业供应商沟通需求),通过营业收入抵减成本获取利润。

在资金链中,亨吉利目前仍无法与世界名表供应商达成较有利于亨吉利的供货付款协议,也就是通过较有利于亨吉利的货物赊销的方式进行货款支付,因此亨吉利目前存在一定的资金占用和现金流压力,库存成本较大,这是亨吉利未来通过拓展新店占领市场份额和强化市场影响能力来提升跟名表供应商议价及货款支付方式的谈判话语权。

图 4-10 是亨吉利新店拓展示意图,从新店拓展运作流程上反映出亨吉利对对资本运作的资金流走向:

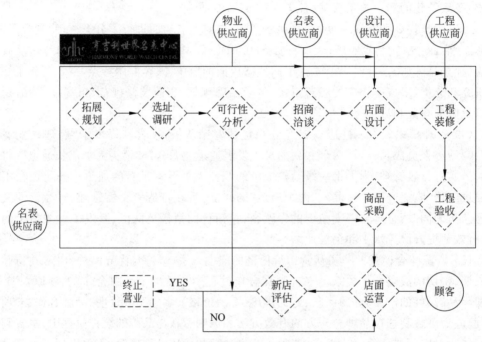

图 4-10　亨吉利新店拓展图

(7)成本模式。由于亨吉利需要通过现金进行买货,毛利空间受限,同时人工成本较高、库存压力很大,使得亨吉利运营成本居高不下,现金流压力也比较大,这是零售行业的普遍性问题,需要进一步进行成本模式的创新与优化,扩大利润空间。

(8)营收模式。亨吉利的营收模式较为单一,就是通过店面名表销售带来的营业收入抵减店铺成本、人工成本、世界名表供应商购货成本等,以获取利润。这也是世界名表零售行业的普遍营收模式,亨吉利未来需要在营收模式上大胆创新,以此来应对日益增加的运营管理成本压力。

(四)案例商业模式创新分析

结合九要素商业模式分析模型对亨吉利公司进行了具体分析。按照该模型,商业模式由三个层面的要素构成:业务模块、运营模块和盈利模块。其商业模式要素分析图如图 4-11 所示。

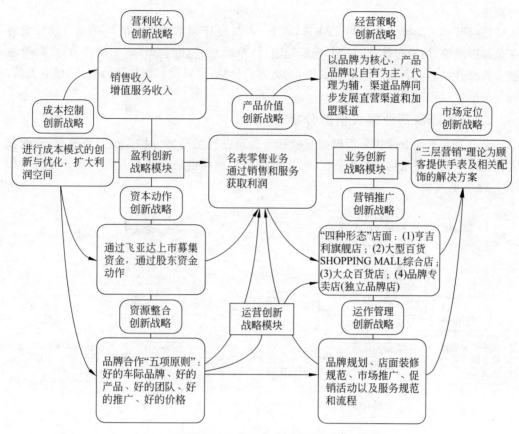

图 4-11　亨吉利公司商业模式创新战略分析图

二、中国饰品界的 ZARA——哎呀呀

（一）公司背景

哎呀呀饰品连锁股份有限公司（以下简称"哎呀呀"）成立于 2004 年年末，是一家以小饰品零售为主的时尚连锁集团。在董事长叶国富先生的带领下，仅用短短几年时间，就迅速改变了零售行业的游戏规则，将一度被边缘化的饰品变成了深受广大女性消费者追捧的时尚主流。迄今为止，哎呀呀已拥有遍布全国 20 多个省、自治区和直辖市的 3 000 多家门店，2010 年销售额达 18 亿元人民币。

哎呀呀的法定代表人叶国富出生于 1977 年 11 月，湖北十堰人。1998 年中专毕业后南下广东打工，从事五金销售工作。2000 年辞职，前往福建创业，失败后重返广东打工。2003 年选择化妆品行业开始二次创业，2005 年成立哎呀呀饰品连锁股份有限公司，正式将饰品作为公司主业，并在短短 6 年内将哎呀呀发展成为中国饰品零售第一品牌。

虽然坐拥 3 000 家店，18 亿元销售额，但哎呀呀的产品不是自己生产，店铺大部分是加盟，物流靠第三方，完全依靠连锁的商业模式以及均衡的资源整合能力从十元店做到中信大厦。本案例介绍了哎呀呀如何克服资源整合者通常面临的两大难题：一是如何迅速起跑，成为吸引加盟者的主流品牌；二是在自身实力并不强的情况下，如何防止同行模仿与跟进。

哎呀呀选用的经营策略与 ZARA 相似。产品设计和零售终端的快速提升使哎呀呀获取品牌溢价，而通过优化"采购、仓储运输、订单处理、物流管理"等中间环节，哎呀呀收获了管理收益。前者使产品更具黏性，卖更高的价格；后者使扩张的风险更小，成本更低，同样的钱可以做更多的事。

（二）哎呀呀商业模式创新分析

结合九要素商业模式分析模型对哎呀呀公司进行了具体分析。按照该模型，商业模式由三个层面的要素构成：业务模块、运营模块和盈利模块。其商业模式要素分析图如图 4-12 所示。

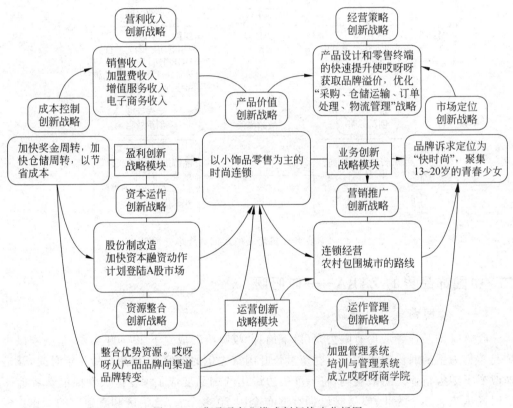

图 4-12 哎呀呀商业模式创新战略分析图

1. 产品价值设计创新

从宽泛的女性消费者聚焦到为 13～26 岁的青春少女，这个细分市场对流行的触觉比较敏锐，月收入在 3 000 元以下，产品选择不求材质贵重，只求款式时尚，以新奇、潮流、小巧、平价的小饰品为主，多属于冲动消费型。于是，哎呀呀决定效仿服装界，把品牌诉求定位为"快时尚"，吸引这群消费者。未来几年准备针对 26～40 岁的女性开发一个中高档饰品品牌，最大化覆盖中国女性消费饰品市场。哎呀呀的产品有以下特点。

快：每周强推新货。强制加盟商试销少量新货。哎呀呀凭借对加盟商独有的控制力实现其海量供货。

准：为保证强推的货品有销路,哎呀呀成立专门的商品委员会,从每月买手们发掘的近4 000款产品中逐一比较筛选出来400款新品。300多名专业买手遍布北京、上海、东京和巴黎等时尚都市搜集最流行的饰品款式,并即时传回给公司的商品部。分布在广州和义乌的400多家供应商也是新品的策源地,他们为了获取更多订单,会主动提供自己的创意给哎呀呀选择。

狠：每7天低于4万个采购量的货品就会被淘汰。

轻：轻资产运行,虚拟化经营。哎呀呀致力于"微笑曲线"两端,一端是产品设计,另一端是渠道、服务。生产环节则交给国内的工厂做代加工。

2. 市场营销推广创新分析

当时在广州有家饰品店,没有看到连锁经营带来的规模经济的威力,一家店一家店地做直营死磕,五六年下来只开了50来家店。而当时已经出现的饰品连锁店,首先是股权结构分散,股东意见常常不能统一;其次是不够专注,很多经营者认为饰品这种小生意只能小富,因此到一定规模赚到一些钱后,便转而主攻餐饮、服装等行业。

在这样一个行业背景下,哎呀呀从2006年开始大规模发展加盟店。不追求单店利润,只追求店铺数量、能见度,这对哎呀呀的发展起到了至关重要的作用。约一年时间,哎呀呀从原来12家直营店做到了200家加盟店的规模。哎呀呀的连锁经营走的是一条农村包围城市的路线,在人口三四万的小城镇便可以开一到两家门店。

(1)买断百度关键词。在百度上买断饰品广告,通过网络找饰品项目的投资者,只要输入"饰品"或"哎呀呀",哎呀呀就是排在最前面的搜索结果,这让对手措手不及。短短两个月,就已发展到了30多家店铺。

(2)在行业内开邀请大牌明星代言小饰品的先河。2005年8月,哎呀呀签约中国香港影星应采儿,当时其流动资金只有100多万元,却掏出了其中的60%来支付应采儿的代言费。知名度和美誉度都有了明显提升,哎呀呀的店铺数量迅速达到100多家。2011年,哎呀呀在广告上花的钱达到了5 000万,先后冠名湖南卫视的选秀节目"花儿朵朵",在江苏卫视、湖南卫视、华娱卫视和优酷、PPLive、天涯社区等投放品牌广告,在全国范围内启动了哎呀呀的品牌升级计划。2012年的"中国校花大赛"。它们的受众群与哎呀呀的目标消费群定位一样,都是80后、90后。哎呀呀分布在全国各地的门店,则成为这两个活动指定的报名点。

(3)利用对加盟商的管理强推新品。为了加快产品上市进度,打破行业痼疾所出的绝招——根据销售量按比例向加盟商强推新品。为了减少阻力,争取加盟商的支持,一开始他们试行每月3万元进货量的每周配送1 000元的新货试销,每款产品不超过5个。如果产品好,加盟商可以再进,即使遇到款式滞销,四五个产品也能卖完。结果,试行的效果非常好,接下来的两个月,哎呀呀的新品从被买手发现到被顾客购买仅需7天。每周新货提高光顾店面频率:新品每周推出一次,同一顾客每月就可能光顾4次。而同一款式三五个的补货量使得顾客担心下次就买不到了,不得不冲动消费。这就大幅地提高了客流量,也极大地拉动其他商品的销售。

(4)迅速扩充渠道。2009年,哎呀呀成立了股份制有限公司。哎呀呀在这一年,意识到要通过发展代理商,进行渠道下沉。哎呀呀办了一个"封城演义"特训营,选出优质代理商,把一座城市交给他们去经营,代理商的主要工作就是帮助加盟商选址、开店、培训。收益取决于加盟商货品的销售状况,可以在总部拿到5%的货款返点,在发展了一批代理商后,哎呀呀在这一年的店铺数量已达上千家。

(5) 品牌影响力和加盟店的口碑效应几何级传播。2007年,哎呀呀店铺数量接近千家,零售总额达5.6亿元,业绩增长了200%,2008年年底为2 000家,2010年年底为3 000家,继续以每天两家新店的速度稳步扩张,是肯德基开店的两倍,屈臣氏的6倍。哎呀呀已进驻沃尔玛、大润发、卜蜂莲花等大型超市。在长三角和珠三角很多人口不足5万的城中村,都有哎呀呀店。叶国富还计划把他的哎呀呀向全球扩展。目前,哎呀呀在越南边界已有10多家门店,未来,哎呀呀计划把店面辐射到日本、韩国等国家。

3. 管理运营管理创新分析

(1) 培训与管理系统。成立了哎呀呀商学院,每周都开设讲座,免费培训各地的加盟商。从2010年起,哎呀呀投资1 500万元的ERP系统成功上线。在哎呀呀加盟商的店里,绝大部分都安装了ERP系统,以便于总部管理,同时也帮助加盟商提供一些决策数据。保证加盟商赚钱是所有招商的基石,将选址的权力由加盟商自主选址统一收回总部,总部收取加盟商一笔4 000元的选址押金,并派专业人员现场考察,直至合格为止。严格选择后,哎呀呀保证大多数加盟商能赚到钱,实行"811"原则,即达到80%赚钱、10%保本、10%亏本的目标,远远超过行业50%开店成功率的标准。

(2) 加快资金周转。物流损耗一般不超过一批商品的1%,总部直接用现金把这1%的物流损耗补贴给加盟商。取消退货程序,1万元的货,总部直接补贴加盟商100元现金。省却了退货程序,哎呀呀的资金周转率从业内平均的45天缩短到30天,这等于同行一个季度赚两次钱,哎呀呀就能赚三次。

(3) 加快仓储周转。ERP系统里每半个月进行一次进货量统计,哪些产品销量大,各个加盟商都能看到,便于他们及时补货订货。哎呀呀卖的虽然是一二十元的小饰品,但是总额高达18亿元,实现一个月仓储周转两次,就能让资金一个月内多周转一次,其资金周转率降到了20天。

(4) 加快订单反应。店内每下一个单,物流中心都能对着仓位调货,总部都能看到,从而减少了时间成本和沟通成本。他们每周上新货的时间也是总部统一安排,采取错峰配货的方式,有的周一,有的周二,这样能避免在同一时间发货压力太大。同时,他们正在郑州筹建物流基地,加大对北方市场的快速响应。订单的快速响应,使哎呀呀的资金周转率已经缩短到了10天。

(5) 整合优势资源。目前,哎呀呀正在从一个产品品牌向渠道品牌转变,浪莎、天堂伞等品牌也都入驻了哎呀呀。此外,哎呀呀还自建了一个"媒体"。每一家哎呀呀门店都安装了液晶电视,播放与哎呀呀品牌相关的内容,但随着渠道品牌在未来的进一步建设,哎呀呀品牌就成了客户的广告资源,这就像一个小分众。2012年年初,哎呀呀还上线了一个类似美丽说、蘑菇街的购物分享社区——"潮女汇"。上面既有哎呀呀最新的产品,也有年轻的女性用户以图片形式分享给类潮流的服饰搭配,并且还做了一本自己的电子杂志。获得达晨投资后,哎呀呀将发展电子商务以补充线下渠道。依托终端渠道的强大力量,旗下门店可以发展为电商物流配送点,这也是哎呀呀做电子商务的最大优势之一。哎呀呀目前正在进行股份制改造,2013年冲刺创业板,融资25亿元左右,2013年是哎呀呀股票值过100亿元,将连锁店数逐渐扩张到1万家的时间节点。此后,公司将尽快创建一个集设计、动漫、电子商务和物流于一体的创意产业园。未来将以中国为主要战场,向海外市场辐射,打造一个真正的全球饰品连锁品牌。

(6)控制成本结构。据了解,开一家40平方米的哎呀呀加盟店,除去房租、店面装修费以外,需要准备的资金约14万元。费用支出包括向总部缴纳品牌权益金、履约保证金各1.98万元(一线城市),以及每月300元的品牌管理费、3 000元的装修保证金。一间40平方米的加盟店,首次进货需要达到4.6万元,剩余的钱便是流动资金了。商场、超市、商业街、步行街、工业区、高校周边以及居民生活区等,这些地方都是哎呀呀建议加盟商开店的主要地址。店面具体开在什么地点、什么位置,也需通过审核。对于哎呀呀总公司来说,几乎所有的成本都由加盟店负担,只是咨询和管理人员需要有较好的素质。总店依靠加盟商订货需要先打款的模式,确保现金流的通畅。

(7)加快资本运作。2012年5月28日,哎呀呀在广东宣布获得达晨创投一亿元投资。在给媒体提供的资料中,哎呀呀将此次投资描述为中国饰品行业迄今为止最大的单笔商业融资,并宣布计划2013年登陆A股市场。

经营策略创新战略

战略管理是企业高层管理者为保证企业的持续生存和发展,通过对企业外部环境与内部条件的分析,对企业全部经营活动所进行的根本性和长远性的规划与指导。

——战略管理之父伊戈尔·安索夫

第一节　经营策略创新战略的概念

一、经营策略创新战略的定义

经营策略创新战略,即一个科学的企业经营创新战略,是由经营战略依据、经营战略思想、经营战略目标、经营战略重点和经营战略对策等基本要素的创新所构成的,并通过创新战略决策和创新经营战略规划及其实施来完成的。经营策略创新的核心问题是重新确定企业的经营战略目标。企业战略制定的经营目标、方针和策略,决定了经营中的顾客、竞争对手、竞争实力,也决定了企业对关键性成功因素的组合,并最终决定企业的竞争策略。成功的企业经营策略创新战略,会制定出具有独特商业模式要素和特征的竞争策略和经营目标。经营策略创新战略的目的,是为了取得核心竞争力优势,适应企业外部宏观和微观环境的变化,利用竞争对手间的利益相关性和优势互补性,实现资源整合,打破资源重新再组合,来寻找增长的潜力。

经营策略创新战略是为了实现企业的目标,在分析外部环境和内部条件的基础上,在竞争中求生存争发展做出的调整和创新性的总体性的谋划与对策。其主要特点可概括为以下 5 点。

(1) 全局整体性。创新以企业整体发展为目标,规定了企业经营发展的方向和全局操盘的运筹,是一种经营全局的谋略,它对企业各个部门和各个层次的经营活动和管理行为都具有调控作用。

(2) 可持续发展性。创新以企业未来发展为指向,规定了企业在一个较长时期内的发展方针和目标。在可持续发展的基础上,创新战略最终目标是谋求长远发展和长远利益。

(3) 战略决策性。创新以发挥战略整体功能为指向,规定了企业的战略目标、战略重点和战略对策,是一种经营全局的战略决策,对企业一切经营活动和管理行为都具有权威性的纲领性作用。

（4）市场竞争性。创新以不断扩大企业市场占有率为指向,不断寻求市场机会、排除风险威胁和与竞争对手斗智斗勇的战略及策略,从而谋求提升企业竞争的核心能力。

（5）环境适应性。创新以适应企业外部环境变化为创新指向,确保企业经营战略目标与外部竞争环境变化不断适应。保持适应—稳定—创新—再稳定—再创新的良性循环。

二、经营策略创新战略的形式

经营策略创新战略强调在企业运营中,战略管理是一个动态过程。在这个连续过程中,通过对战略的管理,也就是通过启动、制定和实现战略来维持和改善企业绩效。它既包括处理具体的战略或一次性的战略决策,也包括处理连续的战略和决策流而形成的循环模式。这些经营策略创新的形式有不同的解读。

一般认为,经营策略的层次包括三种层次的策略:总体策略(corporate strategy)、企业策略或竞争策略(business strategy)和功能策略(functional strategy)。

（1）总体策略。主要是在企业经营中,决定企业经营目标和战略方向、方针,各部门资源的分配以及组织架构和管理流程,以发挥组织的最大功效。总体策略是决定组织长远发展方向(三年以上)的可持续性发展的战略。

（2）企业策略或竞争策略。主要着眼于企业在竞争环境中所采取的策略,如成本领先策略、差异化策略、聚焦化策略。更重要的是发展企业的核心能力和整合企业内外部优势资源,搭建竞争优势,在激烈竞争的市场中获胜。

（3）功能策略。主要在于分配在每个业务单位内的功能,如研发策略、生产制造策略、人力资源管理、质量控制策略和市场营销策略等,使之具有独特的能力,发挥最大的生产力,以协助企业策略,达成企业的总体策略。

在研究经营策略的创新上,查费(Chaffee,1985)将经营策略的形式分为:线性的经营策略、适应的经营策略、诠释的经营策略。

（1）线性的经营策略(linear strategy)。是用以决定企业的长程目标、系列活动和分配达成目标所需的资源,适用于稳定和可预测的环境。

（2）适应的经营策略(adaptive strategy)。它关心的是外在环境的机会与威胁,以及组织利用这些机会的能力与资源,两者间相互配合的发展,适用于变动性较大而不易预测的环境。

（3）诠释的经营策略(interpretive strategy)。用以说明组织隐含的意义或是一些事实的法则,使参与者能了解组织及其环境,借以导引个人的态度,适用于引发参与者有利于组织的动机。

在研究经营策略的创新上,明兹伯格(Mintzberg,1973)将经营策略的形式分为:企业型、适应型和规划型。

（1）企业型经营策略(entrepreneurial mode)。其主要特征是经营策略的制定着重于新机会的开创,因此,领导者从事的是大胆的决策和带冒险性的活动,适用于成本少,以及冒险造成的损失也少的规模较小或新成立的企业。

（2）适应型经营策略（adaptive mode）。其主要特征是组织缺乏明确的目标，经营策略的制定是为了解决现有问题，因此，经营策略基本上是补救的性质，经由逐渐调适或修改的过程，适用于复杂和快速变动的环境，拥有决策权的团体是相互牵制形成决策力量分散的大型企业或机构。

（3）规划型经营策略（planning mode）。是事先发展出来的有系统和有结构的计划，或是一套明确的指引，适用于组织有营运的目标，环境是可预测和稳定的，而且能承担从事正式分析所需费用的大型企业。

还有，麦尔斯和斯诺（Miles & Snow，1984）从企业战略目标对外部环境的反应，将经营策略的类型分为：防卫型策略、前瞻型策略、分析型策略、反应型策略。

赫夫和申德尔（Hofer & Schendel，1978）从市场营销战略的角度，将经营策略的类型分为：增加市场占有率的经营策略、成长经营策略、利润策略、集中市场和减少资产的经营策略、转向经营策略、出售或解散经营策略。

麦克·波特（Porter，1985）从企业竞争优势和环境的交互关系，将经营策略的类型分为：成本领先策略、差异化策略和聚焦化策略。

若什和葛路克（Jauch & Glueck，1989）从企业运营的总体战略上，将经营策略的类型分为：稳定的策略、扩张的策略、减缩的策略、联合的策略、生命周期与经营策略。

总之，企业为实现经营目标所采取的行动，也就是经营策略的创新，通常情况下是指企业战略目标和资源的配置和运用（企业所拥有的人力、物力、财力、技术、管理和信息等）的重组。可见，经营策略创新在企业经营管理上具有支配企业目标和资源整合配置以及运转的重要地位。但经营策略的创新是通过策动谋划策定的，是经营策略策划的产物，经营策略的创新战略是在策划原则指导下，必须通过战略管理运作程序从战略分析、战略决策、战略创新来一步步实现的，这是一种创造的艺术。

第二节　经营策略创新战略影响因素和赋值分析

一、经营策略创新战略影响因素

在九要素商业模式创新战略模型中，经营策略创新战略影响因素包括下列要素。

（一）环境分析

环境分析是指通过对企业采取各种策略，对自身所处的内外环境进行充分认识和评价，依据环境中各构成要素的数量（环境复杂性）和变动程度（环境动态性）的不同，以便发现市场机会和威胁，确定企业自身的优势和劣势，从而为战略经营提供指导性的活动。

（1）宏观环境分析力和把控。是指使用 PEST 方法和 TEMPLE 方法等对外部宏观环境的分析和把控。

（2）行业竞争力分析和构架。是指对行业经济的运行状况、产品生产、销售、消费、技术、行业竞争力、市场竞争格局、行业政策等行业要素进行深入的分析，从而构架行业竞争力，进而进一步预测未来行业发展的趋势。

（3）SWOT 和五力分析能力。SWOT 方法通过对企业的优势（strength）、劣势

（weakness）、机会（opportunity）、威胁（threat）的分析，构架出 SO、ST、WO、WT 等竞争战略。五力分析模型是由麦克尔·波特提出的用于竞争战略的分析的模型，通过对行业现有的竞争状况、供应商的议价能力、客户的议价能力、替代产品或服务的威胁、新进入者的威胁这五大竞争驱动力，可以有效地分析客户的竞争环境。

（4）竞争对手分析能力。就是分析竞争对手的优势和劣势是什么，其优势和劣势是否可能发生变化；技术、融资、营销以及人才培养方面是否具有可持续发展的能力；财务、生产和技术研发等方面的反应能力如何；竞争对手适应宏观环境变化的能力以及它的持久力等。

（二）战略选择

战略选择是确定企业未来战略的一种决策，是战略决策者在多个可行方案中选择出一个切实可行的方案。战略选择可选取成本领先的战略、聚焦化战略或差异化战略等。

（1）决策创新能力。是指企业根据战略目标认识现状，预测未来，决定最优行动方案的创新能力，是决策者的素质、知识结构、竞争压力承受力、思维方式、判断能力和创新精神等在决策方面创新的整合程度。

（2）民主参与度。是指企业对下属进行充分授权，给予他们作出决策和采取行动的自由程度。

（3）决策开放性。是指开放式决策是企业经营民主和公开化的深化与拓展。

（4）战略的抉择力。是企业适应环境和保持竞争力的理性手段和能力。

（三）战略计划

战略计划就是企业制定的长期目标并将其付诸实施的过程。其计划性是组织资源和环境的匹配，同时也是目标和组织活动的匹配。

（1）经营目标创新。是管理大师彼得·杜拉克提出并倡导的一种科学的优秀的目标管理模式创新，就是追求利润最大化向追求企业可持续成长观转变。

（2）企业总体战略的创新。是涉及企业经营发展全局的战略，是企业制定经营战略的基础，从一般的成长型、维持性战略提升到持续型发展战略。

（3）竞争战略的创新。是指能够使企业在最大限度上提升自身的竞争力的战略创新，如产品创新、市场创新或技术创新等战略。

（4）运作战略的创新。是指在创新战略实施中的配套的功能战略管理体系的创新，如人力资源和资本运作战略的创新等。

（四）战略执行

战略执行即战略实施，就是将公司战略付诸实施的过程，即战略管理过程的行动阶段。

（1）执行力创新。是指通过一套有效的系统、组织、文化和行动计划管理方法等把战略决策转化为结果的创新能力。

（2）运营资源整合。是指企业优化资源配置，对来源、层次、结构、内容不同的资源进行识别与选择、汲取与配置，获得整体的最优配置的动态过程。

（3）战略伙伴合作关系。是指能够通过合资合作或其他方式给企业带来资金、先进技术、管理经验,提升企业技术进步的核心竞争力和拓展国内外市场的关系资源。关键是合作和整合这些关系为企业创造价值。

（4）团队精神。是指企业管理团队的大局意识、协作精神和服务精神的集中体现。

二、经营策略创新战略赋值分析

为了方便进行测量分析,在第三章,我们构架了商业模式创新战略赋值分析表。表 5-1 是商业模式创新战略赋值分析表的二级量表——经营策略创新战略赋值分析表。这是一个李克特量表的五等级赋值选项。我们要求受测企业对每个回答给一个分数,如从非常同意到非常不同意的有利项目分别为 5、4、3、2、1 分,对不利项目的分数就为 1、2、3、4、5。

根据受测企业的各个项目的分数计算代数和,得到企业态度总得分,并依据总分多少将受测企业划分为高分组和低分组。我们选出若干条在高分组和低分组之间有较大区分能力的项目,构成一个李克特量表。计算每个项目在高分组和低分组中的平均得分,选择那些在高分组平均得分较高并且在低分组平均得分较低的项目。这样,我们就可以测量得到经营策略创新战略的分值。

表 5-1   经营策略创新战略赋值分析表

经营策略创新战略影响因素	评估赋值（1~5）				
	1	2	3	4	5
环境分析（BSI_1） 宏观环境分析力和把控 行业竞争力分析和构架 SWOT 和五力分析能力 竞争对手分析能力					
战略选择（BSI_2） 决策创新能力 民主参与度 决策开放性 战略的抉择力					
战略计划（BSI_3） 经营目标创新 企业总体战略的创新 竞争战略的创新 运作战略的创新					
战略执行（BSI_4） 执行力创新 运营资源整合 战略伙伴合作关系 团队精神					

例如,某 A、B、C 三家公司经营策略创新战略要素赋值分析图如图 5-1 所示。

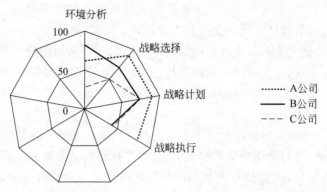

图 5-1 经营策略创新战略要素赋值分析图

具有竞争意识的企业应该站在战略的角度审视所处的环境与自身情况。市场竞争的激烈与瞬息万变要求企业开发自己的战略模式（strategy model），即如何通过对商业环境的战略分析，制定战略目标为有效地提供价值服务并实现其商业化而形成的战略、策略、计划等。

第三节　经营策略创新战略最佳实践分析

一、阿里巴巴集团介绍

阿里巴巴集团现有 12 家旗下公司，分别是：阿里巴巴 B2B、淘宝网、天猫、支付宝、阿里云、中国雅虎、一淘网、聚划算等。

1. 阿里巴巴网

阿里巴巴网是中国领先的 B2B 电子商务公司。为来自中国和全球的买家、卖家，搭建高效、可信赖的贸易平台。国际贸易网站主要针对全球进出口贸易，中国网站针对国内贸易买家和卖家。

2. 淘宝网

淘宝网成立于 2003 年 5 月 10 日，由阿里巴巴集团投资创办。淘宝网业务跨越 C2C（Consumer to Consumer，消费者对消费者）、B2C（Business-to-Consumer 商家对消费者）两大部分。经过 10 年的发展，截至 2013 年年底，淘宝拥有注册会员 3 亿，淘宝网 2013 年达 12 000 亿元人民币，是亚洲最大的网络零售商圈。

3. 天猫（淘宝商城）

2010 年 11 月 1 日，淘宝商城从淘宝网中分拆并独立。淘宝商城是亚洲最大的购物网站，是淘宝网全新打造的 B2C。淘宝商城整合数千家品牌商、生产商，为商家和消费者之间提供一站式解决方案。提供 100% 品质保证的商品，7 天无理由退货的售后服务，以及购物积分返现等优质服务。2012 年 1 月 11 日上午，淘宝商城正式宣布更名为"天猫（Tmall）"。

4. 支付宝

支付宝（alipay）最初作为淘宝网公司为了解决网络交易中信用问题所推出的网络交

易工具,通过"第三方担保交易模式",由买家将货款打到支付宝账户,由支付宝向卖家通知发货,买家收到商品确认后指令支付宝将货款放于卖家,至此完成一笔网络交易。支付宝于 2004 年 12 月独立为浙江支付宝网络技术有限公司。支付宝作为独立的支付平台,向用户提供付款、提现、收款、转账、担保交易、生活缴费、理财产品等基本服务,相当于"电子钱包"的功能。支付宝在 2013 年又推出了"余额宝"产品。

5．一淘网

一淘商品搜索是淘宝网推出的一个全新的服务体验。网站主旨是解决用户购前和购后遇到的种种问题,能够为用户提供购买决策、更快找到物美价廉的商品。一淘已经收录超过 10 亿条商品信息,优质 B2C 商家和团购网站的数量分别超过 5 000 家和 600 个,相关购物信息超过 2 亿条,一淘的搜索覆盖的网站包括淘宝网、淘宝商城、亚马逊中国、国美、一号店、Nike 中国及凡客诚品等知名站点。

6．聚划算

聚划算上线于 2010 年 3 月,是淘宝网旗下的团购平台,主推网络商品团购。2011 年 10 月聚划算分拆为独立公司。

7．阿里云

2004 年,阿里(中国)软件研发中心成立,2007 年阿里巴巴软件公司在上海注册成立,进军企业商务软件领域。2009 年 9 月,阿里巴巴集团宣布成立"阿里云",阿里云由原阿里软件、阿里巴巴集团研发院以及 B2B 与淘宝的底层技术团队组成,目标是打造以数据为中心的先进云计算服务平台。

图 5-2　阿里巴巴商业模式架构

二、阿里巴巴的业务模式和发展战略分析

从阿里巴巴的业务模式和发展战略来看,其战略方针一直是围绕着在互联网上建立一个贸易服务平台来实施的。上述的八大业务平台,目前已发展成为全球最大、最活跃的网上贸易市场。阿里巴巴的定位也比较清晰,那就是要为世界上的商务建立一个较为完善的综合信息交易服务平台。

阿里巴巴未来 20 年发展战略为:平台服务＋融资服务＋数据服务。

其他运营模式还有:淘宝村模式＋网商模式＋资本模式。

结合九要素商业模式分析模型对阿里巴巴进行了具体分析。按照该模型，商业模式由三个层面的要素构成：业务模块、运营模块和盈利模块。其商业模式要素分析图如图5-3所示。

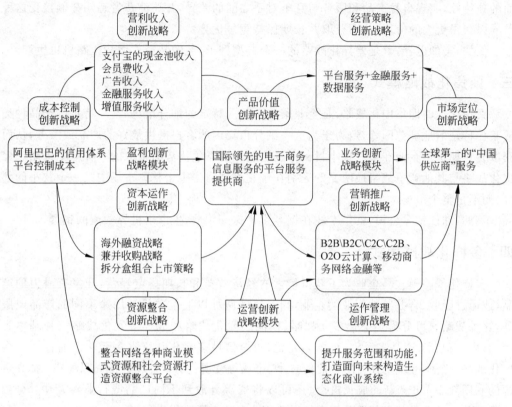

图 5-3　阿里巴巴商业模式创新战略分析图

第四节　经营策略创新战略模式

一、低成本战略模式

低成本战略模式指的是企业通过挖掘和发挥现有的资源和能力优势，选择不断地扩大生产规模，采用先进的工艺生产标准化产品，优化调整企业价值链构成，建立低成本的物流系统，严格控制各项成本费用等措施，使企业的全部成本低于竞争对手，从而在行业内保持整体成本领先地位，使产品和服务在价格上具有竞争力以获取并长期保持竞争优势的一种竞争战略。

国美的低成本战略就是一个例子。作为中国最大家电零售连锁企业的国美电器，便是依靠产品和服务的低成本取胜的。一直以来，国美努力寻求规模经济，以获得成本领先。国美通过"集中采购""统一配送""标准化复制"等模式，开设大量连锁店，形成遍布全国的销售网络布局，与家电制造商的直接沟通和采购，省却传统的代理商购销环节垄断渠道资源，让自己的渠道布局逐渐成为家电及电子产品到达消费终端的主要通路。

二、差异化战略模式

差异化战略是企业通过产品设计、品牌形象、产品特性、客户服务、经销网络或其他方面的独特性，实现自身产品和服务与竞争对手之间的差异，并让消费者感知金额接受这种差异以获得更大的价值，从而获取并长期保持竞争优势。

例如，美的电器，就是差异化战略的一个典型例子，美的甚至连微波压路机也生产。

三、聚焦化战略模式

聚焦化战略即集中化战略，是企业聚焦于某一特定的细分市场、某一特定的产品种类或某一特定的地理范围等，致力于为这一细分市场内的客户提供最好的产品或服务，从而获取并长期保持企业在某一狭小目标市场上的相对竞争优势而采取的一种竞争策略。聚集化战略与其他竞争战略最明显的区别在于它将精力集中于整体市场中某一个狭小的部分，而不是整个市场。

例如，珠江钢琴公司，就是专注在钢琴生产这一领域，生产出世界一流的钢琴。

四、多样化战略模式

多样化战略模式是企业为了获得最大的经济效益和长期稳定经营，开发有潜力的产品，或通过吸收、合并其他行业的企业，同时经营两种以上基本经济用途不同的产品或服务，这种战略又可分为集中化多元战略、横向多元化战略和混合多元化战略三种基本类型，其内容包括：产品多元化、市场多元化、投资区域多元化和资本多元化。通过实行多样化战略，企业可以充分利用企业的技术、市场等资源优势，合理进行资源配置，提高资源的利用效率，开拓新的成长机会；还可以将资源分散到不同产品或行业经营中，分散并降低单一业务的经营风险，提高抗风险能力，减少风险损失。

五、纵向一体化战略模式

企业在某一范围内把具有投入、产出关系的相邻几个阶段或企业合为一体，这种战略就是纵向一体化。任何一件产品或服务的制造都包括若干阶段：原始投入（原材料）制备、原始投入加工成中间产品、中间产品加工成最终产品、最终产品的批发和零售等。当一个企业同时完成两个或两个以上阶段时，便形成纵向一体化。从某种意义上讲，纵向一体化是行政命令对市场机制的取代，它表示了企业决定用内部的或行政管理上的交易来代替市场交易去实现其经济目的。

纵向一体化战略主要有前向一体化战略（forward integration）和后向一体化战略（backward integration）如图 5-4 所示。

图 5-4　纵向一体化战略

1. 前向一体化战略

前向一体化战略又称下游一体化,是一种沿着产出方向发生的纵向一体化,企业通过将当前经营范围的下游职能涵盖入公司的运营中,获得分销商或零售商的所有权或加强对它们的控制,以此来扩展公司的经营领域。前向一体化战略通常为制造商所采用。

例如,美国计算机制造商盖特威(Gateway)通过采用前向一体化战略,建立自己的个人计算机零售店,消除了对零售商的依赖。典型的实施这一战略的例子还有可口可乐公司,它发现决定可乐销售量的不仅是零售商和最终消费者,分装商也起了很大作用时,它就开始不断地收购国内外分装商,并帮助它们提高生产和销售效率。

2. 后向一体化战略

后向一体化战略则与前向一体化相反,是指企业沿着原有生产的投入或原材料供应方向发生的纵向一体化,也称为上游一体化。企业通过将当前经营范围的上游职能涵盖入公司的运营中,获得供货方的所有权或加强对它们的控制,以此来扩展公司的经营领域。制造商和销售商都可能采取这种战略,因为它们都需要从供货方处得到原材料或商品。例如,Carnation 公司,正是通过经营自己的奶牛场实现了后向一体化,并进一步进入了奶牛饲养业,加深了后向一体化的程度。当外部供货方无法有效满足企业的原材料数量或质量上的需求,或后向一体化能为企业带来成本上的优势时,企业经常使用后向一体化战略。

六、其他经营策略创新战略模式

(1)价值链分拆模式。是通过价值链分拆,去掉不佳环节,定位于分拆后价值链中的最优环节以获取最佳经营效果的创新方法。例如,华为引入 IBM 一体化的 IPD(集成产品开发)价值链的模式。

(2)价值链挤压模式。是通过挤压价值链,将价值链的某个片段外包出去以聚焦某一战略环节的创新方法。例如,Adidas 运动鞋将制造环节外包到中国广东的 OEM 生产商。

(3)价值链修补模式。是改善那些阻碍企业创造价值的业绩不良的上下游企业的创新方法。例如,沃尔玛通过培育供应商使用 EDI(电子数据交换)来实现供应链即时上线模式。

(4)价值链重新整合模式。是通过重新整合价值链,控制系统中的盈利点以保证利润的获取的创新方法。例如,汇源果汁从经营价值链的 20%(原浆和广告)发展到经营价值链的 80%(从原料到分销)。

(5)组织学习模式。是指组织通过不断创造、积累和利用知识资源,努力改变或重新设计自身以适应不断变化的内外环境,从而保持可持续竞争优势的创新方法。例如,联想集团就是一个组织学习型企业,通过组织学习保证与促进机制来保证企业战略的可持续性发展。

(6)质量环模式。是一种通过质量控制的方式来促进有效的战略执行的创新模式。为了获得产品的适用性,需要进行一系列活动。也就是说,产品质量是在市场调查、开发、设计、计划、采购、生产、控制、检验、销售、服务、反馈等环节全过程形成的,同时又在这个全过程的不断循环中螺旋式提高,所以,质量环也称为质量进展螺旋。例如,富绅集团质量环管理,其流程注重细节,严格保证产品质量控制的系统化、持续化、可操作性。

第五节　案例分析

一、酷漫居商业模式创新战略分析

（一）公司背景

1. 急流勇退

酷漫居前身为广州力盟家具有限公司,在 20 世纪 90 年代末已经占据了广州办公家具的半壁江山。当时广东省、广州市两级政府采购的 40%～50% 都归力盟所有,此外,广州大学城的 10 所高校中有 5 所是力盟家具的合作伙伴。此时,在很多人眼中,力盟算得上是当时广东制造企业的"优质股"。

正当力盟家具看起来春风得意的时候,其创始人提前看到了企业自身潜在的危机。公司过于依靠政府采购做生意,一方面需要支付大量的"关系成本",业务量也必须根据政府需求上下浮动,极不稳定;另一方面缺乏自己的终端渠道和品牌,知识产权等各方面都无法形成核心的竞争力。随着市场竞争的日益激烈,这样的业务构成体系可以说脆弱得不堪一击。转型已经是箭在弦上的事。但是往哪儿转? 转做什么? 目光转向了当时在国内正处于萌芽阶段的动漫产业。在经过对广州儿童家具市场的初步调研后,巨大的潜在市场需求让企业更加坚定了自己的想法,最终决定,放弃已经营 8 年之久的办公家具而转向毫无基础的儿童家具。

2. 引入优质基因

在实践这个想法之初,公司高层遇到了相当大的阻力和挫折。一开始,这个"疯狂的决策"就立马引起了股东的激烈反弹,很多股东当即就撤走了自己的资金,短短一年时间内,公司人员缩减了一半。之后,由于思考还不成熟,在转型初期公司选择了做自主动漫品牌,推出了"我就喜欢"系列动漫家具。然而,很快发现,在缺乏品牌影响力的儿童家具市场,国内的自主品牌厂商之间根本没有本质的区别,外形设计也相差无几,最终还是陷入到价格战中。而此时此刻,不停地烧钱也已经让公司吃不消,2005 年,公司的负债已经达到 2 000 万元。

在这样的情况下,一个没有任何基础的制造型企业要想短期内创造一个被消费者接受的动漫品牌基本上是不可能的,必须借助那些已经发展非常成熟的动漫品牌,把他们品牌的优势和我们对于行业的经验结合起来,也许就是一个具备优质基因的混血儿。因此企业高层决定要找就找最好的"婆家",迪斯尼就成为了首选。2007 年,几经艰辛和波折,公司的创意和诚意最终打动了迪斯尼,其公司不仅得到了迪斯尼在国内家具领域的独家授权,还得到了一年的研发和设计时间。经过一年时间的准备,2008 年正式成立了专做儿童家具的酷漫居。

3. 重新起飞

2008 年,酷漫居先后得到了时代华纳、孩之宝、日本三丽鸥(Hello Kitty 的母公司)、哆啦 A 梦等动漫巨头的家具类衍生品独家形象授权,加上最早的迪斯尼,世界十大动漫品牌中已有 9 个被酷漫居收入囊中。对一线卡通品牌授权的垄断,让酷漫居占领了动漫家具市场的先机,之后,公司果断决定彻底甩掉传统制造的包袱,把自己的生产制造业务全部剥离外包,只专注于做设计和品牌运营。业务线也不仅仅局限于提供家具,转而提供一整套的儿童家居解决方案。

明确新的发展定位后,酷漫居开始了整合改造的提升之路。广州酷漫居动漫科技有限公司的名字可以这样分开理解:酷漫居,结合儿童家具家居产业;动漫,结合动漫产业;科技,结合互联网产业。在企业的战略规划中,酷漫居将有以下 3 个发展阶段:2008—2010 年,成为动漫家具品牌运营商,主打产品是将动漫形象结合到家具中;2011 年,成为家居产业链整合商,整合动漫家居、家居产品经销商、家居连锁卖场以及网络等各项资源;未来,酷漫居希望成为动漫产业渠道门户,成为整合动漫家居、衍生产品供应商、商业地产和网络的面向动漫产业的主要渠道门户。第一阶段,凭借品牌授权的垄断优势,酷漫居已经取得了不错的经营业绩。2010 年,酷漫居的年收入达到近 4 000 万元,净利润也达到600 万元。

4. 借助资本快速发展

对家居这种传统的劳动密集型产业来说,因为缺乏核心的科技,所以很难吸引投资者的目光。但是,家具制造商出身的酷漫居已经不再是一个制造企业了。酷漫居的"动漫＋互联网＋产业链整合"的模式打动了风投,并在 2010 年获得了鼎鑫资本 6 000 万元的投资。资金的到位,让酷漫居可以走上快速发展的道路。对酷漫居来说,风投资金主要用途:一是用于电子商务,二是用于体验中心的建设,接下来,酷漫居便要开始进行家居产业链的整合了,这需要借助更雄厚的资本力量。2011 年 3 月,酷漫居在深圳香格里拉酒店举行了"酷漫居新商业模式分享会",向家具业大佬们勾画出一片蓝图:酷漫居的未来＝动漫＋资本＋电子商务＝上市＝无可限量的财富。酷漫居宣布的愿景是,2011 年打造数量足够的门店渠道,2012 年递交上市申请资料,预计到 2013 年,顺利的话将在创业板上市。

(二)案例分析

对酷漫居的发展思路有了大致的整体认识之后,下面我们将结合九要素商业模式分析模型对其进行进一步的具体分析。按照该模型,商业模式由三个层面的要素构成:业务模块、运营模块和盈利模块。其商业模式要素分析图如图 5-5 所示。

1. 业务管理模块

(1)产品价值模式(products value model)。酷漫居对自己的定位是一个动漫文化、动漫品牌、创意设计和生活方式的供应商,是一个为青少年儿童提供以家具为载体、儿童用品与儿童产业相结合,覆盖整合儿童衣食住用玩教育娱乐各方面的儿童产业渠道门户。其为目标客户群提供的核心产品价值为"健康快乐"的生活方式,具体细分又衍生为动漫、漫画、游戏三大块的客户价值和服务价值,用酷漫居自己定位的术语讲即 ACGLIFE,即以各知名动漫品牌文化及形象为基础,以动漫衍生产品的创意设计及应用技术为核心,提

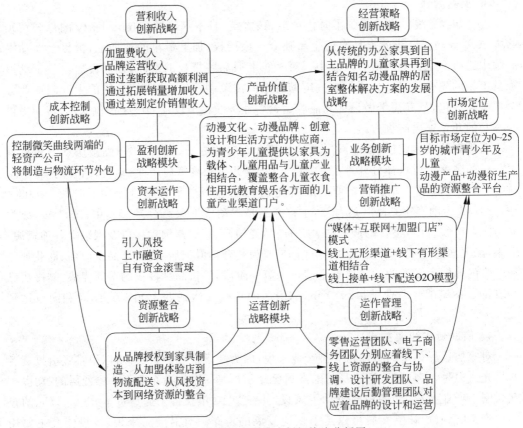

图 5-5　酷漫居商业模式创新战略分析图

供适合青少年儿童身心健康发展的居室整体解决方案,为青少年儿童打造健康快乐的动漫创意生活方式(见图 5-6)。此外,在品牌价值方面,酷漫居争取了先发优势,几乎垄断了全球的知名动漫品牌,为客户提供了较高的品牌信誉和附加价值,因此品牌价值也是其产品价值的重要组成部分。

(2) 战略模式(strategy model)。可以说,战略模式的成功是酷漫居成功的重要前提。从传统的办公家具到自主品牌的儿童家具再到结合知名动漫品牌的居室整体解决方案,酷漫居的转型之路几经坎坷,而最终的战略模式选择则成为了其成功的非常关键的因素,值得深入研究。一般认为,酷漫居战略模式的成功主要包括以下几个方面。

① 准确的环境分析。首先,酷漫居的前身力鼎家具发展正处于鼎盛时,公司敏锐地察觉到自身的业务结构失衡,过分依靠政府采购,缺乏自己的终端渠道和品牌,知识产权等各方面都无法形成核心的竞争力,因此果断地作出转型的决策,这是酷

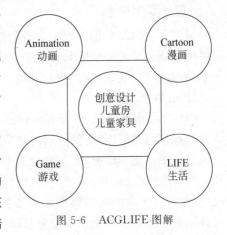

图 5-6　ACGLIFE 图解

漫居诞生非常关键的第一步。另外,从外部环境看,国家《关于推动中国动漫产业发展的若干意见》正式出台,开始全面扶持中国动漫产业的发展;"十二五"规划也将繁荣发展文化事业和文化产业放上了重要的战略地位;企业身处广东,而广东是全国动漫产业和制造产业的重要基地,更需要动漫制作企业与衍生产品生产企业的大力合作;通过初步的市场调研,也验证了儿童家具市场拥有巨大潜力。正是基于这些全面且准确的环境分析,公司才作出了向儿童家具转型的决策,分析如图5-7所示。

环境分析 { 内部——业务结构失衡,过分依靠政府采购,无法形成核心竞争力

外部 { 国家政策扶持
企业身处广东,是全国动漫产业的重要基地
儿童家具市场潜力巨大

图5-7 儿童家具转型决策

② 正确的战略选择。在决定转型做儿童家具之初,酷漫居的发展也不是一帆风顺的,自主品牌"我就喜欢"系列动漫家具的失败,就使公司不得不再次重新思考战略选择的问题。而最终的事实证明,引进世界知名动漫品牌的战略选择,无疑是酷漫居在生死存亡的关键时刻作出的非常正确的战略选择(表5-2、表5-3为酷漫居对自主开发动漫品牌与引起授权动漫品牌的对比分析)。目前,酷漫居的品牌战略是:"酷漫居"是产品和渠道整合在一起的综合性创新品牌,现阶段是依附于现有成熟的动漫品牌快速成长,创建自身的品牌价值;等完成过渡期后,将成为强势渠道品牌+原创商品品牌。

表5-2 引进全球知名动漫品牌的好处

引进全球知名动漫品牌的好处	
有人宣传	仅迪斯尼每年在内地推广费用达2 000万美元,各授权品牌母体每年推出大量影视作品,铺天盖地宣传
有人保护	各授权品牌母体每年花费大量人力打击假冒仿冒商品
有人追求	每个动漫形象都有无数狂热粉丝
有人埋单	大量家长及年轻白领为孩子及自己的喜好支付金钱
无人竞争	由于品牌授权的垄断,这一细分市场没有竞争,进入门槛极高
独家供应	以品牌和设计为核心,整合各方资源,建设青少年儿童动漫创意生活方式体验中心
反向创作	等渠道成熟后,可参与或收购部分动漫影视作品,拥有自主动漫品牌及形象

表5-3 风险分析对比表

自主动漫品牌	授权动漫品牌	自主动漫品牌	授权动漫品牌
投入产出不匹配	投入产出成正比	渠道进入成本高	渠道进入成本低
投入风险大	投入风险小	宣传成本高	宣传成本低
打假成本高	打假成本低	成功概率小	成功概率大

此后,在几乎垄断全球知名动漫品牌的先发优势支持下,酷漫居的经营取得了初步成功,发展也渐入轨道,这时杨涛再次意识到自身资源的有限性,及时作出借助外部资本的

战略决策,又将带领着酷漫居迈向一个新的高度。整体来看,酷漫居的战略计划如图 5-8
所示。

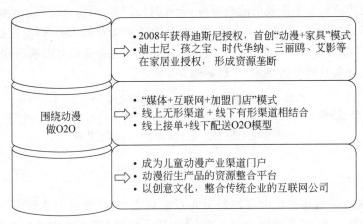

图 5-8　酷漫居的战略计划

　　③ 坚定的战略执行。虽然战略的选择可能是正确的,但对于未来总有太多未知,因
此战略的执行方面总是会遇到阻力的,有的时候这种阻力甚至会大到让人却步的程度。
例如,在酷漫居转型之初,这个"疯狂的决策"就立马引起了股东的激烈反弹,几乎全部的
股东都撤走了自己的资金,短短一年时间内,公司人员缩减了一半。这已经够让人绝望的
了,然而更重的打击接踵而来,在经营自主品牌失败后,公司的负债已经达到 2 000 万元。
这时只有少数的十几名骨干还看好公司的决策,愿意坚持下去,如果没有坚定和勇气,没
有一往无前、敢于担当的企业家精神,就没有酷漫居的今天。

　　(3) 市场模式(Market Targeting Model)。儿童家具市场是一个庞大的消费市场。据国
家统计数据显示,连续 12 年以来,中国新生儿年数量均在 1 500 万以上,形成了超过 2 亿人
的 0~12 岁儿童市场,0~16 岁少年儿童则超过 3 亿人。在准确的市场调研的基础上,酷漫
居将目标市场定位为 0~25 岁的城市青少年及儿童,而酷漫居的购买者则是青少年儿童的
家长,这有利于酷漫居对产品的高端定位及价格空间的拓宽(见图 5-9)。此外,儿童家具产
品的消费模式能够形成紧密的循环,也是其市场潜力的重要基础(见图 5-10)。

0~25岁城市青少年及儿童　　　　　　　城市青少年及家长

图 5-9　酷漫居的目标受众

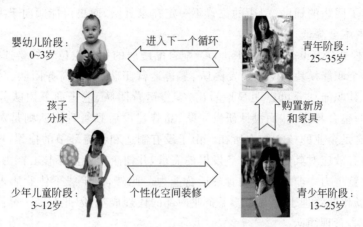

婴幼儿阶段：
0~3岁

进入下一个循环

青年阶段：
25~35岁

孩子
分床

购置新房
和家具

少年儿童阶段：
3~12岁

个性化空间装修

青少年阶段：
13~25岁

图 5-10　儿童家居产品消费循环图

2. 运营管理模块

（1）营销模式（marketing model）。酷漫居的营销策略采取的是线上推广＋线下体验的 O2O 模式（见图 5-11）。一方面，在线下用体验黏住消费者，运用加盟模式短期内建立大量的体验店，并且通过丰富的活动，诸如成为媒体选秀活动的举办场所，举办绘画比赛、动漫生日会、公主嘉年华等活动，吸引孩子带着家长来到酷漫居的门店中；另一方面，在线上用网络和媒体拓展渠道，通过淘宝网上商城、门户网站儿童房频道、酷漫居的官网、酷漫居会员数据库发送的电子杂志等多种渠道，并运用基于互联网传播方式的"病毒式营销"等手法大力在互联网上提高企业和产品的知名度。

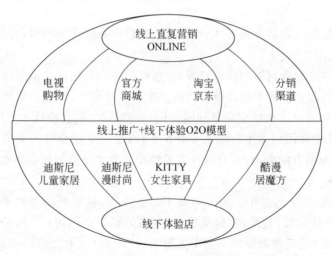

图 5-11　O2O 渠道模型图

此外，家具品牌商如何与经销商在网上销售的模式下达成双赢，这是横亘在传统家具企业面前的一道难题。酷漫居在这方面也在摸索，除了给经销商返利之外，他们还在尝试用电子商务作为一个基础平台来开连锁式的家具小店。这样的店大概需要 30～50 平方米，经销商的投资可以控制在 10 万元以下，以网络平台作为最重要的承接平台和销售的辅助。而且有了网络的辅助，门店的位置不一定在家具城，而更可能倾向于大型购物中心里，这样物业成本会降低。

（2）管理模式（Management Model）。配合酷漫居的业务定位和战略选择，其管理团队主要分为4个职能模块：设计研发团队、零售运营团队、电子商务团队、品牌建设后勤管理团队。从其职能划分可以明显地看出，零售运营团队、电子商务团队分别对应着线下、线上资源的整合与协调，而设计研发团队、品牌建设后勤管理团队则是对应着品牌的设计和运营，这是企业的核心能力所在。由于没有制造和物流环节的拖累，这种结构化的管理模式能够有效应对其各模块业务发展的需求，并使企业专注于核心能力的研发，从而形成企业核心竞争力中非常重要的管理运营能力。此外，由于线下体验店采取了加盟的方式运作，市场化的管理也大大降低了企业内部的代理成本，因此有助于酷漫居打造一支精简高效的核心管理团队。

（3）资源整合模式（resources integration model）。毫不夸张地说，酷漫居的运作模式处处体现着资源的整合。由于酷漫居的模式涉及众多领域，因此相对于单一的传统家具行业，其资源丰富性更佳，但也需要更强的资源整合能力。从品牌授权到家具制造、从加盟体验店到物流配送、从风投资本到网络资源……几乎都是借助了外部的资源，然而增值的部分在哪里？就在于整合这些资源的创意本身，最终提供给消费者的产品价值也就在于这些创意，也就是酷漫居的核心能力动漫品牌的设计与运营。下面具体看看其模式各环节的整合情况。

（1）以授权经营模式整合全球知名动漫品牌，并通过垄断获得了先发优势。

（2）以价值链分拆模式将生产制造和物流环节外包，减轻自身资产，更好应对风险和专注高利润环节。

（3）以加盟经营模式整合线下体验店资源，减轻自身资产的同时，可以快速扩张实体店规模。

（4）以合作方式整合网络与媒体资源，加强宣传并直接快速地拓展销售渠道。

（5）以创新的商业模式和极具魅力的前景吸引风投资本，迅速聚集雄厚的资本能量。

由于酷漫居对自己未来的定位是动漫文化、动漫品牌、创意设计和生活方式的品牌运营商，是青少年儿童动漫创意生活的电子商务平台，是一个综合性的渠道门户，因此其后续发展更需要资源整合的能力，并且也许资源整合能力才是酷漫居最终制胜的关键能力。

3. 盈利模块

（1）成本模式（cost model）。酷漫居既不是生产商，也不是简单的零售商，其盈利模式和耐克、阿迪达斯相似，是控制"微笑曲线"两端的轻资产公司：一端是"授权品牌与创意设计"；另一端是"消费者数据库与空中无形渠道（网店）＋地面有形渠道（体验店）"，而这两端恰恰能获得整个价值链利润分配中最丰厚的部分（见图5-12）。这种将制造与物流环节外包的方式，能有效控制企业自身的资产规模，降低经营成本，增加抵御风险的能力；此外，由于没有库存或库存量极小，也便于企业获得稳定的收入现金流。

（2）营收模式（revenue model）。由于酷漫居核心的产品价值在于品牌设计，而不仅仅是实体产品，因此其营收模式也充分体现了收入的多样性。具体包括以下几个方面。

① 通过差别定价增加销售收入。例如，通过提供各种不同款式的居室家具产品组

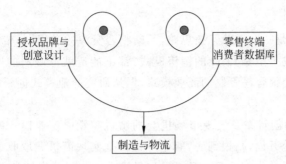

图 5-12　酷漫居的微笑价值链

合,从而克服销售单一产品价格单一的缺点;通过顾客在线 DIY 设计自己的家,从而实施组合差异化定价并增加了许多附加装饰产品的销售;通过提供居室整体解决方案,销售不同主题的整体居室产品,从而实施差异化定价,如其热销的"米奇漫画迷""森林音乐会""公主游仙境"等主题居室,销售价格区间就从 3 000 元左右到 7 000 元不等。尤其是居室整体解决方案,能够在各种低成本的部位充分增加其品牌设计的价值,从而实施高定价策略。

　　② 通过拓展销量增加收入。酷漫居的 O2O 模式突破了地域限制,能够借助网络和媒体渠道迅速扩大知名度和拓展销量,从而实现收入的高增长。

　　③ 通过垄断获取高额利润。由于动漫品牌授权经营的独家供应,酷漫居凭借其几乎垄断全球知名动漫品牌的先发优势,能够最大化地获取高额利润。

　　④ 加盟费收入。随着酷漫居经营规模的扩大和知名度的不断提升,线下加盟体验店的加盟费收入,也将成为酷漫居收入的一个重要组成部分。

　　⑤ 品牌运营收入。按照酷漫居的定位,其未来的发展更趋向于综合性的电子商务平台和渠道门户,那么这种综合性平台的价值将会更高,其品牌运营的收入占比将会更大。同时,其品牌运营可能会出现反向创作,即等渠道成熟后,积极参与或收购部分动漫影视作品,从而拥有自主动漫品牌及形象,那么这种自主动漫品牌的运营收入将会更加可观。

　　(3) 资本运作模式(Capital Operation Model)。酷漫居的资本运作也是成功的。大多数中国家具企业的成长依靠的是自有资本的增值或是合股,能在海内外上市的中国本土家具企业只是极少数。资本并不青睐这个行业,风投看中的市场规模、商业模式、团队素质,在家具行业里都是稀缺资源。然而酷漫居却做到了,因为家具制造商出身的酷漫居已经不再是一个制造企业了。作为一个动漫品牌运营企业,酷漫居通过控制动漫品牌及创意设计的源头,及时把握消费者的需求及喜好,从而能有效整合传统产业和文化上的多方资源,形成自己独特的互联网+体验中心的线上线下互动的零售渠道的运营模式。正是这种创新的商业模式,吸引了风投的关注。2010 年酷漫居获得了鼎鑫资本 6 000 万元的投资,让自己可以走上快速发展的道路。在未来的规划中,酷漫居的愿景是:2011 年打造数量足够的门店渠道,2012 年递交上市申请资料,预计到 2013 年,顺利的话将在创业板上市。而其上市融资的最大资本,也是自身商业模式的良好成长性和灵活的退出机制。

（三）案例评述

酷漫居的成功，是一个不断开拓思路，不断整合资源的过程，单靠知名动漫品牌授权、单靠剥离制造环节或是单靠O2O的销售模式，都不能造就酷漫居的成功，因此其成功的商业模式并不是一个很容易复制的商业模式，但从研究商业模式创新的角度，仍然有很多启发值得我们总结。

（1）商业模式的创新需要发现市场机会的敏锐嗅觉。商业模式的创新离不开商机，不管其形式多么千变万化，归根到底，商业模式只是实现商机获取收益的有效手段，因此对市场机会的敏锐嗅觉非常重要。酷漫居如果没有杨涛对儿童家具市场敏锐洞察和对文化产业发展机会的正确理解，可能根本都不会存在，而原来的力盟家具，也可能照样活得很好。

（2）商业模式的创新需要极强的资源整合能力。什么是资源？资源就是有助于实现目的的一切条件，资源只是为目的而存在，而资源的发现取决于思路。可以说，除了核心的管理团队，酷漫居没有多少资源是属于自己的，然而它却可以整合那么多外部的资源，这其中，思路是非常重要的。儿童家具行业存在巨大的市场机会，但力盟转型之初经营自主品牌不也是以失败告终吗？而儿童家具与文化产业之间有什么关系？这只有靠思路，靠企业家的创新性思维。通过知名动漫品牌的整合运作就可以建立关系，产业文化化也就成为了可能。可见，只要拓宽了思路，也许很多跨行业的整合都能实现。而这种创新性思路，就是发现资源的能力，也是资源整合的基础。

（3）商业模式的创新需要追求卓越的企业家精神。酷漫居成立之初，经历了一个非常困难的时期。因为之前做自主品牌时公司几乎已经被掏空，迪斯尼15%的形象授权费和前期的推广、运营费用对于此时的酷漫居来说是一笔不小的开销。此外，由于最初基本没有业务可做，2008年酷漫居最长有半年无法给员工发工资。在如此困难的情况下，如果没有企业非凡的信念和勇气，难以想象，今天的酷漫居会是怎样的一个情形。而这种非凡的信念和勇气，就是追求卓越的企业家精神的最好体现。

二、12580呼叫平台商业模式创新战略分析

（一）公司背景介绍

1. 最初的梦想

广东12580在1999年之前仅是中国移动为全球通客户提供呼转服务的语音服务台，作为全球通客户的增值服务而存在，而在外部环境的影响下以及公司战略的巨大调整，12580也被赋予了更多的内涵和期盼，12580作为中国移动的"综合信息门户"主体，是中国移动实现从"移动通信专家"向"移动信息专家"转换的重要载体，开始为用户提供商旅预定，生活信息查询等信息服务。而广东12580也充当了全国12580发展的领头羊的角色，在市场发展中不断摸索着自身更多的可能性，开始对业务进行更深入的探索，希望打造一个综合信息资讯的平台，方便移动客户的日常生活需求，在不断丰富业务内容的同时，积累大量的客户群，同时服务手段也日益丰富，不仅提供语音服务，还提供短信下发功能。

从 1999 年到 2008 年,初步建立起适应 12580 信息服务特点的呼叫中心运营管理体系,包括建立针对不同产品的产品管理体系,搭建 12580 呼叫中心运营管理规范框架,构建 12580 的数据管理平台并进行各类数据的收集、整理与积累,进行 12580 品牌的认知推广等。

2. 勇敢的尝试

作为中国移动全业务运营环境下的业务转型的试验区和助推器,站在行业发展的潮头,12580 利用中国移动自身优势,采用多媒体手段,利用多功能平台,为用户提供服务增值产品,提升企业品牌和客户黏性并创造新的收入来源。逐渐打造具有中国移动特色的 12580 多媒体互动平台战略;持续推出新产品,不断优化现有产品;提升产品研发、优化、推广的能力;进行品牌的延伸和细分,建立起 12580 的品牌忠诚度。

在不断的发展尝试中,2009 年,12580 推出了免费生活播报手机彩信杂志,依托广大的订阅客户群,出售杂志中的广告位,同时针对移动客户提供多类手机彩信杂志订制(称为"前向产品"),针对商户提供查询转接、企业名片、优先推荐等收费产品(称为"后向产品"),以此融入"移动多媒体"的行列,产生新的收入增长点,预计从信息资讯服务到产生更大利润的平台。为适应这种改变,话务运营也进行了重大转型,从只专心做服务,过渡到在服务的过程中,更多关注客户的潜在需求,获取与服务相关联的点,进而推荐 12580 适配的产品,针对呼入客户展开深层次的服务。为匹配这种改变,公司开展全员心理动员,让员工从心理上接受改变,宣传新的服务理念,大量组织员工开展实用技巧培训,包括绩效考核体系、奖金系数等都进行了重大调整,同时,开展多类型相应的劳动竞赛,激励员工做出改变,这一切花费了相当长时间,才让员工逐渐适应这一系列改变。而这些努力,在后来也证明了确实为 12580 走上"电子商务"的道路打下了非常坚实的基础。

3. 持续的发展

2010 年,广东 12580 推出预约挂号、优惠券业务,并与广州亚组委合作开通亚运票务资讯热线,进一步扩大其客户规模。2011 年,广东 12580 实现手机支付功能,开始拓展电影通票预订、电影订座、电子车票等各类电子票务业务;在交通信息彩短信中增加交通冠名,增加广告收入;与此同时,开通广东 12580 官方微博,以此实现更多渠道的客户互动。到目前为止,广东 12580 可以为客户提供查号、交通等 12 项语音搜索服务,生活播报、汽车宝典等九大前向定制产品,商户查询、企业名片、优先推荐等语音类后向,生活播报广告,交通短彩信品牌冠名等后向收费产品,以及机票、酒店预订、电影、车票等电子票务业务。服务手段也升级为提供语音、短信、彩信、客户端、WAP、二维码、微博等多样化手段,满足不同客户需求及业务需求特点。

12580 业务发展历程如图 5-13 所示。

通过两年的探索、尝试、转型和发展,客户规模增大,做品牌影响力得到提升,目前,12580 一线话务生产人员达到 1 500 人,2012 年查询量 8 000 万次,语音收入 3 200 万元;在后向媒体广告方面,为商户提供信息发布带来后向收入 3 200 万元;在电子消费方面,不断努力将流量转化为销量,使信息服务增值,产生订单 130 万单,机票酒店佣金 2 400 万元,本地电商交易额 3 000 万元,总收入达到 2.4 亿元。除去可见经济效益,对于移动公司客户经营保有、助力公司主营战略业务发展也起着非常积极的作用。据数据统计,12580 黏性客户的在网时长比普通通信客户长 1 年;ARPU 值、MOU 值分别为普通通信

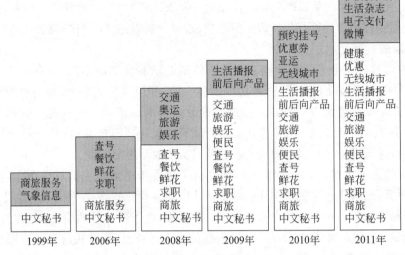

图 5-13　12580 业务发展历程

客户的 2.5 倍和 2.8 倍；短信上行量、GPRS 流量分别为普通客户的 3 倍和 2.5 倍；已开通 WLAN 的黏性客户流量更比普通客户高 42 倍。

由此可见，12580 的发展有着其独特的价值，而其在今后的发展中也面临着更多的问题与挑战，如何解决问题，认准定位，寻求更大的发展也成为所有 12580 人的思考。

（二）12580 商业模式创新战略分析

对 12580 的发展思路和历程有了大致的整体认识之后，下面我们将结合九要素商业模式分析模型对其进行进一步的具体分析。按照该模型，商业模式由三个层面的要素构成：业务模块、运营模块和盈利模块。其商务模式要素分析图如图 5-14 所示。

1. 业务模块

（1）产品价值模式（products value model）。12580 的核心定位为"打造公众生活信息媒体化运营平台"，通过实施信息智能化、标准化开放运营，充分满足前向客户的信息服务需求及后向商户的精细化传播需求，实现信息的媒体化增值。助力公司中高端客户保有及服务价值的提升，着力"生活信息、在线商旅、生活电商、后向商户"四大市场。具体而言，在生活服务方面提供查号、交通、电影排期等多种生活信息查询服务；在在线商旅方面，为移动客户及企业员工提供机票、酒店在线预订服务；在生活电商方面，通过打造多种手机支付手段（话费支付、银联支付、手机钱包支付）实现客运车票、电影选位、景点门票、电话挂号等电子票务订购服务；在后向商户方面，通过生活播报广告位、交通冠名、商家优先推荐、查询转接、企业名片、微博营销等多种宣传手段打造多媒体广告平台。

（2）战略模式（strategy model）。12580 的战略模式也是一路经历了多番艰辛，从一开始只是做呼转台，到后来决定提供信息咨询服务，为中国移动客户提供增值服务，增加移动客户的黏性，到最后决定试水电子商务，将话务转变为订单，实现从成本中心向利润中心的转型，都体现了 12580 对外部环境的改变而积极从自身进行调整的一种随时代变迁的理念。总结 12580 战略模式的成功主要有以下几点。

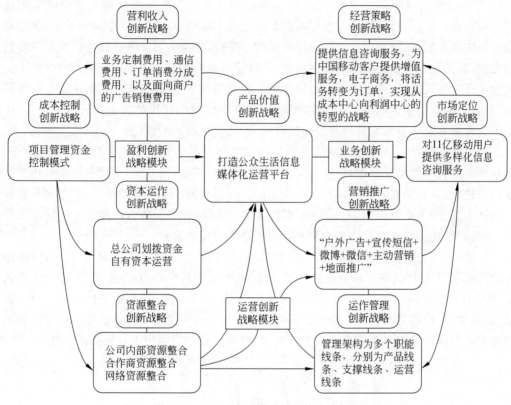

图 5-14　12580 商业模式创新战略分析图

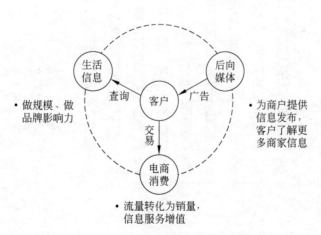

图 5-15　12580 公众生活信息媒体化运营平台

① 适应外部环境及移动需求的变化。在移动的大背景下,12580 作为灵活调整的一部分在每个阶段都发挥着自己的作用。当需要提升全球通品牌的商务特性时,12580 是全球通呼转话务服务台;当移动从"移动通信专家"转型为"移动信息专家"时,12580 及时跟上打造"信息综合服务门户",为客户提供更广泛的信息资讯服务;当全球探索如何将移动通信与电子商务结合时,12580 也不断探索如何实现电子商务,实现自身增值。

② 永不言放弃的尝试精神。12580从致力服务提升到实现主动销售其中经历的转型之痛还让人历历在目,管理层想尽各种办法让员工接受并乐于提供全新的服务,从心里接受新的服务理念,管理层从上往下一级级传递期望,支撑人员从各方面为转型提供便利的支撑,员工也在多轮更换与适应中成长,最终使得战略思想深入人心,想如今,谁也不会问为什么要做营销,而是思考如何做好营销。在业务拓展、广告销售、系统开发等各方面也是如此,以前很多看似不可能实现的操作,没有尝试过的销售如今也都成为了现实,正是因为大家都有一股永不言放弃的尝试精神,才能收获最终的成功。

(3) 市场模式(market targeting model)。12580主要针对移动用户提供多样化服务,而移动客户在不断增长当中,中国有大约11亿名手机用户,而其中,中国移动手机用户数超过7亿,可见其潜在客户群体是非常庞大的。根据目前12580客户的调研,其中普通客户群体中以20~35岁之间的人居多。对普通客户来说,每个服务内容都有不同的需求群体,如电影娱乐类需求客户主要面对年轻对电影感兴趣的客户。

另外,对商户的后向销售市场来说,2012年全球移动广告规模达64亿美元,中国近8亿美元,虽不足传统纸媒和电视广告的1%,但每年增长率超过50%;80%的广告投入集中在20%的品牌广告主中,最多的品类为化妆品/浴室产品、商业服务性行业、饮料、食品(如欧莱雅、康师傅);汽车行业与快消行业更青睐于手机媒体,生活播报与彩信折扣券是很好的载体。针对品牌推广主打生活播报,而彩信折扣券则用于宣传促销信息。

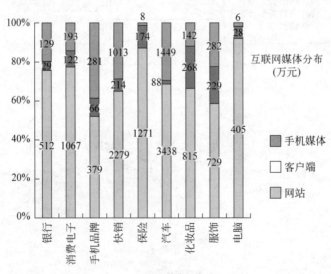

图 5-16   互联网媒体分布图

另外,不同的产品类型也对应着不同的需求客户,如彩信类销售集中在地产、汽车、旅游与零售行业,广告主注重短彩信下发所覆盖的客户群体、注重点击率与转化率;语音后向销售以便民行业、家电维修与专科医疗机构为主;较关注同行之间的宣传动态,每个关键词只要卖出一个位置,其他竞争对手就会蜂拥而至,迅速抢占另外4个位置。

2. 运营模块

(1) 营销模式(marketing model)。12580的营销采取的是"户外广告+宣传短信+

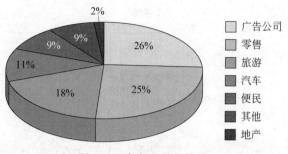

图 5-17　各行业销售情况

微博＋微信＋主动营销＋地面推广"多样化的方式,针对如电影、电子车票等重点产品采取地铁灯箱、公交站牌等户外广告进行营销;每个月会制订详细的短信宣传计划针对符合特征要求的客户实施限量短信发送;利用官方微博打造重点产品形象吸引时尚年轻人参与;所有 12580 一线员工都会参与到营销当中,对来电客户推荐适配的产品;商圈或者校园开展地面推广,以此扩大 12580 的知名度。

（2）管理模式（management model）。12580 的管理架构分为多个职能线条,分别为产品线条、支撑线条、运营线条,产品线条有产品组,支撑线条有系统组、业务组、综合组,运营线条分为运营组、监控组和自控组,每个线条之间又不是互相独立的,而是通过支撑线条与产品线条、运营线条形成互动,形成闭环的机制,共同促进业务的发展。产品组设计开发产品之后,由支撑线条负责产品的上线运营,而在运营的过程中发现的优化建议和系统需求也会反馈给支撑线条进一步跟进解决,并同时反馈给产品团队进行产品优化（见图 5-18）。

（3）资源整合模式（resources integration model）。12580 的发展受到资金、人员等各方面限制,因而所需要的资源整合能力会更强,由于整合了各项资源,12580 所需付出的成本则得到了大幅度压缩,可谓用低成本实现扩张和发展。总结起来有以下几点。

① 积极整合公司内部资源,如获取政企部门的企业信息与合作激活;利用其他渠道的信息资源扩充 12580 的信息库和业务范围;与公司庞大的客户经理团队协作拓展后向销售等。

② 转移规模扩张带来的人员管理等各类问题。随着业务规模的扩大所需要的人力资源也不断增加,为此带来的人力管理压力和人力成本也不断加大,因而逐渐采取话务外包的方式,将此压力转移给合作公司,而 12580 团队可以集约资源做好产品和销售,提升利用率。

③ 与合作商进行良好互动,置换宣传/礼品资源。由于受到宣传费用的限制,12580通常是通过与政府部门合作或者与合作商利用 12580 渠道进行商业合作而置换相应的宣传机会,以此实现共赢。

3. 盈利模块

（1）资本运作模式（capital operation model）。12580 在移动的大背景之下,资金都是通过公司划拨的形式给予,缺乏外部资本运作。不过在很长一段时间内,全国统一一家运营支撑商进行系统开发和业务拓展,并通过话务及前后向销售分成的方式获得回报。

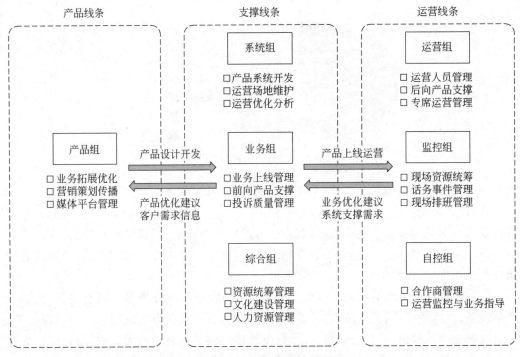

图 5-18　12580 职能架构

（2）成本模式（cost model）。由于 12580 目前对于成本的控制基本是按照项目的形式申请，并非单纯从经济利益上来限制是否提供成本支出，而是会从社会价值、公司客户黏性等多个角度集中考虑，但是总成本控制仍会在每年进行限制。目前，成本支出主要在业务各合作商费用、用工成本、系统开发等方面。

（3）营收模式（revenue model）。12580 营收模式主要是面向普通客户的业务定制费用、通信费用、订单消费分成费用，以及面向商户的广告销售费用。而广告销售又依托于庞大的客户群体和精准的客户定位（见图 5-19）。

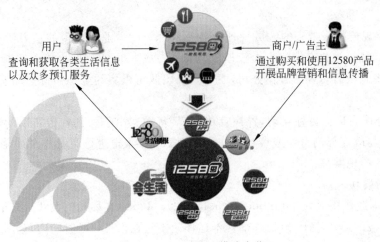

图 5-19　12580 收入模式定位

以下仅举其中电影订单销售的方式进行说明。以客户数据挖掘分析作为基础获取电影热衷客户信息，当客户致电 12580 时进行相关业务推荐和指引，并通过手机支付实现线上购买流程，实现营收，随后通过完整的信息指引和方便的取票方式获取客户的忠诚度，实现多次票务购买的行为，从而实现营收（见图 5-20）。

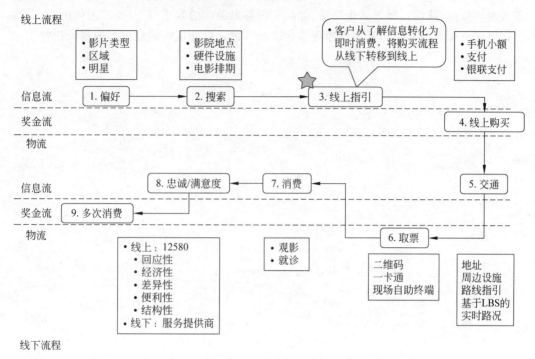

图 5-20　订单销售的方式列举

（三）案例述评

12580 的发展虽然目前还不算成功，但是确实可以看出它的发展脚步和追求成长和改革的态度，而这些也充分让我们认识到商业模式对于企业发展的重要性，你想要有什么样的模式决定了你会有多大的成就。总结重要的几点如下。

（1）商业模式的创新必须结合企业内外部的环境。必须建立在环境的基础上，及时跟进发展以此来获得顺风发展的势头，有时候甚至发展太快反而错过一些恰当的时刻和机会，正所谓只有结合环境来进行发展和尝试。

（2）商业模式的创新必须有不屈不挠的执行力。模式的创新必然带来很多新鲜的问题和不明确的方式，这时候，最需要不屈不挠，不达目的不罢休的精神，不断地探索、尝试才能不断地有新的发现，实现最终的目标。

（3）商业模式的成功必须整合各项资源。资源受限到处存在，如何用有限的资源干更创造利益的事情就需要学会资源的整合，尽量将利益最大化。

尽管 12580 的收入逐年大幅增长，但也不能忽视其存在的一些问题，总结主要有以下几点。

（1）在考虑成本的情况下，增值情况如何估算。由于现在很多时候并不考虑成本支出,所以不能真正在市场经济下明确看到 12580 的实际发展,哪些才是真正的拳头产品,哪些是需要放弃的产品并未进行明确。在考虑成本的情况下,进一步的收入增长会带来更大的压力。

(2)如何实现多渠道的完全连通。移动公司的多媒体渠道多样,除 12580 语音渠道,还有无线城市、移动商盟等多个渠道,如何实现各渠道间的真正"1+1>2"的效用,也需要公司层面更深入的互动和管理层面更多的决策考虑。借此也可避免更多的资源耗费。

第六章

市场定位创新战略

优秀的企业满足需求;杰出的企业创造市场。

——现代营销学之父菲利普·科特勒

第一节　市场定位创新战略的概念

一、市场定位创新战略的定义

1. 市场定位创新战略

市场定位是一种服务于市场营销总体战略而实施的定位,具有宏观及战略层次的属性。具体来说,市场定位创新战略就是企业根据竞争者现有产品在市场上所处的位置,针对顾客对该类产品某些特征或属性的重视程度,为本企业产品塑造与众不同的,给人鲜明的形象,并将这种形象生动地传递给顾客,从而使该产品在市场上确定正确的位置的创新战略。市场定位首先要进行深入的市场调研分析,以建立对市场宏观环境、行业竞争格局、销售渠道终端状况、市场产品和价格的态势、社会消费趋向和消费行为心理特征等的市场认知范式,从而准确确定产品的价值需求,把握消费者需求的市场动态,准确构建产品的价值点和利润点,建立准确的产品定位。市场定位创新战略指明企业用什么样的产品来满足目标消费者需求,针对什么样的客户进行定位,提供满足他们需求的产品和服务。同时通过对竞争定位的分析和确认,直接地瞄准竞争对手。

市场定位创新战略是指市场的差异化竞争战略。主要从地域市场划分、消费者群体细分、产品差异化、技术壁垒和营销模式等差异,来确定精准的市场定位。这些创新战略分别有:地域市场创新战略;消费群细分创新战略;产品差异化创新战略;技术壁垒创新战略;营销模式创新战略等。

2. 市场细分与目标客户群

市场细分就是企业或产品必须锁定特定的市场,才能最有效地发挥出最大的竞争优势,这是由资源的有限性决定的。市场细分,一方面可以更准确地定义市场产品的属性和功能,以发现消费者需求的差异性和需求被满足的程度,更好地发现和抓住市场机会;另一方面,确认企业的目标客户群是什么,让企业能集中力量对准核心的目标客户群,有效地实施营销计划;再一方面,通过清楚掌握竞争对手在各细分市场上的竞争策略、竞争实力和市场占有率,调整企业自己的产品战略、市场战略、竞争战略和客户战略,更好地发挥自己的竞争优势,选择最有效的目标市场。

在市场定位和市场细分的基础上,企业需要根据市场潜量、竞争对手状况、自身特点选定和进入特定市场。企业从可望成为自己的几个目标市场中,根据一定的要求和标准,选择其中某个或某几个目标市场作为可行的经营目标,这就是目标市场选择,它是市场细分的直接目的。一旦确定了目标市场,企业就要集中资源,围绕着目标市场发挥其相对优势,更有效地为这些目标市场服务,来获取更佳的经济效益。因此,选择目标市场是企业制定市场营销战略的基础,是企业经营活动的基本出发点之一,对企业的生存和发展具有重要的现实意义。

企业运用目标市场定位策略对客观存在的不同消费者群体,根据不同商品和劳务的特点,采取不同的市场营销组合。企业选择的目标市场不同,提供的商品和服务就不同,市场营销策略也就不一样。

二、如何进行市场定位的战略策划

1. 市场定位就是客户细分

简单来说,市场定位就是客户细分。企业通过市场调研分析,依据消费者的需要和购买心理、购买行为和购买习惯等方面的差异,把某一产品的市场整体按照不同的标准和特性,划分成多个具有某一或几种相似特质的子市场,这个市场分类过程就是市场细分。每一个消费者群就是一个细分市场,每一个细分市场都是具有类似需求倾向的消费者构成的群体。企业根据自身的资源和外部竞争情况从中选择自己具有比较优势或认为更具有投资价值的子市场作为目标市场,从而使企业能集中力量对准最核心的目标客户群,有效地实施营销目的。市场是企业生存的根源,也是企业发展的归宿。追求卓越的企业拥有自己独特的市场模式。通过对消费者的分析定位目标市场,从而开发独特的产品或服务,企业才能真正实现差异化。定位客户群体的过程也称为市场划分或市场定位。随着市场竞争的激烈化,通过市场定位,占据有效的细分市场、构建自己独特的竞争优势,是许多企业所采取的策略。可以说,有效的市场细分是市场战略创新的关键因素之一。一般来说,有效的市场细分必须遵循以下原则。

(1) 可衡量性原则。市场细分后的各个子市场范围清晰,消费者购买能力大小是可以衡量和识别的。具体表现为可以用人口统计学、情感价值数据、行为方式数据等来描述。

(2) 可进入性原则。市场细分后,企业的营销辐射能力能够到达。也就是说,市场细分,还要考虑市场大小与企业的资源匹配度,企业必须能够利用其现有的优势、能力、人才、生产技术去有效占领这个细分市场,才是成功的市场细分。

(3) 可持续盈利性原则。市场细分后的子市场的潜在规模足够大。因为市场细分的目的是更好地满足目标市场的需求,在特定的目标客户创造差异化价值,攫取更高的利润。

(4) 可区分特征性原则。不同的细分市场,在其特征上必须清楚地加以区分。只有细分后的市场特征清晰可区别,企业才能对该细分市场的特征、客户特性、数量有清楚的认知,以便制定有效的推广策略对目标市场进行营销。

(5)市场差异性原则。细分后的市场,在战略上能被区别认识和对待,同时可应用不同的营销组合因素和方案进行市场开拓。

(6)稳定发展性原则。细分后的目标市场,要保证企业长时期经营战略上的稳定性,但又能保证可持续发展的市场成长,避免目标市场变动过快导致的客户的流失和风险,保证企业的长期稳定的利润。

奥德华特在《商业模式新生代》一书中指出,市场定位就是客户细分,用来描绘一个企业想要接触和服务的不同人群或组织。客户构成了任何商业模式的核心。没有(可获益的)客户,客户群就体现为独立的客户细分群体,如果没有企业长久存活。为了更好地满足客户,企业可能把客户分成不同的细分区隔,每个细分区隔中的客户具有共同的需求、共同的行为和其他共同的属性。商业模式可以定义一个或多个或大或小的客户细分群体。企业必须做出合理决议,到底该服务哪些客户细分群体,该忽略哪些客户细分群体。一旦作出决议,就可以凭借对特定客户群体需求的深刻理解,仔细设计相应的商业模式。

2. 不同特征的客户细分群体

根据不同的需求分析的标准,客户群体可划分为不同特征的客户细分群体,如

(1)不同的产品/服务需求的客户群体的需要。

(2)不同分销渠道的客户群体的需要。

(3)不同类型的关系客户群体的需要。

(4)不同获益的客户群体的需要。

(5)不同付费要求的客户群体的需要。

奥德华特在《商业模式新生代》一书中,将市场划分为以下不同的类型。

(1)大众市场(mass market)。聚焦于大众市场的商业模式在不同客户细分之间没有多大区别。价值主张、渠道通路和客户关系全都聚焦于一个大范围的客户群组,在这个群组中,客户具有大致相同的需求和问题,这类商业模式经常能在消费类电子行业中找到。

(2)利基市场(niche market)。是指确定的客户细分群体。价值主张、渠道通路和客户关系都针对某一利基市场的特定需求定制。这样的商业模式常常可以在供应商—采购商(supplier-buyer)的关系中找到。例如,很多汽车零部件厂商严重依赖来自主要汽车生产工厂的采购。

(3)区隔化市场(segmented)。有些商业模式在略有不同的客户需求及困扰的市场细分群体间会有所区别。例如,瑞士信贷的银行零售业务,在拥有超过10万美元资产的大客户群体与拥有超过50万美元资产的更为富有的群体之间的市场区隔就有所不同。这些客户细分有很多相似之处,但又有不同的需求和困扰。这样的客户细分群体影响了瑞士信贷商业模式的其他构造块,如价值主张、渠道通路、客户关系和收入来源。思考一下瑞士微型精密系统公司(Micro Precision Systems),其专门提供外包微型机械设计和生产解决方案业务,服务于三个不同的客户细分群体——钟表行业、医疗行业和工业自动化行业,而为这些行业所提供的价值主张略有不同。

(4)多元化市场(diversified)。具有多元化客户商业模式的企业可以服务于两个具

有不同需求和困扰的客户细分群体。例如,2006 年亚马逊决定通过销售于计算服务而使其零售业务多样化,即在线存储空间业务与按需服务器使用业务。因此,亚马逊开始以完全不同的价值主张迎合完全不同的客户细分群体——网站公司。这个策略(可以实施)的根本原因是亚马逊强大的 IT 基础设施经营的多样化,其基础设施能被零售业务运营和新的云计算服务共享。

（5）多边平台或多边市场(multi-sided platforms/multi-sided markets)。有些企业服务于两个或更多的相互依存的客户细分群体。例如,信用卡公司需要大范围的信用卡持有者,同时也需要大范围可以受理那些信用卡的商家。同样,企业提供的免费报纸需要大范围的读者以便吸引广告。另外,它还需要广告商为其产品及分销提供资金。这需要双边细分群体才能让这个商业模式运转起来。

奥德华特的市场划分类型,对如何进行市场定位创新有一定的操作意义和借鉴作用。

第二节 市场定位创新战略影响因素和赋值分析

一、市场定位创新战略影响因素

（一）市场机会

市场机会是指通过分析市场上存在的尚未满足或尚未完全满足的显性或隐性的需求,根据企业的资源和能力,找到内外结合的最佳点,有效地组织和配置资源,向客户提供所需产品或服务,实现价值创造的过程。

（1）市场机会发现和把握。是指企业可以考虑市场渗透、市场开发、产品开发和多角化经营来寻找市场机会。

（2）市场机会创造。是指培育新市场、创造新机会,不断创新渠道模式、创新产品型态、创新技术应用,以此打造一个全新的市场。

（3）市场差异化创新。是指结合客户的需求实现差异化创新,真正为用户提供量身定制的产品。关键是找准细分市场,加强产品创新,满足特定的市场需求。

（4）营销模式创新。是指在营销手段和方法上的创新,以实现产品和服务的销售,创造更多的客户价值。

（二）市场壁垒

市场壁垒是指企业在市场竞争中,基于自身的资源与市场环境约束,构建的有效的针对竞争对手的"竞争门槛",以达到维护自身在市场中的优势地位的市场竞争策略。

（1）消除技术壁垒。是指科学技术上的关卡,即指产品制定的技术标准,如产品的规格、质量、技术指标等。消除这些技术上的壁垒,企业必须增强自身的实力,加大科技投入,生产出符合市场技术上要求的产品,通过提高产品档次或质量来跨越人为的技术壁垒。

（2）构架市场竞争壁垒。典型的市场壁垒策略包括专利权、经营许可协议和独占的自然资源等,以阻止竞争对手进入市场。

（3）专利技术创造。是指增强知识产权创造能力、积极推进专利技术成果的运用。

（4）技术模仿力。从技术模仿到技术创新，是技术发展的关键。模仿力从掌握成熟技术生产能力到产品设计能力最终形成基础研发能力，这是后发企业技术进步的阶梯。

（三）目标客户群

目标客户群就是对该企业产品有需要也有一定购买能力的人群。一是寻找企业品牌需要特别针对的具有共同需求和偏好的消费群体，二是寻找能帮助企业获得期望达到的销售收入和利益的群体。

（1）消费群体细分创新。是指在划分的不同领域内根据不同的划分标准的消费群体对产品的需求趋势，如以收入划分的消费群体对产品的需求趋势的创新分析，以及以心理和行为划分的消费群体对产品的需求趋势创新分析。

（2）20%重要价值客户发现和创造。争取市场份额已不是企业唯一目标也不一定是企业最重要的目标。对很多企业来说，20%的客户往往带给它们超过80%以上的利润。要为创造80%利润的20%的客户服务，其前提是企业要能找出这一部分客户。

（3）长尾客户的发现和创造。长尾市场也称为"利基市场"。菲利普·科特勒在《营销管理》中给利基下的定义为：利基是更窄地确定某些群体，这是一个小市场并且它的需要没有被服务好，企业必须发现和创造这部分"有获取利益的基础"的群体。

（4）VIP客户的维系和发展。是为打造精品终端，培养产品忠实客户群的策略。维系好老客户，创造更多的有价值的新客户。

（四）市场细分

市场细分是指企业根据不同的市场需求的多样性和购买者行为的差异性，把整体市场即全部顾客和潜在顾客，划分为若干具有某种相似特征的顾客群，以便选择确定自己的目标市场的策略或方法。

（1）地域市场创新。就是根据不同地域环境的变化情况，并结合企业自身的资源条件和经营实力，寻求营销要素在地域营销上的突破。

（2）产品差异化创新。是指企业生产经营多种不同规格、质量、特色和风格的同类产品，以适应各类顾客的不同需要和价值诉求。

（3）消费群体差异化创新。是指根据不同的消费群体的消费需求和消费心理，走差异化路线，锁定消费群体差异化经营。

（4）消费手段差异化创新。是指促使消费者在市场消费行为中差异化的购买，企业向顾客提供有独特利益，并取得竞争优势产品的策略。

二、市场定位创新战略赋值分析

为了方便进行测量分析，在第三章，我们构架了商业模式创新战略赋值分析表。表6-1是商业模式创新战略赋值分析表的二级量表——市场定位创新战略赋值分析表。这是一个李克特量表的五等级赋值选项。我们要求受测企业对每个回答给一个分数，如从非常同意到非常不同意的有利项目分别为5、4、3、2、1分，对不利项目的分数就为1、2、3、4、5。

根据受测企业的各个项目的分数计算代数和，得到企业态度总得分，并依据总分多少将受测企业划分为高分组和低分组。我们选出若干条在高分组和低分组之间有较大区分能力的项目,构成一个李克特量表。计算每个项目在高分组和低分组中的平均得分,选择那些在高分组平均得分较高并且在低分组平均得分较低的项目。这样,我们就可以测量得到市场定位创新战略的分值。

表 6-1　市场定位创新战略赋值分析表

市场定位创新战略影响因素	评估赋值(1~5)				
	1	2	3	4	5
市场机会(TMI$_1$)					
市场机会发现和把握					
市场机会创造					
市场差异化创新					
营销模式创新					
市场壁垒(TMI$_2$)					
消除技术壁垒					
构架市场竞争壁垒					
专利技术创造					
技术模仿力					
目标客户群(TMI$_3$)					
消费群体细分创新					
20%重要价值客户发现和创造					
长尾客户的发现和创造					
VIP客户的维系和发展					
市场细分(TMI$_4$)					
地域市场创新					
产品差异化创新					
消费群体差异化创新					
消费手段差异化创新					

例如,某 A、B、C 三家公司市场定位创新战略赋值分析图如图 6-1 所示。

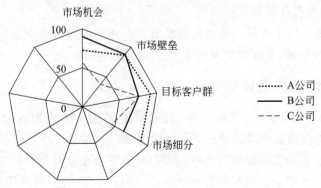

图 6-1　公司市场定位创新战略赋值分析图

第三节　市场定位创新战略的最佳实践

一、"十月妈咪"公司介绍

"十月妈咪"是中国一个知名的孕妇装品牌,其形象代言人为小 S。该品牌不仅致力于孕妇装的设计与开发,还注重孕婴文化的建设。"十月妈咪"初创于 20 世纪 90 年代末,14 年的积累,已然成就国内孕妇装的领袖地位,始终在产品理念和设计上引领潮流,遍布全国的 600 多家时尚店铺,在保证销量绝对领先的同时,更以贴心的服务受到消费者青睐。姊妹品牌"有喜"(UKI)以青春孕妈的品牌个性完全区隔于"十月妈咪"的"个性辣妈";2011 年 9 月开始代理的意大利殿堂级孕装品牌"Pie tro B. ru ne lli"更是完美地占领孕妇装领域的顶级高端市场。"十月妈咪"覆盖全国的直营/加盟店达到 700 家,终端营业额达 6 亿元,线上营运一年时间"十月妈咪"电子商城营业额即已达 7 000 万元。"十月妈咪"市场占有率已达 20％以上,跟随者营业额仅为"十月妈咪"的 1/4。无论企业规模、市场份额及销售实绩均领先同业,"十月妈咪"已跻身中国孕妇装第一品牌,甚至是亚太地区第一品牌。

其市场定位是目标消费者,"十月妈咪"是浙江的品牌,定位为中高等孕妇装,是目前国内孕妇装比较高端的品牌,走商场路线,产品风格比较偏向女装品牌的简单大方,北方市场走得比较好,其定位也比较适合北方高收入人群选购。

二、"十月妈咪"商业模式创新战略的成功之处

1．成功的品牌定位

"十月妈咪"在行业中率先将防辐射和时装的元素引入孕妇装,在产品设计、品牌运作、零售终端建设等方面不断创新。"十月妈咪"在不断提高产品的舒适性、安全性以及实用功能的同时,也要提高时尚性,要让孕妇穿得更时尚,为此,"十月妈咪"曾专门设计出孕妇晚礼服等产品,受到一些白领女性的欢迎。

2．线上线下组合式营销模式

为了更好地发展电商业务,从 2012 年开始,"十月妈咪"开始试水"线上交易,线下取货"的"O2O"(on-line to off-line,线上线下组合式营销)模式。例如,在线上特卖时,原价 1 500 元的孕妇装可以用 400～500 元的价格直接拿下,客户还可以直接到新开的专卖店体验网购的孕妇装,享受超值的购物体验。"十月妈咪"将加强这种网络客户线下体验的模式,将月子餐、孕妇写真、产后瘦身等孕妇类相关产业的品牌整合起来,形成一个母婴类的大产业。

3．品牌投放战略

2008 年,"十月妈咪"在上海地铁投放以"闪开,'十月妈咪'驾到"为题的 Flash 公益广告短片,一改孕婴广告歌常用的舒缓曲调,HipHop 风格的时尚动感节拍,给人们留下了深刻印象。"十月妈咪"还与我国台湾著名主持人小 S 签约,请其出任公司形象代言人。这也是孕妇装行业首度引入名人代言的做法,运用她所代表的时尚、知性的形象。

4．创新的管理模式

"十月妈咪"商业模式的标准化、成长性、可复制性,体现了其稳定、持续的盈利能力和

良好的管理能力,得到了有关投资方的认可,双方也在一些关键的问题上基本达成了共识。赵浦认为,引进 PE 或 VC,对"十月妈咪"的发展将起到很好的推动作用。

5．资本运作的成功

孕妇装产业引起 PE 和 VC 巨头的浓厚兴趣。近年来,"十月妈咪"已先后同多家 PE 或 VC 进行了接触,其中包括红杉资本、智基创投等著名 VC。引进 PE 或 VC,对"十月妈咪"的发展将起到很好的推动作用。借助资本市场进一步做强做大,有希望成为孕妇装行业中第一个上市的企业。

三、"十月妈咪"的商业模式创新分析

结合九要素商业模式分析模型对"十月妈咪"进行了具体分析。按照该模型,商业模式由三个层面的要素构成:业务模块、运营模块和盈利模块。其商业模式要素分析图如 6-2 所示。

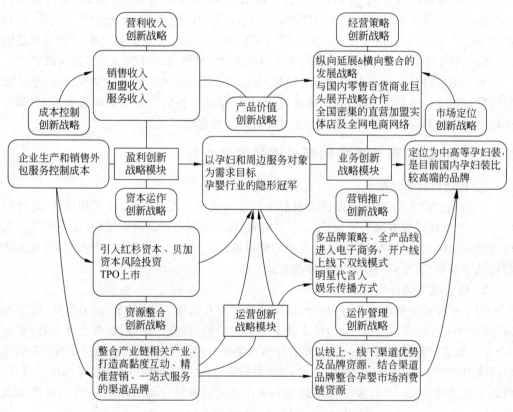

图 6-2 "十月妈咪"商业模式创新战略分析图

第四节　市场定位创新战略模式

一、发散式市场机会模式

发散式的市场细分是企业开发市场机会的一种重要方法。通过市场细分,企业可以

对每一个细分市场的购买潜力、需求特点、需求满足程度、竞争情况等进行分析对比,从而进一步发现哪些消费群的哪些需求还没有得到满足或没有得到充分满足,发现潜在市场机会。市场细分使企业可以更细致更清楚地掌握目标市场的特点。企业可切实了解细分市场消费需求的变化趋势,可以发展有针对性的新产品,满足该目标市场消费者的潜在需求。

蒙牛的市场细分就是一个例子,从包装、价格、功能到口味的纵向细分。蒙牛专注于牛奶产业,从包装、价格、功能、口味等各方面的差异着手,实现了细致的市场细分,为中国消费者构建了一个无所不在的"牛奶矩阵",既是少部分富裕阶层喜欢的蒙牛,更是普通消费者喜欢买而且买得起的蒙牛。

二、目标市场扩展模式

在某些情况下,企业也可以沿着原来目标市场的边缘去寻找商业机会,通过发现具有同类需求的其他子市场以扩展目标市场。这种方法有两种具体做法:其一,从目标市场的结构上去扩展。即在原来目标市场消费者的基础上寻找新的消费者群,以增加产品扩销的机会。其二,从目标市场的空间范围上去扩展。例如,企业原来的目标市场是城市,现在又去农村寻找销售机会,开拓农村市场,或者企业原来仅面向本地市场,现在去拓展外地市场,甚至是国际市场,从而寻求更大的发展空间。

例如,美国吉列公司生产的剃须刀初期仅面向男性市场,后来根据女性美容对剃须刀的需要,又开发了女性市场。

三、市场"空缺"填补模式

对于起步期的企业来说,通过寻找大企业或其他企业在生产或经营上的"空档"与"死角",以此作为商业机会。由于市场需求具有多样性和复杂性,任何企业,不论其规模有多大,都不可能完全覆盖市场,总会留下一些"空缺"。这些市场"空缺"一般需求量小,对产品或服务有特殊要求,大企业往往不愿涉足或力所不能及的地方。然而,对小企业而言这正是一种难得的商业机会。

例如,亚洲航空公司,就是用市场"空缺"填补法把握商业机会,以低廉价格的票价,飞大航空公司不愿飞的航线和机场,避开与大航空公司的正面竞争,又有利于更好地满足市场需求。

四、无差异性市场策略模式

无差异性市场策略是一种求同存异的策略,企业将产品的整个市场视为一个市场,用单一的营销策略开拓市场,即用一种产品和一套营销方案来满足购买群体中的绝大多数人的需求。采用此策略的企业只考虑消费者或用户在需求上的共同点,而不关心他们在需求上的差异性。

例如,可口可乐的碳酸饮料的促销策略就是无差异市场的策略。

五、差异性市场策略模式

差异性市场策略是指企业把整个市场细分为若干个不同的细分市场,依据每个细分市场在需求上的差异性,分别有针对性地制订一套独立的营销方案。

例如,快速时尚消费品巨头 Zara 针对不同性别、不同收入水平的消费者推出不同品牌、不同价格的产品,并采用不同的广告主题来宣传这些产品,就是采用了差异性市场策略。

六、密集性市场策略模式

密集性市场策略又称为集中性市场策略,有些企业集中力量进入一个或少数几个细分市场,实行专业化生产和销售。其立足点是,与其在总体上占劣势,不如在个别市场上居优势。

例如,"十月妈咪"只生产防辐射孕妇装,密集投向市场,开辟销路。

七、客户重新定位模式

当企业在原有的目标顾客群中无利可图或遭遇挫折时,企业可以重新对目标顾客群的重新定位来寻找新的市场机会,以扭亏为盈和获得更大的利润。改变目标市场是一种可行的措施,特别当企业无法从原目标顾客群处获得可观利润时,可以通过市场调研和分析等,改变目标顾客群。企业采取蓝海战略突破传统竞争激烈的"红海",拓展新的非竞争性市场空间,从亏损中脱身的唯一办法是从根本上重新定位客户,或者转移目标顾客群所处价值链环节。

例如,英特尔通过转移目标顾客群所处价值链环节,将其最重要的客户由个人电脑制造商转为最终环节用户,改变市场营销和品牌战略来迎合消费者,现在英特尔已经是顾客选择电脑的重要依据。

八、其他市场定位战略创新模式

(1)利润转移模式。是指通过利润转移的方式,使利润从所有客户分布变成大部分客户没有盈利(只有少部分获利)的创新方法。例如,中国工商银行对不同客户采用差别定价、差别服务和差别投资的策略。

(2)微型分割模式。就是通过对客户的进一步细分,使客户得到的产品或服务由相同到不同,再到独一无二的创新方法。例如,中国人保公司根据客户年龄、收入水平或其他变量收取不同保险费的保险解决方案。

(3)权力转移模式。就是通过客户与供应商之间的市场定价权力优势来回交替变动,转移终端控制权的创新方法。例如,国美电器利用渠道优势逼迫供应商降低价格。

(4)重新定位模式。是指通过从旧的客户世界转移到新的客户世界,重新定位客户和市场的创新方法。例如,中国移动将其国企集团客户由市场部经理转移到大客户部管理。

第五节　案例分析

一、小米手机市场定位战略创新分析

(一)公司背景

小米科技(全称北京小米科技有限责任公司)正式成立于 2010 年 4 月,由前谷歌、微软、金山等公司的顶尖高手组建,是一家专注于 iPhone、Android 等新一代智能手机软件开发与热点移动互联网业务的运营公司。"为发烧而生"是小米的产品理念,小米公司首创了用互联网模式开发手机操作系统,60 万发烧友参与开发改进的模式。

1. 小米手机的起源

雷军是小米科技的董事长兼 CEO,也是小米手机概念的缔造者。手机 ID 设计全部由小米团队完成,该团队包括来自原谷歌中国工程研究院副院长林斌、原摩托罗拉北京研发中心高级总监周光平、原北京科技大学工业设计系主任刘德、原金山词霸总经理黎万强、原微软中国工程院开发总监黄江吉和原谷歌中国高级产品经理洪峰。手机生产由英华达和富士康代工,手机操作系统采用的是基于 Android 系统深度优化、定制、开发的第三方手机操作系统 MIUI。

雷军认为,就发展趋势看,未来中国是移动互联网的世界。智能手机和应用会承载用户大部分需求,虽然过去的很多年,花了很多钱买手机。从诺基亚、摩托罗拉、三星,到 iPhone,在使用过程中都有很多如信号不好、时常断线等不满意的地方。作为一个资深的手机发烧友,深知只有软硬件的高度结合才能出好的效果,才有能力提升移动互联网的用户体验,基于有这个想法和理想,又有一帮有激情有梦想的创业伙伴,促成了做小米手机的原动力。

小米手机作为小米科技的主营业务,在公司自己的电商平台,日成交额突破百万,一度创下 6 分钟 2 个亿的订单交易纪录。小米手机发布两年来,销量已突破 1 千万台。同时,在成立短短 2 年的时间,小米已建成物流配送中心 4 家。小米售后服务中心 419 家,几乎覆盖全国所有大中小城市。其中,小米之家 29 家,授权维修点 390 家。

2. 保持高性价比的竞争优势

从小米 2011 年推出的第一代 Mi1 智能手机,到 2012 年第 3 季度推出的 Mi2 智能手机,无不保持着超高的性价比优势。

超高性价比助力小米强势占领 2 000 元价位中高端智能手机市场,见表 6-2。

表 6-2　小米与同配置其他品牌手机产品对比

	信　号	平　台	主　频	价格(RMB)
LG	Optimus 4X	Nvidia Tegra3	Quad Core 1.5G	2 999
HTC	One X	Nvidia Tegra3	Quad Core 1.5G	3 999
三星	Galaxy SIII	Exynos4212	Quad Core 1.4G	4 299
魅族	MX	Exynos4412	Quad Core 1.4G	2 499
小米	Mi2	QSC APQ8064	Quad Core 1.5G	1 999
联想	K860	Exynos4412	Quad Core 1.4G	2 188

(二)小米商业模式创新战略分析

对小米的发展思路有了大致的整体认识之后,下面将结合九要素商业模式分析模型对其进行进一步的具体分析。按照该模型,商业模式由三个层面的要素构成:业务模块、运营模块和盈利模块。其商业模式要素分析图如图 6-3 所示。

1. 小米手机的市场细分与定位

中国消费者的特点是追求物美价廉,但目前智能手机市场多的是动辄几千元的高端

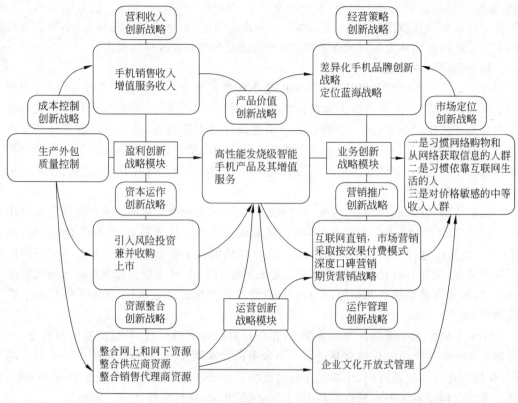

图 6-3　小米商业模式创新战略分析图

国际品牌如 iPhone,千余元的智能手机功能却少之甚少,所以一款高端配置,价格千余元性价比极高的手机将会占有中国普通智能手机消费市场大部分份额。

小米手机是一款高性能发烧级智能手机,对比其他同配置国产手机最便宜的也要2 200 元,而小米只卖 1 999 元。这与小米手机只采用网络销售节约了门店零售的成本是离不开的,小米手机的超低价使其必然只进行网络销售。发烧级配置,1 999 元的销售价格,网络销售的模式决定了小米手机的目标市场细分与定位。

市场细分就是企业根据消费者需求,购买行为和购买习惯的差异性,将整体市场划分为若干个具有相同需求特点或者类似消费倾向的消费者群的过程。细分市场可以帮助小米手机发现市场机会,制定或调整营销组合策略,提高竞争能力。

(1)地域。在当前国外手机充斥中国市场的情况下,小米的横空出世无疑开始打破这一局面,小米手机因其价格低廉,适合中国的大部分地区,但在不同的地区也会相应采取不同的销售策略。

(2)消费者。是构成市场的最基本因素。包含的主要变量有:年龄,性别,家庭结构,经济收入,文化程度与职业等。对小米手机来说,小米手机定位于手机发烧友。在年龄层适合于年轻人购买和认同。18~40 岁的消费者是小米手机购买的主体,这个年龄层的用户比较关注小米手机的外观、功能、配置和品牌。在性别方面,男女都可使用,男性顾客对手机的功能、配置方面要求较高,女性顾客对手机的品牌、外观款式方面要求较高,对于小米这个品牌的手机了解程度较低,对价格也相对的敏感,大部分会选择降价再购买。小米以其低于 2 000 元的价格,对于收入不是过低的群体,都可以接受;由于其适合年轻人,一般来讲学生和文化程度较高的上班族会选择小米手机。

(3)心理因素。主要包括:社会阶层、个性、生活方式、价值取向等。小米手机以其唯一国产的手机,对消费者来说具有亲和力;小米手机以其强大的娱乐功能吸引着消费者;其抑制性消费也吊足了消费者的兴趣,引发消费者的购买欲望;模仿苹果的公关模式,与苹果手机进行比较,满足了消费者的比较心理。不难看出,人们都喜欢追求新潮时髦,但他们的收入往往抑制着他们的消费欲望。所以大部分人的希望产品是在追求物廉价美的同时却不失新潮时髦。所以要求手机制造商们既要把价格定得合理又要把手机设置得新潮。个性是一个人心理特征的集中反映,个性不同的消费者往往有不同的兴趣偏好。消费者在选择手机时,会在理性上考虑产品的实用功能,也在感性上评估不同品牌表现出的个性。当品牌个性和他们的自身评估相吻合时,他们就会选择该品牌。习惯性的人,偏爱信任某些品牌,定向相对强,冲动型的人,易受广告等因素干扰,头脑相对冷静。想象型的人,重视商品的外在,如颜色、外观等。时髦型的人,受相关群体和潮流时髦影响。以标新立异,追求时尚为主。节约型的人,对商品的价格敏感。

2. 小米手机的目标客户群

小米手机将自己的目标客户群设为三大类:一是习惯网络购物和从网络获取信息的人群,社会上易接受新事物的人群较大;二是习惯依靠互联网生活的人,宅男宅女已经成为潮流,这些人长期接触网络,对新事物有较为开放的心态;三是对价格敏感的中等收入人群,大多数年轻人由于经济原因,对价格都很敏感,很高性价比的小米手机对他们将非常有吸引力。

所以刚刚入市的小米手机名声不是很大,大家没有看到实物时,主要是依靠宅男宅女打开了市场。随着时间的推移,当小米手机有了一定的口碑和知名度以后,开始吸引更多非宅人的潜在顾客,进一步扩大了市场。从下面 2012 年小米手机的销量图上也能发现这个特点。

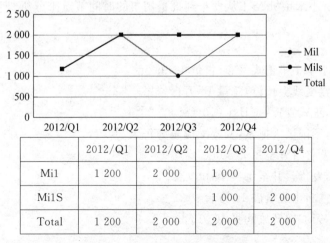

	2012/Q1	2012/Q2	2012/Q3	2012/Q4
Mil	1 200	2 000	1 000	
MilS			1 000	2 000
Total	1 200	2 000	2 000	2 000

图 6-4 小米手机 2012 年销量图

3. 小米手机营销特点一：期货战略

首先看一张小米手机 2 代与主流 Android 机型参数对比图（见图 6-5），Mi2 的各项参数均高于其他品牌手机，但是售价却远远低于其他品牌手机。

	小米手机2代	360特供机超级舰	三星Galaxy S3	HTC One X	魅族MX四核版
效果图					
处理器型号	高清APQG064四核	高通锐龙 840260A双核	三星 Exynos 4412四核	NMoia Tegra3四核	MX5Q四核
处理器主频	1.50Hz	1.50Hz	1.40Hz	1.50Hz	1.40Hz
内存	2QB RAM 16GB ROM	100 RAM 8GB ROM	10B RAM 1600 ROM (后期会有64GB像素)	100 RAM 32GB ROM	1GB RAM 32GB/64GB ROM
摄像头	前200万/ 后800万像素	前130万/ 后800万像素	前200万/ 后800万像素	前130万/ 后800万像素	前30万/ 后800万像素
屏幕尺寸	4.3英寸 72×1 280像素	4.5英寸 72×1 280像素	4.8英寸 72×1 280像素	4.7英寸 72×1 280像素	4英寸 960×640像素
像素密度	342ppl	326ppl	306ppl	312ppl	282ppl
操作系统	基于Android 4.1的MILM	Android 4.0	Android 4.0	Android 4.0	基于Android 4.0的Flyne 1.0
电池容量	2 000mAh	1 760mAh	2 100mAh	1 800mAh	1 700mAh
售价	1 999元	1 999元	4 999元	4 999元	2 999元(32GB) 3 999元(64GB)

图 6-5　小米手机 2 代与主流 Android 机型参数对比图

小米的价格压力会在一定程度上影响其他手机厂商的定价，如果跟风，则促成了小米的买卖，不跟风，则在价格上失去优势。那么，如此高配低价的小米手机如何在市场中生存，下面通过分析小米手机 Mi1 从发布到批量销售的时间节点来分析"期货"战略的竞争模式。

2011 年：

8 月 16 日，小米手机正式发布，售价 1 999 元。

8 月 29 日，接受线上预订，总量 10 万台。

10 月 20 日，正式发货，每日 1 000 台。

10 月 26 日，泰国洪水拖累，发货配额减为每天 500 台。

11 月 2 日，发货量升至每天 8 000 台。

11 月 18 日，发货量升至每天 15 000 台。

12 月 6 日，宣布出货量破 10 万台。

12 月 19 日，第二次开放购买 10 万台。

2012 年：

1 月 13 日，第三轮开发购买 50 万台，2 月 1 日发货。

4月6日,宣称联通版销量过百万台。

6月7日,全面开放购买,一周后发货。

(从1月13日至6月7日,一轮轮的开放购买,每次数量不等,多数为10万台)

6月15日,通过优惠券变相降价300元,售价1 699元。

7月10日,宣布总销量破300万台。

也就是说,绝大多数用户在正式发布后要等待长达10个月的时间,才能真正花1 999元买到小米手机。而在之前的时间里,尤其是刚刚发布的头4个月中,发货量可谓杯水车薪,仅有30万台而已。

回到"小米手机2代与主流Android机型参数对比图"。在这张图中,除了小米手机2以外的任意一款手机,你都可以立即买到。而小米手机2要等到什么时候呢?答案是发布价格后的三个月。

事实上,过了三个月也不一定能够买到,可以想象首次发售一定是限定很少的数量,然后几分钟内抢光。之后第二轮、第三轮、第四轮,等到绝大多数网友能够随时以1999元的价格买到时至少已经是6个月之后的事情了。

所以小米手机2性价比高的秘密是,你是用6个月后的价格来和其他手机此时此刻的售价进行比较。

根据摩尔定律,当价格不变时,集成电路上可容纳的晶体管数目,约每隔18个月便会增加一倍,性能也将提升一倍。换言之,每一美元所能买到的硬件性能,将每隔18个月翻两倍以上。因此,手机的降价速度是非常快的。

小米手机销售策略示意图如图6-6所示。

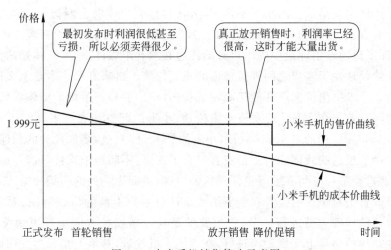

图6-6 小米手机销售策略示意图

硬件生产中还有一个重要的规律是规模效应,生产数量越多,摊薄到每一部手机的成本也就越低。对小米手机来说,前几个月不能多卖,因为那正是利润极薄甚至是亏本销售的时候。那么这几个月的任务就是持续不断一轮轮的放货销售,不断提醒用户还有小米的存在,抢购的乐趣不断吸引着消费者,买不到,但是会持续保持兴趣。

等到几个月后,硬件的成本真正降下来,才能够放开销售,让绝大多数用户能够买到,这也是每一部手机利润率最高的时候。再过几个月,等到这部手机彻底失去竞争力了,降价清仓,下一代小米又来了。

毋庸置疑,小米的这种经营模式在手机行业当中是创新的,并且赚到了第一桶金,但是这样的方式能走多远还有待未来市场的验证。现在智能手机已经到了一个同质化的时候,核心的专利都不在自己手上,上游主芯片厂商的配合对于小米公司会变得越来越重要。

4. 小米手机营销特点二：口碑营销战略

无疑,在智能手机市场上,最火的手机是苹果,然后国内市场还有另外一个品牌,热度绝对不亚于苹果,那就是由小米科技生产的小米手机。

小米成立两年多,2010 年创投界对小米的估值为 2.5 亿美元,2011 年就已经达到 10 亿美元,根据 2011 年下半年以及 2012 年的上行态势,小米公司的内部判断是,到 2013 年年初小米手机的销售量将会达到 800~1 000 万台。

小米公司对口碑的深刻认识,使得小米手机在初期走的是低调的路线,当得到消费者的肯定以后再转而用一种高调、亲民的手段扩大营销。

口碑的本质是超越用户的期望值,那么深度口碑营销的本质呢？深度口碑营销的本质在于推动老客户疯狂批量感召新客户。追根究底,业绩的提升才是企业最关心的问题。深度口碑营销认为,要想建立一套完整的深度口碑营销体系,首先就必须设置企业产品的权威度口碑。

小米首先利用安卓系统的开源性,创立了一个 MIUI 的圈子文化,每周定期更新,始终让这个系统拥有海量的发烧机友,从而树立了在安卓系统的一个专业、权威的口碑,紧接着开始生产使用安卓系统的小米手机,那么在目标客户中就会对这个口碑进行自动的传播。这种对权威、专业的口碑是销售初期能够在最短的时间内吸引新客户的秘诀。

其次,深度口碑营销理论中提出口碑的传递必须有个载体,这个载体是站在对人性的把握上由企业设计便于客户之间进行传递的正面口碑。再来看看小米是怎么样应用这个营销理论的。小米提出了国产智能机高配低价的口号,然后把手机的整体参数、单独参数使用互联网驱动首先在 MIUI 的发烧友中传递,小米的配置到底有多高？比当时的三星还要高,三星的 CPU 用的是 1.2G 双核,小米的是 1.5G 双核,诸如此类的载体,把小米高配低价的口碑通过这些载体让目标消费客户有了谈资,不断地把这种口碑传递出去,当发生销售时,客户会第一时间在脑海里浮现这种口碑,进而影响他的购买决策。

深度口碑营销对销售的提升在于更细致地区分客户人群的口碑特征、对企业最容易营销消费群体的口碑类型进行区分,更重要的是从传播途径方面进行更为缜密的规划。小米科技在口碑传播渠道无疑做得很好,在智能手机领域,基本上是通过互联网在进行传播,小米在论坛里专门开辟了展示板块,由购买到手机的人主动发帖展示自己入手的机器,在各大安卓主流论坛不停地发送新版本更新信息,在互联网上发布对比视频,通过对目标客户口碑传播渠道的深度挖掘,让网民自发地传递关于小米的口碑。国产品牌魅族同样走的也是高配置低价格的路线,然而在传播渠道的设计上,沿用了传统的营销渠道,即专卖店、手机卖场、电视广告,智能手机发烧友会十分关注这些渠道吗？所以渠道的错误选择让魅族至今仍纠缠于质量等问题,被小米远远地抛在身后。

从手机用户调查结果发现,通过口碑效应小米手机已经成为继苹果和三星之后,排在人们选择购买手机品牌意愿的第三位,并且认可度还在逐年上升。

营销分为前端和后端两种,所谓的前端就是传统的品牌定位、媒体投放、广告宣传、品牌推广、营销活动等常见手段,而营销后端,毫无疑问,口碑营销将是未来发展的趋势,而要想利用口碑营销这个犀利的武器,还有很多东西要深入挖掘,当企业的基本口碑营销能升级成深度口碑营销的时候,企业业绩的增幅速度一定会让同行无法超越。

5. 小米手机营销特点三:差异化创新战略

"小米"手机,既非出身手机世家,也非当热安卓阵营中的兄弟,新生的手机却能比肩国内一线品牌,其大红大紫的表现让人们对其刮目相看。

有人说小米手机的硬件配置是现有技术的组合,称不上是重大技术创新。MIUI 操作系统是在 Android 基础之上改进的,而米聊虽然号称有数百万用户,但比起 QQ 来就小巫见大巫。我们从硬件配置上找不到小米成功之处,但当小米科技将其拥有的资源整合在一起的时候,小米就拥有了一种神奇的力量。小米的成功源于营销模式、商业模式及竞争战略上的创新。

6. 营销模式创新——电商,网络销售

小米手机通过电子商务平台销售,最大限度地省去中间环节。通过互联网直销,市场营销采取按效果付费模式,这样的运营成本相比传统品牌能大大降低,从而最终降低终端的销售价格。另外,小米从未做过广告,保持了产品的透明度和良好的性价比是小米初步取胜的秘诀。从 MIUI 开始,小米就牢牢扎根于公众,让公众参与开发,每周五发布新版本供用户使用,开发团队根据反馈的意见不断改进,此后的米聊和小米手机皆如此,而且还鼓励用户、媒体拆解手机。

有人说发烧友是一个特定的用户群,不一定能代表广大用户,但这些人其实是最苛刻的用户,他们反馈的意见将推动小米手机不断改进用户体验。而且,数十万人的发烧友队伍是口碑营销的主要力量。小米的成功,在于依靠 MIUI、米聊用户及以发烧友为原点而带动的生态营销模式。

7. 商业模式创新——互联网公司不依靠销售硬件赚钱

目前,所有手机厂商的商业模式都是靠销售手机赚钱,在商业模式上,小米也可以和传统手机厂商一样靠硬件盈利,但小米却把价格压到最低、配置做到最高。作为一家互联网公司,小米更在意用户的口碑,只要有足够多的用户,盈利自然不是问题,最后也许小米公司只卖出 100 万部手机,却吸引到了几千万的移动互联网用户。Google 免费 Android,想通过搜索和广告赚钱,Amazon 的 Kindlefire 低价亏本销售也是这个思路,只要用户量足够多,以后通过终端销售内容和服务就可以赚大钱。

大部分手机厂商没有经营用户的认识,特别是国产品牌,只知道单纯地卖手机,却没看到手机作为移动终端背后的庞大市场。如果只是低价卖手机,用户又不是自己的也没意义。而小米是自己的手机品牌,并且自己有系统级产品服务,能让用户不仅是自己的手机用户,而且是自己的系统用户,这样发展起来的用户就有价值。其实从这点上说小米与苹果已经很类似,区别是苹果的利润主要来自硬件,而小米却不靠硬件赚钱。

8. 竞争战略创新——定位蓝海战略

一个小公司,当没有资源、品牌和用户的时候,就必须找到一块最适合的战场,让大公司看着眼馋,却不敢进来。显然,小米找到了这样的一片蓝海:小米在不靠硬件赚钱的模式上发展手机品牌,软硬件一体化,定位中档机市场 2 000 元,价格向下看、配置向高端机上靠齐,甚至领先。这个产品空间以及利润空间的考虑,其他厂商不太好进入。

通过图 6-7 可以明显地看出小米在其"蓝海"中的被关注度。

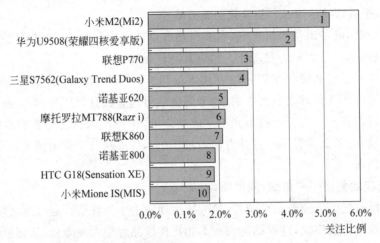

图 6-7　2013 年春节期间中国手机市场 1 000～2 000 元产品关注排名

手机是目前人们唯一不可或缺随身携带的电子设备,未来所有的信息服务和电子商务服务都要通过这个设备传递到用户手上,谁能成为这一入口的统治者谁就是新一代的王者。而王者必须集硬件、系统软件、云服务三位一体,雷军反复说的铁人三项赛就是这个。而小米正是奔着这个方向走,并且运用创新的营销策略来创造蓝海市场,这就不难想象为何出身只有几个月的小米可以引起业界如此关注,并取得这样成绩的原因了。

二、千鲜汇商业模式创新战略分析

(一)公司概要

千鲜汇是一家在广州本地原创品牌。千:指比喻数甚大,许许多多;鲜:指鲜美、新鲜,形容物品光鲜亮丽等;汇:指收集、分类和分送各种信息或其他需要广泛分送的情况或项——"千、鲜、汇"就是要汇集天下最绿色健康的美食。

千鲜汇秉承"绿色"之理念,坚持产品特色"自然快乐的味道",致力于发展有机产业、推广健康、环保的理念和生活方式,专注于为顾客去偏远的远离厂矿污染的山区找寻纯真的有机产品,帮助更多消费者买到平时难以品尝到的有机农产品,让更多消费者在享用天然美味的同时,收获健康;同时也能够让我们赖以生存的土地减少污染而变得更加肥沃,让我们的地球家园更加美好,建立田园、绿色的食品体系,将健康、田园、自然的味道带进都市里,为大家提供不含防腐剂的绿色食品。

千鲜汇通过实体连锁加网络购物 O2O 的营销模式,有自己独立的冷库和配货中心,通过电子商务网络和遍布广州的 21 家连锁店铺,为用户提供果蔬、干果、零食、茶饮、特产等五大系列产品,顾客可通过线上支付、快递或上门自提,或门店自购等方式,并提供企业定制、礼品定制、团购等特色服务,让顾客享受便捷、快乐的购物体验和物美价廉的产品。

2009 年,基于不容乐观的食品安全形势、中国农业污染的现状和对环境和消费者带来的严重伤害,很多农产品,或因为市场的原因,或因为土壤变化、地质灾害的原因,都已经在大城市消失了,为了让消费者特别广州消费者吃到想吃却吃不到的健康、绿色食品,2009 年尹祥先生创建成立"千鲜汇",致力于发展有机产业、推广健康、环保的理念和生活方式,召集一批优秀的农产品收购员,专注于为顾客去偏远的远离厂矿污染的山区找寻纯真的有机产品,帮助更多消费者买到平时难以品尝到的有机农产品。主要是挑选新疆、山东等地一些特色的、差异化的绿色农产品(如糖心苹果、枣、蟠桃等)。成立之初,主要以批发和团购客户为主。

2010 年,随着业务的拓展,千鲜汇已不满足单打独斗,为充分发挥其货源优势,扩大规模效益,千鲜汇开始进驻家乐福、沃尔玛、华润万家等世界知名零售商超。

2010 年,为扩大货源,确保货源供应和品质,除了和新疆、山东、云南等地农产品提供方有长期合作外,千鲜汇在山东烟台建立了一个合作的万亩水果园基地,为千鲜汇提供来自原产地原汁原味的苹果、樱桃等水果。

2011 年,千鲜汇开出了自己的第一家实体店,并运营独立的 B2C 网站。把用户从团购网站引到实体店,然后再引到千鲜汇网站中。他们的逻辑是用户团购之后,必须到提货点(实体店)提货,体验之后,以后可能会反复购买,如果不愿意自己跑,就可以网上下定,由附近的千鲜汇门店上门送货。在他们规划中,将有 B2C 模式转向 O2O 模式,其中线下门店是核心,主要聚焦在广州区域市场,因此,当年即开出 12 家连锁店,并计划进一步扩张。网站是对线下门店的一种补充,有线下实体店,会让用户更放心;同时和各家团购网站的广州分站合作,用户线上购买之后,再去他们的提货点提货,也解决了物流难题。

随着业务规模的扩大,为及时保证充足的货源,同时果蔬等相关农产品保质期短,千鲜汇建立了万吨级冷库,为下一步的规模扩张进一步奠定基础。

2012 年,引进新鲜菌类产品,包括新鲜羊肚菌、新鲜牛肝菌、新鲜野生竹荪、新鲜松茸菌、新鲜黑松露等。

2011 年的销售额为 500 万元,2012 年上半年就已经超过了 1 000 万元,当然目前这其中大部分还是来自团购网站的订单。产品平均毛利率为 40%,平均净利率百分之十几。

以后还计划在网站中加入预订和按月配送的功能,如预订,一个理想的预订模式可以是,用户先预订猪肉,然后由农户绿色饲养,等猪长大之后,再配送到用户家中。

(二)案例特点述评

千鲜汇在竞争激烈的农产品行业,进行了精准的市场定位,从成立之初的产品批发、B2C 网站运营到 O2O 模式的快速转型,并不断扩大产品、服务优势,形成了特色的千鲜汇竞争优势,并不断扩大这种优势。

1. 产品特色

区别于一般的农产品,千鲜汇提供的产品为各地特色产品,专注于为顾客去偏远的远离厂矿污染的山区找寻纯真的有机产品,帮助更多消费者买到平时难以品尝到的有机农产品。主要是挑选新疆、山东等地一些特色的、差异化的绿色农产品（如糖心苹果、枣、蟠桃等）。

2. 货源优势

一是通过专职的采购员深入偏远山区搜寻特色食品；二是依靠在全国各地建立的合作关系帮助产品销售；三是建立果园基地，扩大优质货源供应；四是建立自己万吨级的冷库基地，确保货物新鲜并为销售新品种奠定基础，确保供应稳定；五是不断扩大产品品种，从最初的果蔬、零食、茶饮等，扩展到新鲜的菌类等，下一步将拓展到猪肉等动物类食品供应，发展规模经济。

3. 服务对象

面向有一定经济基础，对产品质量、口味要求较高的顾客群体，具有健康、环保的理念和生活方式，愿意为有机绿色、健康的食品支付更高的价格。

4. 采取"门店＋O2O"模式，重在线下

区别于普通的农电商 B2C 模式，千鲜汇由批发起家，逐步发展到实体店与 B2C 网站结合，到今天的 O2O 模式，用户可自选消费方式，完成网上支付后，除传统快递邮寄方式之外，广州本地的配送可依据消费者具体位置，依据远近程度选择最快捷的配送形式（仓库/门店出货），也可由消费者在广州的 21 家门店（还在不断增设）提货。

同时，O2O 的运用增加了一条潜力巨大的渠道。通过网络平台的搭建，千鲜汇迅速将线上线下串联起来，为未来的开店选择提供了参考依据。可以说，"门店＋O2O"模式是千鲜汇挖掘出来适合自身定位的商业模式，也是千鲜汇成功的关键所在。

5. 发展快速

从 2009 年由尹祥个人创建"千鲜汇"以来，从批发到超市供应，从 B2C 到 O2O，到 2012 年在广州开设 21 家门店，年销售额超过 2 000 万元，千鲜汇能在竞争激烈的农产品行业特别是已经有众多农电商（如百果园、良食网等）的食品行业发展起来，并不断扩大规模，其发展速度不可谓不快。

（三）九要素模型商业模式创新分析

结合九要素商业模式分析模型对千鲜汇进行了具体分析。按照该模型，商业模式由三个层面的要素构成：业务模块、运营模块和盈利模块。其商业模式要素分析图如图 6-8 所示。

1. 价值模式

从产品上，千鲜汇始终走有机、绿色、健康、环保的特色产品路线。从最初的樱桃、金苹果、楼兰枣、云南纸皮核桃、东北松子、长寿果、夏威夷果、杏仁、腰果、10 开心果、榛子等，到现在的果蔬、干果、零食、茶饮、特产，发展到原产地野生菌类和猪肉等动物食品定制，千鲜汇致力于发展有机产业、推广健康、环保的理念和生活方式，秉承"绿色"之理念，坚持产品特色"自然快乐的味道"，让消费者品尝到原汁原味、健康安全、想吃而吃不到的高质量的食品。

从服务上，千鲜汇为消费者提供更多的便利。消费者可以通过网购（线上支付、邮政快递送货），也可线上支付、线下提货，或者直接到实体店直接购买。同时，千鲜汇建立万吨级冷库，确保产品新鲜、安全。

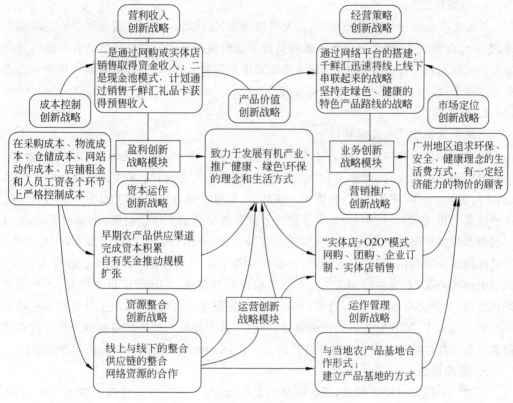

图 6-8 千鲜汇商业模式创新战略分析

2. 战略模式

总体环境方面,食品安全形势不容乐观,中国农业污染的现状和对环境和消费者带来的严重伤害;随着经济水平的发展和人们消费能力的提高,消费者追求健康、环保的理念和生活方式,愿意为健康、安全的食品支付更高的价格;电子商务技术的迅猛发展和快速可靠的物流,农业电子商务同时得到了迅猛发展。

行业环境方面,原生态的特色农产品藏在偏远地区面临销售困难;消费者想吃又难以吃到原汁原味的健康、绿色食品;存在众多农电商(大多是 B2C 模式),如百果园、良食网、零食网等,竞争激烈,同时又存在众多的潜在进入者。各食品电商同质化严重。

面临上述的食品总体和行业环境,千鲜汇从 2009 年的特色食品批发起家,到 2010 年进入大型超市,到 2011 年开设第一家实体店并独立运营 B2C 网站,并逐渐形成自己的战略模式。

(1)经营模式上。区别于不开设实体的一般 B2C 的农电商,千鲜汇采取"实体店十O2O"模式,并重在线下;通过网络平台的搭建,千鲜汇迅速将线上线下串联起来,为未来的开店选择提供了参考依据,目前广州地区已开设 21 家实体店,并根据网购客户的集中度,做好新店的选址,在布设广州地区的实体店的基础上,向广州周边城市扩张。

(2)产品上。继续坚持走绿色、健康的特色产品路线,并不断引进新的品种;下一步将进一步采取预订模式,提供动物产品的订制服务。

3. 市场模式

千鲜汇市场定位针对广州地区(以及周边地市)追求环保、安全、健康理念的生活费方式,有一定经济能力,愿意支付比一般农贸或水果摊位较高的物价的顾客;同时,通过与产地合作或建立果园降低进货价格,建立冷库形成规模效益,开设实体店降低供货环节的成本等各种手段,尽量降低消费者购买支出。

4. 营销模式

千鲜汇营销模式主要包括以下几种。

官方网站推介和销售。网上订购:与支付宝、财付通、快钱等三种第三方平台合作,消费者可通过在线支付、网银支付和货到付款三种方式支付;线下供货则根据顾客的远近,由最近的(仓库/实体店)以最快的方式邮寄,也可由顾客自提;客户管理:顾客可通过注册成为会员,提供会员积分、会员优惠等各种服务。包括实体店销售:目前已开设的21家网店不仅提供邮寄服务、送货上门,还可直接销售,并向顾客进行产品推介;团购合作:与其他网站如零食网、团购网等合作,提供团购服务。企业订制:针对每单购物满 5 000元以上的大宗采购,提供特别服务:专业售前咨询和建议;VIP 超值折扣优惠;VIP 订货绿色通道,如产品推荐、单独备货等;VIP 配送优先服务,完善的物流配送服务有效提高了用户的采购效率;VIP 专业售后咨询服务,如因产品质量问题产生的退换货处理。邮寄或散发广告:及时向既有客户或潜在客户寄送广告,提供产品、服务和优惠活动等信息。

5. 管理模式

采取"实体店＋O2O"模式,通过网络平台的搭建,千鲜汇迅速将线上线下串联起来,不仅提供网购,同时还通过网购信息为未来的开店选择提供参考依据。在产品供应主要通过两种方式,一是采取与当地农产品基地合作形式;二是通过建立产品基地的方式,不仅保证产品的品质,同时还降低进货价格。

物流环节上,一方面通过建立万吨级冷库,保证产品新鲜度,降低库存费用,扩大采购规模效应,保证产品供应平稳;另一方面,通过就近的实体店提供邮寄、送货上门、顾客自提等方式,降低物流成本。

6. 资源整合模式

一是线上与线下的整合,网站的宣传促进实体店的销售,实体店为供货的便利促进网购规模;二是供应链的整合,一方面通过直接与产地农产品组织建立合作关系,减少采购环节与采购成本,另一方面通过建立基地,保证供应和进一步压缩流通环节;三是建立自有冷库基地,在确保品质的基础上进一步压缩仓储成本;四是加强与网站合作,进一步提升产品知名度和销量;五是加强与第三方支付平台合作,确保交易的便利和资金安全。

7. 资本运作模式

千鲜汇通过早期农产品供应渠道完成资本积累,通过批发、超市供应、实体店和网站等不断拓展业务,通过自有资金推动规模扩张。截至 2012 年,尚未有外部投资介入千鲜汇的有关信息。另外,尽管千鲜汇在特色产品销售上已在广州地区有较大知名度,但鲜有与该企业资本运作等方面的信息。

8. 成本模式

主要成本包括产品采购成本、物流成本、仓储成本、网站运作成本、店铺租金和人员工资。千鲜汇在提供健康、绿色的特色食品的同时,在各个环节上严格控制成本,以提供物美价廉的产品:采购环节上,直接向当地农产品组织采购,同时建立产品基地;物流环节上,除进货采取第三方物流外,供货方面则采用就近送货或发货的方式,对广州以外的地区则收取一定的邮寄费用,但参照第三方物流价格仅限于基本的邮递成本;仓储上,充分利用自有冷库和实体店,其中店铺内货物的摆设除保留必要的人员走动空间外,充分利用空间进行货物存储;在店址的选择上,尽管选择人流密集场所,但区别于普通水果、零售店的选址思路,而全部选择非临街店铺,以减少店铺资金。

9. 营收模式

营收模式主要有两种,一是通过网购或实体店销售取得资金收入;二是现金池模式,计划通过销售千鲜汇礼品卡获得预售收入。

千鲜汇未来的发展和改进,主要包括4个方面:第一,资本运作方面,建议引入外部资本,扩充公司资本实力,尽快完成连锁店布局,扩大经营规模;第二,进一步加强与第三方合作,目前主要向其他团购网合作的同时,可以利用现有会员、顾客向专业电商发起团购;第三,实体店尽快向其他城市延伸,目前实体店还仅限于广州地区,建议尽快向周边城市并逐渐向外省城市扩张;第四,建立自己的物流队伍,随着规模的扩张,千鲜汇可以城市为单位建立自己的物流队伍,负责各实体店和大型客户的配送,进一步压缩物流成本。

第三篇

PART THREE

运营创新战略模块

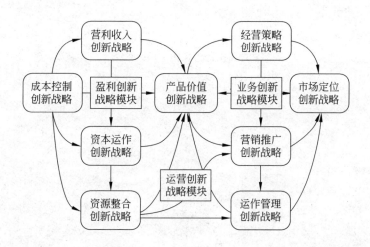

运营创新战略模块要素组成有营销推广创新战略（包括市场策略、产品策略、分销渠道、促销推广）、运作管理创新战略（包括结构化、标准化、流程化、虚拟化）、资源整合创新战略（资源丰富性、价值链、价值网、内外部整合力）。

业务创新战略模块、运营创新战略模块和盈利创新战略模块三者的关系：业务创新战略模块连通战略价值创造，运营创新战略模块连通商业管理整合，盈利创新战略模块连通价值利润最大化。

第七章

营销推广创新战略

现代营销发展经历了三个类型的市场形态和企业组织形态：产品驱动性市场和组织、分销驱动性市场和组织，以及消费者驱动性市场和组织。

——世界整合市场营销之父唐·舒尔茨

第一节　营销推广创新战略的概念

一、营销推广创新战略的定义

营销推广创新战略就是根据营销环境的变化情况，并结合企业自身的资源条件和经营实力，寻求营销要素在某一方面或某一系列的突破或变革的方法。现代企业营销推广创新战略一般包括战略思想、战略目标、战略行动、战略重点、战略阶段等创新。市场细分与定位帮助企业确定自己的目标客户群及优势产品或服务，而如何有效接触目标群体，传递企业的产品或服务价值，则需要依靠营销模式（marketing model）。通常来讲，营销推广创新战略是指企业如何制定市场策略，开拓市场和建立销售渠道。它涉及企业的市场和分销策略。营销推广创新战略是指导企业制定与实施战略的观念和思维方式，是指导企业进行战略决策的行动准则。

营销推广创新战略的特征是，树立系统优化观念、资源的有限性观念、改革观念和着眼于未来观念。企业战略目标是企业营销战略和经营策略的基础，是关系企业发展方向的问题。战略行动则以战略目标为准则，选择适当的战略重点、战略阶段和战略模式。而战略重点是指事关战略目标能否实现的重大而又薄弱的项目和部门，是决定战略目标实现的关键因素。由于战略具有长期的相对稳定性，战略目标的实现需要经过若干个阶段，而每一个阶段又有其特定的战略任务，通过完成各个阶段的战略任务才能最终实现其总目标。

二、营销推广创新战略的特征和方法

企业商业模式创新过程中，制定企业营销推广创新战略是关键环节。企业营销策略的创新体现在市场营销组合的设计上。为了满足目标市场的需要，企业对自身可以控制的各种营销要素如质量、包装、价格、广告、销售渠道等进行优化组合。

第一代营销模式：以满足市场需求为目标的4P理论。美国密歇根大学教授杰罗姆·麦卡锡把这些可控因素归结为4类，即产品（product）、价格（price）、渠道（place）、促销（promotion）四要素，企业的营销活动就是以适当的产品、适当的价格、适当的渠道和适当的促销手段，将适当的产品和服务投放到特定市场的行为，这就是所谓的4P理论。也就是产品策略、价格策略、渠道策略和促销策略的创新，即"4P"营销创新组合，它是一种追求产品差异化和市场差异化的细分组合的战略创新模式。

随着市场营销学研究的不断深入，市场营销组合创新的内容也在发生着变化，从"4P"发展为"6P"。菲利普·科特勒（Philip Kotler）在4P的基础上，加上两个P：Power（权力）和Public Relations（公共关系），形成6P，产品策略（product）、价格策略（price）、渠道策略（place）、促销策略（promotion）、公关策略（public relations）与政府策略（power）是6P组合创新。后来又有人提出了7P理论，即在4P的基础上加入了人员、设施、过程管理。

第二代营销模式：美国著名学者劳特朋教授在20世纪70年代提出了所谓4C理论，即消费者（consumer）、成本（cost）、便利（convenience）、沟通（communication），根据消费者的需求和欲望来生产产品和提供服务，根据顾客支付能力来进行定价决策，为方便顾客购买及方便为顾客提供服务来设置分销渠道，通过企业同顾客的情感交流、思想融通，达到对企业、产品或服务更好的理解和认同，以寻求企业同顾客的契合点。以追求顾客满意为目标的4C理论，也就是以"4C"为主要内容的市场营销创新组合，即4C：顾客策略（customer）、成本策略（cost）、便利策略（convenience）和沟通策略（communication）。4C理论坚持市场营销的创新，必须以顾客为导向，始终围绕"顾客需要什么""如何才能更好地满足顾客"两大主题，进行持续的改进活动，以追求顾客满意为目标。它是一种由外而内的拉动型营销模式。

第三代营销模式：以建立顾客忠诚为目标的4R理论。美国学者舒尔兹提出，4R是指市场反应（reaction）、顾客关联（elatvity）、关系营销（relationship）、利益回报（retribution）。这也就是以"4R"为主要内容的市场营销创新组合：市场反应策略、顾客关联策略、关系营销策略、利益回报策略。这一创新着眼于建立起关系营销模式，通过交叉销售为顾客提供一揽子的、集成化的整套解决方案，以满足顾客多样化的需要。它从利益相关者的角度考察顾客、供应商、分销商在企业价值链中扮演的角色，通过整合企业价值链才能建立竞争优势。

第四代营销模式：新经济时代的4V营销组合理论。4V营销理论中的4V是指差异化（variation）、功能化（versatility）、附加价值（value）、共鸣（vibration）的营销组合理论。这也就是以"4R"为主要内容的市场营销创新组合：差异化策略、功能化策略、附加价值策略、共鸣策略。4V营销理论首先强调企业要实施营销差异化，消费者的需求满足个性化，产品或服务有更大的柔性化，能够针对消费者具体需求进行组合。还有，更加重视产品或服务中的无形要素，通过品牌、文化等以满足消费者的情感需求。

根据上面4代营销模式的创新导向，市场营销创新战略的方法和形式可包括以下创新路径。

（1）渗透型市场创新。是指企业加强市场优势，挖掘市场潜力，强化销售推广，扩大产品在原有市场上的销售量,提高市场占有率。

(2)开发型市场创新。是指企业用已有产品去开发新市场。开发型市场创新的基本途径是开发产品的新用途,重新为产品定位,扩大市场半径,寻求新的细分市场,寻求新的客户。

(3)整体产品创新,是创新提供人们需要的满足的整体产品,包括一切物品和劳务以满足购买者的物质需要和精神需要。整体产品创新的概念是企业通过提供产品和服务的全面性,给购买者提供一种整体性的满足。

(4)产品组合创新。现代市场需求日趋多样化,需要对产品品种进行合理搭配,形成自己的产品组合。所谓产品组合创新,就是所有产品系列(或产品线、产品集合体)、产品项目(品种、规格、价格、样式、质量等)组合的创新,也即企业的业务经营范围的创新。产品组合创新包括三个方面优化,即产品组合的宽度、深度和关联性的优化。

(5)产品差异策略。采用产品差异策略就是产品的设计和生产采取不同设计造型、不同的包装装潢,或添加产品特殊的附加功能、品牌标签等,突出企业产品的独特性,显示出与竞争对手产品不同的特色,以吸引购买者,占领市场。

(6)产品延伸策略。通过向上延伸策略、向下延伸策略和产品同时向上向下延伸策略来增加或减少某些产品项目或品牌,将产品系列向上扩展或向下扩展,向高级和低级两个方向分别或同时扩展产品系列,以填补产品系列的空隙,排除竞争对手,取得市场的全面支配地位。

(7)产品细分策略。就是将这些由大划小,由粗划细,以寻求若干潜在的、尚未满足的细小市场,分割独立出来作为目标市场。并根据每一个目标市场的需求特点,设计不同的产品品种,制定出不同的市场营销策略和计划,从而迅速占领这些细小市场。

(8)产品价格策略。产品价格策略的创新,就是根据企业的利润、市场占有率或适应竞争能力、企业产品特点以及市场供求情况,制定各种不同的有针对性的产品定价策略,以实现企业经营目标。包括:需求导向定价策略;低价策略;高价策略;优惠价格策略;心理定价策略等。

(9)销售渠道策略。销售渠道创新,是指企业选择最合适的销售渠道,使企业的产品和服务迅速地到达消费者手中的运行路线与联结方式的创新。销售渠道策略的选择和创新是企业市场营销中,企业产品顺利到达消费者手中的一项重要决策和保证。

(10)促销创新策略。即通过有效地制定合理价格,选择合适的销售渠道,通过一定的促销手段和策略,开展积极的促销活动,以激发消费者的购买欲望,建立产品形象,扩大市场份额,巩固市场地位。促销的基本策略创新包括广告促销、人员促销、营销公关促销、营业推广促销等方面的创新。

第二节 营销推广创新战略影响因素和赋值分析

一、营销推广创新战略影响因素

(一)市场策略

市场策略是企业以顾客需要为出发点,根据顾客需求量以及购买力的信息和经营期望值,有计划地组织各项市场活动,通过相互协调一致的产品策略、价格策略、渠道策略和促销策略满足顾客需求的方法和战略。

(1)渗透型市场创新。是指企业利用自己在原有市场上的优势,在不改变现有产品的条件下,通过挖掘市场潜力,强化销售,扩大现有产品在原有市场上的销售量,提高市场占有率。在企业市场营销中注入更多创意和创新元素,以增加本身的市场渗透率。

(2)开发型市场创新。是指企业用已有产品去开发新市场。包括扩大市场半径,开发产品的新用途,寻求新的细分市场。重新为产品定位,寻求新的客户。

(3)产品细分策略。就是运用市场细分化原理,将作为整体看待的产品市场,由大划小,由粗划细,以寻求若干潜在的细小市场,分割独立出来作为目标市场,根据不同需求特点,设计不同的品种,制定出不同的市场营销策略和计划,从而迅速占领这些细小市场。

(4)产品价格策略。主要是根据企业定价目标,根据企业利润、市场占有率或适应竞争等为目标和企业产品特点以及市场供求情况,灵活运用各种不同的定价策略,以实现企业经营目标。

(二)产品策略

产品策略主要是指产品的包装、设计、颜色、款式、商标等,给产品赋予特色,让其在消费者心目中留下深刻的印象。

(1)整体产品创新。是指整合核心部分即产品的基本使用价值和外延的产品价值。整体产品创新有助于企业通过出售产品给购买者提供一种整体性的满足。

(2)产品组合创新。产品组合包括三个方面创新,即产品组合的宽度、深度和关联性的创新。

(3)产品差异策略。采用产品差异策略就是在不改变产品基本性能的条件下,采取不同设计造型、不同的包装装潢,或附加某一特殊功能、标志等,使自己的产品与竞争对手有明显的区别,以获得竞争优势。

(4)产品延伸策略。是指全部或部分地改变企业原有产品的市场定位,将企业现有产品大类延长的一种策略。

(三)分销渠道

分销渠道是指企业选用何种渠道使产品流通到顾客手中。它有很多种,如直销、间接渠道(分销、经销、代理等),企业可以根据不同的情况选用不同的渠道。

(1)渠道缩短策略创新。有利于加速商品流通,缩短产品的生产周期,增加产品竞争力;有利于减少商品损耗,从总体上节省流通费用;有利于开展售后服务。

(2)渠道延伸策略创新。包含两个方面含义:第一,厂家的渠道上下延伸;第二,渠道成员的下级延伸。

(3)渠道集中策略创新。是指根据渠道每一层级使用同类型中间商的多少,对销售渠道的宽度结构进行集中化管理。

(4)网络化和虚拟化渠道创新。是指企业分销渠道日益演变成为一个跨越企业边界的网络组织和虚拟化营销,如网络营销,移动营销。

（四）促销推广

促销推广主要是指企业采用一定的促销手段来达到销售产品，增加销售额的目的。手段有折扣、返现、抽奖、免费体验等多种方式。

（1）需求导向定价策略创新。是指不同客户为了满足自己不同的消费心理要求，会对同一商品产生需求弹性。因此可以对不同的消费者，采用不同的价格策略。

（2）广告促销创新。是指通过广告传播，面向消费者传递产品、服务、品牌信息，使消费者对企业的产品（服务）产生兴趣、好感与信任，实现沟通互动，促进购买与消费，并对品牌形成满意忠诚的策略。

（3）营销公关创新。是指通过公共关系的开展，了解客户的具体需求，创造需求。

（4）整合营销推广创新。是指将各种营销工具和手段的系统化结合运用的策略。

二、营销推广创新战略赋值分析

为了方便进行测量分析，在第三章，我们构架了商业模式创新战略赋值分析表。表7-1是商业模式创新战略赋值分析表的二级量表——营销推广创新战略赋值分析表。这是一个李克特量表的五等级赋值选项。我们要求受测企业对每个回答给一个分数，如从非常同意到非常不同意的有利项目分别为5、4、3、2、1分；对不利项目的分数就为1、2、3、4、5分。

根据受测企业的各个项目的分数计算代数和，得到企业态度总得分，并依据总分多少将受测企业划分为高分组和低分组。我们选出若干条在高分组和低分组之间有较大区分能力的项目，构成一个李克特量表。计算每个项目在高分组和低分组中的平均得分，选择那些在高分组平均得分较高并且在低分组平均得分较低的项目。这样，我们就可以测量得到营销推广创新战略的分值。

表 7-1　营销推广创新战略赋值分析表

营销推广创新战略影响因素	评估赋值（1～5）				
	1	2	3	4	5
市场策略（MTI$_1$）					
渗透型市场创新					
开发型市场创新					
产品细分策略					
产品价格策略					
产品策略（MTI$_2$）					
整体产品创新					
产品组合创新					
产品差异策略					
产品延伸策略					
分销渠道（MTI$_3$）					
渠道缩短策略创新					
渠道延伸策略创新					

续表

营销推广创新战略影响因素	评估赋值(1~5)				
	1	2	3	4	5
渠道集中策略创新					
网络化和虚拟化渠道创新					
促销推广(MTL)					
需求导向定价策略创新					
广告促销创新					
营销公关创新					
整合营销推广创新					

例如,某 A、B、C 三家公司营销推广创新战略赋值分析图如图 7-1 所示。

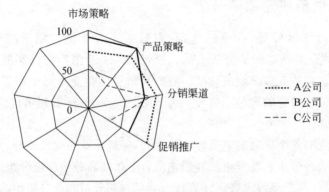

图 7-1 公司营销推广创新战略赋值分析图

第三节 营销推广创新战略最佳实践分析

一、"双十一网购狂欢节"

"双十一网购狂欢节"是指 11 月 11 日,由于日期特殊,因此又称为光棍节。同时也是淘宝一年一度的全场大促的虚拟节日。大型的电商网站通常会利用这一天来进行大规模的打折促销活动以带动人气提升销售。2009 年,淘宝商城在光棍节进行了五折促销,引发亿万网民的疯狂热情,自此之后,这一个日子变成了全民狂欢式的购物节。在 2013 年刚过去的"双十一"购物狂欢节上,当天天猫和淘宝共吸引 5 亿独立用户访问,为大淘宝全网带来 350 亿元销售额。

互联网技术的发展正在对传统商业行业产生颠覆性影响,成为驱动变革的重要力量。同时,移动互联网增速正远超 PC 端,线上线下边界越来越模糊,依托移动互联网的全渠道的消费正逐步成型。各位小伙伴的 O2O 模式虽出发点、操作形式不同,却殊途同归,都是在为用户提供多一种消费方式的选择。

天猫召开发布会宣布将整合覆盖全国 1 000 多个市县的 3 万家线下门店,通过天猫无线客户端和线上打通之际,并与线下零售巨头赢商网银泰集团宣布 O2O 战略合作,本次线上线下两大巨头合作意在双十一战略协同,实现:商业流程再造,货品线上线下融合,基于大数据为消费者打造一体化购物体验为主体,涉及系统整合、库存协同、会员共享、物流协同。2013 年双十一是 O2O 的搏杀,天猫与银泰合作的 O2O 模式融合下的物流整合有三个方面:可以天猫上下单,银泰线下店提货;可以线下体验,线上下单,物流到家;可以线上购买,线下退换货。

双十一这场"24 小时"购物狂欢的开场速度令人咋舌——阿里巴巴平台第 1 分钟涌入 1370 万人,支付宝交易额突破 1 亿元;第 55 分钟,使用支付宝完成的交易额达到 64 亿元。凌晨 5 点 49 分,交易额突破 100 亿元,而去年达到百亿用了 13 个小时。

2013 年双十一的数字是惊人的:当天支付宝成交金额为 350.19 亿元,作为网购主要支付工具的支付宝,昨日支付笔数超过 1.88 亿笔,最高每分钟支付 79 万笔,刷新了自身纪录,据央行发布的 2013 年第二季度支付体系运行数据,2013 年 Q2 全国银行卡消费业务笔数约为 30.6 亿笔,平均每天约 3 400 万笔。支付宝 11 月 11 日一天的支付笔数相当于 Q2 全国的 POS 机刷卡刷上 5.5 天。今年天猫"双十一"购物狂欢节参与商家规模增至 2 万家,是去年的两倍,涵盖电器、服装、家装家饰、箱包、汽车、洗护美妆、母婴、食品、图书等多个行业,共 3 万多个品牌。新的营销时代,每个人都是代言人,新的营销方式按照"忠实消费者→扩散知名度→更多消费者"的方向进行。在新的营销环境下,传播速度经过网络无限提速,个体的崛起,社会化媒体的崛起,让消费行为发生了巨大的改变。

二、双十一网销商业模式创新分析

结合九要素商业模式分析模型对双十一网销进行了具体分析。按照该模型,商业模式由三个层面的要素构成:业务模块、运营模块和盈利模块。其商业模式要素分析图如图 7-2 所示。

三、案例启示

马云认为,"天猫购物狂欢节将是中国经济转型的一个信号,也就是新经济、新的营销模式的大战对传统营销模式的大战"。

双十一表明,新的营销方式方法、新的商业流程、新的商业生态系统,对于传统商业生态系统将会开展一次革命性的颠覆。从购物平台、技术、数据、物流、支付,电子商务已经形成了一套新的数字商业生态系统。

互联网是实体的延伸,实体店铺应该是制造消费者体验和感知的场所,线上世界和线下世界是互补的,商业的创新一定会打破界限,未来的商业注定是线上线下的融合。

消费者行为是可以被商业趋势引导的。双十一的购物狂欢,完全是一个被商业引导的现象。天猫不断用各种刷新的数字告诉消费者,这一天是购物狂欢节,今天东西很便宜,不买就是错失。于是,将网购由趋势变成了大众潮流。

多方协同,助推网购狂欢。双十一有全方位、多个参与者的协同及全面准备工作做保障。在推广运营方面,淘宝提前一个多月就开始通过广告等各种途径展开全方位整合营销推广,而整体的运营规划则更早在年初就已开始。对整体产业链条进行有效的协同,聚多方之力并加以精心准备,才能真正构建起成功的基石。

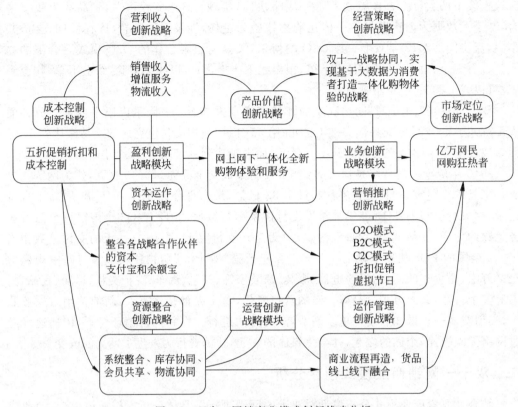

图 7-2　双十一网销商业模式创新战略分析

第四节　营销推广创新战略模式

一、蜂鸣营销模式

蜂鸣营销也称为"口头宣传营销"，是传统的"口耳相传"方法在新经济下的创新营销方法，是一种主要通过消费者或企业的营销人员向目标受众传播企业产品或服务信息的营销方法。蜂鸣营销主要基于人们对于企业产品和服务的直接体验。

例如，索爱公司曾聘请 120 名演员在纽约帝国大厦附近等美国的各大都市最热闹的地区扮演成夫妻或情侣，他们邀请可能成为目标客户的路人为他们拍照，并借机向他们宣传 T68i 的新功能。

二、生活形态营销模式

消费者的生活形态指的是他选择的支配时间和金钱的途径以及如何通过一个人的消费选择来反映价值取向和品位。而生活形态营销便是通过对消费者心理、价值观、消费行为、视听接触的了解，让一群有着相同的支配时间和金钱模式的同质消费者产生一种感同身受相融合的认知并获得消费者自发性认同，创造出真正让消费者感动的商品的一种营销方式。它不仅考虑商品的使用功能，更重要的是能够让消费者的生活更加舒适、惬意。

生活形态营销提倡企业应该经营的是消费者的生活模式,培养他们的消费习惯,根据对消费者生活形态的研究挖掘其内心深处的需求,加以创造性的发挥,生产合适的商品和适宜的服务,从而创造需求,刺激消费。

例如,星巴克的咖啡童话世界。星巴克把典型美式文化逐步分解成可以体验的元素:在咖啡店中有视觉的温馨,听觉的随心所欲,嗅觉的咖啡香味等,它的成功在于把消费者需求的中心由产品转向服务,再由服务转向体验,星巴克成功地创立了一种以创造"星巴克体验"为特点的"咖啡宗教"。

三、直销模式

直销(direct selling/direct sale),又称"无店铺销售",这种方式没有固定商业地点,而是通过人员接触(销售员对购买者),特别是在家里进行消费性产品或服务。直销模式实质上就是通过简化、消灭中间商来降低产品的流通成本并满足顾客利益最大化需求。由于直销直接面对客户,减少了仓储面积并杜绝了呆账,没有经销商和相应的库存带来的额外成本,因而可以保障公司及客户利益,加快成长步伐。例如,戴尔(DELL)电脑的互联网直销模式创新。

四、"圆心—卫星"营销模式

"圆心—卫星"营销即与经销商代理、直接供货和连锁店并举。

例如,蒙牛的营销渠道:蒙牛以内蒙古为中心,在周边地区形成销售网络并辐射到整个华北地区,进而占领整个中国市场,遵循其提出的"圆心—卫星"营销论,以中心地级市场为圆心,周边县区为卫星,最终形成循环运作、稳定高效的营销网络。先占领一线城市,再向二三线城市推进,紧紧抓住消费者市场中一级城市消费者这样的"市场领袖",扩大影响力。营销渠道包括大卖场、连锁超市的现代营销渠道,传统的经销商网络渠道,连锁加盟专卖店,以及"送奶到户"的特殊渠道等多层次、全方位的派送体系。秉承"内蒙牛、中国牛、世界牛"三步走的战略。

五、电子商务网络销售模式

电子商务网络销售的模式有 B2B(企业对企业)、B2C(企业对消费者)、C2C(消费者对消费者)、C2B(团购)、O2O(在线和线下结合)、移动电子商务模式、云服务模式(SaaS 软件即服务、PaaS 平台即服务、IaaS 基础设施即服务)等。例如,阿里巴巴集团的电子商务服务平台就是这一集大成者。

六、其他营销推广创新战略模式

(1)渠道倍增模式。就是将同一产品通过不同渠道以不同价格销售的创新方法。例如,广州逸臣书店的图书销售渠道由书店扩张到机场、超市、报摊、礼品店以及网站。

(2)渠道聚焦模式。就是从数量众多的细小渠道到少量的大规模渠道的创新方法。例如,华润万家将多种多样的商店集中到一个超级市场内。

(3)渠道压缩/无中间商模式。就是在销售渠道中取消多余环节,与客户建立直接联系的创新方法。例如,格力电器的自产自销的直营店。

（4）配电盘模式。就是在分销系统中创造出新的增值服务环节的创新方法。例如,广汽本田的 4S 店的服务。

（5）区域领先模式。就是在某个市场区域内构建产品销售市场的绝对优势的创新方法。例如,珠江啤酒在华南地区建立的啤酒市场的竞争优势销售。

第五节　案 例 分 析

一、环球市场 B2B 电子商务的特色模式

（一）公司背景

环球市场集团是中国三大国际贸易 B2B 推广机构之一,也是全球灯饰、家电和消费电子行业专业度、美誉度最高的国际贸易服务平台之一。环球市场将电子商务与传统商业模式有机融合,不仅致力于打造网络一体化的平台,还充分整合国际会展、商业杂志、总裁论坛等线下手段,促进国内制造商的出口贸易。当今世界,全球经济一体化的程度越来越深,全球市场一体化的趋势也十分明显,这也给环球市场的发展带来了新的契机。另外,国际分工越来越细致,所以充分发挥自己在国际市场的优势,并且形成规模和品牌集聚效应具有十分重要的意义,这也为环球市场打造了一个优质买家集聚的平台,使之沿着"中国制造成为优质标志"的路径不断深入发展下去。

环球市场前身为龙媒公司,成立于 1995 年,涉足外贸推广业务,并且于 1999 年创建环球公司集团,总部在广州,设立 22 个分支机构,覆盖珠三角和长三角两大制造业中心,其服务的买房网络涵盖欧盟、美国、中东、东南亚、东欧和南美等地区。

环球市场作为国际贸易推广机构,目前主要业务是为国内企业进行国际市场推广服务,通过贸易网站、贸易采购目录和参加国际展会等网上网下相结合的方式帮助中国制造商及时、广泛、准确地被国际买方所认识,进而获取更多国际贸易商机,同时还通过提供环球制造商认证(GMC)服务,帮助优质制造商建立出口制造力群体品牌,提升出口竞争力。另外,环球市场通过举办采购会、精英沙龙、出口经验分享等活动,进一步为客户提供拓展贸易的机会和分享对外贸易的经验。环球市场将其战略定位表述为:"通过优秀的国际化人才,分别为优秀的中国制造商和优秀的国际买方提供优质的国际市场拓展服务和整合采购服务,最终建立统一高效的国际贸易服务运营平台。"

目前,国内有出口实力和意向的制造企业数量众多,但真正涉足电子商务通过 B2B 平台向外拓展业务的却不多。国内在这个领域最有竞争力、家喻户晓的就是阿里巴巴。面对外贸推广市场,环球市场凭借自己多年的国际经验和独到的战略目光而形成特殊的战略客户定位。与阿里巴巴的大集市模式不同,环球市场将目标客户定位到"10 万家中国优质制造商",环球市场向卖家(制造商)提供服务并且收取费用,对国际买家免费开放。一方面认准了这些优质制造商的接单能力和供货能力是行业中最有价值的制造商群体,另一方面也通过优质制造商固有的品牌对环球市场作了相关推广。

（二）公司发展历程

1. 1995—1999 年（从展会宣传员到 B2B 试水者）

1995 年，凌风大学毕业后即创办环球市场，环球市场最初业务为在广交会派发资料帮买卖双方配对，其中包括将企业资料光盘带去参展并帮助宣传，以及与广交会合作办会刊等，此时期环球市场客户来自各行各业。1997 年，环球市场建立中国企业网，把企业公司信息放在网上做推广，但实际效果并不理想。1998 年，环球市场参加德国法兰克福春季国际消费品博览会，受到买家欢迎，这也是中国 B2B 网站第一次到国外参加大型展会。

2. 2000—2005 年（转型为高端供应商与买家服务）

从 2000 年左右开始，环球市场从灯饰、家电等不同行业提供专业服务，并对高端供应商市场进行摸索。2002 年环球市场调查发现，中国 30 个主流行业中的前 500 强共15 000 家出口制造企业的出口量占中国总出口量的 70%，于是萌生转型做高端服务平台的想法，但这个想法直到 2004 年才最终确定下来。

在服务众多国家买家的过程中，环球市场摸索出买家对于中国供应商列出的 8 条必备条件。2005 年，环球市场推出 GMC 标准，并决定只服务上述 10 万家优质出口制造商。"GMC 标准"是对 8 条国际买家要求的完备化，满足它就意味着卖家能在环球市场平台获得更多的青睐。经过 2005 年转型，环球市场开始走上与国内 B2B 龙头阿里巴巴差异化路线，阿里巴巴服务所有大小客户，而环球市场则只服务高端供应商与高端买家。

3. 2006—2008 年（获两轮投资收购香港 B2B 公司）

2006 年，环球市场获得九城数码关贸 500 万美元的投资，开始打造国际贸易一战式平台，如进入国际物流以及国际支付领域。值得注意的是，环球市场并不直接提供物流服务，而是同国际上一些优秀的船公司和航空公司合作；在支付领域则与渣打银行等合作，为供应商提供支付帮助。

2008 年，环球市场获得国际知名投资机构 Jafco（集富亚洲）和私募基金巨头 NIFSMBC，以及美国、中国香港、日本、新加坡的 4 家上市公司联合注资，前期 3 000 万美元已到位。在获得此轮风险投资后，环球市场收购中国香港两家 B2B 公司——TradeEasy.com（香港上市公司易贸通的 B2B 业务）以及香港老牌电子商务公司——Marketplace。

4. 2009—2010 年（危机中扩张或成中国 B2B 赴美第一股）

尽管遭遇金融危机的冲击，获得融资后的环球市场还是保持营收的快速增长。2008 年营收同比增长 101.8%，2009 年营收增长 85.3%，客户数量 860 家。截至 2010 年年底，环球市场的买家资源有八九十万，其中 60% 是通过展会登记的，剩余的是通过网站登记的。环球市场从买家中筛选出 30 万个活跃买家作为服务对象，提供免费服务，同时对 GMC 会员收取服务费，每年的服务费约六七万元。

2011 年 3 月 7 日，环球市场发布消息称将于 3 月 18 日于纽交所上市，交易代码为"GMC"。该公司原计划发行 1 100 万股、发行价区间 11 至 13 美元、拟融资 1.32 亿美元。主承销商为德意志银行，Piper Jaffray，但因日本地震而导致上市搁置。

5. 2011—2012 年（冒寒上市）

2012 年 6 月 22 日下午 3 点,环球市场集团正式登陆全球三大证券交易所之一——伦敦证券交易所挂牌上市(股票代码:GMC)。CEO 凌风表示环球市场上市会在两个方面加大投入:一是加大研发力度,提升产品服务和用户体验水平;二是加大国际市场推广力度,建立包括优质制造商、优质买家、全球行业协会、国际商展等在内的世界贸易服务联盟,最终实现"让中国制造成为优质标志"的使命。

(三) 环球市场的电子商务模式创新

结合九要素商业模式分析模型对环球市场进行了具体分析。按照该模型,商业模式由三个层面的要素构成:业务模块、运营模块和盈利模块。其商业模式要素分析如图 7-3 所示。

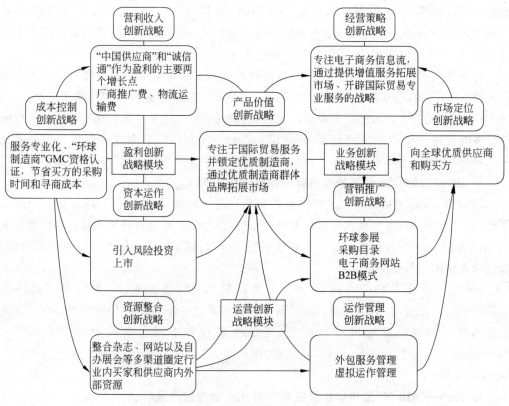

图 7-3　环球市场商业模式创新战略分析

通常电子商务 B2B 贸易推广机构主要是依靠网站,并且通过网络平台达成买方卖方的交易,但是在传统的网站平台基础上环球市场还积极建立自己特有的线下推广方式,最终形成"环球参展平台"、"采购目录平台"和"贸易网站平台"三位一体相辅相成的国际贸易推广平台。另外,环球市场还注重对买方、卖方的选择,通过 GMC 认证、顾问上门寻找供应商等方式将目标客户锁定成中国最优秀的制造商,同时也因优秀的买方资源吸引了大量卖方资源,通过各种指标进行筛选、评级确定最优秀的买方资源,为各位供应商创造了利润,达到良性循环的目标。

1. 环球参展平台

作为环球市场的核心推广平台,也是采购目录平台与贸易网展平台的基础。每年环球市场国际事业部就会对各大商展进行专业细分,并根据其展品范围、买方数量选择一定的展会代表中国制造商出席,并且接触最活跃的市场和买方。一般在展会上环球市场的推广大使以其友善的态度、优秀的外语水平、专业的社交礼仪融入本地展会的氛围中,并且向各国的买方推广中国制造。一方面给国际买家免费赠送采购目录;另一方面在后台为买家匹配厂商及时筛选、对接。

2. 采购目录平台

环球市场针对与优质的卖家同时力求定位于优质、长期采购的实力型买方,而这类买方需要持续发行的采购目录才能更好地掌握了解供应商的动态。因此,环球市场制作了每月发行的精美采购目录,并且及时发布优秀的中国制造商的最新产品,方便买方在短期内能对需要的产品有初步了解、产生兴趣,并且旨在打造服务于优质买方的一个长期稳固的平台。

采购目录一般有三种渠道发行:一是通过展会免费提供。环球市场在各种商展上,免费为所有参加展览的买方提供采购目录以吸引数以万计的买方来到展位,注册成为会员。二是展会现场增订。在各类展会上环球市场为买方提供注册登记服务,注册的买方将通过直邮免费得到全年的采购目录。三是网上发行。在环球市场贸易网站上提供免费的采购目录订阅服务,卖方可以通过访问网站,免费得到采购目录以及他们需要的中国产品信息。

3. 贸易网站平台

环球市场的贸易网站,不仅发挥着传统的商务贸易作用,如为厂家提供空间展示产品、为买方提供查询,更将服务做得更深更细,如为买卖双方提供了有效的信息提醒以及成效管理。首先每一个制造商客户在环球市场的贸易网站上有独立的产品展厅、厂商邮箱等,买方一旦注册成功便可以实现便捷的查询,环球市场为其提供多种搜索方式。其次,环球市场会根据买方在网站上的查询录入后台数据库,通过整合筛选对厂商进行归类,并尽可能匹配,完成后电子邮件给买方会员。最后,环球市场还会在后台统计出厂家客户的网上查询数和最终成交量,进行成效管理,并且及时评估卖家实力,为其不断提升自我竞争力。

在国际贸易拓展平台的基础上,环球市场为厂商客户提供服务、收取费用、获得利润。环球市场与其他 B2B 电子商务网站最大的不同之一就在于他获取利润的来源并非收取交易佣金,也并非中介费用,而主要是单项收费——只向买方会员收取会员年费。所以为厂商客户提供什么样的服务以及服务的优劣也就成了确定它利润的一个关键因素。

环球市场给每一个卖家提供量身定做的国际市场拓展方案,国际营销顾问将深入了解厂家的国际市场拓展需要,分析其竞争的优势,协助厂家所定目标买方、确定拓展投入的资源,并且制定合理的推广策略。客户也可以根据自身情况决定在环球参展、采购目录、电子商务网站三个平台的投入和使用比例,根据供应商定制的服务环球市场收取一定的会员费用。

环球市场以收取厂商客户的会员费作为收入来源,但是也对目标客户有所定位,其目标厂商被锁定在"中国前500家制造商"并且通过GMC认证来将优质制造商和普通制造商区别开来。2005年,根据德国莱茵 TUV 标准推出 GMC(Global Manufacturer Certificate)认证,致力于让"国际优质专业买方"与"中国优质制造商"达到精确匹配,并且帮助买方区分制造商的制造能力。

GMC 的创立与推广是以服务专业化的拓展为基础的,从买方方面看,买方对供应商非常严格,特别是比较有实力的买方,有些基本要求譬如工厂 ISO 和产品的 UL 认证是必要条件,所以需要有一个公正的第三方机构帮助买方做一个筛选,把不符合要求的供应商直接排除出局,而且这样做可以大大节省买方的采购时间和寻商成本。从供应商方面看,他们也可以借助 GMC 这个标准帮助供应商提升自己的品牌内涵和质量标准,从而把能够代表中国的优秀企业介绍给世界,使他们更好地与世界接轨,提高中国企业的国际竞争力。而目前已经通过审核,并获得"环球制造商"GMC资格标志的有79家国内企业,包括美的、格兰仕、长虹、志高、Coby 等一批优秀企业。

然而,环球市场还有一个吸引客户的关键在于其拥有众多的国际买家信息,这些信息的获得与环球参展密不可分。环球市场在展会上向买方提供采购信息服务,并且辅以网上登记服务,并且能将搜集到的买方采购信息快速准确登记录入,及时在数据库中找到匹配的供应商。

(四) 商业模式分析和核心竞争力

中国 B2B 电子贸易市场的发展是近 10 年的事情,在这个行业主要是阿里巴巴、环球资源、环球市场这三家公司在"三分天下"。

阿里巴巴作为中国最大的电子商务公司,其网站拥有来自 240 多个国家和地区近3 600 万名注册用户。成立之初其业务只有 B2B,最开始以低门槛和免费吸纳会员为目标,汇聚商流和信息流,从而创造商机,待发展起来后再进行收费,实现盈利。"中国供应商"和"诚信通"作为盈利的主要两个增长点,其价值在于:通过设立不同等级的会员制度,对应不同等级的信用体系以及排序,会员在获取买方采信并达成交易后支付阿里巴巴相应的报酬。

环球资源创立于 1971 年,作为一家领先业界的多渠道 B2B 媒体公司,多年来致力于促进东西方国际贸易的发展,并且通过一系列英文媒体促进大中华地区的出口贸易,同时通过一系列中文媒体,促进中国内贸及大中华地区的进口贸易。环球资源的商业模式是利用在行业内的知名度和美誉度,通过杂志、网站以及自办展会等多渠道圈定行业内买家和供应商,为买卖双方提供贸易资讯和贸易匹配服务。近年来,环球资源更是将业务重点转向自己举办线下贸易展览会方面。为了抢占市场,每一家企业都会针对自己不同的优势对市场进行划分。比起其他企业,环球市场的定位更加细致,更加明确,虽然现有客户数只占聚焦目标客户数的 10%,然而这些客户是各行业中最有价值的客户群体,环球市场把自己定位在作为他们可信赖的、专业的、不可或缺的国际市场拓展方面的战略合作伙伴。为了方便比较上述三家公司商业模式的差别,可以用表 7-2 进行分析。

表 7-2　三家公司商业模式比较分析

公　司	定　位	专注方向	收入来源	商业模式特点
阿里巴巴	全球贸易	电子商务领域	供应商推广费	专注电子商务信息流,以低门槛和免费吸引会员,通过添加增值服务拓展市场
环球资源	全球买方和供应商	贸易促成	供应商推广费和参展费	专注于国际贸易信息流,凭借多年媒体经验,多渠道促成买方卖方的匹配
环球市场	优质供应商和买方	国际贸易专业服务	厂商推广费、物流运输费	专注于国际贸易服务并锁定优质制造商,通过优质制造商群体品牌拓展市场

二、景心科技公司二维码营销创新

(一) 公司概要

随着移动互联网的迅速发展,网络和智能手机的普及率日渐攀升,最终人人都能随身携带一个二维码识别器,从而解决终端解码和设备铺设、数据联网的问题。此外,消费者开始重视互动和信息传播,由于二维码码制开源,参与成本低,众多生成二维码的在线工具或手机应用又解决了条码编码生成的顽疾,二维码营销成为各大商家追逐的热点。本案例主要讨论景心科技公司通过二维码进行智能营销的商业模式。

1. 技术背景

二维码绝不仅仅是一种简单的省却了网址输入的技术。这种全新的沟通方式,被今年信息化产品评为十大应用趋势之首。用户可以通过用手机拍照,自动识别条码,自动链接影视、声音、网络媒体的内容,在时间、空间、媒介三个维度上实现企业与消费者的沟通,使企业在任何时间、任何地点通过任何媒介与消费者形成互动,将企业的信息随时传递给潜在消费者,为企业构建一个平面媒介、手机和互联网实时互动的全新媒体平台。

2. 景心公司电子券平台

传统的票务、物流凭证、会员管理、优惠促销等活动中,多为使用纸质等卡片式凭证、优惠券等,并且使用人工配送及验证方式,效率低,误差大。各行业中对票据、凭证的传统应用方式,存在一系列问题,如库存管理难、物流运送慢、营销渠道窄、用户携带易丢失、身份验证难等。

随着二维码的广泛应用,发现商家与客户进行客户关怀的时候,传统的送优惠券或者积分兑换的方式,营销效果比较难维护统计,这就诞生了新模式,通过使用专用识读设备识读二维码,可实现特定业务信息的快速、准确、有效地传递,达到在不同的应用领域里对不同的对象如业务数据、客户资料、业务流程或环节进行管理的目的。结合市场需求,2009 年景心公司开始搭建电子券平台,该平台是以"彩信二维码"识别技术和自行研发的业务结算系统搭建起来商户与客户的消费结算平台。该平台采用了先进的识标码技术、移动通信技术、加密技术和多媒体信息技术,运用科学的业务管理流程,让商家客户服务过程中节省了成本,提高了客户黏度,并能与服务公司进行精确实时结算。

3. 电子券业务流程

电子券业务流程，如图7-4所示。

用户点播或企业　　移动网络完成　　手机用户凭借手机二维　　通过专用终端　　验证成功，获取优惠
定制电子凭证　　　电子凭证发送　　码至指定场所或企业　　验证凭证信息　　或实现验证

图7-4　电子券业务流程

首先用户或者企业在电子券平台里面定制电子凭证，输入企业信息、产品信息，电子凭证通过运营商下发彩信到企业的客户手机上，客户可以凭借二维码到制定的场所或者企业进行消费，通过专用的终端验证凭证信息，企业的客户就可以获取优惠券或者兑换券直接消费。目前提供一些服务兑换券、产品兑换券和优惠券。服务兑换券，包括电影，车辆的清洗、保养、年审、餐饮、美容保健、门票；产品兑换券包括几个类型，食品，如月饼、蛋糕、KFC，礼品，如积分商城、玩具、小家电、家纺等；有价卡，如购物卡、加油卡等。优惠券包括折扣券及现金券。

公司目前已经签约了很多客户及商家，其中平安保险是其中的一个大客户，对平安公司来说，电销新客户或者续保客户，都需要开展一些关怀工作，包括送电影票、年审、车辆维护、蛋糕券等，这样就提高了客户满意度，降低了营销成本，减少了人员投入。

（二）景心公司营销创新特点

打破传统送礼模式，实现企业精准营销。"送"是中国企业重要的营销手段，商家为了留住客户或者对VIP客户进行关怀，需要多种方式"送"，如里程积分兑换，积分商城兑换商品，岁末进行客户关怀，促销商品，会员优惠券，等等。

商家客户送礼的业务流程如图7-5所示。

图7-5　商家客户送礼的业务流程图

但是需要"送"好，其实不简单，对企业客户来说，会关心以下问题：以什么渠道送达？到达率如何？如何控制成本？消费与否？什么时候消费？没有消费的怎么处理？如何跟进营销结果？

传统的"送"方式如图7-6所示。

传统的"送"存在的问题如下。

（1）无论客户是否使用了，商家先付费，有些客户不去消费，服务商不需要提供任何

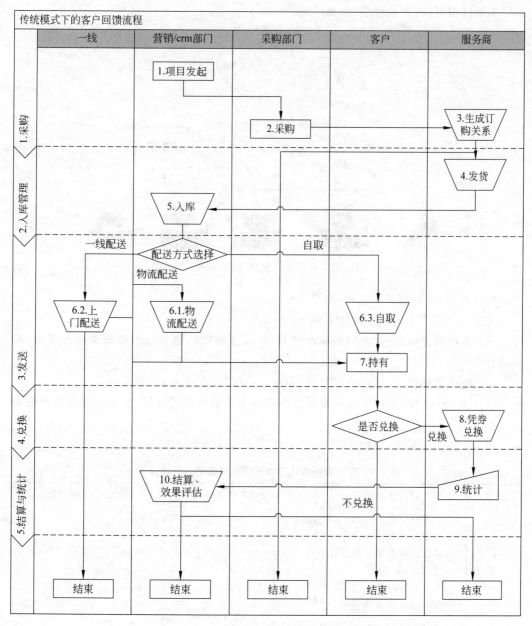

图 7-6　商家客户送礼的传统业务流程

产品或者服务,直接获得未消费客户那部分收益,这样会导致商家浪费。

(2)手工环节多,带来大量人力物力投入,花费成本较高。

(3)环节比较烦琐,需要上门配送,或者自取,导致大部分客户不愿意为了一些小优惠专门去领取,这样商家也达不到营销效果。

(4)使用过程和结果难以管控,较难进行统计分析,很难评估营销效果。

采用新模式"送"——通过电子凭证,这样可以送得容易又好。通过电子化及平台化来实现新模式的"送",企业使用电子化来发送彩信二维码,个人凭验证码验证消费,这样可以实现过程可控、成本可控、结果可用。

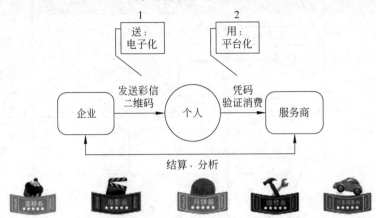

图 7-7 "电子凭证"的送流程

在改进后，使用如下送流程，如图 7-8。

电子凭证模式下的"送"的优点如下。

（1）客户消费后，企业才与服务商结算，这样就可以按照实际消费额来进行结算，减少浪费。

（2）电子化操作，环节减少，用户体验较好，可以节省成本。

（3）平台化支撑，可以统计分析哪些产品送出去消费情况如何，对企业分析用户行为有重要作用。

表 7-3 是使用传统营销方式与电子券智能营销的对比分析。

表 7-3 传统营销方式与电子券智能营销的对比分析

序号	对 比 项	传统营销	电子券智能营销
1	主要阶段数	5	4
2	主要步骤数量	10	9
3	手工步骤数量	9	3
4	发送方式	物流	短信、彩信、邮件
5	分发过程管理	手工、抽查	平台管理
6	回馈到达客户处耗时	3～7 个工作日	2～5 个工时
7	发送成本	10 元	2 元
8	客户保存方式	纸质	存于手机、丢失可补发
9	验证方式	实物	手机验证
10	使用率	55%	65%
11	结算管理	手工统计	平台管理
12	统计报表方式	手工统计	平台导出
13	采购复杂度	按项目采购	一次性采购

由表 7-3 可以看出，在手工步骤方面，从传统的 9 步到新模式 3 步，大大减少流程环节，发送方式从物流配送改为短信、彩信、邮件方式，非常快捷到达用户，发送成本从传统

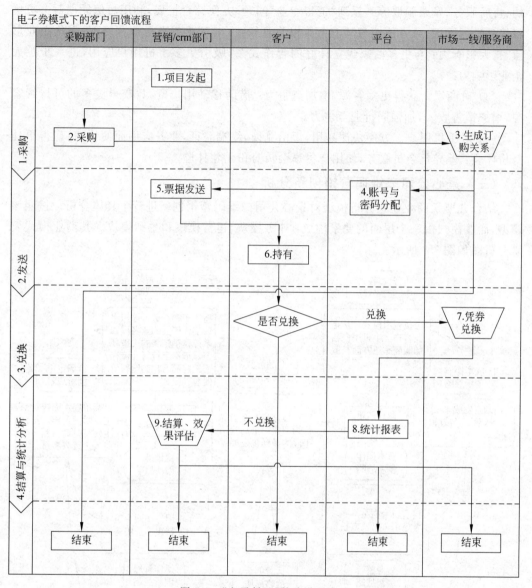

图 7-8　"电子凭证"的改进送流程

的 10 元到新模式的 2 元,大大减少了营销成本,对营销效果进行分析,从传统的手工方式改为平台自动导出方式,大大减少人力投入。

协调产业链上下游力量,实现产业链价值最大化。景心公司在价值链上获取了收益,同时整合产业链上下游力量,实现产业链价值最大化。

(1) 对企业客户。对需要进行营销的企业客户,提高了企业的营销效果,提升了企业客户满意度,降低企业营销成本。

(2) 对运营商。扩展业务渠道,增加业务收入:创新业务渠道,使更多用户加盟会员参与活动,向用户收取会员费用,增加业务收入;降低管理成本,无须对实物进行物流库存管理,避免了物流产生的不必要损耗;会员特惠在指定商家领取,这解决了物品的质量防伪、售后服务、发票领取等一系列"销售专业"问题；方便综合扩展，利用短信凭据对会员优惠信息进行管理，可方便地与其他会员相关业务结合，对业务进行综合管理；强化企业形象，扩大影响力：与更多商家建立良好的合作关系，吸引更多手机用户应用，进一步扩大企业影响力。

（3）对商家。获得更多客源，增加竞争力：借助移动用户资源，获得更多的可持续客源，增加销售收入，加强同行业竞争力。

（4）对手机用户。方便快捷易用，短信兑换，终端验证，业务应用简便快捷；赢得更佳身份体验：差异化会员服务，使用户尽享会员身份销售体验。

（三）景心公司二维码营销创新分析

结合九要素商业模式分析模型对景心公司二维码营销创新进行了具体分析。按照该模型，商业模式由三个层面的要素构成：业务模块、运营模块和盈利模块。其商业模式要素分析图如图 7-9 所示。

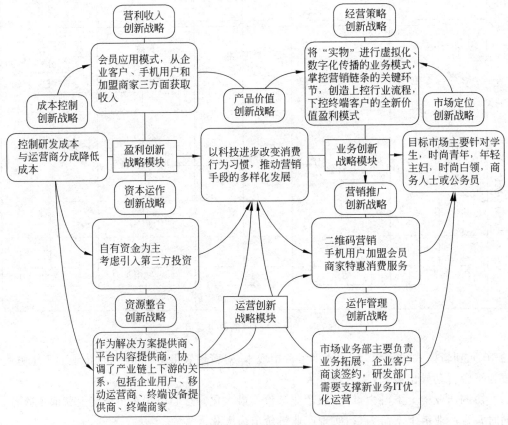

图 7-9　景心公司二维码营销商业模式创新战略分析

1. 产品价值模式（products value model）

产品价值模式弥补了传统会员管理、优惠促销当中，库存管理难、物流运送慢、营销渠道窄、身份验证难等一系列问题，以科技进步改变消费行为习惯，推动营销手段的多样化发展。通过二维码彩信,对需要做营销的企业客户,提高了企业的营销效果,提升了企业客户满意度,降低企业营销成本;对运营商,二维码彩信可以带来可观的流量,增加收入;对商家,获得更多客源,促进销售;对用户,方便实用,获得更多优惠。

2. 战略模式(strategy model)

通过将"实物"进行虚拟化、数字化传播的业务模式,掌控营销链条的关键环节,创造上控行业流程,下控终端客户的全新价值盈利模式。

3. 市场模式(market targeting model)

联合商家进行会员优惠促销,可以实现互惠互利,同时帮助一些行业集团客户开展新型的实物促销活动,合作共盈。个人用户的目标市场主要针对学生、时尚青年、年轻主妇、时尚白领、商务人士或公务员。这些人的年龄主要在 18 岁至 35 岁之间,具有以下特征:年轻时尚、经济上较充裕、容易接受新鲜事物,对二维码营销方式比较容易接受。

4. 营销模式(marketing model)

发掘需要进行客户关怀的集团客户,策划关怀手段,在平台上录入企业及产品信息,根据下发彩信量进行结算,并与运营商谈好分成比例,可以推荐商家优惠产品,从中获取相应推广费用,开展的"会员优惠"等活动,手机用户加盟会员后,可任意点播会员专享短信凭据,用户凭该短信到指定商家验证,即可兑换商家特惠消费服务。

5. 管理模式(management model)

将这块业务的分公司划分为几大部门,主要有研发部门、市场业务部、客服部门,各个部门分工合作,市场业务部主要负责业务拓展,企业客户商谈签约,研发部门需要支撑新业务 IT 优化运营。

6. 资源整合模式(resources integration model)

景心公司作为解决方案提供商,平台内容提供商,协调了产业链上下游的关系,包括企业用户、移动运营商、终端设备提供商、终端商家,实现互惠互利,形成一个良好的生态环境。

7. 资本运作模式(capital operation model)

目前,公司主要投入是平台研发和维护,业务拓展,由公司两个股东出资投入,暂时尚未引入风投,后续业务发展起来,会考虑引入第三方投资者。

8. 成本模式(cost model)

整个彩信二维码业务,主要费用在研发成本,下发彩信与运营商分成,目前一条彩信大概 2 元,与运营商分成,根据短信数量不同约定不同的分成方式,终端设备大概 1 000 元一个。

9. 营收模式(revenue model)

营收模式主要是会员应用模式,从企业客户、手机用户和加盟商家三方面进行分析。

企业客户需要进行客户关怀活动,需要缴纳平台使用费,同时根据送礼的彩信数量来结算投入。

手机用户又分为普通会员、高级会员。普通会员,每月固定缴纳会员包月费,加盟会员后,可任意点播加盟商家的短信凭据,持短信至加盟商处消费,即可获取优惠。高级会员,每月固定缴纳更高额度的会员包月费,加盟后,除可任意点播使用加盟商家的短信凭据外,还可订阅商家特惠更新通知,获得彩信会员月报等。

　　加盟商家分为普通加盟商和高级加盟商。对普通加盟商,加盟会员特惠服务商,购买专用终端进行会员验证,提供特惠服务。对高级加盟商,根据终端记录的月度会员服务提供量获取高级加盟商称号,获得终端购买金额返还奖励、移动手机话费奖励等,鼓励加盟商提供更多特惠服务,吸引会员消费。

　　总体而言,二维码的含蓄、灵活,使这种虚拟化销售方式切实迎合国人送礼的心理,给销售商家带来巨大促销商机,二维码必将逐步成为一种新型的感情沟通方式,创建全新的移动消费应用模式,引领移动电子商务新潮流。

第八章

运作管理创新战略

管理是机构的器官。

——现代管理之父彼得·杜拉克

第一节　运作管理创新战略的概念

一、运作管理创新战略的定义

1. 运作管理创新战略

运作管理创新是指组织形成一创造性思想，并将其转换为有用的产品或服务的方法。运作管理创新就是对企业运营全过程的计划、组织、实施和控制，是与产品生产和服务创造密切相关的各项管理工作的创新。换言之，运作管理创新也可以指为对生产和提供企业主要的产品和服务的系统进行设计、运行、评价和改进。因此，运作管理创新是指企业把新的管理要素（如新的管理方法、新的管理手段、新的管理模式等）或要素组合引入企业商业模式系统以更有效地实现组织目标的创新活动。运作管理创新就是要解决企业运营系统的功能与构成、企业资源的组织方式即运营模式等创新问题，通过运作的系统设计，主要对企业内流程组织与分析，以及运营系统的设计理论与方法进行创新。根据美国生产管理和库存管理协会（APICS）的定义，运作管理创新战略的原则是提高效率（advancing productivity）、崇尚创新（innovation）和竞争取胜（competitive success）三大原则。

2. 运作管理创新战略的功能类型

运作管理创新战略包括管理战略、管理思想、管理理论、管理知识、管理方法、管理工具等的创新。按管理功能划分，将运作管理创新分解为目标管理、计划管理、实施管理、反馈管理、控制管理、沟通管理、领导管理、组织管理、人力资源管理9项管理职能的创新。按业务组织系统划分，将运作管理创新分为战略创新、模式创新、流程创新、标准创新、观念创新、沟通创新、结构创新、制度创新。按企业职能划分，企业管理创新包括研发管理创新、生产管理创新、市场营销管理创新、采购和供应链管理创新、人力资源管理创新、财务管理创新、信息管理创新等不同创新。

二、运作管理创新与创新要素、创新方法

企业的成长离不开管理,很多企业有好的商业模式,却因管理上的落后无法实行。因此说,一个创新优化的运作管理模式是企业成功的必要条件,追求运作管理模式的不断优化是卓越企业的永恒使命。广义上来说,运作管理模式是指企业在业务开拓中的运作模式和营运过程,如果通俗一些,则是指如何整合企业资源开展业务。

运作管理创新战略是关于企业承担运营战略的制定与实施、企业运营组织结构和层级设计、运营设施的选址与布局、进行运营现场管理、运营系统的设计、运营方式方法的设计和优化、运营流程的选择与优化、运营能力的规划、运营计划的制订与控制、企业资源规划、原材料采购与库存控制、网络计划技术、质量管理、先进制造模式、供应链管理等内容和功能的创新战略。

从现代管理意义上,运作管理创新战略涵盖的范围,研究的内容也已不局限于生产过程的计划、组织与控制,而是扩大到包括运营战略的制定、运营系统设计以及运营系统运行等多个层次的内容。把运营战略、新产品开发、产品设计、采购供应、生产制造、产品配送直至售后服务看作一个集成价值链和全网价值网的整合创新管理。从这个意义上来说,我们有以下运作管理战略的创新方法。

(1) 以供应链(价值链)为核心整合管理活动的创新。

(2) 以价值网的连接网络战略合作伙伴为核心的网络化战略创新。

(3) 以业务流程管理为核心,管理简单化、柔性化的创新。

(4) 以营运业务目标为核心的战略化管理的创新。

(5) 以现代 IT 技术、虚拟技术和非核心业务外包为手段的虚拟化管理的创新。

第二节　运作管理创新战略影响因素和赋值分析

一、运作管理创新战略影响因素

(一) 结构化

结构化是指建立标准化和规范化的产品架构、包装塑造、渠道进入战略、市场推广工具和大型活动策划等整个价值链条管控系统和经营理论体系及工具模块。

(1) 组织管理结构化创新。是指在管理过程中的战略、业务和组织之间建立相对稳定的结构和规范。

(2) 管理制度创新。是指企业制度也即企业财产制度决定的一整套管理行为规范,包括企业领导制度、经济责任制及内部管理制度的创新。

(3) 管理工具创新。是指管理过程中的方法、手段和工具的创新。

(4) 组织扁平化和虚拟化。扁平化组织是现代企业组织结构形式之一,通过增加管理幅度,减少管理层次,金字塔状的组织形式压缩成扁平状的组织形式。组织虚拟化则是指未来的企业组织结构形式,是以计算机和信息网络为基础和支撑,以分工合作关系为联系纽带,结合权威控制与市场等价交换原则的运作机制的一个动态企业联合体。

（二）标准化

标准化是对生产过程中产品的类型、性能、规格、质量、原材料、工艺装备和检验方法等制定统一规范的标准并贯彻实施的策略。

（1）产品标准化创新。是对产品的类型、性能、规格、质量、原材料、工艺装备和检验方法等制定统一规范的标准并贯彻实施的策略。

（2）方法标准化创新。是指导标准化工作顺利、规范开展的方法，是保证和提高产品标准质量的技术基础。

（3）管理标准化创新。是指符合企业标准和规范为基础的管理体系。

（4）人力资源标准化。是指作为公司人力资源的管理部门，选拔、配置、开发、考核和培训的一整套管理规范和方法。

（三）流程化

流程化管理是指以流程为主线的管理方法。流程化管理是在哈默提出的流程再造的基础上发展而来的。流程化管理模式是一种基于业务流程进行管理、控制的管理模式，是一种新的企业组织工作模式。

（1）组织流程化创新。是指企业由行政组织管理体制（官僚制）改变为流程型组织体制。

（2）工作流程化创新。即工作流程规范化、文件化以及相对固定化，即用统一规范的标准来实施工作流程。

（3）产品流程化创新。是指产品研发、产品生产过程的流程化管理。

（4）知识流程化创新。是指知识的加工、储藏、创造和分享的流程化管理。

（四）虚拟化

虚拟化是指针对企业虚拟化部署以及虚拟环境中的管理环节，使网络时代的需求，公司的成员分布于不同地点时的管理；同时也指团队成员并不一定由单一公司成员组成。其管理状态是跨越时间、空间和组织边界的实时沟通和合作，以达到资源的合理配置和效益的最大化。

（1）产品虚拟化。是指运用虚拟化的技术，生产出数字化产品和半数字化产品。

（2）生产电子化。是指生产制造过程中的与数字化管理密切相关的先进制造理念和制造系统，包括生产计划管理、工艺管理、制造资源管理、生产现场管理在内的生产制造过程数字化管理。

（3）知识模块化创新。就是将知识体系分解成模块和模块组。通过知识的模块化，更能够方便知识应用，让知识在不断地复用过程中实现价值的最大化。

（4）管理数字化创新。是指利用计算机、通信、网络等技术进行企业管理，实现研发、计划、组织、生产、协调、销售、服务等环节的数字化。

二、运作管理创新战略赋值分析

为了方便进行测量分析，在第三章，我们构架了商业模式创新战略赋值分析表。表8-1是商业模式创新战略赋值分析表的二级量表——运作管理创新战略赋值分析表。这是一个李克特量表的五等级赋值选项。我们要求受测企业对每个回答给一个分数，如从非常同意到非常不同意的有利项目分别为5、4、3、2、1分；对不利项目的分数就为1、2、3、4、5分。

表 8-1　运作管理创新战略赋值分析表

运作管理创新战略影响因素	评估赋值(1~5)				
	1	2	3	4	5
结构化(OMI₁)					
组织管理结构化创新					
管理制度创新					
管理工具创新					
组织扁平化和虚拟化					
标准化(OMI₂)					
产品标准化创新					
方法标准化创新					
管理标准化创新					
人力资源标准化					
流程化(OMI₃)					
组织流程化创新					
工作流程化创新					
产品流程化创新					
知识流程化创新					
虚拟化(OML₄)					
产品虚拟化					
生产电子化					
知识模块化创新					
管理数字化创新					

　　根据受测企业的各个项目的分数计算代数和,得到企业态度总得分,并依据总分多少将受测企业划分为高分组和低分组。我们选出若干条在高分组和低分组之间有较大区分能力的项目,构成一个李克特量表。计算每个项目在高分组和低分组中的平均得分,选择那些在高分组平均得分较高并且在低分组平均得分较低的项目。这样,我们就可以测量得到运作管理创新战略的分值。

　　例如,某 A、B、C 三家公司运作管理创新战略赋值分析图如图 8-1 所示。

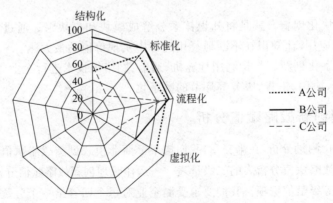

图 8-1　公司运作管理创新战略赋值分析图

第三节 运作管理创新战略最佳实践分析

一、华为公司介绍

经营策略是企业在竞争的环境中,考量本身的优劣,据以形成优势和创造生存与发展空间所采取的反应。企业想要在市场中立足并且能够更好地激励员工的最有效也是必需的办法便是制定一套适合自身发展的经营策略。

据华为公司公布的华为 2012 年业绩预报显示,2012 年华为收入 2 202 亿元人民币,同比增长 8%;净利润 154 亿元,同比增长 33%。其中,华为的管理服务市场收入增长 70%。此外,华为 66% 的收入均来自海外。根据收入规模计算,这使其进一步稳固了全球第二大综合通信设备提供商的位置。而一旦在 2013 年继续保持增长,华为在规模上将超越爱立信,成为全球最大的综合通信设备商。在过去的 5 年时间里,华为不仅实现了营收近两倍的自我超越,还实现了营收规模逼近市场龙头爱立信。华为 5 年来研发投入 1 200 亿元,仅 2012 年研发投入就 299 亿元。预计 LTE、云计算、智能终端将是该公司未来持续增长的主要驱动力。据了解,全球 TOP50 中的 37 个运营商选择了华为作为 LTE 合作伙伴,目前,华为已获得了超过 130 个的 LTE 商用网。

1998 年,华为与 IBM 公司合作启动了"IT 策略与规划(IT S&P)"项目,开始规划华为未来 3～5 年需要开展的业务变革和 IT 项目,其中包括 IPD(Integrated Product Development,集成产品开发)、ISC(Integrated Supply Chain,集成供应链)、IT 系统重整、财务四统一等 8 个项目,IPD 和 ISC 是其中的重点。

二、华为模式的特点

在一个制造业中的企业,最重要的还是自己的技术,而华为很早就有了"技术华为"的称号,这一切主要是源自每年高额的开发费用,华为的基本法中有"研究开发政策""研究开发系统"等规定,致使华为坚持每年以不低于销售额 10% 的资金投入研发,这一比例在全国电子企业百强中排名第一。华为 85% 的员工具有大学本科以上学历,其中技术研究及开发人员占 46%,市场营销和服务人员占 33%,管理及其他人员占 9%,生产人员占 12%。这个结构是典型的"微笑曲线":两头的研发和营销力量特别强大。华为的专利申请一直保持 100% 左右的增长率,截至 2002 年,华为累计申请专利 2 154 件,发明专利申请量居全国之首。

关于行政管理方面,华为的主要管理模式是所谓的"三高":高效率、高压力、高工资。其中,高工资是推动高效率、高压力的核心动力。华为总裁任正非认为:"稳定是发展的基础,华为永远都实行中央集权。"在中央集权的基础上,层层有序分权,口号是"充分授权,严格监督"。在最重要的人事权上,《华为基本法》明确规定:事业部的总经理、财务总监、人力资源总监和审计总监由公司任免。在利润分配上,事业部的全部利润由公司根据战略和目标统一分配。同时,经营决策权也不包含在华为事业部的权力之中。这样,分到华为事业部总经理手上的权力相当有限。作为事业部对外扩张动力的三大权力——经营权、财务权和人事权,都掌握在公司手中。把事业部的三大权力集中在公司政策层面,实际上造成了组织结构上的矩阵结构。

在销售上,华为除了价格、技术、市场等常规套路,坚持把中国政府的外交路线作为华为自己的销售路线。在进入发展中国家市场时,华为通常都由政府牵引和扶持,因为我国和这些发展中国家有着传统的友谊和援助项目,因此,先以产品援助打开大门,逐步取得当地政府和电信部门的信任。

华为企业战略的核心是《华为基本法》。尽管 1998 年出台的《华为基本法》中包含一些企业文化的成分,但其更重要的意义在于集中统一地对企业的长期发展目标和战略、具体经营及管理战略等作出了说明,并确立了未来需要进行战略调整时的相关程序。

在 2000 年华为提出,华为要成为世界级企业,海外市场收入要在 5 年之内超过总收入的 50%。目标 10 年就完成了。华为 2012 年净利润 154 亿元,有 66% 收入来自海外市场。任正非说:华为正面临着一种机会与危机。我们经历了 10 年的积累,以客户化的解决方案为先导的产品体系有了较大的进步,有希望搏击世界舞台,在这个舞台上检验自己。只要勇于自我批判,敢于向自己开炮,不掩盖产品及管理上存在的问题,我们就有希望保持业界的先进地位,就有希望向世界提供服务。我们没有及时使这些产品全球覆盖,其实就是投资的浪费,机会的丧失;华为管理逐步迈向国际化。

三、九要素模型商业模式创新分析

结合九要素商业模式分析模型对华为公司营销创新进行了具体分析。按照该模型,商业模式由三个层面的要素构成:业务模块、运营模块和盈利模块。其商业模式要素分析图如图 8-2 所示。

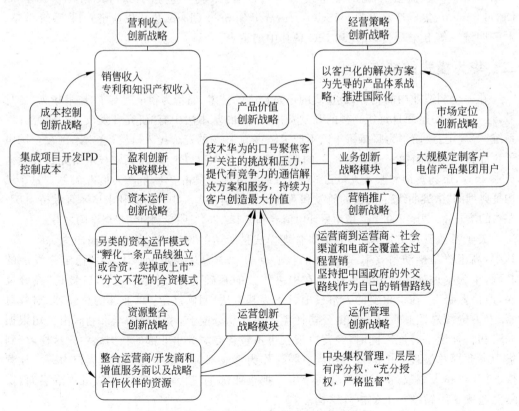

图 8-2　华为公司营销商业模式创新战略分析

第四节　运作管理创新战略模式

一、结构化商业模式

结构化管理模式是"管理系统化"的金字塔式管理模式,即绝大部分的决策权掌握在组织的最高层管理者中,他们负责配置组织内部的资源和组织协调。这种管理模式适应大规模和大批量生产的需要,因此得到了广泛的应用。这种管理模式往往还可以避免组织规模庞大、组织效率低下、应变迟缓乏力、内部沟通阻隔所带来的组织管理弊病。

例如,国美电器就是一个典型的结构化运作的企业。

二、倒三角"自下而上"管理模式

在倒三角"自下而上"的管理模式中,最高层管理者只负责组织的长远战略和与组织长远利益有关的重大事情,大部分决策权下放给中下层管理者。组织内的知识主要是自下而上流动的,一个组织的知识管理的好坏,主要取决于组织中下层员工的知识管理能力和积极性,或者说组织内直接与客户接触层面的员工的知识管理水平。因此,应该把更多的决策权下放给中下层,充分发挥中下层的积极性、主动性和创造性。

例如,西门子公司在组织管理中,在中高管理层实行宽松型的授权管理制;另外在员工中间实行"以项目和小组为导向、全球联网、按客户任务和产品特性而设立的微型组织"。

三、扁平化管理模式

扁平化管理模式是一种通过减少管理层次、压缩职能部门和机构、裁减人员,使企业的决策层和操作层之间的中间管理层级尽可能减少,以便企业快速地将决策权延至企业生产、营销的最前线,从而为提高企业效率而建立起来的富有弹性的新型管理模式。

例如,微软的亚洲研究院,就是采用这样的管理架构。

四、无边界管理模式

无边界管理模式是由美国通用电气的总裁杰克·韦尔奇提出的。在传统的企业组织结构里,一般包括4种边界:垂直边界、水平边界、外部边界和地理边界。垂直边界是指企业内部的层次和职业等级;水平边界是分割职能部门及规则的围墙;外部边界是企业与顾客、供应商、管制机构之间的隔离;地理边界是区分文化、国家市场的界限。无边界管理模式认为,信息、资源、知识等应该能够快捷顺利地穿越企业的边界,使整个企业真正融为一体。在无边界管理理论中,企业各部分的职能和边界仍旧存在,但企业原有的边界需要被重新分析,使各个边界能够自由沟通、交流,实现最佳的合作。

例如,杰克·韦尔奇在美国通用电气(GE)采用无边界管理,在短短20年的时间里,韦尔奇使通用电气的市值达到了4 500亿美元,增长了30多倍,排名从世界第10位升到第2位。

五、标准化商业模式

当企业在经营过程中,针对经营管理中的每一个环节、每一个部门、每一个岗位,制定细而又细的科学化、量化的标准,按标准进行管理,便是实现了标准化管理模式。标准化主要有标准化产品、标准化服务、标准化形象、标准化运作与标准化管理等。通过制定和实施标准,企业可以形成内部部门和员工的统一行动;可以提高产品质量和劳动效率,减少资源浪费;有利于提高服务质量,树立企业形象。最重要的是,标准化的东西可以得到快速的复制和推广。

例如,沃尔玛和麦当劳等大型连锁企业正是通过标准化商业模式,成功地实现了全球扩张。

再如,高通公司,提供简便和兼容的标准创造高价值,利用标准化的专利获取高额利润。

六、流程再造商业模式

企业业务流程再造是对企业的业务流程进行根本性再思考和彻底性再设计,从而获得在成本、质量、服务和速度等方面业绩的显著性改善,使企业最大限度地适应以"顾客、竞争、变化"为特征的现代企业经营环境。哈默与钱皮认为,"显著改善"的目标,即是"生产周期缩短70%,成本降低40%,顾客满意度和企业收益提高40%,市场份额增长25%"。

例如,海尔的业务流程再造。海尔以市场链为纽带的业务流程再造把市场链和业务流程再造有机集成,以索酬、索赔和跳闸为手段,以流程再造为核心,以追求顾客满意度最大化为目标,以"订单"为凭据,重新整合管理资源与市场资源,形成每一个人(流程)都有自己的顾客、每一个人(流程)都与市场零距离、每一个人(流程)的收入都由市场来支付的管理运营模式。

七、虚拟化商业模式

"虚拟"是指企业在组织上突破了有形的界限,虽有生产、设计、营销、财务、产品创新和工艺创新等功能,但企业内并没有完整地执行这些功能的实体组织,而是借用外部资源进行整合运作,将其他功能完全或部分虚拟化——通过各种方式借助外力进行整合弥补,依靠电子网络手段形成统一指挥的经营实体,并以最快的速度推出高质量、低成本的新产品,其目的是在竞争中以最大效率发挥企业有限的资源能力,使有限的资源得到最优组合,缩小战略目标与资源条件的差距,从而快速适应复杂多变的市场。企业虚拟化运营以核心企业为中心,通过对信息流、物资流和资金流的控制,将供应商、制造商、分销商、零售商、直到最终用户联结成一个整体功能链,以最终用户的需求为驱动力,高度集成供应链,迅速传递信息,根据用户的需求实现定制化服务。

例如,英特尔公司、波音公司、耐克公司和我国的海尔等企业,都已成功实施了虚拟经营,以用低成本获取外部资源,创造出高弹性的生产营销方式,赢得了竞争,保持了世界市场上的领先地位。

八、其他运作管理创新模式

（1）技能转移模式。是指通过将获利重点和资源从一种职能转到另一种职能的创新方法。例如，IBM将核心技能由硬件工程（电脑制造）转向软件工程（IT服务）。

（2）从金字塔到网络模式。是指通过组织结构和管理的网络化，使组织与外部市场和客户的接触最大化的创新方法。例如，京东商城，在微信和微博上构建了推广中心与每一市场的客户密切相连。

（3）基石建设模式。是指架构企业某方面的基础，使整个组织从某个战略性强项开始，加强、再加强的创新方法。例如，苹果手机从iPhone 1到iPhone 5S的不断强化和提升。

（4）数字化企业设计模式。是指通过企业信息化管理，将所有无形（信息、沟通、知识）的业务转移到电子管理的创新方法。例如，华为的数字化采购、销售和物流模式。

（5）技术改变格局模式。是指通过以新的技术改变整个行业的战略格局的创新方法。例如，数码相机的出现使得富士改变其经营形态。

第五节　案例分析

一、尚品宅配"大规模定制柔性生产"商业模式创新战略分析

（一）尚品宅配公司背景

1994年5月，李连柱和周叔毅两个在华南理工大学任教多年的老师毅然下海，创办了广州圆方软件公司。1997年，圆方公司进军家具设计软件市场，用虚拟现实平台构筑的高技术壁垒，垄断了我国95％以上的家具企业设计软件市场份额，2000年至2003年，圆方公司又扩充产品线，先后进入橱柜、衣柜、卫浴、建材、陶瓷、窗帘布艺等家居产业销售端设计软件市场，圆方公司成为中国家居产业家喻户晓的领先品牌。

2004年，圆方公司继续深化家具行业信息化技术应用，开始研发生产端信息化解决方案，逐步打通家具企业从销售端到生产端的全流程信息化技术应用流程。凭借着对行业的深刻理解，依靠强大IT技术力量，他们带着一批年轻管理和技术骨干，创办了尚品宅配公司及其生产基地佛山维尚家具，进入定制家具这一片"蓝海"。

尚品宅配是一家引入全新数码技术和独特营销模式的整体定制家居连锁机构，能为消费者提供橱柜、衣柜、书柜、电视柜、餐桌椅、沙发、窗帘等全屋家具定制。尚品宅配依托高科技创新性打造成为国内最大的定制家具机构，是国内首家使用3D虚拟设计、虚拟生产和虚拟装配的定制家具企业。尚品宅配以"打造中国整体定制家居第一品牌"的企业愿景，用"崇尚品质，时尚品位"的方针指引整体定制家居，不断推出时尚、品位、适合东方人家居生活的新产品，致力于为消费者提供优质的整体定制家居产品，并为投资者提供新颖的链接加盟创业平台。

新居网，作为尚品宅配的官方直销网，为客户提供一站式全屋家具定制、整体家居解决方案服务。新居网拥有业内时下最前沿的三维虚拟实况技术，提供看家具摆放自家效

果的个性化购买体验,打造最真实的家具"试穿"效果。通过网络呼叫中心,新居网提供网络购买的全程跟踪咨询服务,为工作繁忙的现代都市人群提供轻松便捷的家具设计专业咨询。针对家居商品非标准化、大宗的物理特性,新居网打造一个由全国600个地下店面构筑的地面服务系统,为消费者提供免费上门量房、免费方案设计、免费配送安装以及一系列的售后保障。新居网的电子商务模式应用了先进的虚拟现实技术,在电子商务中实现了植入式网络营销,并给客户提供了更多更实际的增值服务。

2008年金融危机下,中国家具企业业绩平均下滑三成的背景下,尚品宅配连续4年保持了年均100%的增长业绩,成为中国最大的全屋个性化定制家具提供商,也是中国定制家居中的黑马式领军企业,目前员工2 000多人,在广州、上海、北京、南京共拥有37家直营店,在全国拥有600多家加盟店。

尚品宅配以信息化和工业化融合促进产业结构优化升级,提高了企业应对金融危机的能力。全面推进信息技术在传统家具制造业的渗透融合,促进设计数字化、产品智能化、生产自动化、管理网络化,支持企业利用信息化技术完善生产和管理手段,提升现代化管理水平。CAD/CAM和柔性制造技术,构建销、产、供的协同信息平台,推动产业链延伸和资源整合。利用软件网络化、数码化控制,打造的一体化信息技术设计与管理平台,快速实现家具制造向家具服务转型,创新商业模式,扩大和创新市场需求,大幅度提升了企业的抗风险能力和盈利能力。

(二)尚品宅配的成功商业模式创新

结合九要素商业模式分析模型对尚品宅配营销创新进行了具体分析。按照该模型,商业模式由三个层面的要素构成:业务模块、运营模块和盈利模块。其商业模式要素分析图如图8-3所示。

尚品宅配能取得如此成功,取决于它先进的商业模式。

第一,采用大规模定制生产的模式,实现了客户需要什么,企业就设计什么、生产什么的服务导向型发展模式。传统家具生产经营方式存在库存量大、资金周转慢、附加值较低等缺陷,而且近年来,随着中国房价的不断飙升,房间内的任何空间的浪费的成本是非常高的,传统的家具生产经营方式使得消费者只能被动地接受产品。针对传统生产模式的弊端,尚品宅配公司大胆改革创新技术和商业模式,把生产技术与信息技术紧密结合起来,采用满足个性化需求的"定制化"柔性生产技术,把消费者从过去被动地接受产品转变到主动参与到产品的设计、制造中来,实施全程数码服务,最大限度地满足消费者的个性化需求,还能最大化地利用房间的空间,让消费者满意。把信息技术运用到设计、生产、配送和服务等环节,将生产操作程序化,大幅减少生产车间的工人,大量的人员都转向接订单、设计、安装等服务方面,实现了"客户需要什么,我们就设计什么,生产什么"的服务导向型发展模式。

从2004年到2007年年初,历经三年的尚品宅配销售端和维尚公司生产端全流程信息化改造工程建设终于成功实施完毕,这标志着尚品宅配成功实现了"大规模定制生产"先进模式,标志着尚品宅配能够按照甚至低于传统家具企业的制造成本,为消费者提供完全定制化、个性化的家具产品。实现了流程管理数码化、销售服务网络化、生产配送集约化,同等投入下使公司日产能力增长了20倍;材料利用率从70%提高到了93%;出错率

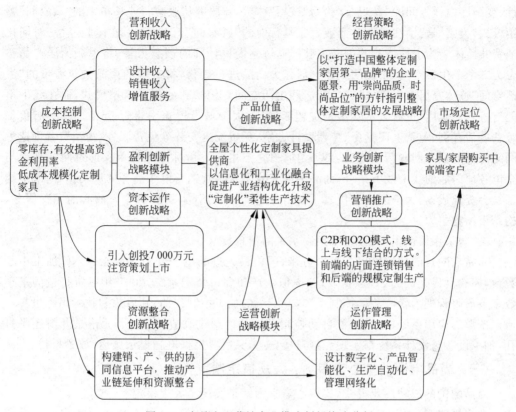

图 8-3　尚品宅配营销商业模式创新战略分析

从 30% 降至 2% 以下。交货周期从 30 天缩短到 10 天左右,实现了零库存,有效提高资金利用率,使年资金周转率达到了 10 次以上。"大规模定制生产"模式极大地提升了尚品宅配的核心竞争力,推动了尚品宅配公司从传统家具制造业向现代家具服务业的转型升级,成为国内同行业中由传统家具制造业向现代家居制造服务业转型升级的第一家。

第二,在收集客户的需求上采取了线上与线下结合的方式。前端的店面连锁销售和后端的规模定制生产无疑已令尚品宅配脱颖而出,而这还远远没有诠释完尚品宅配的优势。他们接下来的一个战略步骤是整合了家具行业的门户网站——新居网,并将之改造成尚品宅配的网上商城,此举使尚品宅配嫁接上了电子商务的翅膀,实现 C2B(消费者需求驱动工业生产)的新模式。在很多专家看来,C2B 才是未来电子商务的趋势。

凭借强大的软件技术平台,尚品宅配根据房屋户型,依托强大的数据库和软件技术实力,免费量身设计,消费者先看设计,满意后再买家具,并进而利用强大的 IT 技术实现定制产品的规模化制造,即可以同时大规模生产消费者的个性化产品并实现快速配送,这一开创性不仅在定制家具界,而且在整个家居乃至中国制造界都极具革命价值。

通过新居网这个电子商务平台,让消费者主动参与到产品设计中来。而且尚品宅配在此方面具有独特优势,因为其前身正是家具设计软件商家,天生具备这种基因,有着强大的软件技术平台。当整体家居、集成家居概念已成为家具行业的营销共识,以样板间为核心的家具展示体验馆成为市场标准时,变样板间的有限为无限,变样板间的共性为个性,变展厅内样板间的"参观"体验为"试用"体验,新居网从服装行业移植来的"试衣间"营销模式,为家居营销注入新鲜血液。家具行业的"试衣间"营销模式是"体验经济"时期化消费共性体验为个性体验的创新突破。通过室内设计师的创意力量,将单一家居产品整合为一个个生活空间,单位的整体家居作为商品进行销售,将有限的产品构筑海量的"生活空间"整体家居方案库,成就了新居网生活空间直销模式的创新营销模式,而在线下不但有直营专卖店,更有数量众多的加盟店,全国大中城市覆盖率将近95%。线下店负责免费电话咨询、免费上门量房、免费设计方案、免费配送安装等免费服务,为消费者创造了网络时代的家具网购新型体验:买家具,只是点击一下鼠标那么简单。通过网络平台与全国各地门店的线上线下结合,尚品宅配完成了家具营销与电子商务的成功结合,既节约了社会资源成本,为消费者提供真正价格低廉的家具商品,又提供令人放心的完善服务,构筑市场竞争力。

第三,采用柔性生产技术,采用高水平的信息技术。

尚品宅配目前拥有厂房2万平方米,国内最先进的电子开料锯数台,CNC加工中心数台,拥有世界先进的3D虚拟设计、虚拟生产和虚拟装配系统,2007年巨资打造的基于数字条形码管理的生产流程控制系统,"秒"级的加工控制评估,其思想和技术堪称世界一流。条形码应用系统、生产过程自动控制系统是信息化改造的精髓:无论是开料还是打孔,加工设备与设计系统都实现无缝对接,工人只需要根据电脑提示搬运、放置板材。

(三)尚品宅配的核心竞争力:大规模定制

尚品宅配的成功商业模式,其核心竞争力就是实现了大规模定制。

大规模定制(mass customization),作为一种新型技术,就是根据每个用户的特殊需求以大批量生产成本提供定制产品的一种制造模式,它实现了用户个性化和大批量生产的有机结合,以大批量的效益(成本和交货期)进行单件定制产品的生产。大规模定制的概念是:一个企业以很大的批量生产某种产品,但又根据每个用户各自的需要和兴趣进行产品的变型。

当今市场,谁能做到快速定制,满足消费者的个性化需求,又能在企业生产环节做到大规模生产,谁就成为赢家,这是全球化趋势,也是全世界企业面对的共同挑战。因为这种经营和生产模式的转换,铸就了新的商业模式和销售模式。这种模式就是我们说的大规模定制。

尚品宅配成功实现了大规模定制生产。很多企业都想追寻尚品的足迹,也走出一条自己的大规模定制之路。然而,尚品宅配成功不是偶然的,它需要条件和很多的关键因素。

1. 实施"大规模定制"的背景与难度

当前市场竞争环境变得迅速而又不可预测,传统的通过经济规模而提高竞争力的方法不再有效;用户需要低价格的个性化产品,而且还希望交货期短,同时能得到咨询和设计服务。因此,这给企业提出了很高要求,必须提高定制能力,加快设计和生产速度,并能在终端为客户提供快速和优质的服务。然而,大多数企业的生产从流程设计到设备布置,从生产计划到组织,从劳动力的技能水平和思想灌输,都是依旧按照传统的大规模时的模式运作的,即使有定制的需求,但在做法上依旧是大规模的做法。

一些大型和中型企业已经有 30％ 的订单是有定制要求的。但企业由于没有深入考虑过如何完成这些特殊订单,只能靠一部分类似打样的师傅,依靠其技艺高强和不断地插单来完成定制。这是完全意义上的老木匠小作坊的做法,而根本无法适应当今市场对企业以及对产品和服务提出的高要求。很多企业即使具有刚性的高度自动化的生产线依然不能适应用户对产品定制化的需求。因为,他们不具备大规模定制对企业系统性的要求。

因此,家具企业要适应越来越多的小批量多品种的类似定制的市场需求,就必须改变经营理念和相对应的生产模式,生产模式的变革就必须变革企业的组织结构和体制。为此,企业老总和高层管理人员必须清醒地认识市场的变化,深刻认识变革的必然性,变革包括生产模式、设计模式和商业模式等。

做到这一点是困难的、痛苦的、有风险的。尚品宅配也走过了艰辛困苦的阶段,然后才破茧成蝶,实现了蜕变。

2. 实现大规模定制的条件

尚品宅配假如没有广州圆方软件公司十几年在家具和装修行业的深厚积累和实力,不是借助于他们已经开发出的家具企业生产管理软件和圆方家具销售预知系统,就不会奠定在两个重要环节——管理技术和终端服务的基础和优势;假如没有李连柱董事长和周叔毅总经理执着地带领团队进行整个系统的流程再造,一次又一次地修订调整,追求更好直到今天,假如企业的基础管理和数据库都不健全,而且没有思路和人才去完善,就很难在这么短的时间里实施和验证大规模定制的模式在家具企业的应用,并获得成功。

实施大规模定制必须具备以下条件。

第一,建立整个运行体系,从终端订单和服务流程的确定,到工厂的订单处理和排产;从生产过程的运行和控制,到中端客户后的安装验收等服务,整个流程必须完备、通畅和缜密。单个的优势是不足以支撑大规模定制的实施的,必须是系统化运行的结果。

第二,必须拥有流程再造的能力,就是对管理流程和工艺流程具有不断的诊断、优化和改善能力。

第三,必须采用信息化技术和手段,使用条形码和数控设备,采纳或有能力研发类似尚品公司的几个关键技术,如专用 CAD 软件与 CAM 设备的无缝对接,CAD 软件与电子开料锯的无缝对接等,获得实施定制的技术保障。没有这个保障和条件,定制必将走入"死胡同"。

第四,必须应用成组技术和模块化设计等,来组织生产和进行产品的标准化设计。尚品零部件的标准化程度达到 80％,因此,在既能保证客户需求的情况下,又能简化生产,实现规模化,才造就了今天的尚品。没有成组技术和模块化做设计基础,也很难将定制产品转化成规模化。

第五,必须建立终端与生产环节的无缝连接,而且终端必须有服务客户的能力,这个能力不仅是提供幽雅的购物环境,摆放合理的商品,对定制公司更重要的是定制的沟通能力,满足客户需求的咨询和建议能力,定制的快速设计能力,预定制产品的展示能力,能做到这几个方面的终端,才是真正服务于客户的终端,才能在市场上具有竞争力。

未来随着尚品宅配的综合能力和集成能力越来越强,还会提供建材、卫浴和所有室内需要的商品,如宜家一样,甚至超过宜家。

凭借强大的软件技术平台,尚品宅配根据房屋户型,依托强大的数据库和软件技术实力,免费量身设计,消费者先看设计,满意后再买家具,并进而利用强大的IT技术实现定制产品的规模化制造,即可以同时大规模生产消费者的个性化产品并实现快速配送,这一开创性不仅在定制家具界,而且在整个家居乃至中国制造界都极具革命价值。

尚品宅配之所以成功,是因为企业通过信息化的技术和手段,应用先进的管理和制造模式,探索出了新的商业模式和生产模式,在一定程度上解决了市场的个性化、定制化的需求同企业大规模生产之间的矛盾,解决了多订单同批次混流生产的难关,实现了按"部件即产品"概念组织工业化生产,突破了家具企业面对小批量、多品种及定制化市场,只能按订单进行逐个定制生产的瓶颈;建立了品种规格与销售业绩的关系数据模型,可用于对设计、销售和制造流程的持续改进;初步实现了设计、生产、销售和管理信息的集成和优化。

大规模定制模式的实施,不仅是对生产的提升,管理水平的提升,更是对商业模式的成功变革,使得企业应对市场的能力更强,速度更快,效果更好。它使企业不再远离客户,而是时时刻刻与客户在一起,满足客户的需要,让顾客在清晰、透明和虚拟的环境里与终端和生产环节及时便利地对话,监督和体验着整个过程。这才是大规模定制的灵魂所有、归属所在、魅力所在,真正实现了"消费者就是上帝"。大规模定制的实施,是尚品宅配生存和发展的核心竞争力。

二、顺丰公司"一体化管控"商业模式创新战略分析

（一）公司背景

顺丰速运(集团)有限公司(以下简称"顺丰")于1993年成立,总部设在深圳,是一家主要经营国内、国际快递及相关业务的服务性企业。

自成立以来,顺丰始终专注于服务质量的提升,不断满足市场的需求,在大中华地区(包括港、澳、台地区)建立了庞大的信息采集、市场开发、物流配送、快件收派等业务机构,建立服务客户的全国性网络,同时,也积极拓展国际件服务,目前已开通新加坡、韩国、马来西亚、日本及美国业务。

长期以来,顺丰不断投入资金加强公司的基础建设,积极研发和引进具有高科技含量的信息技术与设备,不断提升作业自动化水平,实现了对快件流转全过程、全环节的信息监控、跟踪、查询及资源调度工作,促进了快递网络的不断优化,确保了服务质量的稳步提升,奠定了业内客户服务满意度的领先地位。

顺丰自有庞大的服务网络,具有服务标准统一、服务质量稳定、安全性能高等显著优点,能最大限度地保障客户利益。顺丰自1993年成立以来,每年都投入巨资完善由公司统一管理的自有服务网络:从蜗隅中山,到立足珠三角,到布局长三角;从华南先后扩展至华东、华中、华北;从中国内地延展到中国香港、台湾,直至海外。

（二）商业模式创新成功剖析

研究顺丰的发展模式,其发展的巨大成就,可归功于以下4个成功之处。

1. 得力的一体化管控

顺丰快递成立于1993年,于1996年开始进军全国快递业务。立足顺德,辐射华南,

"北伐"长三角。迅速扩张到华中、西北、华北。

成本的约束以及快递行业对服务速度的要求使得顺丰一开始采用类似"加盟"的合作和代理的方式。然而,各加盟商的博弈和各自以自己利益为核心的驱动因素导致了顺丰服务和速度的下降。于是顺丰开始抛弃加盟制,采取激烈的方式进行收权。此后,在渠道上面的正本清源使得顺丰有了和其他快递公司不一样的底气。随着一体化的推进和执行力的落实。顺丰的服务质量和运行效率有了体制上的保障,从而培养了一大批忠诚顾客。

2. 明确的市场细分和产品定位

成立初期,顺丰一反国内快递企业"快递优则物流"的传统发展道路,确定了明确的市场细分和产品定位。从区域性快递公司到全国性的快递公司,顺丰步履坚实。

顺丰将自己的市场锁定在"中端的文件和小件业务",不做成本大利润薄的重件业务。其中尤以商业信函为主。在大方向确定的前提下,顺丰按照自己客户细分设计了自己的价格体系,锁定了中间端客户,不与四大国际快递争一时之长短,不与同城低端抢市场。通过简单易行的服务设计、建立服务标准、提高承诺服务来提高自己的服务质量,使其在浩如烟海的快递行业脱颖而出。

3. 以效率为导向的运营管理

顺丰有效地把握住了2003年"非典"疫情的机遇,完善了地空输送体系,极大地提高了服务速度,从而实现了精准的服务时效性。在规模经济的效益下,顺丰的价格为消费者所接受。

顺丰把握住了2003年"非典"疫情肆虐、航空运价大幅度下跌的情势,租下扬子江快运,成为国内第一家使用全货运专机的民营速递企业。除此之外,顺丰还与众多航空公司签订协议,建立了覆盖众多城市的航空货运线。此后,顺丰的货量以每年50%的速度增长,迅速形成了规模效益,极大地抵消了包机所增加的成本,使得顺丰获得了精准的服务时效性。利用速度和规模化的巨大优势,顺丰横扫神州大地。利用地空密布的货物输送网络,顺丰在其他企业追求"差不多送达"时,已经开始确定"一定送到"的新的服务标准,极大了提高了顾客满意度。

4. 基于平台规则的运转

在高低点的组织平台下,顺丰在组织体系内导入一种有序的规则,使得每个单元和个人都能在边界内得到充分的发挥。

通过科学的计算模型得出不同客户数与不同商业流通频率下的服务半径,顺丰使得个人的价值在既定的区域内得到了最大的发挥。作为第一个发明计件工资的快递业公司,顺丰以业绩的多少决定了快递员的收入。将个人财富与努力挂钩,极大地激励了员工。"巴枪"便于日常运营的有序管理。《员工手册》规范了员工的日常行为。保证了员工的高收入,而高收入又能确保服务的高质量,而高质量又能支撑顺丰的高价格。在如此良性的循环中,顺丰始终保持着精确的平衡。

（三）"一体化管控"商业模式创新分析

结合九要素商业模式分析模型对顺丰公司营销创新进行了具体分析。按照该模型,商业模式由三个层面的要素构成：业务模块、运营模块和盈利模块。其商业模式要素分析图如图8-4所示。

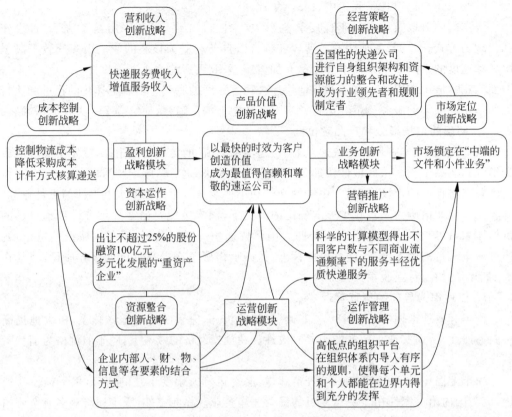

图 8-4　顺丰公司营销商业模式创新战略分析

1. 商业模式创新的特点

快递行业的竞争优势主要体现在扩张规模上。快递是一个典型的规模化行业。客户的忠诚度与快递公司的服务的覆盖广度有很大的关系。顺丰通过选择高价值的"小众市场",并且通过重新构建资源和能力,实现了规模化,最终成为了行业的游戏规则制定者。商业模式要素可分为市场模式—运营模式—战略模式。核心是服务质量。市场模式是指分析消费者,对目标市场定位产品或服务的消费者群体。运营模式特指企业内部人、财、物、信息等各要素的结合方式,这是商业模式的核心和最基本体现。战略模式是指企业制定战略目标并有效提供价值服务从而实现其商业化的策略和计划等,如图 8-5 所示。

2. 顺丰公司的战略模式创新分析

在顺丰的战略指导思想中,先是区域性的快递公司,然后才是全国性的快递公司。这个过程也力求稳扎稳打。

在一大堆起点相似的本土快递公司中,顺丰快递早在市场需求升级之前,就依据将市场中的高价值客户筛选出来的原则,进行了自身组织架构和资源能力的整合和改进,等到市场需求升级真正来临之时,它也就自然而然地成为了领先者和规则制定者。

3. 顺丰公司的运营模式创新分析

创业之初,顺丰和众多民营快递公司一样,在扩张中缺乏资金的支持。因此选择了加盟制。而这种体制与顺丰的产品定位之间存在着根本性的矛盾。顺丰所经营的是高附加

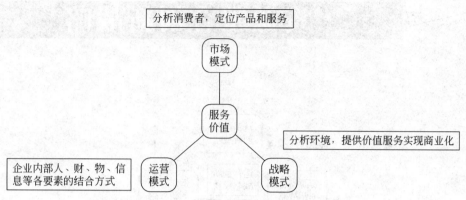

图 8-5 顺丰公司商业模式创新三大战略

值的快件业务,顾客对价格相对来说不敏感,而是更加注重速度和可靠性。但是加盟制本身的松散与不规范与此背道而驰。因此顺丰实行一体化管控,实现了对地方网络的有效管理,从而提高了整体的服务质量。

顺丰具有独特的速度优势。速度是快递市场竞争的决定性因素。想要获得更多的市场份额,快递企业必须把速度放在第一位。据市场调查报告显示:无论是同城快递还是城际快递,顺丰均比其他企业快约 20%。与此同时,顺丰在 2010 年创建了自己的航空公司,有了自己的专运货机,无论从配货的机动性还是输送快件的时效性上来看,都富有相当的主动性。显而易见,速度是顺丰运营模式的一大亮点。

顺丰快递的经营方式相对中国邮政这样的国营快递而言更加灵活。在服务方式上,民营快递实行门到门服务,手对手交换,上门收件送件,对大客户还可派驻专人到客户处提供收发件服务,并且对寄件封装、重量、尺寸、运递要求没有过多的限制。

4. 顺丰公司的市场模式创新分析

快递客户群的划分有不同的方法,常见的有根据客户规模大小的划分,根据客户行业类别的划分,等等。但是根据客户关系划分快递客户群是最近引起重视的一个方法。不同的客户与企业之间的关系是不同的,认识不同的客户关系有助于掌握客户动态,为客户资源整合奠定基础。

初创时的顺丰是渺小的,行业浩如烟海,同行多如牛毛。如何整合自身资源,发挥比较优势,是所有快递公司都要面对的问题。事实证明,较早明确自身市场定位的公司被证明最终才能活下来。

一开始顺丰确立的明确的市场细分和产品定位是:主要做中端的文件和小件业务,不做大件重货的运输和派送,其中尤以商业信函为主。根据统计,顺丰快递的文件与包裹的比例为 6∶4(国内件占 50%、香港件占 50%)。相比较于宅急送、大通、大田等国内快递,顺丰的文件占比最大,这符合顺丰的客户定位。顺丰认为文件市场的风险最小而利润最大,另外国内机场等运输渠道的野蛮操作容易造成货物损坏,从而引起客户的索赔。

专注于中端市场,使得顺丰在浩如烟海的快递行业脱颖而出。

2013 年,顺丰速运宣布出让不超过 25%的股份,获得几家机构的股权融资。随后媒体均报道称,资金来自元禾控股、招商局和中信资本,20 年来,首次融资 100 亿元。

第九章

资源整合创新战略

创新就是把各种事物整合到一起。有创意的人只是看到了一些联系，然后总能看出各种事物之间的联系，再整合形成新的东西。这就是创新。

——史蒂夫·乔布斯

第一节　资源整合创新战略的概念

一、资源整合创新战略

1. 资源整合创新战略

资源整合创新是企业战略创新的手段和过程。整合就是要优化资源配置，获得资源整体的最优化。资源整合是指企业对不同来源、不同层次、不同结构、不同内容的资源进行识别与选择、汲取与配置、激活和有机融合，使其具有较强的柔性、条理性、系统性和价值性，并创造出新的资源的一个复杂的动态过程。资源整合创新是优化配置的决策，就是根据企业的发展战略和市场需求对有关的资源进行重新配置，以凸显企业的核心竞争力，并寻求资源配置与客户需求的最佳结合点。目的是要通过组织制度安排和管理运作协调来增强企业的竞争优势，提高客户服务水平。

资源整合创新战略包括客户资源整合创新、能力资源整合创新和信息资源整合创新等战略。企业的商务结构主要指企业外部所选择的交易对象、交易内容、交易规模、交易方式、交易渠道、交易环境、交易对手等商务内容及其时空结构，企业的业务结构主要指满足商务结构需要的企业内部从事的包括科研、采购、生产、储运、营销等业务内容及其时空结构，业务结构反映的是企业内部资源配置情况，商务结构反映的是企业内部资源整合的对象及其目的。业务结构直接反映的是企业资源配置的效率，商务结构直接反映的是企业资源配置的效益。

2. 资源整合模式的定义和理解

美国学者琳达·科恩在其著作《资源整合：超越外包新模式》中提出了一种新的运营模式：资源整合模式。科恩指出，在资源整合模式下，企业可以使外部和内部提供的服务实现无缝对接，同时能够对这些服务进行严密的控制，并不断地对其有效性与效率进行评估。科恩认为，资源整合不是对外包的简单改进，而是一种创新，它使得企业不再局限于简单地削减经营成本,而是致力于增强自身的经营能力、全球性扩张能力、应变能力、盈利能力和竞争力。

企业成功的关键在于制定与公司的整体经营战略保持高度一致的资源利用战略,并一直能够有效地控制公司的全局。据此,琳达·科恩也提出了资源整合的步骤:

第一,描绘资源整合的地图;

第二,为和谐的资源利用战略做准备;

第三,制定资源利用战略(制订资源利用行动计划的5个关键问题:问题1——从这项服务中期望获得的经营效果是什么?问题2——如何交付服务以实现最大价值?问题3——在哪里提供服务?问题4——公司应该在内部保留该项服务还是进行外包?问题5——这种服务选择能产生必要的投资回报吗?);

第四,管理和控制资源整合;

第五,衡量进展(衡量内容包括:评估的控制和衡量标准的设计,服务水平、价格与价值衡量关系);

第六,信任与控制。

1984年,沃纳菲尔特(Wernerfelt)提出了"企业的资源基础论",即战略管理和商业模式研究的一个新视角——资源基础理论(Resource-Based View,RBV)。资源基础理论基本假设是:企业拥有不同的资源,包括有形和无形资源,这些资源可以转化成独特的能力;资源在企业间是不可流动且难以复制的;这些独特的资源与能力是企业持久竞争优势的源泉。

资源基础理论的基本思想是,将企业看成资源的拥有者、集合体和聚集体,企业拥有资源的多少和资源的特性将决定企业的目标战略要素市场以及竞争优势,并以此来解释企业的可持续的优势和相互间的差异。因此,资源基础理论的逻辑思路和分析思路是:资源(差异性资源)—能力(核心竞争力)—竞争优势—行业—战略要素市场—战略制定和实施—盈利,如图9-1所示。

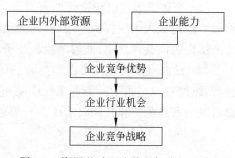

图9-1 资源基础理论的逻辑分析思路

从商业模式的角度去分析企业资源,我们认为,资源,尤其是异质性资源,以及整合资源的能力,可以形成商业模式中的核心要素。因而,我们将资源基础理论和商业模式理论相结合,提出资源整合模式,即企业执行其商业模式所需的核心能力和关键资源之整合,也就是价值链上和价值网内的资源和活动的配置。

这一模式有两个要素,一是企业拥有的资源的特性,二是企业整合资源的能力,两者共同决定了资源整合模式的商业模式。例如,腾讯拥有接近10亿的注册用户,这是它最突出的资源,基于这一突出资源,腾讯通过不断地整合互联网相关服务,从一款即时通信软件,到2001年的无线增值业务,再到游戏、门户、电子商务、第三方支付、搜索引擎,完成了互联网产业几乎所有业务的布局,成为世界第二大互联网公司,这种"资源+能力"模式便成为了腾讯商业模式中最核心、最关键的要素。

如图 9-2 所示,资源整合模式建立起了从资源到商业模式的逻辑联系和商业模式构建渠道。第一,企业所拥有的资源的特殊性和丰富性是关键。第二,将这些资源有效地分类和利用,利用企业的内部资源,构建企业内部的价值链模型,使企业资源合理利用、高效运转;利用企业的外部资源,联系更广泛的合作伙伴和利用各种资源,构建起价值网模式,获得更大的协作效应。第三,将内外部资源进行有效整合和匹配,形成企业的战略和核心竞争力。第四,基于企业的核心竞争力,构建持久、高效的商业模式。

图 9-2　内外资源协作效应

二、资源整合创新战略的内容、步骤和打造能力

1. 资源整合的内容

资源整合主要包括以下几个方面的内容。

(1) 企业内部资源与外部资源的整合。一方面,识别、选择、汲取有价值的、与企业内部资源相适应的如隐性技术知识等外部稀缺资源,并融入这些资源到企业自身资源体系之中;另一方面,实现外部资源与内部资源之间的衔接融合,激活企业内外资源,从而能够充分发挥内外资源的效率和效能。

(2) 个体资源与组织资源的整合。一方面,将零散的个体资源进行系统化、组织化,能够不断地融入组织资源之中,转化为组织资源;另一方面,组织资源也能够被迅速地融入个体资源的载体之中,能够激发个体资源载体的潜能,提高个体资源的价值。

(3) 横向资源与纵向资源的整合。横向资源是指某一类资源与其他相关资源的关联程度,纵向资源是指某一类资源的广度和深度方面的资源。它们的整合,对于建立横向资源与纵向资源的立体架构具有十分重要的意义。

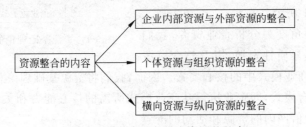

图 9-3　横向资源与纵向资源的整合

2. 打造资源整合型商业模式的步骤

根据资源整合的含义与性质,我们提出打造资源整合型商业模式。对于商业模式来说,资源整合的重点在于企业内外部资源的整合程度,因而我们将资源整合型商业模式定义为:企业基于外部宏观环境分析,运用相关整合机制有效整合行业、产业链、利益相关者等外部资源以及企业自身的资源,将两者形成资源体系,充分利用外部资源和内部资

源,实现资源效用最大化,并形成企业的核心竞争力。

Sirmonh 和 Hitt 等从动态的角度研究了资源管理的过程,提出了资源整合的三大步骤,即构造资源组合(获取资源、集聚资源、剥离资源)、绑定资源形成能力(保持、改进、创造)和利用能力(移动、协调、配置)以形成优势。

结合资源整合型商业模式的含义以及前人对资源整合步骤的研究,我们提出了战略思维下的资源整合型商业模式的步骤,如图9-4所示。

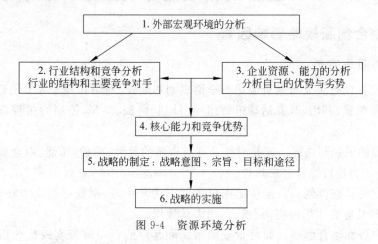

图 9-4　资源环境分析

（1）企业对外部宏观环境进行分析,以确定所处的大背景和大趋势。

（2）企业对行业结构、竞争对手和利益相关者进行分析,仔细剖析行业环境和竞争环境,并把握住外部所存在的资源和机会。

（3）对自身所拥有的资源进行分析,准确定位自身,明确自身的优劣所在。

（4）利用有效的资源整合机制,有效整合内外部资源,找到企业的核心能力和竞争优势。

（5）制定企业的战略,包括战略意图、宗旨、目标和途径。

（6）执行。

3. 打造资源整合型商业模式所需的能力

资源整合型商业模式不同于其他的商业模式,与其说它是一种商业模式,不如说它是一种企业战略系统,它是一系列商业要素的集合,不同于其他单要素的商业模式,它要求企业具有强有力的战略能力和远见,主要有以下方面的能力。

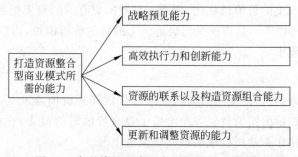

图 9-5　打造资源整合型商业模式所需的能力

（1）洞察内外部的资源现状和资源整合的战略预见能力。

（2）高效执行力和创新能力。

（3）资源的联系以及构造资源组合能力。

（4）更新和调整资源的能力。

第二节 资源整合创新战略影响因素和赋值分析

一、资源整合创新战略影响因素

（一）资源丰富性

资源丰富性就是企业对其资源进行全面规划和配置、利用和开发等系统管理活动，即是对企业资源配置、利用、开发活动进行组织、计划、协调、监督、控制的过程，以创造更多的资源。

（1）资源的识别与选择。就是对企业现有资源的数量、质量、功能、组合状况、利用程度，以及潜在能力进行综合分析评价。

（2）生产资源整合创新。是指运用科学的方法和手段，挖掘那些尚未在企业生产经营活动中发挥其应有作用的资源、潜力，增大其效用。

（3）客户资源整合创新。即对企业的市场和客户的各项资源实现优化组合、合理配置、彼此协调、综合运用，发挥其整体功能。

（4）信息资源整合创新。对信息资源优化组合的策略，对信息资源系统中的数据对象、功能结构及其互动关系进行融合、类聚和重组，重新结合为一个新的有机整体。

（二）价值链

价值链是企业的价值创造的各个环节的链条，是一个企业创造价值的动态过程。它由基本活动和辅助活动组成。基本活动包括内部后勤、生产作业、外部后勤、市场和销售、服务等；而辅助活动则包括采购、财务、技术开发、人力资源管理和企业基础设施等。一系列互不相同但又相互关联的经济活动或增值活动，其总和即构成企业的价值链。

（1）价值链的上下游整合。是指整合产业价值链的上下游垂直整合。

（2）价值链的延伸。是指在产业融合基础上，制造业和服务业相互渗透所形成的新的产业形态。

（3）价值链的优化配置。是指通过管理模式创新，实现企业上游价值链优化，企业生产过程价值链优化和下游价值链优化，创造一种新的更有效的资源配置与整合范式。

（4）价值链的再创造。是指挖掘出渠道链上的新的价值模块，再造企业价值链，回归到满足消费者的新需求。

（三）价值网

价值网是指由客户、供应商、代理商、战略合作伙伴等价值流及其之间的信息流所构成的动态网络架构。价值网的框架完全突破了原有价值链的概念，它从更大的范围内构成一个由各个相互协作企业所构成的战略虚拟价值网。

（1）价值网利益相关者。主要是指利益相关者价值状态、合作关系对网络绩效的影响作用。

(2) 价值网搭建。主要是指价值网绩效评价模型、方法、指标体系的建立。

(3) 价值网资源整合。在战略目标的考量上,价值网资源整合是优化网络各利益相关者资源的配置的策略。

(4) 价值网战略创新。是指从网络核心资源和网络外部关系两个维度对价值网络中的技术进行创新,构建企业主导价值网络创新的战略选择矩阵。

(四)内外部资源整合力

内外部资源整合力是指企业利用和整合内外部资源的能力,即企业对内部核心资源业务、对产业上下游的关联业务、优势资源之间进行的调整合并过程,以达到增强企业竞争实力、加强对产业控制力的目的。

(1) 资源整合能力创新。是指企业运用创新科学方法将不同来源、不同效用的资源进行配置与优化,使有价值的资源融合起来,转化为竞争优势,为企业创造价值。

(2) 资源分配能力创新。是指各类资源在企业运营主体、领域、过程、空间、时间上的分配和使用。创新资源配置是资源在创新活动过程中的整合和使用。

(3) 资源重新配置程度。是指对相对稀缺的资源在各种不同用途上加以比较作出的选择进行再配置。

(4) 企业资源的边际效益创造。是指运用边际收益方法对资源开发和利用进行的分析。资源边际收益也称资源边际贡献。

二、资源整合创新战略赋值分析

为了方便进行测量分析,在第三章,我们构架了商业模式创新战略赋值分析表。表 9-1 是商业模式创新战略赋值分析表的二级量表——资源整合创新战略赋值分析表。这是一个李克特量表的五等级赋值选项。我们要求受测企业对每个回答给一个分数,如从非常同意到非常不同意的有利项目分别为 5、4、3、2、1 分;对不利项目的分数就为 1、2、3、4、5 分。

表 9-1　资源整合创新战略赋值分析表

资源整合创新战略影响因素	评估赋值(1~5)				
	1	2	3	4	5
资源丰富性(RII_1)					
资源的识别与选择					
生产资源整合创新					
客户资源整合创新					
信息资源整合创新					
价值链(RII_2)					
价值链的上下游整合					
价值链的延伸					
价值链的优化配置					
价值链的再创造					

续表

资源整合创新战略影响因素	评估赋值(1~5)				
	1	2	3	4	5
价值网（RII₃）					
价值网利益相关者					
价值网搭建					
价值网资源整合					
价值网战略创新					
内外部资源整合力（RIL₄）					
资源整合能力创新					
资源分配能力创新					
资源重新配置程度					
企业资源的边际效益创造					

根据受测企业的各个项目的分数计算代数和,得到企业态度总得分,并依据总分多少将受测企业划分为高分组和低分组。我们选出若干条在高分组和低分组之间有较大区分能力的项目,构成一个李克特量表。计算每个项目在高分组和低分组中的平均得分,选择那些在高分组平均得分较高并且在低分组平均得分较低的项目。这样,我们就可以测量得到资源整合创新战略的分值。

例如,某 A、B、C 三家公司资源整合创新战略赋值分析图如图 9-6 所示。

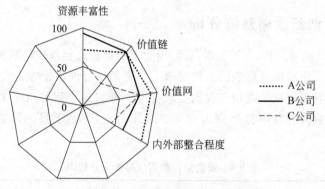

图 9-6　公司资源整合创新战略赋值分析图

第三节　资源整合创新战略最佳实践分析

一、微信的营销方式

微信是腾讯公司于 2011 年年初推出的一款通过网络快速发送免费,需消耗少量网络流量,语音短信、视频、图片和文字、支持多人群聊的手机聊天软件。用户可以通过微信与好友进行形式上更加丰富的类似于短信、彩信等方式的联系。微信软件本身完全免费,使用任何功能都不会收取费用,微信时产生的上网流量费由网络运营商收取。

微信动了谁的奶酪? 微信 VS 微博! 微信源于移动互联网,微博源于 PC 互联网。微博和微信出生的环境不一样,思维不一样。微信就是为移动互联网而生的,而移动互联网确实是未来的大趋势。腾讯内部人士透露,微信用户已超过6亿,确切数字将在腾讯Q3财报中公布。

微信用户破6亿,海外用户贡献多。继8月中旬易迅网在电商网站中率先接入微信支付后,近期易迅又正式上线了微信扫购功能。消费者在易迅的商品页面用微信"扫一扫"扫描商品二维码之后,即可直接在手机端微信里下单,并可通过微信支付完成整个购物流程。核心信息:这是易迅在结合微信的移动电商领域的最新举措。据透露,微信公众号注册及运营将在10月份完全开放,针对服务号收取每年3 000元年费,并提供各种接口。此后,微信公众平台将正式开启商业化。

二、微信的运作方式

从微信扫一扫到微信支付的闭环中,这是微信商业化的前兆。将公众号折叠,以及服务号和订阅号的区别,是公众平台商业化的铺垫。之后,通过以陈坤为代表的明星会员模式,尝试收取会员费等,进行商业化试水。接着推出腾讯微生活,进军O2O市场。而公众号的开放,则意味着微信官方对营销的态度明确,商业化正式开启了。"六度空间"理论告诉我们,一个人只要最多通过6个人就能够影响到世界上任何一个人,这个概率统计理论的诞生催生了Twitter和微博。微信则恰好相反,从基础理论上来说,微信的基础原理是"一个熟人圈的沟通工具"。我们可以通过微信互动的人群包括:手机通信录、QQ通信录、LBS定位的周围人群、手机摇摇的趣味性人群等。这些人群的精准指向度比微博的粉丝的精准度高。因为是熟悉的人,且沟通圈子足够小,所以从沟通的角度来说,其受众客户精度足够高。归结而言,从广度来说,微信不如微博,但微信从来都未考虑是否需要广度的问题,受众的营销趋势是由泛众到精准。

微信成为打开腾讯的一扇窗口,它承载了腾讯移动商业化的梦想。腾讯旗下的财付通宣布,未来通过微信的摇一摇和二维码即可实现转账支付。财付通产品研发已进入尾声,其使用原理:一是通过微信摇一摇,找出目标用户,然后利用财付通开发的转账应用即可实现转账;二是通过刷与信用卡绑定的个人二维码完成支付。这些支付场景和模式将用于聚餐、KTV等集体活动。

三、微信SNS的资源整合方式

微信是过去20年移动通信和网络通信的集大成者。

(1) 微信已经被腾讯公司提升为最高战略。

(2) 微信已经突破6亿用户,同时在线1.5亿。

(3) 微信是到达终端用户最直接、最快速、最精准的信息通道。

(4) 微信聚合了用户的碎片化时间。

(5) 未来的移动终端将以惊人的速度普及。

(6) 融入不可忽视的未来4G网络时代。

(7) 腾讯的移动端战略:移动社区+搜索+定位+智能语音助手。

(8) 全民电商概念的普及及移动电商的应用。

（9）第三方支付对移动电商普及应用。

（10）四两拨千斤的"微创想"时代。

其资源整合如图 9-7 所示。

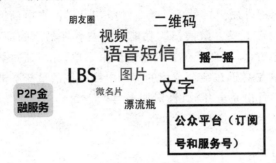

图 9-7　微信商业板块

四、微信商业模式创新战略分析

结合九要素商业模式分析模型对微信商业模式创新进行了具体分析。按照该模型，商业模式由三个层面的要素构成：业务模块、运营模块和盈利模块。其商业模式要素分析图如图 9-8 所示。

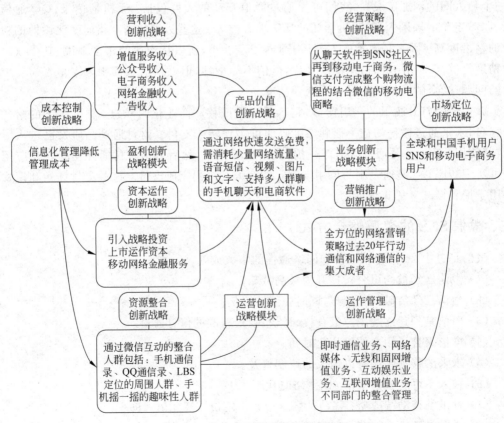

图 9-8　微信商业模式创新战略分析

第四节 资源整合创新战略模式

一、资源开发型商业模式

为形成资源丰富性,企业可以采取资源开发型商业模式,不断开发新资源、不断形成新能力,如从自然界获取资源,比较典型的范例有,中石油、中海油的资源优势和能源获取策略,国家电网对风能的开发等。当然,这里的资源不仅指自然能源资源,也包括人文资源、技术资源、人力资源以及市场资源。

人文资源开发型商业模式在房地产企业、旅游企业和旅游区运用较多,企业利用当地的人文资源,对景区和开发区进行打造,获得竞争优势;技术资源开发型商业模式主要运用在高新科技企业中,如苹果通过大的技术投入获得技术领先,形成了核心的竞争技术;人力资源开发型商业模式,主要运用在各种外包市场和外包企业中,通过开发人力资源或者利用人力资源的差距获得企业的竞争优势;市场资源开发型商业模式,指基于企业的目标市场选择,进行相关的市场延伸和扩散策略,进入相关甚至无关的市场或者行业,如奥飞动漫进入儿童电视行业,腾讯进入互联网搜索领域等。

所开发的资源特性更重要,能够形成商业模式和成为企业核心竞争力的资源必须具有以下特性:首先,必须具有异质性;其次,必须具有稀缺性;最后,必须具有持续更新性以及自我发展的特性。企业开发的资源必须具有以上特性,才能够保证企业竞争优势的持续性。

二、价值链整合商业模式

从企业竞争和商业模式的角度考虑,企业对所有价值链环节的系统化整合,可以保障各个价值链环节的默契配合和高效运作,提高企业效率,降低内部交易成本,使企业具有竞争力。企业所有的价值链环节中,并非每一环节都创造价值,只有某些突出环节才能够创造价值,这就是价值链上的"战略环节",即价值链某些特定的战略价值环节上的优势。因此,企业需要对价值链的环节进行分析,找出能够最高效、最持久带来最大价值的核心环节,优化资源分配,保障核心环节的资源保障和主体地位,以确定核心竞争力,以形成和巩固企业的竞争优势,如图9-9所示。

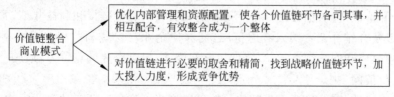

图 9-9 价值链整合商业模式创新

例如,龙的集团逆向打通价值链。广东龙的集团差异化定位于精品小家电,从而异军突起,成为国内唯一可以与飞利浦、松下等品牌相竞争的企业。迄今,其年销售额已超过20亿元,拥有遍布全国的3 000多家销售终端网点,100多家售后服务网点,其产品赢得了广泛的社会认可,占据了国内精品小家电的头把交椅。

三、产业链互动商业模式

产业链互动商业模式,即企业通过与产业内外部的相关企业和利益相关者进行互动,企业与这些利益相关者共享资源和信息,建立合作甚至联盟关系,形成规模效应和网络经济效益,降低风险和成本,提高企业的竞争力,打造出一个产业链互动商业模式;这一模式可以使几家甚至多企业在一个完整的产业链中,各自选取能发挥自己最大比较优势的环节,携手合作共同完成价值链的全过程,集中发展自己专门业务及向其他价值链成员提供专业意见,从而更有效地利用资源和分享客户资源,进而最大幅度地降低最终产品成本,实现更高的增值效益,保证企业获得最大的投入产出比。

例如,深圳的平板电脑"山寨"电脑生产商,根据顾客的需要,选择英特尔的芯片、台湾地区的主板、韩国的显示器和中国大陆的硬盘,把它们组装起来,推向市场,从而获得增值效益。

四、产业链延伸商业模式

产业链延伸商业模式即是企业利用自己在产业链中拥有的资源和地位,进行产业链延伸和拓展,进入相关的行业或者相关的职能,进行前向一体化、后向一体化、纵向一体化或者横向一体化,进行产业链的升级,或者进行相关多元化、无关多元化,这些延伸活动都建立在企业原有资源的基础上,可以创造规模效应和网络经济性,使企业的产业链得以延伸,盈利点得以拓展,形成新的商业模式和竞争力。

例如,奥飞动漫公司利用它原有的玩具制造资源进军动漫行业,由玩具制造升级为形象设计,再利用在动漫行业的资源进军动漫、影视行业和电视台等,打造了一个全产业链的商业模式,成为产业链延伸商业模式的典范。

五、价值网互动商业模式

价值网就是企业的利益相关者包括顾客、供应商、竞争者、合作补充者,这四者相互合作、相互竞争,相互之间的信息、资源、资金等的流动形成的一个复杂的联系网络。价值网的提出突破了原有企业内部价值链的链式思考,也把企业的分析视角提升到了利益相关者这一更高更远的平台上,是企业在分析企业战略、打造商业模式的时候,不仅考虑自身的资源整合和价值链接,也考虑到与外部利益相关者的利益链接和利益共享,尤其是将顾客、供应商以及合作补充者纳入考虑范围,能够使企业与这些利益相关者共享资源和信息,形成规模效应和网络经济效益,降低风险和成本,提高企业的竞争力,形成一个更加巨大而有效的价值网。

从商业模式的角度出发,价值网的打造可以形成一个价值网互动商业模式,即企业通过对自身在价值网中的准确定位和明确分工,与价值网中的相关利益者形成战略合作关系,通过核心能力和资源的互补,形成自己的盈利模式和核心竞争力。

例如,耐克的基于价值网的产业链互动商业模式。与传统鞋业立足于制造业、向价值链上下游深耕的模式不同,耐克在 20 世纪 80 年代就已经实现了由价值链到价值网的经营模式转型。耐克的价值网模式,是立足于设计、品牌营销等核心业务,将生产、物流等非核心业务外包,基于全球寻找低成本的合作伙伴。耐克价值网模式是以美国为代表的跨国公司实现全球业务、风险转移和敏捷制造等现代制造业升级换代的典型。

六、其他资源整合创新模式

(1)优势资源模式。是指通过率先抢占人、财、物等各项稀缺资源而创造优势竞争力和产品价值的创新方法。例如,广州长隆游乐园的马戏大剧院,优先抢占了俄罗斯全世界最优秀马戏表演艺术家的资源。

(2)寄居蟹模式。是指通过借助某种外在的壳资源经营而发育成长的创新方法。例如,金六福酒挂靠五粮液酒业生产经营,打出品牌。

(3)资源整合平台模式。是指通过创建资源交易环境,经营各类资源的创新方法。例如,广州海珠区的中大布匹市场,通过供应资源的平台整合,打造成全球最大的纺织品批发地。

(4)创业家模式。是指通过倡导节约的精神,节约利用企业一切资源经营的创新方法。例如,鸿海的富士康公司使节俭成为企业文化。

第五节 案例分析

一、资源整合创新——广汽和奇瑞战略联盟

(一)联盟公司背景

广州汽车集团股份有限公司(以下简称"广汽")的前身是成立于 1997 年 6 月的广州汽车集团有限公司,2005 年 6 月 28 日,由广州汽车工业集团有限公司、万向集团公司、中国机械工业集团有限公司、广州钢铁企业集团有限公司、广州市长隆酒店集团有限公司作为共同发起人,对原广州汽车集团有限公司进行股份制改造,以发起方式设立的大型国有控股股份制企业集团,是中国汽车行业首家在集团层面引入多家合资伙伴,进行改制设立股份公司的企业,尤其是在行业内首次将国有汽车集团引入民营企业机制,为企业发展注入新鲜活力。

广汽主要的业务有面向国内外市场的汽车整车及零部件设计与制造,汽车销售与物流,汽车金融、保险及相关服务,具有独立完整的产、供、销及研发体系。目前,集团旗下拥有广汽乘用车、广汽本田、广汽丰田、广汽三菱、广汽菲亚特、广汽吉奥、本田(中国)、广汽日野、广汽客车、广汽部件、广汽丰田发动机、上海日野发动机、广汽商贸、同方环球、中隆投资、广汽汇理、广爱公司、众诚保险、广汽研究院等数十家知名企业。

广州汽车集团乘用车有限公司(以下简称"广汽乘用车")是由广汽独资设立的子公司,作为广汽自主品牌乘用车项目的实施载体,致力于生产销售具有国际先进水平的整车、发动机、零部件及汽车用品,以及汽车工程技术的研究与开发。广汽乘用车成立于2008 年 7 月 21 日,注册资金 12 亿元,公司占地面积近 120 万平方米,首期投资预算 38 亿元,计划年产能整车 10 万辆、发动机 10 万台,后续将分阶段达到年产整车 40 万辆、发动

机 45 万台的规模。

2010 年 9 月 3 日,广汽首款自主研发的乘用车传祺下线。广汽传祺是广汽中高级系列轿车之一,该系列车型传承了欧洲高端品牌在操控性、舒适性和主动安全性等方面的优秀基因,采用世界先进的成熟底盘平台和动力总成技术。

2012 年 12 月,广汽传祺月销量突破 6 000 辆,全年达 3.3 万辆,比 2011 年销量翻番,但产能闲置率仍高达 70%。

奇瑞汽车股份有限公司(以下简称"奇瑞")于 1997 年 1 月 8 日注册成立,现注册资本为 38.8 亿元。公司于 1997 年 3 月 18 日动工建设,1999 年 12 月 18 日,第一辆奇瑞轿车下线;以 2010 年 3 月 26 日第 200 万辆汽车下线为标志,奇瑞进入打造国际名牌的新时期。目前,奇瑞已具备年产 90 万辆整车、发动机和 40 万套变速箱的生产能力。

2010 年,奇瑞实现全球销量 682 058 辆,同比增长 36.3%,连续 10 年蝉联中国自主品牌销量冠军。多年来,奇瑞不断推进国际化战略,目前已跨入了"具有国际化远见的、技术先导的、值得信赖的中国汽车品牌"的品牌发展阶段,产品受到全球消费者青睐,2010 年出口 9.2 万辆,同比增长 93.2%,累计出口已超过 50 万辆,连续 8 年成为中国最大的乘用车出口企业。

"自主创新"是奇瑞发展战略的核心,也是奇瑞实现超常规发展的动力之源。从创立之初,奇瑞就坚持自主创新,努力成为一个技术型企业。目前,奇瑞已建成以汽车工程研究总院、中央研究院、规划设计院、汽车试验技术中心为依托,与奇瑞协作的关键零部件企业,和供应商协同,和国内大专院校、科研所等进行产、学、研联合开发的研发体系,并拥有一支 6 000 余人的研发团队,掌握了一批整车开发和关键零部件的核心技术。公司通过自主创新,在 TGDI 涡轮增压缸内直喷技术、DVVT 双可变气门正时技术、CVT 无级变速器以及新能源等一大批国内尖端核心技术上获得突破,带动了全系产品的全面技术升级。奇瑞还高度重视观念创新、管理创新,不断完善体制机制,激发企业的创新活力,引进和培养了一大批技术和管理人才。

2013 年前 9 个月,奇瑞整体销量为 41.25 万辆,同比下滑 11.5%,按此预测奇瑞 2014 年全年销量大约为 55 万辆,其产能面临严重过剩。

(二)行业背景

全球汽车企业正在进入一种竞合的新阶段,一个企业要想在国际市场中占有一席之地,仅仅依靠自身的力量还远远不够,即使实力非凡的大型跨国巨头在现今世界经济区域化、一体化和全球化发展的格局下也难以完全左右和垄断全球市场。在此背景下,跨区域的联盟模式开始出现。

在汽车领域,缔结联盟在全球几大汽车巨头之间早已盛行。通用和标致雪铁龙公司达成战略联盟、雷诺－日产扩大与戴姆勒技术研发合作关系、菲亚特与马自达扩大合作开发更多新车等是最近发生的强强联合,抱团取暖正成为全球汽车巨头们应对全球汽车市场激烈竞争的新手段。

与国外成熟的造车业相比,我国自主品牌整体上呈现出数量众多却规模有限的局面。几年前,汽车业的准入门槛之低和利润之高吸引了许多的国内企业参与,目前轿车自主品牌数量众多,自主品牌各厂商之间的技术差异不明显,对销售网络和营销能力的依赖远大于对技术的依赖,特别是规模的严重不足,致使多数自主品牌企业陷入残酷价格战而疲于奔命。

2012 年 1~10 月,自主轿车销量 230.45 万辆,同比略降 2.6%,在国产轿车市场中份额占比 26.6%,同比下降 2.1 个百分点。

尽管车市前景并不看好,但自主品牌在 2013 年显示了要大干一番的意思。力帆汽车预计 2013 年在国内的销售增幅为 20%;东风风神 2013 年将突破 10 万辆,增长 60% 以上;长安汽车自主品牌 2013 年设定了 40 万辆的目标,相比于 2012 年的 23 万辆,增长在 70% 以上。海马汽车预计销量至少增长 50% 以上,约 23 万辆。更有甚者,华泰汽车销量目标挑战 10 万辆,增长约 100%;广汽乘用车目标为 6.5 万辆,增幅也是超过 100%。

(三)广汽奇瑞战略联盟:自主品牌整合第一步

2012 年 11 月 6 日,广汽集团与奇瑞汽车在北京钓鱼台国宾馆宣布建立战略联盟合作,双方正式签署了战略联盟合作框架协议。

合作双方将在整车开发、动力总成、关键零部件、研发资源、节能与新能源汽车、国际业务、生产制造管理等领域开展合作。广汽与奇瑞的合作是国内本土汽车企业首次建立的创新战略联盟合作关系。此次协议的签订实施将有助于广汽集团与奇瑞汽车的优势互补,快速提升核心竞争能力,实现共赢式发展。

联盟的首要前提是双方实力均等,或者可以在某一领域实现互补,并且有共同的追求。广汽集团和奇瑞汽车均是国家重点支持汽车行业资源整合的企业。目前,广汽集团已形成乘用车、商用车、零部件、摩托车、汽车服务包括金融、保险及技术研发六大业务板块共同发展的产业格局,在合资合作、资本运营、生产制造、精益管理等领域形成了一定优势。通过多年的合资,广汽集团已经拥有丰田、日野、本田、菲亚特、三菱等国际合作伙伴。

奇瑞汽车是国内自主品牌标杆企业,拥有整车、发动机及部分关键零部件的自主研发能力、自主知识产权和核心技术,目前已成为我国最大的自主品牌乘用车研发、生产、销售、出口企业。9 月份奇瑞汽车出口全球市场 2 万多辆,同比增长 38.9%,1~9 月累计出口已经达到 149 490 辆,同比增长 22.1%。

1. 联盟的动机

奇瑞在国内建有芜湖、大连、开封和鄂尔多斯四大生产基地,在海外 15 个国家和地区建成了 16 个工厂,具备年产 90 万辆整车、发动机及 40 万台变速箱的生产能力。但 2012 年前 9 个月,奇瑞整体销量为 41.25 万辆,同比下滑 11.5%,按此预测奇瑞 2012 年全年销量大约为 55 万辆,其产能面临严重过剩;广汽传祺的状况只是程度上的差异,其已经形成的一期产能达到 10 万辆,但 2012 年全年的目标销量也不过 3 万辆,产能闲置率高达 70%。

奇瑞前期研发了大量的车型平台,特别是 A0 和 A00 级,但由于摊子铺得太大,产品线拉得太长,导致很多车型无法实现量产,或者尽管最终实现了量产,但由于销量太低,研发成本无法回收;反观广汽,其自主品牌还处于成长初期,目前只有一款 B 级车型和一款 SUV 车型实现量产,尽管 2013 年还将增加一款 A 级车型,但车型数量仍然不足;另外,由于日系车销量低迷,广汽本田和广汽丰田利润大幅下降,加上刚刚合资的广汽菲亚特和广汽三菱需要巨额投入,使得广汽自主品牌在高昂的研发成本投入上面临困境。

广汽和奇瑞联盟能够进行资源共享,解决产能过剩和分摊高额的研发成本,双方对于合作都表现出非常强的意向。

2. 合作方式

此次广汽与奇瑞共签订了《战略联盟合作框架协议》和《技术合作与研发资源共享合作协议》和《动力总成配套和资源共享合作协议》两个子协议,合作协议有效期为三年。

奇瑞与广汽的合作在短期内将主要以技术平台的合作和共享为主,同时还会渗透对零部件平台化共享和共同开发;同时,对于刚刚提出国际化战略的广汽乘用车来说,奇瑞在海外出口渠道方面也具备可观的优势能够与广汽分享。

对比双方车型,两家企业旗下直接竞争的车型较少。广汽集团乘用车以中高端车为主,而奇瑞汽车以中低端为主。例如,在主力车型中,广汽集团的主力车型凯美瑞、雅阁均为 B 级车,锋范为 A 级车,汉兰达为中高端 SUV;而奇瑞主力车型 QQ、风云 2 分别为 A00 级和 A0 级车,瑞虎为中端 SUV,奇瑞 E5 虽然与锋范同处 A 级车市场,但级别比锋范低。据广汽乘用车总经理吴松介绍,为了降低研发成本,广汽传祺将与奇瑞汽车共同开发 A0 级及 A00 级车型。

（四）九要素模型商业模式创新分析

结合九要素商业模式分析模型对广汽和奇瑞联盟创新进行了具体分析。按照该模型,商业模式由三个层面的要素构成:业务模块、运营模块和盈利模块。其商业模式要素分析图如图 9-10 所示。

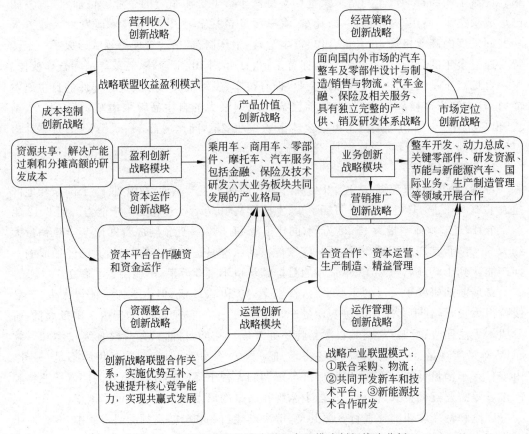

图 9-10　广汽和奇瑞的战略联盟商业模式创新战略分析

广汽和奇瑞的战略联盟属于产业联盟盈利模式,合作方式:联合采购、物流;共同开发新车和技术平台;新能源技术合作研发。合作盈利:削减成本,分摊高昂研发、设计、采购和物流等成本;规模效应,各取所长、赋予产品更强的竞争力;抗衡对手,以联盟形式抗衡强大的对手。

图 9-11　广汽和奇瑞的战略联盟合作模式

作为中国第六大汽车集团与第七大汽车集团之间的合作,广汽奇瑞联盟堪称强强联手。然而,不少媒体却用了"抱团取暖"来形容双方的结盟。这主要是因为广汽和奇瑞近期都处于困境中。

据了解,受日系车销量全面下挫影响,广汽集团在上月底发布的三季财报显示,广汽集团第三季度净利润仅为 3.57 亿元,同比大幅下滑 58.36%。

众所周知,广汽集团盈利长期依赖旗下广本和广丰两家日本合资公司,2011 年,仅这两家合资公司就贡献了广汽集团总利润的 94%。而广汽虽已为自主品牌"传祺"累计投入了超过 80 亿元,但还未获得市场效益。据悉,其先期上市的"传祺"轿车,单月销量不足 500 辆,而 2011 年入市的 SUV"传祺 GS5"月销也不足 3 000 辆。而据分析机构预测,广本和广丰在未来两到三年,每年都将出现 10% 以上的下滑。基于此,广汽集团在短期内还很难走出困境。

奇瑞一直致力于自主品牌乘用车的开发,曾经有过比较不错的市场业绩。可是自2008 年开始的多品牌战略让奇瑞走了一大段弯路,同时,合资品牌的向下挤压对自主品牌产生了很大的冲击,导致奇瑞的发展陷入了瓶颈。奇瑞汽车合并财务报表显示,在政府出资补贴的情况下,2009—2011 年,奇瑞汽车净利润仅分别为 0.72 亿元、3.02 亿元、1.47 亿元,而 2012 年上半年甚至出现了首度亏损,净利润为 -3.79 亿元。

对于双方在困境下的结盟,就企业规模来说,双方差别不大,而又都处于"失意"状态,这有利于双方的平等对话。但另一方面,广汽和奇瑞目前都存在资金紧张等难题,而这样的难题曾经导致了通用汽车－菲亚特联盟的解体,如何能够真正携手共渡难关,对双方企业管理层的智慧、魄力和胸襟都是很大的考验。

联盟之于广汽的意义比较清晰:奇瑞在二三线城市的网络布局以及在海外市场的渠道优势,都可以为广汽自主乘用车所借鉴;广汽自主品牌将从 2013 年启动的出口计划,预计也会借力奇瑞的海外资源；广汽可共享奇瑞的零部件配套体系，等等。

联盟之于奇瑞的意义则比较模糊：奇瑞的盈利能力欠佳，加之此前的上市计划遥遥无期，让不少投资方失去了信心和耐心。此次与广汽高调结盟或许有利于提振投资方的信心。也有人猜测，双方此次合作从透露风声到签约，堪称雷厉风行，这或许是政府背后推动的结果。

对于广汽与奇瑞的合作前景，要从双方的需求作详细剖析。广汽的需求在于，摆脱对日系合资公司的依赖，全力打造好自主品牌。而奇瑞的需求在于，进一步理清产品体系，打造几款主力车型和明星产品，扩大市场占有率，提升产品的附加值，加强盈利能力。

对于广汽来说，其自主品牌业务起步较晚，广汽自主乘用车目前主要依靠购买的阿尔法罗密欧底盘和发动机技术开发新品。同时，日系车的销量萎缩让广汽现金流捉襟见肘并且在短时期内很难好转。这意味着，广汽或将不得不转变此前针对其自主品牌高投入的研发模式。

而奇瑞，则因前期过多投入基础性技术的研发，面临研发成果难以转化成市场优势的难题。还有其投入大量人力、财力规划的多品牌产品，将随着多品牌战略的流产面临重新梳理。

二、多玩网游戏"门户平台整合"创新模式

（一）多玩网公司背景

主张"多玩游戏，多交朋友"的多玩网以 5 的 N 次方在成长。4 年前，多玩网创立，它从 2005 年开始的五六个人的团队，发展到如今的 240 多人。

2005 年，多玩游戏网初创，定位为游戏垂直门户，类似于一个大型门户网站的游戏频道。如今，多玩的服务范围扩展到了更多泛娱乐的衍生品，形成了现在"媒体＋平台"的模型。这一模型可定义为，做一个给游戏产品提供所有资讯、工具和周边产品的资源平台。

2008 年整个游戏市场有 186 亿元的营业收入，按照网游公司投入 10％～20％的营销费用计算，多玩网等这些网游专业媒体，将有 18 亿～38 亿元的"菜单"分享。

多玩游戏网目前的收入主要来自于网游企业和其他厂商投放的广告，其次为网页游戏方面的合作。今后这一模式将会发生延展。现在多玩网已经开始盈利。

（二）九要素模型商业模式创新分析

结合九要素商业模式分析模型对多玩网商业模式创新进行了具体分析。按照该模型，商业模式由三个层面的要素构成：业务模块、运营模块和盈利模块。其商业模式要素分析图如图 9-12 所示。

（三）双向通道：网游媒体＋玩家平台

多玩网是一个产品驱动型的企业，挖掘产品的商业价值是关键。随着游戏资讯媒体的概念被逐渐淡化，多玩游戏今后将更加强"通道"这个平台。让玩家来多玩网不仅能看资讯、查数据、找攻略、玩游戏、交朋友，还可以满足更多需求。

据介绍，多玩网目前已覆盖了游戏用户的 1/3 份额，建立了超过 200 个网游专区，有10 万个以上公会团体的加入，它们形成多玩网的核心竞争力。多玩网的用户以 16～

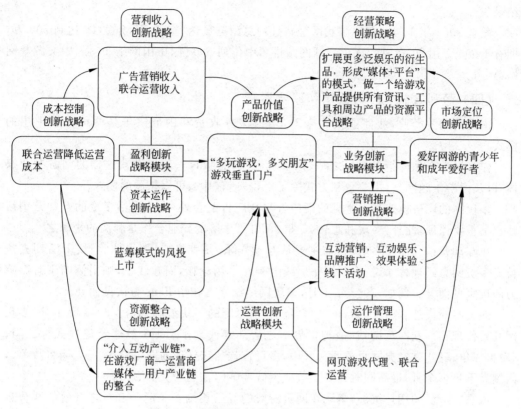

图 9-12　多玩网营销商业模式创新战略分析

30 岁之间的年轻人为主,很多是在校大学生、刚毕业参加工作的青年,以及稳定工作 5 年左右的白领。据悉,多玩网男女用户比例接近 2∶1,不少公会的领导人是女性。

　　针对这样的用户,多玩网目前所提供的资讯主要是网络游戏、单机游戏,以及 TV-game 游戏的资讯。其中,多玩新游戏频道每天更新超过 200 条,原创和翻译文章超过 15 篇,提供国内、日韩、欧美等全球最新网络游戏相关新闻和资料。

　　完善网游媒体的设置后,又将如何黏住用户?

　　手段主要是"介入互动产业链"。在游戏厂商—运营商—媒体—用户这个产业链上,多玩作为第三环节的媒体角色,要给用户虚拟资产的价值,即是快速集结新游戏,让玩家第一时间尝鲜。想要在网页游戏中站稳脚跟,拥有一款成熟的战争策略游戏是必要条件。

　　就在 2013 年 4 月,多玩网耗费巨资拿下新战争策略游戏《水煮江山》的独家代理权,欲借助《水煮江山》这款游戏,巩固自身在网页游戏圈内的地位。目前,多玩旗下已拥有 10 余款成熟的网页游戏产品,包括《弹弹堂》《多玩歪侠传》《多玩武林英雄》等。

　　多玩网目前拥有国内注册最多的公会数量,多玩网将 10 万注册公会以群为组织,开展公会引导、公会竞技等互动。据调查,多玩网黏住的是大量游戏公会的会员及会长。

　　作为一个网媒,多玩网除了原创报道,更多的内容来源于玩家的贡献。在此基础上,多玩推出各游戏专区记者采编制度,奠定内容基础,再通过专业编辑、版主筛选互动话题,参与组织管理。多玩拥有高人气的游戏论坛——永恒之塔,曾创下 2 小时 12 万帖的单帖纪录。

截至 2008 年 10 月，多玩游戏网全站日均总浏览量达 5 000 万，独立 IP 达到 500 万，拥有 1 500 万用户，在 ALEXA 全球网站排名中位列 500 强、中国网站 50 强、中文游戏网站第一。

（四）盈利方式：广告营销和联合运营

国内的网游产业，从商业模式来看，增值服务收费和内嵌广告是两种比较理想的模式。

作为网游产品的衍生市场之一，像多玩游戏网、17173、新浪游戏这样的网游专业媒体，以及网游主题网站，主要盈利方式除了广告，还有什么可以拓展的模式？

多玩网的广告模式除了常见的硬广告与软广告配合外，一些灵活多变的互动营销活动也是重要保证，此外，多玩和惠普、三星、百事可乐等的异业合作是利润的来源之一。

在互动营销方面，"多玩"目前主要从互动娱乐、品牌推广、效果体验、线下活动去执行。多玩网总经理曹津说，多玩网每周线上有几十场论坛，而在线下，则更倾向于有影响力的玩家见面会。例如，2008 年 1 月，多玩网组织暴雪在华 Fans 首次见面会。

网页游戏代理、联合运营，也是"多玩"目前紧盯的一块盈利地盘。2008 年 1 月，多玩网开始代理第一款网页游戏《战神世界》，之后陆续代理了《XBA 篮球经理》《武林三国》《魔兽战争》等八款经典网页游戏。其中，多玩首款独家代理的网页游戏——《魔兽战争》，内测尚不足半个月，最高同时在线人数就突破 8 000，注册量突破百万。

依靠"多玩"的用户沉淀，多玩在网页游戏的经营逐渐积累起一套行之有效的联合运营模式。联合运营模式一般由开发商负责技术维护和游戏更新，而由运营商投入服务器、带宽，并负责市场推广。一般而言，联合运营商不需要向版权拥有方支付初始授权金，而只需要支付运营收入，运营收入的分成比例一般为五五分成，这在一定程度上拓展了中小型互联网企业的盈利。据业内人士的测算，多玩网 2008 年全年收入在 2 000 万元左右。

多玩网获得的第一笔投资，是来自于原金山 CEO 雷军 100 万美元的天使投资。2007 年，获得了国外风投晨兴创投（MorningsideVentures）400 万美元的首轮投资。到 2008 年 8 月，多玩网完成了第二轮融资——迪斯尼旗下的 Steamboat 近 600 万美元的注资。多玩创业之初以及几次融资，是往上市方面去设想的，公司的法律结构也是按照海外的蓝筹模式构建的。

（五）联合运营拓展网页游戏盈利模式

2008 年无疑是网页游戏发展的黄金阶段。而于 2007 年 11 月进入网页游戏领域的多玩游戏网，是否也踏入了这个所谓黄金发展阶段？

由于网页游戏的火爆，联合运营开始受到业界的关注。作为多玩网盈利的另一条腿——网页游戏，其走的也是联合运营模式。其实几年前，盛大就做过类似的营销方式。有业内人士称，网络游戏市场的盈利模式其实也值得网页游戏借鉴。

目前，国内网页游戏的盈利方式主要有以下三种。

第一种：VIP 包月会员制。早期的 Popomundo（角色养成＋社区类的游戏类型）、武林足球，等等。这是目前网页游戏市场最简单的也是最普遍、最行之有效的盈利方式。不过，从目前来看，效果一般。

第二种：VIP 包月加相关衍生产品。这种模式大多是因为采用 VIP 包月的方式无法获得预期的收益，在用户规模稳定之后，网游企业通过衍生产品的销售来取得高额的收益。但网游企业大部分是通过修改游戏以前的设置，逼迫玩家付费的方式来实现，这种模式能走多远，尚不得而知。

第三种：联合运营模式。例如，现在的多玩战神，17173 篮球经理等。这种方式要求网页游戏具有成熟的盈利模式和用户基础。通过双方的合作，实现优势互补，强强联合，达到双赢。

联合运营模式对市场有积极的影响：抱团营销。多玩网就是在此模式上，将他们自己的用户资源转化为收入，从而拓展了盈利。同时，这种模式也让盛大这样的运营商能够更好地满足用户需求，更深度地挖掘用户价值。

然而联合运营作为一种较新的运营模式，并没有形成行业规范，版权拥有方和联合运营方之间的合作模式，如责任和权利分配、沟通机制等都还在摸索中。由于缺乏行业规范，网页游戏运营还引发了一些乱象，如推广内容涉嫌淫秽色情成分、推广方式流氓、忽视玩家权益保护等。

第四篇

PART FOUR

盈利创新战略模块

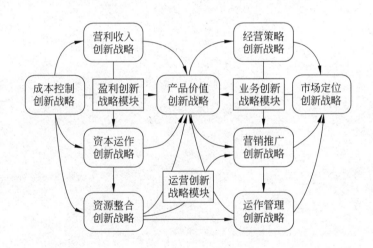

　　盈利创新战略模块要素组成有成本控制（包括成本结构、资产负债、经营损益、现金流）、营利收入（包括收入渠道、收入多样性、收入稳定性、收入增长性）、资本运作（包括融资能力、财务治理能力、投资能力、上市能力）。

　　业务创新战略模块、运营创新战略模块和盈利创新战略模块三者的关系：业务创新战略模块连通战略价值创造，运营创新战略模块连通商业管理整合，盈利创新战略模块连通价值利润最大化。

第十章

营利收入创新战略

公司是否专注于具有自己核心价值的业务，这很重要。但最重要的是要找到一个独有的商业模式，使你的公司和别的同行业的公司有所不同，这种模式不一定是产品，更可能会体现在服务或者个性化或者技术方面……可以考虑在服务方面的改进，又如在市场的细分化和技术创新方面，或者现金流方面寻求突破，并使之成为一个重要的盈利模式。

——迈克尔·波特

第一节　营利收入创新战略的概念

一、营利收入创新战略

1. 营利收入创新战略

营利收入创新战略是对企业经营要素进行价值识别和管理，在经营要素中找到盈利机会，即探求企业利润来源、生成过程以及产出方式的创新方法。它是企业通过自身以及相关利益者资源的整合并形成的一种实现价值创造、价值获取、利益分配的组织机制及商业架构的创新。

营利收入创新战略是三大结构的创新，即企业在市场竞争中逐步形成的企业特有的商务结构、业务结构及其对应的财物结构的创新。

构成营利收入模式的商务结构主要指满足业务结构的企业外部运营的交易对象、交易内容、交易规模、交易方式、交易渠道、交易环境、交易对手等商务内容及其时空结构。商务结构反映的是企业内部资源整合的对象及其目的，直接反映企业内部资源配置的效益。

构成营利收入模式的业务结构主要指满足商业结构需要的企业内部运营的包括科研、采购、生产、储运、营销等业务内容及其时空结构。业务结构反映的是企业内部资源配置的情况，直接反映企业资源配置的效率。

构成营利收入模式的财务结构主要是指与商业结构和业务结构相联系的运营中的现金流结构、利润率、资金周转率、收益率和增长率等财务内容及其时空结构。财务结构反映的是企业内部财务资源配置和流转的状况，直接反映企业财务资金使用的效率和效能。

简单地说,营利收入创新战略就是如何创新企业赚钱的渠道,通过怎样的模式和渠道来赚钱和赚更多的钱。营利收入创新战略是企业在市场竞争中逐步形成的企业特有的赖以盈利的商务结构、业务结构及其对应的财务结构的三大结构的创新。

2. 营利收入创新战略要素

营利收入创新战略是指企业从哪里去盈利,并以什么样的模式去盈利,并且,一个成功的企业,还要懂得为自己创造更多的盈利点,以增加更多的利润来源。是一种经过事先详细规划、有规律、有节奏、有整体结构性的关于营利收入模式,正因为有了这种规律性和结构性规划,所以它才能够在一段较长时间内稳定维持,并为企业带来源源不断的利润。企业营利收入模式创新分析和设计的八大要素包括利润源、利润点、利润杠杆、现金流结构、利润率、资金周转率、收益率和增长率,是八大要素组合形式的整合。

(1)利润源。是指企业提供的商品或服务的购买者和使用者群体,客户是企业利润的主要源泉。利润源分为主要利润源、辅助利润源和潜在利润源。服务现在也成为了利润源。当企业的现有产品达到一定限度不能再扩大利润的时候,如何寻找新的利润增长点,这就是扩大利润源的创新战略。一般来说,有三大利润源:传统资源领域的利润源;人力资源的利润源;物流服务的潜力和效益的利润源。

(2)利润点。是指企业可以获取利润的产品或服务。利润点的创新是要解决这些问题:在企业运营中,哪些环节是可盈利的,哪些是损耗利润的?哪些盈利环节可以进一步优化,以实现利润再增长?哪些损耗利润的环节可以简化以降低损耗,甚至是加以改善使其盈利?如何才能创新产品利润点?这个问题的潜台词其实就是如何保证产品不断重演生命周期的成长期抑或成熟期,保证盈利时时常满。因此,好的利润点一要针对明确客户的清晰的需求偏好;二要为构成利润源的客户创造价值;三要为企业创造价值。利润点反映的是企业的产出。

(3)利润杠杆。是指企业生产产品或服务以及吸引客户购买和使用企业产品或服务一系列业务的创新活动,反映的是企业的投入。利润杠杆有经营杠杆和财务杠杆之分。经营杠杆是指在企业生产经营中由于存在与产品生产或服务有关的固定成本而导致息税前利润变动率大于产销量的变动率的杠杆效应。财务杠杆是指由于固定融资成本,尤其是债务利息的存在而导致普通股每股利润变动率大于息税前利润变动率的杠杆效应。利润杠杆是企业资本运作决策的一个重要因素,资本运作需要在杠杆利益与其相关的风险之间进行合理的权衡,最终达到提高企业收益的目标。

(4)现金流结构。是指企业经济活动中(包括经营活动、投资活动、筹资活动和非经常性项目)而产生的现金流入、现金流出及其总量情况的结构,即企业一定时期的现金和现金等价物的流入和流出的数量结构。现金流结构按其来源性质不同分为三类:经营活动产生的现金流量、投资活动产生的现金流量和筹资活动产生的现金流量。现金来源是什么?什么是消耗现金?现金流入和流出的时机是什么?流入流出是怎样改变的?决定企业盈利或亏损的是现金流,最能反映企业本质的是现金流,现金流比传统的利润指标更能说明企业的盈利质量,在众多价值评价指标中基于现金流的评价是最具权威性的。

（5）利润率。通常是指扣除所有费用、利息和税金之后公司所赚的钱，也就是企业运营一定时期的销售利润总额与总产值之比，它表明单位产值获得的利润，反映产值与利润的关系。利润率还有成本利润率和销售利润率。成本利润率＝利润÷成本×100%；销售利润率＝利润÷销售×100%。利润率反映企业一定时期利润水平的相对指标。利润率指标既可考核企业利润计划的完成情况，又可比较各企业之间和不同时期的经营管理水平，提高经济效益。

（6）资金周转率。是指资金运作的速度、营业额，或者运动。资金周转率是反映企业资金周转速度的指标。企业资金（包括固定资金和流动资金以及货物资金）在生产经营过程中不间断地循环周转，从而使企业取得更多的销售收入。企业用尽可能少的资金占用，取得尽可能多的销售收入，这就提高了企业资金周转率，说明资金周转速度快，资金利用效果好。

（7）收益率。利润率乘以周转率就是收益率。收益率也就是投资的回报率。收益率是评价企业经营生产力的一个有用指数。如果收益低于资金成本，企业经营很可能出现了问题。收益率既反映了生产经营的问题，也反映了资源结构配置的问题，也是对企业人力资源开发的效率问题。

（8）增长率。企业经营的增长的部分除以原本的数目就是增长率。每个企业都需要增长以在经营中生存下去。以怎样的方式增长才能维持其他盈利要素的平衡？增长率的持续性，是企业经营的重要关注点。

二、营利收入创新战略的原则

收入渠道指的是企业获取收入的来源和方式，类似于一个企业现金流入的接口，我们要保障这一接口的存在并且接口足够大、数量充足，才能够实现企业现金流的流入和利润的增加。不同的企业有不同的收入渠道和收入模式，在选取收入模式的时候企业应当充分考虑自身情况，结合自己所提供的产品服务的特点和方式以及自身竞争优势的所在，来决定自己的收入渠道。

美国学者加里·哈默尔（2002）在所著《领导企业变革》一书中提出，盈利模式是探求企业利润来源的系统方法，一个盈利模式应包括 4 个组成部分，即核心战略、战略资源、客户界面及价值网络。

亚德里安·J.斯莱沃斯基等（2001）在《发现利润区》中通过研究当代最成功的 12 家企业的运营方式，认为各种盈利模式的设计包括 4 个战略要素：客户的选择、价值的获取、产品差别化、业务范围。

（1）客户价值标准原则。客户价值最大化不仅是商业模式创新的原则，也是盈利原则，我们在盈利的同时，必须兼顾客户的利益和价值最大化。

（2）有效资源匹配原则。企业优势的集中度与对手的竞争程度能够决定盈利水平的高低。

（3）收入持续增长原则。收入是不断开源，不是杀鸡取卵，必须保证利润可持续地增长。

（4）收入多样化原则。收入多样化是企业通过不同的收入渠道向各相关利益者收取费用，获得现金流的流入。针对同样一个产品，我们可以开发和开拓出多种收入模式。

（5）风险与收益相匹配的原则。盈利同时必须规避风险，还必须注重规模效益和边际效应。

总之，基于以上5个方面的分析，从商业模式创新的角度出发，企业应该以客户价值最大化标准为出发点拓展盈利模式，改变收入渠道传统和单一的现状，拓宽收入的来源，规避风险，增强企业的盈利能力，保证收入持续性不断增长，企业更应该创新利润源更足利润点更多、能够多方共赢的盈利模式。为此，可以总结出一个道理，就是一个企业必须通过盈利模式的创新来创造更多的盈利点。一个企业的盈利能力和企业成长，说到底都要落实到企业收入的增加，收入和利润就像两个车轮一样，不断向前，推动企业的发展。因此，收入是商业模式的出发点，也是最终落脚点，是衡量一个商业模式是否成功、是否具有竞争力、是否可持续的关键标准。

第二节　营利收入创新战略影响因素和赋值分析

一、营利收入创新战略影响因素

（一）收入渠道

收入渠道是指收入来源的多元性和多样化结构。

（1）客户渠道收入来源创新。是指顾客服务需求，是渠道创新的来源。产品和渠道创新将成为客户收入创新的主流，进一步丰富企业的收入来源和渠道。

（2）第三方渠道收入来源创新。即创造更多来自第三方企业或合作伙伴的收入来源。

（3）网络渠道收入来源创新。是指通过网络营销推广项目或产品的概念和方法，建立更多网络收入来源，即如何通过网络建立持续性收入来源。

（4）增值服务渠道收入来源创新。是指满足客户需求、增加企业业务、创造利润来源、提高收益率的创新。

（二）收入多样性

收入多样性是指企业收入呈现多样性变化，不同来源、不同结构、不同方式的收入。

（1）利润源多元化。利润源是指企业提供的商品或服务的购买者和使用者群体，他们是企业利润的唯一源泉。利润源多元化就是在主要利润源、辅助利润源和潜在利润源上创新突破。

（2）利润点多重性。是指企业可以获取利润的产品或服务多样化创造更多价值。

（3）利润杠杆多样化。反映的是企业更多的投入和创新。

（4）利润收入的整合创新。是指用整合的方法创新驱动收入与利润增长。

（三）收入稳定性

收入稳定性是指企业在构建营利收入来源时应考虑以持续性增长的方式获得的基本收益的稳定性。稳定的收入有利于企业的发展和战略。

（1）价值创造的稳定性。是指价值创造的结构是否稳定。价值创造的特征结构的稳定,有助于企业收入的稳定发展。

（2）渠道来源的稳定性。是指通过各种方法保持传统渠道和现代渠道收入的稳定性。

（3）收入产出方式的稳定性。是指提高投入产出比的效率,保持稳定收入结构。

（4）利益分配的稳定性。是指在企业运营中,保持利润分配的连续性和稳定性。

（四）收入增长性

收入增长性是指企业年度主营业务收入总额同上年主营业务收入总额差值的比率的增长。这是评价企业成长状况和发展能力的重要指标。

（1）市场开拓持续性增长。是指加大市场开拓力度,确保收入持续增长。

（2）目标客户持续性增长。是指寻找和开发更多的目标客户以获得持续性的价值回报。

（3）产品价值持续性增长。是指为目标客户提供更多持续性的价值产品和服务,同时获得持续性的价值回报。

（4）经营收入持续性增长。是指企业在营业收入上获得持续性收入的增长。

二、营利收入创新战略赋值分析

为了方便进行测量分析,在第三章,我们构架了商业模式创新战略赋值分析表。表 10-1 是商业模式创新战略赋值分析表的二级量表——营利收入创新战略赋值分析表。这是一个李克特量表的五等级赋值选项。我们要求受测企业对每个回答给一个分数,如从非常同意到非常不同意的有利项目分别为 5、4、3、2、1 分;对不利项目的分数就为 1、2、3、4、5 分。

表 10-1　营利收入创新战略赋值分析表

营利收入创新战略影响因素	评估赋值（1～5）				
	1	2	3	4	5
收入渠道（BRI_1）					
客户渠道收入来源创新					
第三方渠道收入来源创新					
网络渠道收入来源创新					
增值服务渠道收入来源创新					
收入多样性（BRI_2）					
利润源多元化					
利润点多重性					
利润杠杆多样化					
利润收入的整合创新					
收入稳定性（BRI_3）					
价值创造的稳定性					
渠道来源的稳定性					
收入产出方式的稳定性					

续表

营利收入创新战略影响因素	评估赋值(1～5)				
	1	2	3	4	5
利益分配的稳定性					
收入增长性（BRI₄）					
市场开拓持续性增长					
目标客户持续性增长					
产品价值持续性增长					
经营收入持续性增长					

　　根据受测企业的各个项目的分数计算代数和，得到企业态度总得分，并依据总分多少将受测企业划分为高分组和低分组。我们选出若干条在高分组和低分组之间有较大区分能力的项目，构成一个李克特量表。计算每个项目在高分组和低分组中的平均得分，选择那些在高分组平均得分较高并且在低分组平均得分较低的项目。这样，我们就可以测量得到营利收入创新战略的分值。

　　例如，某 A、B、C 三家公司营利收入创新战略赋值分析图如图 10-1 所示。

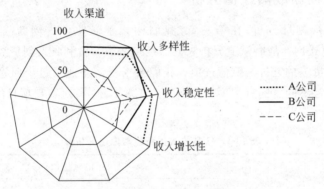

图 10-1　公司营利收入创新战略赋值分析图

第三节　营利收入创新战略的最佳实践分析

一、苹果产品的演进

　　Apple 的整体战略是构建以 MAC 电脑为核心的"数字家庭"，并通过相关多元化的产品策略来实现，iPhone 是 iPod 的手机化、MAC 的移动化，是 Apple 在特定产业环境下，应对 iPod 增长极限的战略延伸。

　　iPhone 商业模式的创新不是对 Apple 整体战略的颠覆，而是其长期战略的局部实现方式。事实上，iPhone 的推出刺激了 Mac 电脑的增长，光环作用体现了多个业务之间的正反馈。

　　目前，在全球移动互联网市场，苹果 App Store 可以说是最为成功的应用下载商店，聚集了大量的开发者和超高的人气，也给运营商带来大量新的流量收入。从下面这组数据中可见一斑。

（1）650 000。至 2012 年 8 月，苹果 App Store 应用软件已经超过 650 000 个。

（2）450。目前平均每天约有 450 个新应用发布上线；共有 25 万位开发者。

（3）250 亿。从 2008 年 7 月推出至 2012 年 3 月，苹果 App Store 下载量已经超过 250 亿次；2012 年 6 月苹果用户平均每天下载应用程序数超过 4 600 万个。

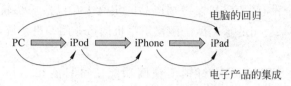

图 10-2 苹果产品的演进

在产品功能上，苹果产品的特点为：独特的品牌魅力；友好的用户界面；卓越的人本科技；高端的软硬配置；丰富的功能；无限升级；极佳的用户体验等。

在销售方式上，iPhone 目前都通过与运营商合作销售。每国选取唯一电信运营商合作，运营商通过 iPhone 得到签约用户。iPhone 的部分数据服务由 Apple 提供，且该用户创造的传统电信收入要与 Apple 分成。其商业模式的特点如下。

（1）用户控制。Apple 占有相当数量的用户群，且具有很高的用户忠诚度。

（2）品牌控制。Apple 是美国最有价值的品牌之一，Jobs 是最有影响力的商业领袖之一，AT&T 需要外界的注意力。

（3）产品控制。Apple 强大的设计能力和品牌优势保证 iPhone 的强大竞争力。

（4）渠道控制。AT&T 营销渠道覆盖全国，作为终端领域的后来者，Apple 在吸引足够的注意力后需要完善的渠道支持。

（5）网络控制。终端产品需要网络支持，AT&T 作为美国最大的移动网络运营商能提供优质的支持。

（6）终端控制。AT&T 失去对终端的控制权，包括其外形、性能、设置等，iPhone 开此先例，必提高终端企业的期望值。

（7）服务控制。iPhone 大部分服务旁路了 AT&T，如 Wifi 网络，iTunes、移动搜索等，削弱 AT&T 对服务提供商的控制。

（8）内容控制。iPhone 的 safari 浏览器可以使所有的互联网内容搬到 iPhone 上，削弱了 AT&T 对内容提供商的控制。

（9）盈利能力控制。AT&T 的实体店柜台内便宜得多的其他手机可能影响 iPhone 销售，随着时间的推移，这种影响逐渐增大。

（10）排他性控制。是指排他性的功能配置和协议。以 Apple 和 AT&T 为核心的 iPhone 具有强大的控制力。Apple 制定手机定制的规则，包括对手机本身属性和定制方式的规定。Apple 能部分掌握手机用户的数据库信息。iPhone 使得独立 ISP 得以绕过运营商提供服务。即使是最具竞争力的对手 NOKIA 和最具潜在威胁的 Gphone 也难以复制该模式。传统模式下的终端生产商没有动力给用户提供真正的持续服务，Apple 在这方面为客户创造了独特的价值。事实上，iTunes 模式构成 iPhone 模式的一部分，但通过与 AT&T 合作,用户得以在移动设备上体验该服务。iPhone 出售标志交易开始。Apple 持续提供基于 iPhone 的服务给购买者,并因此产生利润。

二、苹果的商业模式特点

(1)终端定制。与 3G 中由运营商定制手机的传统相反,在 iPhone 的研制方法和营销手段上运营商完全没有发言权,在终端产品的定义上(包括预装软件和服务)也完全由苹果公司决定,苹果公司的这一做法颠覆了手机制造业的一贯传统,摆脱了无线运营商强有力的束缚。

(2)零售渠道。iPhone 上实行锁卡锁网功能使得只能在 AT&T 的网络上使用,iPhone 只在 AT&T 和苹果公司的营业厅及网站上销售。

(3)品牌标记。尽管 iPhone 作为手机专属于运营商的网络并由运营商提供服务,然而 iPhone 上只有苹果公司的标记而没有运营商的标记。

(4)激活渠道。手机的开通(激活)由苹果公司网站完成,而不是由运营商完成。

三、苹果营收模式剖析

Apple 作为终端生产商,在 iPhone 中整合了大量独立内容,如 App Store、iTunes、Map、Youtube 等,同时扮演着内容提供商角色,加深了与用户的接触,并可能弱化电信运营商的制约。

iPhone 开创了新的终端商业模式:在确保产品可以为电信运营商带来大量用户和关注的前提下,终端生产商与电信运营商签署独家合作协议,而通过该途径新增的用户收入将由运营商与终端厂商共享。

该商业模式颠覆了欧美盛行的"手机定制"模式,第一次上演终端商定制运营商。

Apple 与运营商签订排他性协议,然后共同宣布 iPhone 的购买者必须在一段时间内使用该运营商的网络,iPhone 同时通过 Apple 和运营商的渠道销售。

在 iPhone 的合作中,Apple 占据了强势地位:机身无 AT&T logo,软件设置全由 Apple 决定,如 iPhone 的手机音乐就设置成支持 WiFi 下载的 iTunes 模式,而不是 AT&T 自己的音乐服务。

制造成本减低
绑定运营商
成本回收
分成话费
内容下载分成
连锁专卖店(包括周边产品销售)
串货销售(各地市场的串货批发)

营利收入
模式创新

图 10-3　苹果公司营利收入模式

四、苹果商业模式创新分析

结合九要素商业模式分析模型对苹果公司商业模式创新进行了具体分析。按照该模型,商业模式由三个层面的要素构成:业务模块、运营模块和盈利模块。其商业模式要素分析图如图 10-4 所示。

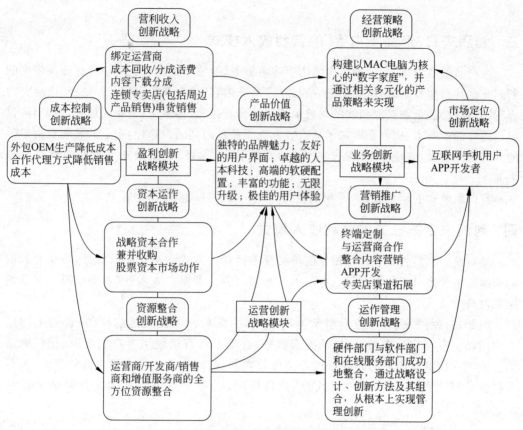

图 10-4　苹果公司营销商业模式创新战略分析

第四节　营利收入创新战略模式

一、衍生收费商业模式

衍生收费商业模式是指由原有的资源和收费项目衍生出来的收费渠道。

例如,360 的主要收入渠道,就是依靠免费模式拥有大量的用户,并将用户转化成为赚钱的资源,运用这些资源开发衍生收费商业模式,通过推荐软件功能和文字广告来获取收入。

二、利润来自直接客户的营利收入模式

利润来自直接客户的营利收入模式是一种最为普遍的简单、直接的从客户手中收费的营利收入模式,这种营利收入模式思考的路径是这样的:企业为消费者或者客户提供产品与服务,消费者或客户为这种产品与服务进行付费,企业从这种付费中扣除企业成本,剩下的就是企业的利润。

例如,在淘宝上的所有网店,都是采用这种依靠直接产品向直接客户获取利润的模式。

三、利润来自"产品＋内容"的营利收入模式

在产品的基础之上,添加更多的内容或者服务,能够创造出远远高于纯粹产品带来的利润。这种营利收入模式,我们把它叫作"产品＋内容"的营利收入模式。对于"产品＋内容"的盈利模式,企业获取利润的对象虽然仍然是直接客户,但是,企业的盈利点却不再仅仅是纯粹的产品本身,而是增加了从内容方面所获得的利润。这样,企业的盈利点由单一的产品营利收入,变成了"产品＋内容"的双重盈利,无疑,这就增加了企业的营利收入来源。

我们所熟知的苹果 iPod,采用的就是"产品＋内容"的营利收入模式。

四、利润来自第三方的营利收入模式

盈利模式都是直接客户用最低的价格或不付费的方式购买产品或服务,而企业利润的来源则主要来自于相关的第三方的方式。第三方或者是广告主,或者是政府或其他的愿意付费方。

例如,百度网站,属于搜索引擎类网站,它的营利收入模式是这样的,普通上网用户在网站上免费享受方便、快捷的搜索服务,百度不从直接使用者身上赚取利润,而从第三方——信息发布者的企业或商业主体收取利润,因为大量的上网人群的搜索,为百度创造了巨大的"注意力","注意力"就是价值,引得无数企业实体在其网站上投放广告。

五、利润来自"直接客户＋第三方"的营利收入模式

"直接客户＋第三方"的营利收入模式是指企业向直接客户提供产品或服务,赚取一定的利润;同时,它还与跟自己有价值关联的合作伙伴合作,并从这个"第三方"赚取一定的利润。

例如,国美电器将家电产品低价卖给消费者,让消费者得到实惠,自然能够快速吸引更多消费者购买。其利润来自于"直接客户＋第三方":第一,国美们大力向厂商压价,低价获得厂商们的产品,国美们可以通过销售这些产品获得微薄的利润;第二,厂商的货款结算有一个比较长的压款周期。这样,国美们就利用厂商资金存在的时间价值,国美们在为消费者提供低价服务的过程中,从资金的时间价值中获得收益——把这些资金用来大量扩张门店,跑马圈地赚"圈地溢价"的钱;同时,还可把这些资金拿去开发高利润的房地产。从而,国美电器这样利中取利,就创造出了更多的盈利来源。

六、利润来自"客户自助"的营利收入模式

在标准化的生产阶段,价值只是由企业向用户的转移。而到了大规模定制阶段,用户有了更多可选择性,由此带来更多满意度,用户实际上参与了价值创造的过程。到

了个性化需求阶段,这种用户参与价值创造过程的深度和广度,开始变得更加明显,用户甚至直接参与了价值的设计过程。这个营利收入模式,对于企业来说,其利润主要来源于以下方面:第一,渠道的代理和加盟费用;第二,产品成品和半成品的利润;第三,原材料的利润。

例如,前些年十分红火的十字绣行业,就是一个企业吸引用户亲自参与价值设计并为产品增值的盈利模式。在这个模式下,一些有钱又有闲的女性(如白领、家庭主妇、大学生等),为了向某个特别的人(如男朋友或老公)表达自己的感情,而加入十字绣队伍,从专卖店处取得十字绣品的针线和面料及图案,为这个特别的人亲自缝制礼品,本身就很精美的来自欧美皇室的十字绣,经由这些女性的亲手绣制,就在精美产品的产品价值之上,更增添了更多情感性价值,使得这种产品的价值变得更加高昂。

七、其他营利收入创新战略模式

1. 无敌价格模式

一个价格降低的正循环:低价格造成销量的上升,销量上升造成成本的下降,成本的下降造成企业更有能力支持低价格,低价格又造成销量的上升,销量上升又让成本降低,成本降低又让企业降低价格。循环久了,企业就成为这个行业的老大。例如,苏宁电器的销售模式,就是这样一个成本和销售良性循环的过程。

2. 无敌服务模式

无敌服务模式是指把服务做到极端,让客户吃惊,让客户满意,是一些企业取胜的模式。例如,以服务品牌著称的麦当劳模式。

3. 下一代技术模式

下一代技术模式是超越市场领先者的模式。技术可以是科学意义上的技术,也可以是管理的技术、营销的技术,或其他任何的工具和手段。例如,IBM 的"云计算"蓝云电子商务的 IT 服务模式。

4. 超级女声模式

超级女声模式实际上是海选＋观众评选＋付费的模式。

超级女声通过全国海选的方式吸引能歌善舞、渴望创新的女孩子参赛,突破了原有电视节目单纯依靠收视率和广告盈利的商业模式,植入了网络投票、短信、声讯台电话投票等多个盈利点,并整合了大量媒体资源。赞助商、电信厂商和组织机构成为最大赢家。而在节目结束后,电视台所属的经纪公司又对超女明星们进行系列的包装,进行品牌延伸营销,获取全方位的收入多样化。

5. 会员制模式

会员制模式是指实行会员积分和会员优惠,享受会员特权以及享受会员增值服务。这是目前企业采取的最普遍的方法。它可以吸引消费者成为该企业的忠实消费者,形成长期的消费习惯和消费偏好,为企业带来稳定的收入。另外,也有一些企业为其会员着眼于通过提高门槛锁定高端会员的目的,为会员提供更加多样、个性化以及有针对性的服务。例如,腾讯微信的公众号的会员制收费模式。

6. 钩与饵模式

钩与饵模式是指前面的产品收费便宜,后面绑定的产品收费昂贵的模式,也称剃刀与刀片模式。这一模式的首创者是剃须刀界的领先者吉列剃须刀。例如,打印机行业的佳能打印机与打印墨鼓的模式。

7. 售后服务收费模式

售后服务收费模式是指二流的企业卖产品,一流的企业卖服务。随着消费者个性化需求的深入,售后服务以及个性化服务将成为未来的商业热点。售后服务业能够为企业带来长远的利润和收益。例如,IBM几年来提出了“整体服务”与“智慧地球”的口号,使自己从一个硬件的生产商变成了软件的提供商又转化成为了综合服务的提供者,这引领了近几年来制造企业服务化的潮流。再如,中药饮片第一股的康美药业刚开始是以生产中成药和中药饮片为主业,现在也开始提供医疗服务和中药贸易服务等。

第五节　案例分析

一、“碧桂园模式”地产创新战略分析

碧桂园是一家以房地产为主营业务,涵盖建筑、装修、物业管理、酒店开发及管理、教育等行业的国内著名综合性企业集团。碧桂园以快速和大批量开发房地产项目获得了超常规和跨越式的发展,形成了“碧桂园模式”。根据商业模式九要素模型,从业务模型、盈利模型、运营模型三个层面分析了碧桂园的商业模式,归纳出郊区超大型楼盘开发、低价定位和城市级配套、快速开发快速销售,这是碧桂园取得成功的法宝。

(一)碧桂园公司简介

碧桂园成立于1992年,2007年在中国香港联交所主板上市,是一家以房地产为主营业务,涵盖建筑、装修、物业管理、酒店开发及管理、教育等行业的国内著名综合性企业集团。

碧桂园在房地产领域开创出独具特色与核心竞争力的碧桂园开发模式,多年来业绩稳居国内地产十强。公司实行规划设计到物业管理的一体化开发模式,属下机构涉及房地产开发的各个环节,集团下辖国家一级资质建筑公司、国家一级资质物业管理公司、甲级资质设计院等专业公司。

碧桂园提供多元化的产品以切合不同市场的需求,包括联体住宅、洋房、商铺等。同时碧桂园也开发及管理星级酒店,以提升房地产项目的升值潜力。高品质产品、优美园林环境、完善生活配套、国家一级资质物业服务等元素构成了碧桂园家园模式的基础。

经过20余年的发展,截至2012年12月31日,碧桂园已发展至4万多名员工,在中国内地及马来西亚拥有130个高品质地产项目,39家星级酒店,超5 000万平方米土地储备面积,3 000万平方米物业管理面积,服务约50万业主。“碧桂园,给您一个五星级的家”享誉国内。2012年,中国房地产销售额第9位(476亿元),销售面积第5位(764万平方米)。

（二）组织架构

碧桂园的组织架构在股权控制和管理运营上，分为两条线。股权控制上，上市公司通过境外的四家过桥公司控股境内不同业务板块的子公司；管理运营上则实行总部和区域公司二级管理的模式（见图10-5）。

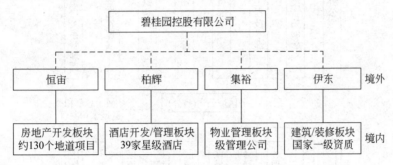

图10-5　集团组织架构

总部组织架构如图10-6所示。

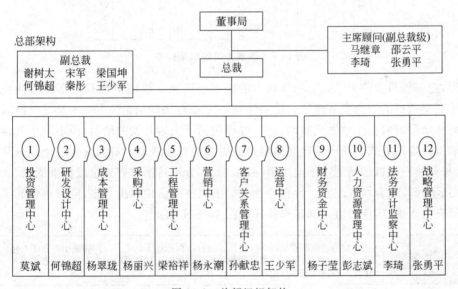

图10-6　总部组织架构

区域公司组织架构如图10-7所示。

（三）碧桂园商业模式的成功之处

商业模式描述了企业如何创造价值、传递价值和获取价值的基本原理。就是关于做什么，如何做，怎样赚钱的问题，其实质是一种创新形式。企业的创新形式贯穿于企业经营的整个过程，贯穿于企业资源开发、研发模式、制造方式、营销体系、市场流通等各个环节，也就是说在企业经营的每一个环节上的创新都可能变成一种成功的商业模式。

碧桂园的发展壮大是我国房地产企业发展热潮中的一个，不过与其他企业相比，碧桂园的模式和特点是非常明显的。碧桂园通过大规模获取土地，为帮助当地政府推动城市

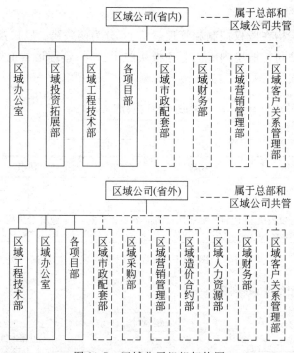

图 10-7　区域公司组织架构图

化进程,选择项目多位于二、三、四线城市的新中心区及一线城市拥有丰富自然环境和能快速接驳交通网的潜力发展地区。这一措施一方面得到政府的支持,一方面取得低成本的土地。协助政府将生地做成熟地,这一过程包括了土地开发的增值,而不同于其他地产商只取得熟地的方式。获取了比其他地产商更多的商业增值。对大片住宅土地分片多次开发,每开发一次以带动周边土地增值一次。大部分项目都建有五星级标准酒店、大型商业中心、学校等综合社区配套。旨在给业主提供完整的居住解决方案,同时也带旺了原来不是很旺的土地,实现增值。其运作模式如图 10-8 所示。

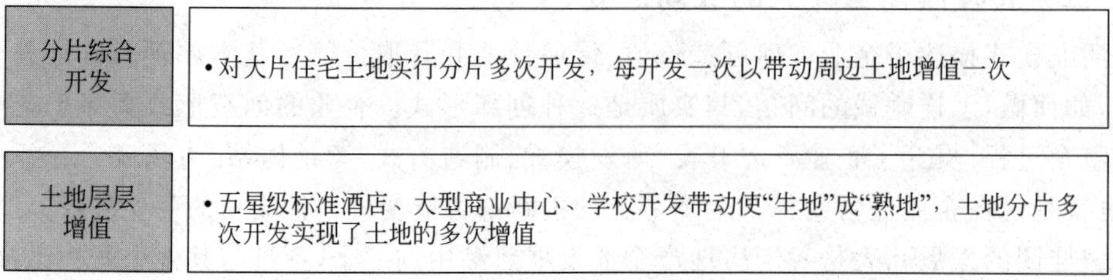

大规模廉价拿地	• 为帮助当地政府推动城市化进程,选择项目选址于二、三、四线城市的新中心区及一线城市拥有丰富自然环境和能够快速接驳交通路网的潜力发展区获取超大片土地,取得低成本单位地价
"酒店+学校+综合配套"开发先行	• 大部分新项目都建造五星级标准酒店、大型商业中心、学校等综合社区配套,旨在给业主提供完整的居住生活解决方案,以此来带旺已经获取的土地,实现土地再增值
分片综合开发	• 对大片住宅土地实行分片多次开发,每开发一次以带动周边土地增值一次
土地层层增值	• 五星级标准酒店、大型商业中心、学校开发带动使"生地"成"熟地",土地分片多次开发实现了土地的多次增值

图 10-8　碧桂园商业模式的成功模式

（四）碧桂园商业模式创新战略分析

结合九要素商业模式分析模型对碧桂园商业模式创新进行了具体分析。按照该模型,商业模式由三个层面的要素构成:业务模块、运营模块和盈利模块。其商业模式要素分析图如图10-9所示。

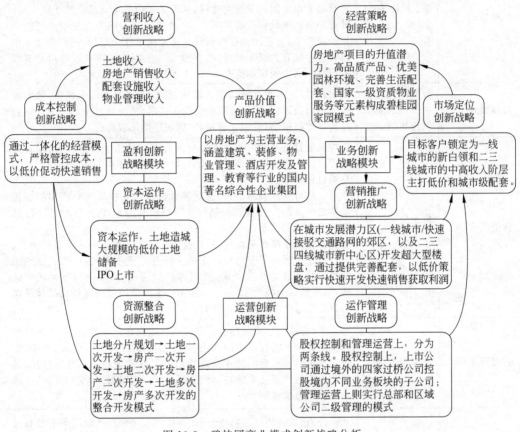

图 10-9　碧桂园商业模式创新战略分析

碧桂园商业模式创新战略分析可归纳表如表10-2所示。

表 10-2　碧桂园商业模式创新战略分析归纳表

商业模式要素	特　征	描　述
产品价值模式	提供给业主性价比高的住宅	从最初的"平过自己起屋",到后来的"老百姓买得起的好房子",碧桂园始终坚持走亲民路线,这跟不少开发商越做越高端、越做越高价的路线迥然不同。一方面,碧桂园全产业链开发,不仅在优化品质、提升园林、完善配套等方面占据优势,在降低成本上也展现了充分的优势,成功地为社会提供了大量物超所值的幸福人居产品,实现"老百姓买得起的好房子"的心愿。而且截至2007年12月之前,碧桂园过往三年交付的公寓带全屋装修均价不超过人民币3 500元/平方米,2010年全国范围内的产品合约销售均价为5 483元/平方米,是十大开发商中最低的,均价甚至只有其他企业的一半

续表

商业模式要素	特　征	描　述
战略模式	协助政府城市、大规模建新城、快速开发	与众多开发商在近年的楼市狂飙中通过土地溢价获得暴利不同，碧桂园更倾向于顺应中国经济转型的进程，通过帮助当地政府加速城市化来获得自己的合理利润。碧桂园在获取土地使用权证后，全部项目马上由集团自主开发建设，并于3年内基本完成全部开发。 随着中国城市化程度的深入，二三线城市正在成为未来中国经济增长的新引擎，碧桂园的提前布局正是适应了这一趋势，使它走出了中国楼市一味贪大求豪的怪圈，在推动二三四线城市加速城市化进程的同时获得大规模的扩张
市场模式	为城市化过程中新城市人提供理想的居所	城市化过程中，大批新城市人涌入，他们需要融入这个城市，他们的收入不是很高，但迫切希望通过购买住房，成为城市中的一员。他们对价格比较敏感，希望交通便利，居住环境比较舒适
营销模式	像卖白菜一样卖房子	碧桂园通过简单的广告语和集中开盘前的价格优势宣称、后期良好的开发计划和物业管理，树立了良好的形象，传递了良好的性价比信息给目标客户。 主动调整价格以刺激销售，这是碧桂园最擅长也最愿意使用的促销策略之一。2011年碧桂园销售业绩的顺利达标，就与促销的广泛使用有着莫大的关系。 碧桂园按此策略严格执行，从目前其引起广泛关注的几个项目来看，无一不是体现出了底价和巨量两个特性。五一期间，广州碧桂园凤凰城推出约1 000套洋房，受到客户热情追捧，三天内近九成获认购，取得认购金额约12亿元。热销的重要原因就是新推出的凤凰城项目价格甚至低于此前在售的大部分房源
管理模式	全流程管理	事实上，碧桂园集团已拥有一条成熟自主房地产开发链，几乎亲自承担了房地产开发程序中的各个环节。从项目的设计、建筑、装修、销售直至项目建成后的物业管理均由公司自行承担及实施。自此，该集团以房地产开发为核心，上下游相配合、相对封闭及独立的产业帝国形态已愈加清晰
资源整合模式	全流程价值链	从设计、建筑到装修和物业管理，碧桂园在房地产开发链条上的布局早已无人能及，几乎涉足地产开发的全价值链，它有着自己上千人的设计院，自己的位列行业前三甲的管桩厂，自己的建筑公司，自己的印刷楼书、自己的现代家居公司……这些"副业"也帮助着碧桂园深化其固有的房地产开发链，从而确保能够长期有效地控制综合开发成本
资本运作模式	通过上市获取进一步扩张的资本	珠三角土地资源日益紧张，"碧桂园"随即进军上海、天津、长沙、江苏泰州等城市，积极储备土地。截至2007年1月底，在内地持有土地储备达到1 900万平方米的建筑面积。"碧桂园"进军二三线城市的成本越来越高，资金压力越来越大，没有巨额资本金的支持，其发展明显受限制。这一窘迫前景，对爱好大盘推进的"碧桂园"是致命的。2007年4月11日，碧桂园首次公开发行(IPO)的发行价，定为每股5.38港元，达到了招股指示价范围的最高上限，引起市场轰动，集资额为129亿港元(约16.6亿美元)。2007年4月20日，碧桂园挂牌，当天大涨35.13%，市值1 748亿元，成功上位成为香港市值最大的内地地产股

商业模式要素	特　征	描　　述
成本模式	土地、开发全过程成本控制	"碧桂园"的每个细节都要自己搞定。设计、规划、地下设施、施工、机电安装、室内装修、装饰、屋村园林规划设计、园艺等都是一手包办。几个合伙创始人分工明确,配合无间。碧桂园董事局主席杨国强说,在时间、材料、人工上的节省,才会真正减少成本。所以,"碧桂园"一般都在二三线城市发展,"购地成本较低"成为卖点之一,2004—2006年"土地成本"仅是售价的6%～7%。 为了节约成本,碧桂园可谓无所不用其极。它通过业务链整合,牢牢掌握设计、施工、绿化、装修、物业服务、酒店经营等每个环节,很少外包,从而在保证规模扩张的同时成本得到有效控制。而这些大盘规模通常在几千亩以上,建筑面积达几百万平方米,如此庞大的建筑项目也便于实现规模化复制以及降低采购成本。碧桂园旗下的鸿业管桩厂已经位列行业三甲之一,年产量可高达500万立方米,其2/3的产能还供应着市场上其他客户的需求。碧桂园的全资子公司腾越建筑工程公司则承担了超过50%以上的建筑项目,其所属的物业管理公司拥有最高级别的一级资质,像军队一样管理着全国各地的数万名物业员工。此外碧桂园也建立起强势的集中式采购体系,并逐渐削减向单一供应商采购总额的比例,在过去3年间,已由6.8%削减至3.8%,前五名最大的供应商所占采购额总则少于30%。碧桂园就像一个全价值链利润的吞噬者,一个反"外包"趋势的典型
营收模式	分段开发,利用前期收楼收入投入后期开发	碧桂园的项目较其他地产项目规模大,资金压力也大,因此需要有计划地分期开发,通过项目的前期收入投入到后期建设,快速流转

1. 业务模式模型分析

（1）在业务战略上,碧桂园顺应中国城镇化的趋势,选择在城市发展潜力区（一线城市拥有丰富自然环境和能够快速接驳交通路网的郊区,以及二三四线城市新中心区）开发超大型楼盘,通过提供完善配套,以低价策略实行快速开发快速销售获取利润。具体来说:

一是首创"荒地造城",合理利用荒地。碧桂园董事局主席杨国强先生说"15年前,看到城市中心的房子越来越贵,我就有一个梦想,希望找到这样一个地方:有快速路与城市连接,20多分钟就可以到达市中心,风景优美,空气又好,建造一个配套齐全、自成体系的大社区,房价远低于市中心,让每个人都能在这里享受幸福生活。"这充分体现了碧桂园的选址理念和低成本大规模拿地的策略,其单个项目土地面积均在2 000亩以上甚至上万亩,而地价占楼盘售价成本长期在10%以下（行业地价占售价成本平均在20%以上）。

二是快速开发、快速销售。碧桂园实行纵向一体化的管理模式——拥有甲级资质的建筑设计院、一级资质建筑公司、一级资质物业管理公司及功能齐全的营销中心等专业队伍。"项目获取土地使用权证后,全部项目马上由企业自主开发建设,并于3年内基本完成全部开发;产品在取得预售许可证后,会全数投放市场,实现快速销售;碧桂园现在每年保持1 000万平方米以上的开发速度;碧桂园产品平均于开工后一至两年内即可达到交付条件。"碧桂园做到这一点的关键在于:策划、设计、报批报建等工作前置,争取快速开工;配合合理定价、精准营销达到快速销售。

（2）产品价值上,主打低价和城市级配套。碧桂园一直用超前规划的理念建设和运作地产项目,大部分新项目都建造五星级标准酒店、大型商业中心、学校等综合社区配套,直至交通中心、自来水厂、污水处理厂等,旨在最短时间内给业主提供完整的居住生活解决方案。一方面,通过附加值来提升产品的居住价值,如通过与北京景山学校联合办学的方式,首次把教育与地产联姻,从而"撬动"了顺德碧桂园的销售,让"碧桂园,给您一个五星级的家"声明远播。另一方面,通过一体化的经营模式,严格管控成本,以低价促动快速销售。

2. 营利模式模型分析

(1)营收模式方面,碧桂园通过对传统的房地产运作方式进行创新,开发出新的利润增长点。首先,碧桂园通过介入土地开发和基础设施配套,使土地从"生地"变成"熟地",具体如表 10-3 所示。随后,通过分片土地,分次开发,完善配套,使土地实现多次升值,获取新的增值利润,具体如表 10-4 所示。

表 10-3 房地产运作方式对比分析(1)

	传统房地产运作方式	创新后的房地产运作方式
运作步骤	土地规划→土地开发→土地出让→土地购买→房产开发	土地规划→土地一次开发→土地出让→土地购买→土地二次开发→房产开发
运作步骤说明	• 土地规划:政府做好道路、街道等规划 • 土地开发:政府做好道路、街道、公用设施等基础配套,分割建设用地 • 土地出让:政府出让开发好的土地 • 土地购买:地产商购买土地 • 房产开发:在购买的土地上进行商品房开发	• 土地规划:做好建筑用地规划 • 土地初开发:做好连接外道路等基础配套 • 土地出让:出让初开发好的土地 • 土地购买:地产商购买土地 • 土地二次开发:做好街道、公共设施等基础配套,提供酒店、商业、学校等相关配套 • 房产开发:在二次开发后的土地上进行商品房开发
运作特点	政府负责前期土地开发工作,房地产开发商负责后续房产开发工作	通过帮助二、三、四线城市推进城市化进程,获得土地二次开发权,批发土地降低了土地的购买成本;通过街道、公共设施等基础配套,使土地从"生地"变成"熟地",提升土地价值

表 10-4 房地产运作方式对比分析(2)

	传统房地产运作方式	创新后的房地产运作方式
运作步骤	土地开发→房产开发	土地分片规划→土地一次开发→房产一次开发→土地二次开发→房产二次开发→土地多次开发→房产多次开发
运作步骤说明	• 土地开发:做好道路、街道、公用设施等基础配套,分割建设用土地 • 房产开发:在土地上进行商品房开发	• 土地分片规划:把土地按功能分成多片 • 土地一次开发:做好连接外道路等基础配套 • 房产一次开发:商品房、酒店、商业、学校开发 • 土地二次开发:酒店、商业、学校等相关配套开发,商品房开发,使社区逐步成熟,周边土地升值,使周边土地变成了二次开发 • 房产二次开发:商品房开发,随周边成熟升值
运作特点	土地开发到房产开发是一次性的	通过分片土地,土地分次开发,酒店、商业、学校等相关配套的完善,使商品房一次又一次实现增值

（2）成本模式方面。一是通过相关多元化提升项目管控和施工效率。从建筑设计、施工、机电安装，到室内装饰及园林设计等工序，碧桂园都由自己的公司一手完成。由于掌握每个开发环节，碧桂园不需受制于人，也可在时间、材料及人力上自行调配，降低成本。二是通过复制产品以降低开发成本，碧桂园不同项目的开发大多采用相同的楼盘开发模式，利用楼盘开发的标准化、流程化有效简化规划设计和开发流程，缩短开发周期，提高开发效率，有效降低开发成本，为低价销售打好基础。

3．运营模式模型分析

（1）资源整合模式方面，实行全产业链上的相关多元化，通过规模经济及一体化的运营获取竞争优势。

如图 10-10 所示，碧桂园的下属公司几乎囊括了全产业链的每个环节，极大地降低了采购成本。例如，旗下的鸿业管桩位列行业三甲，2/3 的产能供应市场上的其他客户。再如旗下的腾越建筑公司，具备房屋建筑施工总承包一级资质、建筑幕墙设计与施工二级资质，2011 年总产值超过 80 亿元，年施工能力达 500 多万平方米，为集团提供强大的生产力支持，包办了碧桂园近一半项目的建筑施工。

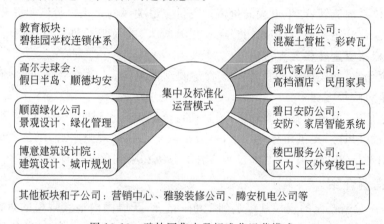

图 10-10 碧桂园集中及标准化运营模式

（2）营销模式方面，坚持低价策略和自营销售，实现快速销售与回款。碧桂园将目标客户锁定为一线城市的新白领和二三线城市的中高收入阶层，他们买得起房但又不是很富裕，对价格比较敏感。这些人群对设计要求不高，崇尚更舒适的居住环境和生活方式，寻求高性价比的产品。与此相对应，碧桂园的价格策略是将价格设定在消费者能承受的价格底线以下，提供物美价廉的产品和优异的服务，很好地契合一线城市新白领的刚需和二三四线城市中高收入者改善型购房需求。以广州碧桂园为例，开盘以低于 3 000 元/平方米的价格上市，价格只有同是番禺洛溪板块的大型小区丽江花园 6 000 元/平方米的一半，从而引爆了销售。

同时，碧桂园采取自营销售的方式，在每个地产项目都设有富丽堂皇的销售中心，集销售、服务、娱乐于一体，有利于集聚人气。同时，打造了一支业务精良的销售队伍，配合电视、报纸、网络等广告促销方式，实现快速销售。

二、"余额宝"融资平台盈利模式创新分析

"余额宝"是支付宝推出的余额增值服务,本质是"支付宝+货币基金",让支付宝用户购买了一款货币基金,使其不但能获得货币基金投资收益,同时余额宝内的资金还能随时用于网上购物、支付宝转账等支付功能。

"余额宝"主要面向支付宝用户,为草根而设,产品特点是起点低、高收益、取现快、可消费、便利性高、安全性高等特性,相对银行存款体现出高收益,相对货币基金体现出高流动性和便利性,相对同类产品的差异是可消费和用户体验。

支付宝强大的平台资源支持以及余额宝的产品优势和用户体验,充分发挥平台经济和互联网的长尾效应,通过大数据技术准确预测流动性需求,余额宝的用户和资产规模爆发性增长,上线6个月到2013年年底为止,其用户接近4 000万,规模超过1 880亿元。按照支付宝8亿的注册用户和余额宝渗透率的发展预测,未来余额宝的规模有望达到3 000~5 000亿元。

商业价值方面,"余额宝"支持阿里金融平台战略实现,让"支付宝"吸引和沉淀的资金在阿里金融体系内流转,产生更大的价值。支付宝最关注的是用户价值的提升,余额宝推出尽管牺牲了部分短期利益,但对用户黏性提升较大、能换来的是其资金量的不断壮大,吸引更多客户将资金转移至支付宝。

未来"余额宝"的发展面临货币基金收益的动性风险、流动性管理风险、政策监管风险、市场竞争风险等方面。

针对"余额宝"发展面临的问题,可通过获得金融牌照和制度来规避监管风险,借助大数据降低流动性风险,提供多样化产品,打造余额宝二代和理财平台,增加更多理财产品的选择,吸引和培养更多用户,并通过用户分类分级和精细化运营创造更多价值。

(一)案例介绍

5个月,一只新基金的规模从零走到1 000亿元,跃居国内最大规模的货币基金。名不见经传的天弘基金管理有限公司(以下简称"天弘基金")旗下的一只货币基金6月13日上线,截至11月14日下午3点,其投资账户数已经接近3 000万户,规模超过1 000亿元,相当于国内全部78只货币基金总规模的近20%。

这背后的功臣,是今年6月中旬天弘基金和支付宝合作推出的名为"余额宝"的产品,这个产品在支付宝账户内嵌入了天弘基金旗下名为"增利宝"的货币基金,如果用户将资金从支付宝账户转入余额宝内,即相当于默认购买增利宝货币基金。现在,平均每天有超过30万新用户开通余额宝,近百亿元资金在余额宝进进出出。

"余额宝"自问世以来,一直处于加速增长的状态。尤其在双十一促销的带动下,"余额宝"的用户量和资金规模都呈现爆发式增长,且这种增长态势在双十一之后仍在延续。在11月11日零点后第一个10分钟,"余额宝"就处理了168万笔交易,支付金额5亿元;双十一全天,"余额宝"共接受全国556万用户1 679万笔支付申请,顺利支付61.25亿元巨额资金,平均支付时间仅为5秒,而使用网银进行支付平均需要1分钟左右。

天弘基金对媒体表示,一方面,技术上,天弘基金新型嵌入式直销系统利用先进的阿里云计算平台,保证金融数据的高效率和安全流动;另一方面,增利宝货币基金85%的资

产为银行存款,其他资产为现金、国债、金融债以及高等级信用债,天弘的数据挖掘团队在双十一之前做了充分的预估并合理安排了头寸。

从 10 月 15 日起,增利宝的 7 日年化收益率一直在 4.75%~4.938%,11 月 12 日以来收益率超过 5%。截至 11 月 13 日,天弘增利宝基金已累计为持有人实现收益 7.88 亿元。根据基金合同,以目前规模计算,天弘基金每天可从该货币基金提取管理费 82.19 万元,一年可达 3 亿元。

一个产品,改变了一个行业。似乎一夜间货币基金就成为理财市场的宠儿。由于方便程度与银行活期储蓄相差无几,收益率却普遍高出后者不少。各种名为"现金宝""活期宝""天天宝"的类余额宝产品相继出现,规模快速增大,东方财富网和华商基金公司合作的"活期宝"在 5 个月内累计销售额接近 100 亿元。

互联网的特点则是边际成本递减,用户越多,成本越低,甚至趋近零。这让余额宝们能按一块钱的最低门槛服务那些小客户。不仅如此,海量客户、频繁交易、小客单价组合在一起,通过大数据技术,还形成了相对稳定的趋势。

不过,在创造历史的同时,余额宝即将面临竞争者。微信、京东商城均传出消息,将推出货币基金理财产品。北京一家基金公司电商负责人表示,同微信的合作已经进入测试系统阶段,年底前有望推出相关产品。

(二)案例评述

1."余额宝"的概念、本质和运作流程

余额宝是支付宝推出的余额增值服务,把钱转入余额宝中就可获得一定的收益,实际上是购买了一款由天弘基金提供的名为"增利宝"的货币基金。余额宝内的资金还能随时用于网购消费和转账。支持支付宝账户余额支付、储蓄卡快捷支付(含卡通)的资金转入。

余额宝为支付宝客户搭建了一条快捷、标准化的理财流水线,包括转入、确认、消费(支付)、转出等 4 个关键环节,且全部采用网络线上操作模式(见图 10-11)。

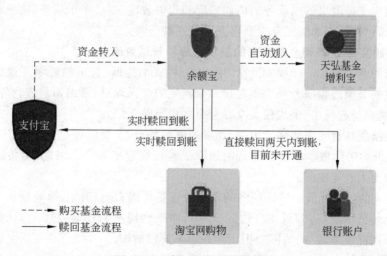

图 10-11 余额宝资金运作流程

余额宝的本质是"支付宝+货币基金"(见图 10-12)。让支付宝用户购买了一款货币

基金,使其不但能获得货币基金投资收益,同时余额宝内的资金还能随时用于网上购物、支付宝转账等支付功能。因此,余额宝具有高流动性和较高收益的特点。

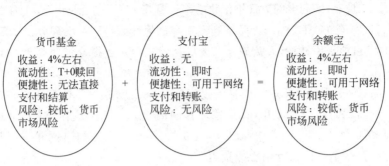

图 10-12　货币基金＋支付宝＝"余额宝"

2."余额宝"的商业价值

（1）战略价值方面。"余额宝"支持阿里金融平台战略实现,让支付宝吸引和沉淀的资金在阿里金融体系内流转。阿里金融是逐渐渗透到银行"汇、存、贷"。阿里金融通过"支付宝"实现由"电商"到"汇"业务,由"余额宝"实现"汇"到"存",由"阿里小贷"实现"汇"到"贷"。未来,阿里将通过资产证券化打通"存"和"贷"的联系;通过"聚宝盘"将平台嵌入小银行体系;通过微博切入移动支付与移动金融。

（2）用户价值方面。支付宝最关注的是用户价值的提升,而不是短期利益,提高用户"黏性"是支付宝推出余额宝的目的所在。尽管支付宝牺牲了部分短期利益,但可能换来的是其资金量的不断壮大。支付宝一直无法给用户支付利息,这是限制它们资金规模的一个重要因素。余额宝是希望通过货币基金高于银行利息的收益,吸引更多客户将资金从银行转移至支付宝。

（3）营收价值方面。目前,"余额宝"暂不向用户收取费用,因此不直接带来营业收入。但余额宝支持阿里各项业务的协同效应和规模效应,通过电子商务、阿里小贷等方式创造营收,通过拟控股的天弘基金获得基金管理费等收入。

3."余额宝":互联网金融带来的规模效应和长尾效应

互联网的特点则是边际成本递减,用户越多,成本越低,甚至趋近零。这让余额宝们能按一块钱的最低门槛服务那些小客户。余额宝的 1 元理财,帮助用户进行碎片式理财,抢占先机,高高扬起长尾,上线仅 5 个月资金规模突破千亿元。

平台经济往往有更强的强者恒强、赢者通吃的特点,主要体现在以下几个方面。

（1）更低的边际成本。平台经济的边际成本往往近乎为零。因此,与传统行业相比其能够获得更大长尾空间。

（2）更高的边际价值。传统经济的规模效用是单因素驱动的:规模增加→边际成本减少→边际价值增加(边际效用—边际成本);而平台经济的规模效用是双因素驱动的:规模增加→边际成本减少、边际效用增加→边际价值增加。

（3）更高的转换成本。对于传统行业,消费者选择一家的产品后再选择另一家的产品并不需要多大的转换成本。但是对于平台经济则不然,以 iPhone 为例,目前开发 iPhone 应用程序的公司必须遵循苹果公司提供的语言和标准,如果他试图为其他平台提供程序,就会因平台的巨大差异而产生额外的费用。

"余额宝"的长尾效应如图 10-13 所示。

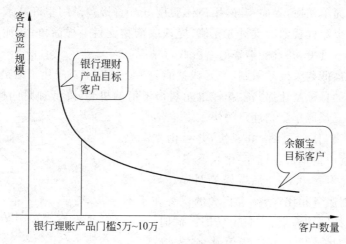

图 10-13　"余额宝"的长尾效应

（三）案例分析

运用商业模式九要素分析模型,对余额宝分析如图 10-14 所示。

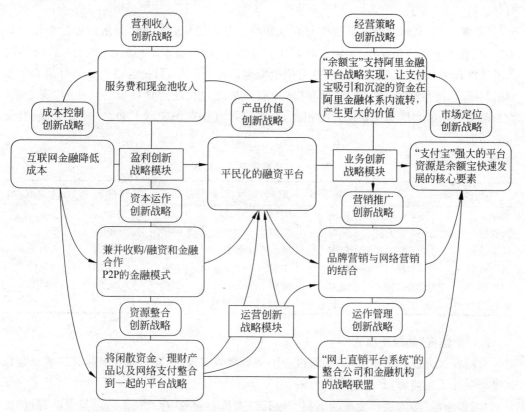

图 10-14　"余额宝"九要素模型商业模式创新战略分析

1. "余额宝"的产品价值模式

"余额宝"产品对用户的价值主要体现在以下几个方面。

第一,操作简单便捷,界面友好,用户体验度好。直接登录阿里旺旺或者支付宝即可进入余额宝,整个流程就像给支付宝充值、提现或购物支付一样简单;相比银行储蓄与基金,余额宝的后台可见,并且能够实时掌握收益情况。

第二,没有最低购买金额限制,一元钱就能起买。余额宝对于用户的最低购买金额没有限制,余额宝的目标是让那些零花钱也能获得增值的机会,降低理财门槛,让用户哪怕一两元、一两百元都能享受到理财的快乐。

第三,收益高,使用灵活,取现快,并可消费。余额宝购买的是货币型基金,目前年化收益率 4% 左右,相比活期存款年利率 0.35% 而言优势明显。与一般"钱生钱"的理财服务相比,余额宝更大的优势在于不仅高收益,还支持网购消费、支付宝转账。同时,与支付宝余额宝合作的天弘增利宝货币基金,支持 T+0 实时赎回,随时提现。

"余额宝"的产品特点如图 10-15 所示。

产品定位差异化:高流动性+较高收益,还能消费。

图 10-15 "余额宝"的产品特点

"余额宝"的竞争对手主要是银行存款和货币基金等理财产品。与活期存款相比,"余额宝"收益水平优势明显;与定期存款相比,"余额宝"的收益水平相似(一年期),但便捷性和灵活性较强;银行其实并不是没有类似余额宝这样的产品,只是这些产品都有起始金额的限制(5 万元左右),让大部分"屌丝"客户敬而远之,招行的"日日金"、兴业的"现金宝"均为此类产品。与同类互联网产品相比,余额宝可直接在淘宝网上购物、充话费,消费支付的功能显著。

表 10-5　余额宝与竞品比较

产　品	公　司	赎　回	到账/提现时间	可消费/支付	收益率/%	起始金额/元
余额宝	阿里	随时	实时	是	2~6	1
活期宝	东方财富	随时	实时	否	2~6	500
现金宝	数米基金	随时	第一个工作日	否	2~7	1
活期存款	银行	随时	实时	是	0.35	0.01
定期存款(一年期)	银行	随时	实时	否	3.25	50
银行理财产品	银行	到期赎回	未到期不可提现	否	3~8	50 000

2. "余额宝"的战略模式

战略模式方面,"余额宝"支持阿里金融平台战略实现,让支付宝吸引和沉淀的资金在阿里金融体系内流转,产生更大的价值。

"阿里金融"渗透银行业务的历程。银行三大核心业务"存、贷、汇";阿里金融通过"支付宝"实现由"电商"到"汇"业务,由"余额宝"实现"汇"到"存",由"阿里小贷"实现"汇"到

"贷"。渗透未来会持续：通过资产证券化打通"存"和"贷"联系；通过"聚宝盘"将平台嵌入小银行体系；通过微博切入移动支付与移动金融。"余额宝"的意义："余额宝"的推出标志着支付宝开始由"汇"到"汇＋存"的转型。对于支付宝的客户，首先得到的一个信息是："支付宝不但可以消费转账，还可以理财，能够获得收益。"对于客户而言，支付宝在功能性上与存款越来越相近。

余额宝和阿里金融平台战略如图 10-16 所示。

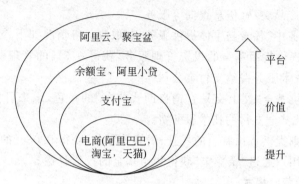

图 10-16　余额宝和阿里金融平台战略

3. "余额宝"的市场模式

"支付宝"强大的平台资源是余额宝快速发展的核心要素。金融产品同质化程度高，复制成本低，因此平台和渠道就成了影响一个产品规模的重要因素。支付宝作为国内最大的第三方支付平台，拥有超过 8 亿注册用户，日均交易额超过 45 亿元，客户资源和资金沉淀给了"余额宝"巨大的发展空间。

根据余额宝在支付宝平台的渗透率以及户均余额发展趋势测算，"余额宝"的发展空间在 3 000 亿～5 000 亿元。目前，支付宝的注册用户在 8 亿元左右，"余额宝"用户在 3 000 万户左右。"余额宝"在支付宝平台的渗透率（转化率）仅为 3.75%，具有较大的提升空间。目前，"余额宝"户均余额在 2 500 元左右，随着收入、网购和支付需求会逐步提升；假定"余额宝"在支付宝平台渗透率达到 10%，那么"余额宝"潜在规模就在 3 000 亿～5 000 亿元（见表 10-6）。

表 10-6　"余额宝"潜在规模预测

渗透率（转化率）/%	余额宝用户（个）	户均余额（元）						
		2 000	2 500	3 000	3 500	4 000	5 000	10 000
5	4 000	800	1 000	1 200	1 400	1 600	2 000	4 000
10	8 000	1 600	2 000	2 400	2 800	3 200	4 000	8 000
15	12 000	2 400	3 000	3 600	4 200	4 800	6 000	12 000
20	16 000	3 200	4 000	4 800	5 600	6 400	8 000	16 000

4. "余额宝"的营销模式

支付宝是网络支付龙头，加之阿里巴巴强大的网络支持，有形无形地增加了余额宝的信用，让广大网民接受并使用。一方面历经多年电子商务的发展，大众从阿里巴巴提供的服务中享受到便利,认可其品牌的价值;另一方面支付宝的年度线上交易额早已突破万亿,相比于各大银行有过之而无不及。支付宝在网络上的优势是银行支付无法比拟的,品牌营销与网络营销的结合为余额宝的产生与发展铺平了道路。

5.“余额宝”的管理模式

“余额宝”业务是支付宝公司结合基金管理公司等金融机构为其用户所推出的创新型理财产品,支付宝公司借助其“网上直销自助前台系统”进行相关理财产品交易资金的划转及在线进行理财产品交易、信息查询等服务。

在“余额宝”业务中,各参与主体提供服务、获取收益等情况如下。

(1) 天弘基金提供货币基金的投资管理服务,获得 0.3% 的管理费和 0.25% 的消费服务费,但需支付技术服务费给支付宝公司。

(2) 支付宝提供基金“网上交易直销自助式前台”的角色,未来可拓展其他金融理财产品销售,获得天弘基金支付的技术服务费。

(3) 中信银行则提供货币基金的托管、清算等服务,获得 0.08% 的托管费。

(4) 支付宝的用户通过“余额宝”获得货币基金的投资收益。

6.“余额宝”的营收模式

在营收模式方面,目前“余额宝”暂不向用户收取费用,获得天弘基金支付的技术服务费;提高用户“黏性”是支付宝推出余额宝的目的所在,尽管牺牲了部分短期利益。但余额宝支持阿里各项业务的协同效应和规模效应,通过电子商务、阿里小贷等方式创造营收,通过拟控股的天弘基金获得基金管理费等收入。

对于天弘基金而言,余额宝除销售服务费 0.25%、管理费 0.30%、托管费 0.08% 外无其他手续费用,这些费用按日分摊提取。以目前余额宝上千亿的规模计算,天弘基金每天可从该货币基金提取管理费 82.19 万元,一年可达 3 亿元。而阿里拟控股天弘基金,将成为天弘基金的最大受益者,也将获得相应的营收和分红。

7.“余额宝”的成本模式

传统的线下手段,如银行,会抽取相应的销售尾随,较银行渠道销售货币基金,通过支付宝反而节约了天弘的成本,这使得天弘增利宝的管理费和托管费均较同类基金更低,分别为 0.3% 和 0.08%。

目前,天弘基金只为“余额宝”配备了约 50 人的团队,即已可处理 1 000 亿元的资金规模,而不需要再增加人力,而一些城商行有数百上千人的员工团队,也未达到千亿元的资金规模,二者在人员使用效率和成本控制能力方面相差悬殊。

传统银行的发展模式,要想获得更多的资金来源,就要不停地租门店、开网点、布人员,成本高昂,而“互联网金融”与之相反,在服务器、软件和相关人员配备好后,发展业务的边际成本非常低,这种模式值得银行借鉴。

8.“余额宝”的资源整合模式

余额宝不单单是汇集社会上的闲散资金,更重要的是将闲散资金、理财产品以及网络支付整合到一起。首先,在淘宝领域里吸纳了大量的客户资源,让客户成为了淘宝用户。其次,通过支付宝为客户提供第三方支付平台服务,从而积累了支付宝的客源。最后,随着平台的发展,客户规模不断扩大,客户黏性不断加强,其业务创新和扩张能力为进一步的需求,通过整合金融服务的功能,从而建立互联网金融的模式。

9. "余额宝"的资本运作模式

(1)"支付宝"强大的平台资源结合"余额宝"的产品优势和用户体验,使得"余额宝"爆发性增长,带来大量的用户、沉淀巨量资金并停留在阿里金融体系内流转。

(2)支付宝母公司浙江阿里巴巴电子商务有限公司拟出资 11.8 亿元,向"余额宝"的合作伙伴——天弘基金注资,注资完成后支付宝将持有后者 51% 的股份,成为控股大股东。阿里金融在找到了天弘基金这个资本市场的出口后,将会从银行变成范围更广的金融控股公司:阿里巴巴平台上的电商和用户有融资和投资需求——阿里金融的小贷公司能够贷款,天弘基金提供资产管理服务——阿里金融又能通过支付宝、淘宝和聚划算,用强势渠道,为天弘基金销售基金和资产证券化产品,进而为阿里金融再次提供资本。

(3)阿里巴巴的未来定位为"平台、金融和数据",在金融领域的动作频出,布局新业务、推出新产品与调整组织架构等多项工作并行。阿里集团围绕阿里巴巴、淘宝、天猫、支付宝等平台上的大量商家和消费者建立的信用数据库和信用评价体系是阿里金融的核心资产,打造一个专门服务于消费者和小微企业的金融平台,并建立一套完备的运行机制,把银行和其他金融机构都拉进来提供服务,如小微贷款、消费信用贷款、担保、P2P 贷款等。

10. "余额宝"发展面临的瓶颈和风险

(1)收益的波动性风险。"余额宝"收益挂钩货币基金收益,而货币基金收益会随着市场情况波动,甚至有出现亏损的可能。相比银行存款收益的确定性偏弱,这对于要求极高安全性和流动性的客户显然不具吸引力。

(2)规模扩大后流动性管理压力会明显上升。"余额宝"的流动性风险首先受制于货币基金的流动性状况,短期大额赎回和货币基金流动性管理不当都有可能导致"余额宝"出现流动性风险。"余额宝"内资金可随时在天猫和淘宝上进行消费,但货币基金每日收盘后才能给予"余额宝"结算,这期间实际上是支付宝为货币基金进行了信用垫付,如果货币基金无法按时与支付宝进行交割,支付宝则面临头寸风险。

(3)金融牌照和监管风险。按照央行对第三方支付平台的管理规定,支付宝余额可以购买协议存款,能否购买基金并没有明确的规定。"余额宝"借助天弘基金实现基金销售功能的做法,是在打擦边球。一旦监管部门发难,"余额宝"有可能会被叫停。

(4)市场竞争风险。"余额宝"不仅面临行系统的竞争,还面临互联网巨头如腾讯、百度、360、新浪等均相继推出类"余额宝"的产品的竞争,会对客户分流造成一定的竞争压力。

(四)案例总结

针对"余额宝"发展面临的问题,可通过获得金融牌照和制度来规避监管风险,借助大数据降低流动性风险,提供多样化产品,打造"余额宝二代"和理财平台,增加更多理财产品的选择,吸引和培养更多用户,并通过用户分类分级和精细化运营创造更多价值。

在监管方面,规避政策风险,获得相关金融牌照,如基金牌照。按照央行对第三方支付平台的管理规定,支付宝余额可以购买协议存款,能否购买基金并没有明确的规定。"余额宝"借助天弘基金实现基金销售功能的做法,是在打擦边球。目前,阿里巴巴拟出资

11.8亿元收购51%股份、成为天弘第一大股东，交易仍待证监会批准。

在产品方面，提供多样化产品，打造"余额宝二代"和理财平台，增加更多理财产品的选择，吸引和培养更多用户。继货币基金之后，"余额宝"系列产品可以定制更多短期理财产品或基金，装入更多阿里"定制"的信托、保险等理财产品，在支付宝的基础上搭建一个综合化的理财平台。

在运营方面，充分利用支付宝平台，对"余额宝"用户分类分级，提供合适的理财产品和服务，通过客户筛选控制市场风险。购买基金客观上存在市场风险。一方面，为了明确这类风险的归属，避免可能发生的损失纠纷，支付宝公司充分尊重客户的知情权，在"余额宝"的开户环节明确揭示风险的存在，并与之签署相关电子协议，明确风险的归属；另一方面，为了降低此类风险，支付宝公司特意选择了风险最小的货币基金，而非债券或股票等高风险型基金。

借助大数据降低流动性风险。由于"余额宝"是一站式理财购物支付解决方案，要求基金能够随时被赎回，并实时到账，因而对基金公司的流动性提出了更高的要求。对此，天弘基金从支付宝客户分散、客单量小、流量相对稳定等特点出发，充分借助大数据，对购物支付的规律，尤其是"大促"和节前消费等影响基金流动性的因素进行深度数据挖掘分析，实现了对资金流动性的提前预估，从而降低了流动性风险并使之可测可控。

第十一章

成本控制创新战略

多挣钱的方法只有两个：不是多卖，就是降低管理费。

——克莱斯勒汽车公司总裁李·艾柯卡

第一节　成本控制创新战略的概念

一、成本控制创新战略的定义

1. 成本控制创新战略

成本控制创新战略就是以成本作为控制的手段，通过制定成本总水平指标值、可比产品成本降低率以及成本中心控制成本的责任等，达到对商业活动实施有效控制的目的的一系列管理过程和方法。在成本方面的控制创新活动通常包括建立成本组织机构、规定和落实成本管理职责、权限，制定成本方针和目标，进行成本策划、成本控制、成本保证、成本检查、成本分析和成本改进等方面。跳出传统的成本控制框架，从企业整体经营的视角，更宏观地分析并控制成本，构建全面的企业成本管理思维，寻求改善企业成本的有效方法，这就是成本控制创新战略的目的和意义。

成本控制创新战略，包括成本规划、成本核算、成本监控和成本业绩评价 4 项内容。成本规划是认真开展成本预测工作，规划一定时期的成本水平和成本目标，对比分析实现成本目标的各项方案，进行最有效的成本决策。根据企业经营环境和竞争战略，对成本控制作出规划，为成本控制管理提供目标要求和策略。成本核算是成本管理系统的信息基础，建立健全成本核算制度和各项基本工作，严格执行成本开支范围，采用适当的成本核算方法，正确计算产品成本。成本监控是利用成本计算提供的信息，采取经济、技术和组织等手段实现控制成本、降低成本或改善成本的一系列行动。成本业绩评价是对成本控制效果的评估，通过安排好成本的考核和分析工作，正确评价各部门的成本管理业绩，促进企业不断改善成本管理措施，提高企业的成本管理水平。其目的在于改进原有的成本控制活动和激励约束员工和团体的成本行为。

成本控制创新用来描绘运营一个商业模式所引发的所有成本如何在企业运营中得到控制，尽量减少费用开支，以达到提升业务收入的利润率。

奥斯特瓦德认为，在任何商业模式运作下的企业，都会引发成本。例如，创建价值和提供价值、维系客户关系以及产生收入都会引发成本。这些成本在确定关键资源、关键业务与重要合作后可以相对容易地计算出来。然而，有些商业模式，相比其他商业模式更多的是由成本驱动的。

奥斯特瓦德认为，下面的问题是对商业模式很有意义的：

什么是我们商业模式中最重要的固有成本？

哪些核心资源花费最多？

哪些关键业务花费最多？

"很自然，在每个商业模式中成本都应该被最小化，但是低成本结构对于某些商业模式来说比另外一些更重要。因此，区分两种商业模式成本结构类型会更有帮助，即结构驱动和价值驱动。"

2. 成本控制创新战略的原则

（1）经济原则。是指实现相对的节约，取得最佳的经济效益，以较少的消耗，取得更多的成果。经济原则要求成本控制能起到降低成本、纠正偏差的作用，具有实用性。

（2）目标原则。是指通过建立一套科学的费用估算与控制的体系，将费用的估算转化成为可控制的预算基准并对其进行控制。它是进行费用控制的前提和基础。

（3）集成原则。是指项目的成本、进度和技术三者的集成，要在成本、技术、进度三者之间进行综合平衡的系统管理。同时整合优化内外部资源来控制成本。

（4）全面控制原则。包括全员控制和全过程控制。项目成本的发生涉及项目的全员每一个过程和每一个环节，并且在不同的阶段有着不同的重点，必须全面控制。

（5）动态控制原则。所谓动态控制，就是一个不停地检查、分析、修正的成本控制的循环过程。

（6）精细化管理原则。成本控制必须从细节入手。以精确化、细微化、定量化的成本细分理念，分析企业经营各个环节所发生的成本，实现成本最低化与收益最大化目标的资源配置。

（7）节约原则。节约是在成本控制的过程中经常检查、查找偏差，通过方案的优化和管理水平的提高来达到成本控制的目的。

二、成本控制战略的内部和外部创新方法

1. 成本控制的方法创新

汤姆森·斯迪克兰德在《战略管理》中指出，从价值链分析中可以看出，竞争厂商之间的重大成本差异可能发生在以下三个领域：行业价值链体系的供应商部分，公司自己的活动部分，行业价值链体系的前向渠道部分。如果一家公司缺乏竞争力是行业价值链体系的前向（上游）或后向（下游）部分造成的，那么，公司要重新建立成本优势就必须扩展到公司的内部经营之外。

成本控制的对象是成本发生的过程，包括：设计过程、采购过程、生产和服务提供过程、销售过程、物流过程、售后服务过程、管理过程、后勤保障过程等所发生的成本控制。

成本控制的结果应能使被控制的成本达到规定的要求。为使成本控制达到规定的、预期的成本要求,就必须采取适宜的和有效的措施,包括一系列的成本作业、成本工程和成本管理技术和方法。

2. 外部成本控制创新

如果从外部成本来源分析,企业的成本问题是来源供应链(价值链)的上游部分,那么,我们可以采取下列一些战略行动方法。

(1) 合作分配成本法。同供应商进行紧密的合作,以帮助降低成本。

(2) 后向整合法。进行后向整合,以获得对购入商品产品的成本控制。

(3) 前向整合法。同前向渠道联盟/客户紧密合作,以寻找降低成本的双赢的机会。

(4) 价值链整合法。整合管理供应商价值链和公司自己价值链之间的关系。

(5) 替代法。尝试使用成本更低的替代品。

(6) 挖肉补疮法。尽力在其他地方砍掉成本以补偿某个地方的成本差异。

(7) 分销转成本法。转向更具有经济性的分销战略,包括渠道整合。

(8) 谈判讨价还价法。通过谈判,从供应商那里获得更有利的价格。

3. 内部成本控制创新

如果从内部成本来源分析,企业的成本问题是来源供应链(价值链)的下游部分,那么,我们可以采取下列一些战略行动方法。

(1) 简化高成本法。尽可能地简化高成本活动的经营和运作。

(2) 业务流程再造法。通过再造业务流程和工作惯例,从而提高生产效率,提高关键活动的效率,提高公司资产的利用率,或者改善企业对成本驱动因素的管理。

(3) 价值链再造法。通过再造价值链消除某些产生成本的活动。

(4) 活动重新配置法。对高成本的活动进行重新布置,将其安排在活动的展开成本更低的地理区域。

(5) 外部资源替代法。看某些活动是否可以采用外部寻源的方式,或者这些活动的展开由合同商来完成比自己完成是否更便宜。

(6) 技术改造法。投资于节约成本的技术改善因素(自动化、机器人、柔性制造技术、计算机控制系统)。

(7) 成本要素革新法。围绕棘手的成本要素进行革新,如对工厂和设备追加投资。

(8) 产品设计简化法。简化产品设计,使产品的生产更具有经济性。

(9) 价值链补偿法。通过价值链体系的前向和后向部分来补偿公司的内部成本劣势。

上一章我们从企业开源的角度出发,探讨企业应该如何去获取收入,尤其是获取多元化、稳定增长的收入。本章,我们将分析企业应该如何进行成本控制和成本管理,打造成本模式,使其成为企业的有效商业模式,主要是从企业节流的角度出发去剖析,这些也可以成为企业的核心竞争力。

第二节　成本控制创新战略影响因素和赋值分析

一、成本控制创新战略影响因素

（一）成本结构

成本结构是指对企业经营成本的各个组成部分或成本项目进行分析。它包括对产品成本中各项开支费用（人力、原材料、土地、设备、信息、物流、技术、能源、资金流动、管理成本、公关成本等）所占的比例或各成本项目占总成本的比率的计算和分析，进一步分析各个项目成本发生增减及成本结构发生变化的原因，寻找进一步降低成本的途径。

（1）质量成本管理创新。是指企业在运营中，对质量成本的形成和发生施以必要的、积极的影响，以降低质量成本，从而实现最佳质量效益的策略或创新活动。

（2）环境成本管理创新。是指企业为保护环境服务功能质量下降的成本的策略。建立建设项目环境影响评价制度，实施环境目标管理，建立健全环境管理制度。

（3）作业成本管理创新。是指基于作业成本法的新型集中化管理方法，对企业所有作业活动追踪并动态反映，进行成本链分析，包括动因分析、作业分析等。

（4）原材料成本管理创新。是指原材料成本控制，是企业成本控制的关键。控制原材料的成本主要是控制原料的采购量和消耗量两个基本因素。

（二）资产负债

资产负债是财务状况的反映和表现，表示企业在一定日期的财务状况（资产、负债和业主权益的状况）。资产负债分析和控制利用会计平衡原则分析企业资产、财务状况和盈利情况。

（1）资产负债率的降低。是指把资产负债率降低到合理的水平。追求企业的盈利最大化目标。

（2）成本、负债和收入关系的统筹能力。是指资产、负债和收入，是成本会计要素中最核心、最重要的三个要素，要合理统筹兼顾。

（3）CVP本—量—利分析。即量本利分析（VCP分析）。它着重研究销售数量、价格、成本和利润之间的数量关系，为企业提供决策、计划和控制的重要工具。

（4）资产负债经营创新能力。是指进行资产负债匹配管理，构建多层次目标与多重环节的资产负债经营的框架，探讨资产负债匹配创新管理的合理模式和发展策略。

（三）经营损益

经营损益是指对企业在一定会计期的经营成果及其分配情况的会计报表分析，它反映了这段时间的销售收入、销售成本、经营费用及税收状况，是衡量企业经营成果的依据。

（1）SCM战略成本控制。是指把成本管理的视点转到与战略的结合上，实施战略成本管理，克服传统成本管理的缺陷，把成本控制上升到战略的层面。

（2）质量成本管理控制。是指运营质量成本管理策略，削减质量成本、劣质成本分析、质量成本经济性分析，进行质量成本计算、质量损失成本管理、质量成本控制程序等质量成本管理创新。

（3）目标成本法创新。是指以给定的竞争价格为基础决定产品的成本，以保证实现预期的利润的方法。它是企业创新的管理会计工具。

（4）动量工程成本法创新。是从工程的动态进度管理的角度去分析和测算项目的成本。

（四）现金流

现金流是指企业在一定会计期间通过一定经济活动（包括经营活动、投资活动、筹资活动和非经常性项目）而产生的现金流动，即企业一定时期的现金和现金等价物的流入和流出的数量。它是衡量企业经营状况、现金偿还债务、资产的变现能力等的重要指标。

（1）现金流流动率的加快。是指加快净现金流动比率，有助于企业加快自身的运转和劳动生产率的提高，提高资金利用率和收益率。

（2）现金池价值的利用。是指构建现金池，助力企业现金流价值管理，利用投资项目资金的短期间歇提高企业获利能力。

（3）现金净值的创造。是一个衡量企业运营情况的会计指标，创造更多的现金净值，有利于企业开创新的资金来源。

（4）现金价值工程创新。是一种新的业绩评价手段，从价值工程的角度去开发现金的利用率，创造 EVA（现金价值增加），即经济价值增加。

二、成本控制创新战略赋值分析

为了方便进行测量分析，在第三章，我们构架了商业模式创新战略赋值分析表。表 11-1 是商业模式创新战略赋值分析表的二级量表——成本控制创新战略赋值分析表。这是一个李克特量表的五等级赋值选项。我们要求受测企业对每个回答给一个分数，如从非常同意到非常不同意的有利项目分别为 5、4、3、2、1 分；对不利项目的分数就为 1、2、3、4、5 分。

表 11-1　成本控制创新战略赋值分析表

成本控制创新战略影响因素	评估赋值（1～5）				
	1	2	3	4	5
成本结构（CCI_1）					
质量成本管理创新					
环境成本管理创新					
作业成本管理创新					
原材料成本管理创新					
资产负债（CCI_2）					
资产负债率的降低					
成本、负债和收入关系的统筹能力					
CVP 本—量—利分析					
资产负债经营创新能力					

续表

成本控制创新战略影响因素	评估赋值（1~5）				
	1	2	3	4	5
经营损益（CCI₃）					
SCM 战略成本控制					
质量成本管理控制					
目标成本法创新					
动量工程成本法创新					
现金流（CCI₄）					
现金流流动率的加快					
现金池价值的利用					
现金净值的创造					
现金价值工程创新					

　　根据受测企业的各个项目的分数计算代数和，得到企业态度总得分，并依据总分多少将受测企业划分为高分组和低分组。我们选出若干条在高分组和低分组之间有较大区分能力的项目，构成一个李克特量表。计算每个项目在高分组和低分组中的平均得分，选择那些在高分组平均得分较高并且在低分组平均得分较低的项目。这样，我们就可以测量得到成本控制创新战略的分值。

　　例如，某 A、B、C 三家公司成本控制创新战略赋值分析图如图 11-1 所示。

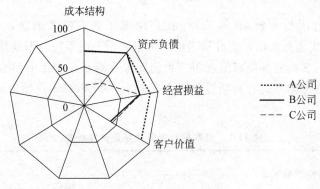

图 11-1　公司成本控制创新战略赋值分析图

第三节　成本控制创新战略的最佳实践分析

一、富士康公司介绍

　　富士康之所以能由 10 多年前名不经传的地区企业，经由"在压力中被迫创新、在成长中勉强传承、在运气中连番跃升"的考验，锐变成当今全球 3C 代工服务领域的龙头，不仅是靠着富士康无与伦比的执行力及全体员工的共同努力，也是因为集团的核心竞争力——独步提供的五大产品策略及自创的垂直整合商业模式。

六大产品策略：速度、品质、工程服务、弹性、成本、客户附加价值。

富士康在总裁郭台铭先生的领导下，多年来致力于提供全球最具竞争力的"全方位成本优势"给全球3C产业的领导品牌厂商。如今，在全体同仁的努力下，集团的策略伙伴客户皆享有全球最优化的速度、质量、工程服务、弹性及成本等"全方位成本优势"。

自创的垂直整合商业模式：电子化—零元件、模组机光电垂直整合服务。

二、富士康成本价值管理模式

节俭，艰苦地工作，最大量地增加企业财富，是富士康集中于"80前"的中高级管理层一致的价值观，也曾经为富士康的第一代打工者所接受。当时在计算机生产领域，大牌的厂商如惠普、戴尔还是采用"built to order"的直销模式。因此，富士康这种"压缩到极点的供应链"给方国健的印象是"相当震撼，也感觉到从此计算机组装的形式、生态将会起革命性的变化"。十几年之后，富士康果然完成了电子消费品的业态革命。

富士康的商业创意就是：为别人制造。用非常便宜的价格为客户提供生产服务，便宜到让大品牌大公司自己开厂还不如给富士康订单，让富士康代工。时代背景：欧美制造成本太高，工人工资居高不下，福利、工会等；日本及亚洲四小龙（中国香港、韩国、中国台湾、新加坡）劳动力成本也不再低廉；中国内地改革开放，人工便宜，并且丰富，劳动力源源不断。富士康的商业设计：就是在中国建厂，从境外拿回订单，贴牌生产。支撑近50万人这样一个巨大的制造帝国的组织是怎样的？

郭台铭入驻深圳的时候正是我国刚刚确立以经济建设为中心的发展目标的时期，政府提供廉价的土地，提供大量的税收优惠。同时，内地大量的闲余劳动力涌向沿海，低廉的建厂成本，廉价的劳动力，正是这两个独特的因素构成了富士康商业模式快速发展的重要因素。谁都知道富士康是给苹果做代加工的，因为在同等质量保证的情况下富士康比欧美日本等发达国家的同类产商更便宜。而这一撒手锏使得富士康能在国际市场上迅速打开缺口并不断扩大市场占有率。

苹果在2006年上半年的销售量是850万台，同比增长61%，收入超过了100亿美元。那么富士康赚了多少？每一个Apple它只拿到10美元而已，其他99%的钱都被苹果赚走了。10美金当中包括什么？电费、设备费用跟材料费用，全部都在里面了。人工成本，是苹果根据生产厂家也就是富士康所在地深圳的最低工资乘上每件产品的最高工时计算的。不但人工成本富士康决定不了，包括原料、制造成本在内，全部都由苹果决定。这是劳动密集型企业的商业模式无法更改的缺陷。一是很难实施差异化竞争策略。现实上这是一种为他人代工的模式，从设计、研发、品牌、信息来历和发卖渠道，根基上依靠国外供给商和进口商。二是代工者地位处于低端。因为代工根基是相对简单的劳动，易于替代，所以对工资成本或由其他身份导致的加工成本上涨，反映十分敏感，很轻易导致订单转移。三是利润单薄。因为缺乏对设计、营销等其他高利润行当的介入和掌控，利润全部来源于低端加工行当的收入。

三、富士康成本控制模式

第一，模具 IT 化。富士康的 24 小时轮班制，与模具数据库化相辅相成，只要一星期就能将模具批量生产，但是同业需要一个月。富士康运用人海战术，让模具的研发生产工作 24 小时不间断，甚至在中国大陆成立了 3 所精密模具职业培训学校，一年培养 2 000 名左右的技术人员，学生经过一年的模具设计与制造训练，只要毕业考试合格，就直接送入"战场"——富士康位于中国大陆各地的工厂。

第二，零件内制化。以价格取胜的秘诀就在于零件内制化。以伟创力为例，其出货额内制率为 10%～15%，但是富士康的则高达 30%，展现了低成本优势。

第三，交货速度快。关于速度这一点，富士康绝不会让客户失望。从接单到交货一气呵成，让客户抢得先机。尤其是消费性电子产品的生命周期短，能否攻占市场供给稳定的商品，取决于代工厂的交货速度。

第四，事业多元化。富士康新近除涉足数码相机、液晶电视之外，还投资生物技术产业与新材料镁合金产业。

IT 代工企业利润本来就微薄，而手机企业因自身竞争压力加剧，不断向代工厂商压缩成本，加之"跳楼门"迫使上调工人工资，向内陆城市搬迁工厂等，一系列主客观因素的调整对富士康上半年业绩造成了负面影响。

IT 代工企业的产品成本通常会精确到小数点后第二位，任何成本构成的变化都会对企业利润造成一定影响。而当前富士康最需要制定的是战略层面的成本规划。战略成本管理是将企业的成本管理与该企业的战略相结合，从战略的高度对企业及其关联企业的各项成本行为。

除了毛利率下降是由于市场因素影响外，人力资源成本的暴增或许是富士康亟待解决的问题，毕竟"涨薪"仅仅 2 个月，成本就增加了近 1 亿元，这不得不迫使富士康在战略层面上另谋出路，或许比深圳人力资源成本低 40% 的内地二三线城市更加适合"富士康模式"。

富士康也的确是这样做的，为控制生产成本，大规模内迁的计划已经启动。

目前，富士康在内地的工厂厂房建设已基本完成。2010 年正式投产的富士康重庆基地，将不自建生活区，公司向员工提供"工作权"，将员工工作之外的时间交给社会。

富士康的内迁也许是我国制造业发展的一个缩影，为控制快速上涨的生产成本，许多制造企业都从战略管理层面出发，将工厂迁至成本较低的地区。

四、富士康机器人模式

富士康科技集团未来 3 年内将新增 100 万台机器人取代人工劳动力，届时富士康的生产效率将大幅提高。富士康的员工总人数已经接近 120 万人，其中大陆员工超过 100 万人，仅深圳就超过 40 万人，因此富士康将加快转型步伐。

未来富士康将增加生产线上的机器人数量，以完成简单重复的工作，取代工人。富士康有 1 万台机器人，2012 年将达到 30 万台，3 年后机器人的规模将达到 100 万台。这些机器人主要用在喷涂、焊接、装配等工序上。早在 2006 年，富士康就曾自主开发出"富士康深圳一号"机器人。2011 年,富士康有 1 万台机器人,2012 年达到 30 万台,3 年后机器人的规模将达到 100 万台。

富士康"机器人战略"的三层含义如下。

第一,机器人将用于"协助"而非"替代"人类。按照总裁郭台铭的设想,未来在某些车间,机器人将扮演生产的"主角"。它们可能出现在抛光、打磨、镭射打标、焊接、喷涂等多个作业岗位。与人类相比,它们更适合在易燃易爆等危险环境中作业。

第二,这些机器人由富士康自主研发制造。目前,富士康拥有机器人制造硬件、关键零组件、软件、系统集成以及远端遥控等 5 项技术。早在 2007 年,自动化机器人事业处就已成立。

第三,多数机器人适用于一些简单、重复性的工作岗位。其智能还将不断提升。眼下,这些机械手的智慧仅相当于 3～6 岁的自然人,富士康对此设定了更高的目标。

五、全球布局策略:"两地研发、三区设计制造、全球组装交货"

"两地研发"是指以大中华区与美国为两大重要战略支点,组建研发团队和研究开发实验室,掌握科技脉动,配合集团产品发展策略和全球重要策略客户产品发展所需,进行新产品研发,创造全球市场新增长点。

"三区设计制造"的布局重点,是以中国大陆为中心,亚美欧三大洲至少设立两大制造基地,结合产品导入、设计制样、工程服务和大规模高效率低成本高品质的垂直整合制造优势,提供给客户最具竞争力的科技产品。

"全球组装交货"是指在全球范围内进行组装,保证"适品、适时、适质、适量"地把货物交到客户指定的地点。为此,配合客户所需进行全球性物流布局与通路建置,以达成要货有货,不要货时零库存的目标。

六、富士康的成长模式创新

富士康的成长模式将由原来的上游制造驱动转向下游贸易驱动,即由"工厂—技术—贸易"模式过渡到"贸易—技术—工厂"模式。鸿海富士康一直在谋求从"代工企业"到"智慧型企业"的转变,从纯粹的代工朝通讯、消费电子、汽车电子、渠道等 6C 产业转变,其中渠道业务已成布局焦点。

富士康科技集团正处于从"制造的富士康"迈向"科技的富士康"的事业转型历程中,将重点发展纳米科技、热传技术、纳米级量测技术、无线网络技术、绿色环保制程技术、CAD/CAE 技术、光学镀膜技术、超精密复合/纳米级加工技术、SMT 技术、网络芯片设计技术等。建立集团在精密机械与模具、半导体、信息、液晶显示、无线通信与网络等产业领域的产品市场地位,进而成为光机电整合领域全球最重要的科技公司。

七、商业模式创新战略分析模板分析

结合九要素商业模式分析模型对富士康商业模式创新进行了具体分析。按照该模型,商业模式由三个层面的要素构成:业务模块、运营模块和盈利模块。其商业模式要素分析图如图 11-2 所示。

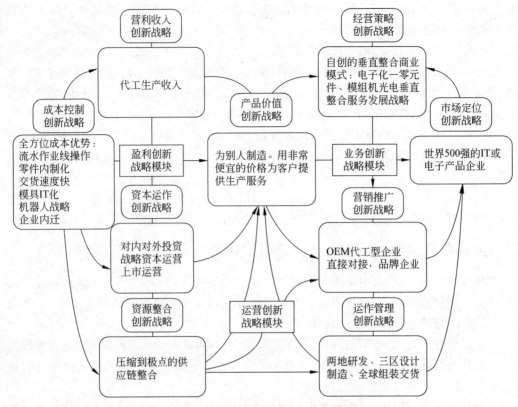

图 11-2　富士康营销商业模式创新战略分析

第四节　成本控制创新战略模式

一、结构驱动式的成本控制创新模式

结构驱动式的成本控制创新模式侧重于在每个地方尽可能地降低成本。这种做法的目的是创造和维持最经济的成本结构,采用低价的价值主张、最大限度自动化和广泛外包。

一些廉价航空公司,如西南航空、易捷航空和瑞安航空公司就是以成本驱动商业模式为特征的。

二、价值驱动式的成本控制创新模式

价值驱动式的成本控制创新模式就是不太关注特定商业模式设计对成本的影响,而是专注于创造价值。它是提供增值型的价值主张和高度个性化服务为特征的。

例如,迪拜的七星级帆船豪华酒店的优质的设施及其独到的服务,就属于这一类。

三、固定成本的成本控制创新模式

固定成本的成本控制创新模式是一种受产品或服务的产出业务量变动影响而保持不

变的成本的商业模式,如薪金、租金、实体制造设施,保持不变,以获得受益。

例如,索尼的科技开发型公司,是以高比例固定成本为特征的。

四、可变成本的成本控制创新模式

可变成本的成本控制创新模式是一种伴随商品或服务产出业务量而按比例变化的成本控制的模式。

例如,湖南电视台的超级女声的比赛,是以高比例可变成本为特征的。

五、规模经济下的成本控制创新模式

规模经济下的成本控制创新模式是通过享有产量扩充所带来的成本优势的模式。规模较大的公司从更低的大宗购买费用中受益。随着产量的提升,这个因素和其他因素一起,可以引发平均单位成本下降。

例如,富士康的产能扩大模式。

六、范围经济下的成本控制创新模式

范围经济下的成本控制创新模式是指企业由于享有较大经营范围而具有的成本优势。在大型企业,同样的营销活动或渠道通路可支持多种产品。

例如,中国电信的产品集群模式。

七、合同能源管理(EMC)模式

合同能源管理(EMC)就是通过与客户签订节能服务合同,为客户提供包括:能源审计、项目设计、项目融资、设备采购、工程施工、设备安装调试、人员培训、节能量确认和保证等一整套的节能服务,并从客户进行节能改造后获得的节能效益中收回投资和取得利润的一种商业运作模式。

例如,广东中山古镇的一些灯具厂家的 LED 灯具的销售模式。

八、其他成本控制创新模式

(1) 经验曲线模式。是指通过积累员工经验降低成本,提升边际利润的创新方法。例如,GE 实施六西格玛管理的模式。

(2) 从产品到客户知识模式。是指通过从一系列的产品业务中提取关于客户的知识的创新方法。例如,保洁公司按消费者习性开发精确销售模式。

(3) 从经营到知识模式。是指通过从经营有形资产到经营精髓的专业知识的创新方法。例如,7 天连锁酒店的托管模式。

(4) 从知识到产品模式。是指通过将无形的专业知识具体化成易销售的产品创新方法。例如,亚马逊网站销售的软件和电子书等。

第五节 案例分析

一、G 通信咨询公司的成本控制模式创新

（一）公司背景

随着电信行业竞争日益激烈，价值链从上到下的利润率摊薄，G 通信咨询设计企业也面临着如何降低成本、确保企业利润的压力。G 公司是著名的通信咨询设计企业之一，2006 年 12 月 G 公司的母公司在中国香港上市，上市后母公司对 G 公司提出了更为苛刻的要求，在确保每年规模扩大的同时，要确保每年有固定比例的利润上缴，G 公司所面对的成长压力和利润压力非常大。G 公司开始了一系列的创新，来扩大市场规模、降低成本、提高利润率。经过多年努力，目前取得了不错的成绩，已经成长为年营业收入 10 个亿的中型企业。

G 公司的盈利模式主要是通过通信工程的咨询设计费收取的。咨询设计费的取费标准是参照国家规定定额标准，以通信工程总投资为基数，再乘以费率系数，所以一般投资越大，项目就越赚钱。

1990—2003 年是我国通信产业大发展时期，G 公司的日子非常舒服，通常只做国家与省层面的通信工程项目咨询，这类项目往往投资大、技术要求高，G 公司的人均产值可以达到 100 万以上，人均收入也十分可观，因此吸引了大批重点院校毕业的学生，也培养了一批高端的通信技术人才，公司发展呈现欣欣向荣的景象。

从 2002 年中国电信南北拆分开始，通信运营商的竞争愈加激烈，运营商更趋向于采用性价比高的设备，同时国产通信设备制造商的崛起，国产通信设备单价较国外老牌通信设备商具有非常明显的价格优势，运营商大规模采用国有设备，通信设备价格快速下降，同时由于通信市场的日益饱和，通信设备投资也呈现了逐年下降的趋势。

受外部环境变化影响，G 公司的人均单产也随之下降，人均工作量却快速增加，剪刀差日益加大。

2006 年年底，G 公司的母公司，整合了多家与 G 公司类似的咨询设计企业和通信工程企业，以及各类电信实业公司，实现了整体打包上市。受到上次承诺兑现的影响，母公司要求 G 公司实现较快增长，年业务收入增长率达到 12% 以上，上缴利润收入增长 12% 以上。G 公司要想在日益恶劣的外部环境下，实现母公司的双增长要求，难度非常大，常规做法已没有可能，只有通过各种创新才能达成目标。

在业务市场的选择上，如果固守于集团公司与省公司市场，随着投资萎缩，在业务收入上无法满足增长的需求，那就必须进入市公司市场和外省通信市场。随之而来的就是产能不足（人员短缺）的问题，现有人员配备无法支撑渗透地市公司业务所需的人员配置。另外必须考虑到按现有模式做地市公司业务可能无利可图，原因是 G 公司的人力成本较高，这是由于长期业务绩效较好而逐步形成的，地市公司业务的人均产值较低，可能低于 30 万/人年，考虑到其他成本开销，基本是亏本的。

G 公司选择了与小型设计公司业务合作的模式降低成本同时扩大产能。小型设计公

司机制灵活,人力成本较为理性,与小型设计公司合作可以确保有一定的业务收益。但小型设计公司的问题是设计质量参差不齐,带来业务质量风险。G公司通过对小型设计公司人员进行培训定级、发岗位认证合格证书的方式,严格要求必须通过认证才能上岗,控制设计质量。同时向每个地市公司派驻一名G公司员工作为项目负责人,做到现场的监督和质量管控。应该说取得了较好的效果。

在对内成本控制上,G公司对内部的各类业务进行了成本分析,发现某类业务人均产值很高,超过100万元,但业务本身的绝大部分环节对人员能力要求并不高,仅少部分环节需要经验丰富的员工完成。G公司通过业务流程标准化,将复杂流程与简单流程拆分,简单流程采用人力租用的方式,从人力资源公司租用一些低学历的人员,进行统一培训后上岗操作。通过流程标准化和人力外包的方式,更加提升了这部分业务的效益,并释放更多人力去投入其他项目。

G公司在南方沿海城市,综合人力成本较高。为了服务集团公司,降低劳动成本,G公司选择在辽宁沈阳,成立生产中心,进行技术能力的本地化,经过多年培育,沈阳基地已经较好地支撑集团要求,并形成了辐射北方各省业务的能力,有效地控制了成本。

G公司面临的另一个问题是账期长,应收账款多,现金流压力大。由于一般项目的收款与项目建设进度相关,常常要等到安装的设备初验后,才能收到全款。平均下来G公司的账期在1.5年,这就占用了大量的现金流,增加了企业现金流断裂的风险。G公司通过外包业务背靠背支付缓解账期问题。

(二)成本控制模式创新战略分析

结合九要素商业模式分析模型对G公司商业模式创新进行了具体分析。按照该模型,商业模式由三个层面的要素构成:业务模块、运营模块和盈利模块。其商业模式创新要素分析图如图11-3所示。

G公司在面对外部行业环境变化与企业内部管理要求变化时,应思考并关注自身的核心竞争力及关键资源是什么,并采取哪些措施和方法来进一步保持并提升自身的核心竞争力,最大限度地利用关键资源创造价值。

G公司的核心竞争力是长期在行业内提供高端技术服务所积累的专家资源和稳定的客户资源。G公司的品牌在行业内是得到充分认可的,并且拥有全部的甲级设计资质。

G公司的服务性质与咨询顾问类似,工作强度很大,对人员的综合素质要求较高,保持专家资源的关键在于确保员工收入提升员工幸福感以降低人员流失率,同时加快员工的技能成长速度。为此,G公司提出了"专家工程"的举措,目的是将专家的培养过程标准化,提高专家的成长速度,并降低人力成本。

G公司资源战略计划如图11-4所示。

为了充分利用企业的优势资源,G公司发挥G公司的品牌价值,切入人均产值相对低的中低端市场,引入合作伙伴,产能得到释放,降低成本,形成设计行业上下游分工合作共赢。

在2000年前,G公司组织架构非常简单,只有管理层和员工两个层级,由于各种业务都很赚钱,所以存在高端人员干低端工作的人力资源浪费情况。随着组织发展壮大,逐步形成了人员的梯队层次,但无法解决产能与市场需求之间的矛盾,并且员工的成长空间受

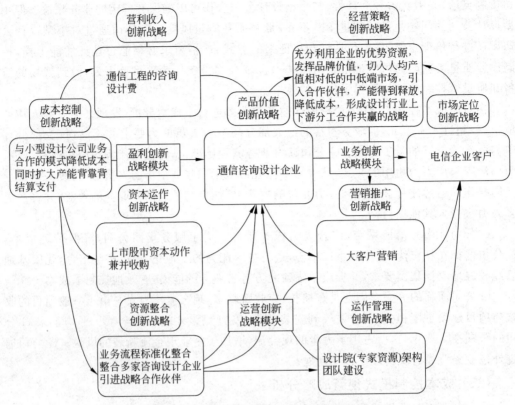

图 11-3　G 公司商业模式创新要素分析图

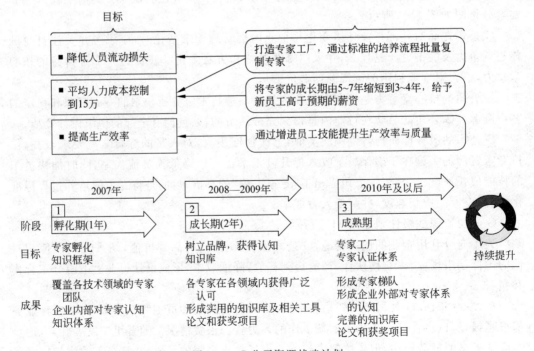

图 11-4　G 公司资源战略计划

到限制。在 2006 年后逐步引入合作伙伴,由合作伙伴实现初级设计人员的补充,产能得到释放,同时有利于保持设计院核心竞争力(专家资源),有利于内部员工的职业发展规划。

组织结构流程创新图如图 11-5 所示。

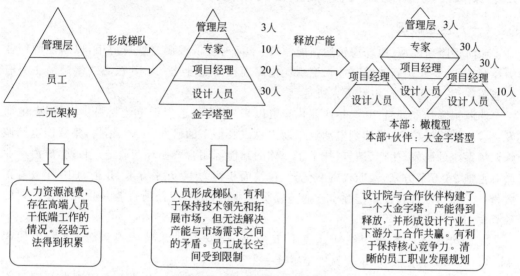

图 11-5　组织结构流程创新图

引入合作伙伴的另一个好处是可以显著地降低成本,以下三类业务适合外包:人均产值高,但技术含量低的,如无线专业,适合采用人员租赁的方式;对于人均产值低,技术含量低的业务,G 公司自己做可能亏本,外包还有利可图;对于业务规模小的,技术含量要求高的,可以采用与专业化技术公司合作的方式,如高校,通过借助合作伙伴的成本优势可以有效地控制成本。

组织战略合作伙伴创新图如图 11-6 所示。

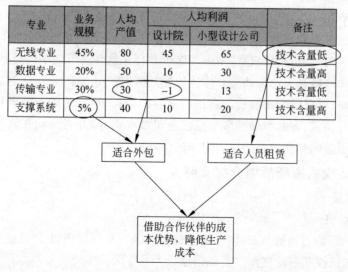

图 11-6　组织战略合作伙伴创新图

此外,通过与合作伙伴采用背靠背结算支付的方式,有效地缓解了现金流压力,有助于公司业务的快速拓展。通常合作伙伴可以垫支1年以上的项目成本投入。

二、珠海银隆"新能源"汽车商业模式创新分析

(一)企业概况

珠海银隆新能源(原珠海银通新能源)位于南海之滨浪漫之城珠海市,以新能源产业为经营核心,是我国新能源产业大型现代化高新技术企业之一。其核心终端产品主要有新能源汽车、储能系统、电动无人机等。

珠海银隆新能源自2009年产业化投资以来,誓力打造以锂电池材料供应、锂电池研发、生产、销售为核心,延伸到电动汽车动力总成及整车的研发、生产、销售,集智能电网调峰调频系统的研发、生产、销售、技术于一体的新能源闭合式循环产业链。目前,珠海产业园总占地26万平方米,一期投资9亿元,建筑面积约为15万平方米,并于2010年8月正式投产。公司围绕打造新能源全产业链领军企业的目标,积极通过兼并收购强化公司的综合实力。

2010年斥资收购美国纳斯达克上市企业——奥钛纳米技术有限公司(股票代码AL TI)53.6%的控股权,取得钛锂全球唯一生产权。

2012年全资收购珠海广通汽车,具有优良整车制造资质。珠海广通汽车公司具有20多年的经营历史,拥有包括纯电动大巴、混合动力大巴及传统燃油、燃气大巴的生产资质。至此,珠海银隆新能源受制于汽车资质的问题得以全面解决。

目前,珠海银隆新能源已先后与中国一汽、中国华能、广东明阳、上海跃风、珠海德豪润、国电电力、湖北大汉新能源汽车、德国电动汽车、保利国际、福建海德馨汽车等知名企业签署战略合作协议,建立战略合作伙伴关系,积累了丰富而优质的客户资源。珠海银隆新能源已经成功操作广东珠海市、河北武安市纯电动公交商业运行线路,3年运行以来纯电动客车运行安全可靠,有效降低了运行成本,带来巨大的经济效益的同时其"零污染"的特性也为地方节能减排、PM2.5达标带来巨大的环保社会效应。

公司以能源产业为主营,以节能减排为中心,在实现企业经济效益的同时,更注重创造社会效益。目前,公司先后获得"中国环保事业合作伙伴""节能中国贡献奖""第十三届科博会中国能源战略高层论坛战略合作伙伴"等多项荣誉,原国务院总理温家宝、原全国人大委员长李鹏、时任国家工业和信息化部李毅中部长、原广东省省委书记汪洋、原广东省省长黄华华等国家、省部级领导多次莅临公司参观指导,并对公司在新能源应用、节能减排等方面所创造的社会效益予以肯定和鼓励。

(二)商业模式创新战略介绍及特点

1. 经营背景

(1)能源危机。

① 全球40%的石油被汽车消耗,而全球及中国汽车行业仍以10%的速度在增长,以此推算2050年已探明石油资源将消耗殆尽。

② 中国交通运输业石油消耗约占全国总消耗的34%。每年新增石油消费量约70%

被新增汽车消耗,而中国当前石油储备量仅能用 26 天。

③ 中国已是世界第一能源消费大国,57％的石油依赖进口,超过美国对外依赖度的 53％,即将突破 60％的安全线。

能源危机已上升为国家战略安全问题,中国发展新能源汽车比任何国家更加紧迫。

(2) 气候变化。

① CO_2 过度排放、气候变暖、冰川加速融化、海平面明显上升。

② 1951—2009 年,中国地表面平均温度上升了 1.38℃,变换速率为每 10 年 0.23℃。

③ 加剧洪涝、干旱等气候灾害。

(3) 环境污染。

① 在我国,65％的城市环境污染、25％的二氧化碳、70％的有毒气体均来自汽车尾气,并且是 PM2.5 的主要来源。

② 据环保部 2011 年 10 月底公布的数字显示,全国 17.2 的城市空气质量未达到国家二级标准。

在能源危机、气候变化、环境污染的大背景下,世界各国都在致力于绿色清洁能源的开发和利用,锂离子电池、太阳能、风能、水能、核能等清洁能源面临前所未有的发展机遇,绿色环保、低碳电动车产业已成为全球交通能源转型的发展方向。由于绿色环保、低碳的特性,故受到越来越多的关注与重视。国家相应出台了新能源汽车推广政策。

① 2009 年年初,中国政府开始实施"十城千辆"计划。该计划拟通过在 10 个城市进行大规模试点来促进电动汽车的发展,此后,该计划覆盖范围陆续扩大到 25 个城市。

② 2012 年 3 月,科技部发布《电动汽车科技发展"十二五"转向规划》。

③ 2012 年出台的《节能与新能源汽车产业发展规划(2012—2020 年)》目标,到 2015 年,纯电动汽车和插电式混合动力汽车累计产销量力争达到 50 万辆;到 2020 年,纯电动汽车和插电式混合动力汽车生产能力达 200 万辆、累计产销量超过 500 万辆。

在政策的鼓励下,我国的电动车正处于快速发展阶段,但由于纯电动公交车在国内推广应用的突出瓶颈是一次性采购成本较高,对政府财政可能造成较大压力,另外新能源汽车的安全性、电池技术及续航里程都成为纯电动公交车的发展障碍。纯电动汽车产业化体系的形成,除了需要核心技术的突破,更有待商业模式的创新。

2. 商业模式介绍

珠海银隆新能源模式的核心内容:"零车价供车,金融租赁,合同能源管理。"依托先进技术,创新商业模式,才能加快解决大中城市的纯电动公交车发展问题,进而解决公共交通对空气污染的问题。神华科技发展公司集合银隆公司及各大金融机构,组建神通电动车新能源管理有限公司,为全国公交系统实现大批量、高效率换车提供了一揽子解决方案,实现地方政府财政补贴零增加、公交集团首次零投入,彻底解决公交系统纯电动车发展所遇到的技术和资金问题。神通公司将借鉴国内外成熟的金融租赁和经营性租赁模式,比照合同能源管理方式,集合社会资金,为国内电动公交车的推广探索一条崭新的路径,实现政府、公交、神通多方共赢的局面。

神通电动公交合同能源管理新模式如图 11-7 所示。

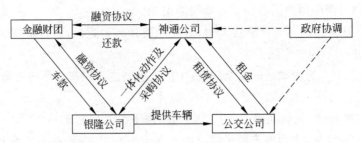

图 11-7 神通电动公交合同能源管理新模式

（1）模式路径。

① 神通公司与合作政府签署绿色公交系统实施商业计划合作书。

② 神通公司根据计划合作书与合作公交公司签署电动车投放运营租赁协议。

③ 根据租赁协议，神通公司与银隆公司签署采购协议。

④ 银隆公司依据采购协议组织生产电动车并投放给合作公交公司。

⑤ 依据以上①②项，神通公司与金融财团签署融资协议。

⑥ 依据以上③⑤项，金融财团向银隆公司支付购车款。

⑦ 依据以上②⑤项，神通公司从合作公交车公司回收租金，用以归还金融财团的融资租金。

⑧ 在此模式中，银隆公司也可与金融财团签署融资协议，用以解决生产资金上的问题。

（2）模式优势。

① 无须政府新增资金投入。

② 无须政府新增土地使用。

③ 极大降低公交系统维护成本。

④ 突出环保和社会效益。

⑤ 实现电动公交真正可持续发展。

（三）市场优势

银隆模式与国内当前主要三种模式的对比如表 11-2 所示。

表 11-2　银隆模式与国内当前主要三种模式的对比

模式分类	核心内容	优　势	缺　点
深圳普天模式	车电分离，融资租赁，实行监控	1. 只需购买裸车，电池租赁缓解客户购车压力。 2. 监控系统保证安全运营	1. 需首付车身费用。 2. 融资租赁利息高。 3. 增加监控服务费。 4. 运营商汽车所有权不完整。 5. 运营商承担车辆风险
杭州租赁与换电模式	只租不售，换电为主、插电为辅，分时计费	1. 利用资源建立密集服务网络，避免了"续驶短"和"充电网络覆盖差"的软肋。 2. 租用方式缓解购车压力	1. 需频繁更换电池，接插件易损坏，成本较高。 2. 运营商承担车辆风险

模式分类	核心内容	优　势	缺　点
合肥定向购买模式	定向销售、固定路线	解决电动汽车充电难及性能不足	1. 客户群窄。仅针对特定消费群体。 2. 用车路线固定,用途过于单一(仅上下班使用)。 3. 充电时间较长
银隆模式	零车价供车,金融租赁,合同能源管理	1. 0元购车极大降低公交系统维护成本。 2. 无须政府新增资金投入及新增土地使用。 3. 对车辆提供长期质保和售后服务,免除公交公司后顾之忧等多项优势	1. 对车企产品技术有高度要求。 2. 车企承担车辆质量风险较大

银隆模式核心内容:零车价供车,按期收取车辆租赁费(12年收费期限)。

共赢:实现政府、公交、车企、金融四方互利共赢。

政府:车辆采购零负担,避免集中大规模投入,推动公交车发展,解决公共交通、民生及环保问题。

公交:减少运营成本,创可观收益,改变亏损经营局面。

车企:实现产品销售,加快资金回笼,扩大产能,促进技术创新及产业发展。

金融:实现资金多渠道投资,获得安全、稳定、持续、良好的资金收益。

(四) 效益分析

1. 经济效益

例 11-1　传统公交车与银隆纯电动公交车各项使用成本比较。

银隆纯电动公交车与传统柴油、LNG公交车的各项使用成本费用比较如下(按12年车辆使用时间计算)。

(1) 柴油公交车、LNG公交车、银隆纯电动公交车购车成本比较如表11-3所示。

表 11-3　柴油公交车、LNG 公交车、银隆纯电动公交车购车成本比较

项　目	1～6 年购车价	1～6 年购车款利息(6%/年)	6～12 年购车价	6～12 年购车款利息(6%/年)	12年合计购车价	12年合计利息	12年合计购车成本
柴油公交车	50 万元	18 万元	50 万元	18 万元	100 万元	36 万元	136 万元
LNG 公交车	55 万元	19.8 万元	55 万元	19.8 万元	110 万元	39.6 万元	149.6 万元
银隆纯电动公交车	0 万元	0 万元	0 万元	0 万元	0 万元	0 万元	0 万元

假设：公交车每日行驶 300 千米，柴油公交车、LNG 公交车、银隆纯电动公交车正常行驶里程约 60 万千米，约 6 年使用寿命。

（2）柴油公交车、LNG 公交车与银隆纯电动公交车的年耗能比较如表 11-4 所示。

表 11-4　柴油公交车、LNG 公交车、银隆纯电动公交车的年耗能比较

类　　别	每日里程	单位油耗	日耗油	油气电单价	年耗能价	12 年总能耗
柴油公交车	300 千米	35 升/百公里	105 升	7.5 元/升	28.7 万元	345 万元
LNG 公交车	300 千米	45 立方米/百公里	135 立方米	5.8 元/升	28.6 万元	343 万元
银隆纯电动公交车	300 千米	85 千瓦时/百公里	255 千瓦时	0.8 元/千瓦时	7.4 万元	89.3 万元

（3）柴油公交车、LNG 公交车与银隆纯电动公交车的年维保费比较如表 11-5 所示。

表 11-5　柴油公交车、LNG 公交车与银隆纯电动公交车的年维保费比较

类　　别	每日里程	单位维保费	年维保费	12 年总维保费
柴油公交车	300 千米	100 元/千公里	1.1 万元	13.1 万元
LNG 公交车	300 千米	100 元/千公里	1.1 万元	13.1 万元
银隆纯电动公交车	300 千米	20 元/千公里	0.22 万元	2.64 万元

例 11-2　采用"零价供车"的新商业模式，银隆纯电动公交车与传统柴油公交车、LNG 公交车使用成本分析（见表 11-6）。

表 11-6　柴油公交车、LNG 公交车和银隆纯电动公交车的 12 年使用期总成本费用比较

项　　目		柴油公交车	LNG 公交车	银隆纯电动公交车	备　　注
车辆费用	（1）购车费（万元）	50	50		
	（2）日折旧费（元）	228.31	228.31		燃油公交车和 LNG 公交车按 6 年折旧（日均行驶 300 千米）
	（3）日购车贷款利息（元）	82.19	82.19		贷款年利率 6%
	（4）日购车成本（元）	310.5	310.5		
租赁费	日租赁费（元）			821.92	年租赁费 30 万元，租赁期 12 年
动力系统维保费	日维保费（元）	30	30		银隆纯电动公交车在 12 年租赁期内免费维修更换"三电"系统；柴油公交车和 LNG 公交车维保费按 100 元/千公里计算（日均 300 千米）

项　　目		柴油公交车	LNG 公交车	银隆纯电动公交车	备　　注
燃料费	(1) 燃料单耗	35升/百公里	45 立方米/百公里	85 度/百公里	2002—2012 年 10 年间,国内柴油价格趋势：5 年翻番,10 年翻 2 番,平均每年上涨 11.5%。预计未来 10 年间,柴油公交车和 LNG 公交车的燃料费成本仍将大幅上升,而电价的涨幅将趋于平稳
	(2) 燃料单价(元)	7.5 元/升	5.8 元/立方米	0.8 元/度	
	(3) 日均行驶里程(千米)	300	300	300	
	(4) 日均燃料成本(元)	787.5	783	204	
总成本	日总成本(元)	1 128	1 123.5	1 025.92	
	年总成本(元)	41.17	41.01	37.45	
	12 年总成本(万元)	494.04	492.12	449.4	

假设:

(1) 银隆纯电动公交车每年收取公交公司租赁费 30 万元;

(2) 银隆公司提供在租赁期内免费维修更换"三电"系统的服务。

通过 12 年期的成本费用比较,使用新商业模式在未考虑财政补贴(购车、燃油)的情况下,银隆纯电动公交车比传统柴油公交车节省用车费用 44.64 万元。由此可见,银隆纯电动车模式具有显著经济效益。

2. 环保效益

(1) 按 1 000 辆燃油公交车测算,每辆车每天行驶 300 千米,每百公里耗油 35 升,即

① 1 辆燃油公交车 1 天的碳排放：$35 \times 3 \times 2.7 = 283.5$ 千克 CO_2。

② 1 000 辆公交车 365 天的碳排放：$35 \times 3 \times 2.7 \times 1\ 000 \times 365 = 10.35$ 万吨 CO_2;

1 棵树每天平均吸收二氧化碳约为 0.1 千克,即

① 1 棵树 1 年吸收二氧化碳 $0.1 \times 365 = 36.5$ 千克 CO_2;

② 10.35 万吨 $CO_2 \div 36.5$ 千克 $CO_2 = 283.5$(万棵)

综上,1 000 辆银隆纯电动公交车每年减少碳排放量相当于种植 283.5 万棵树,在城市中打造一个万亩森林公园。同时 1 000 辆公交车 365 天的碳排放为 10.35 万吨,按中国 CER 交易价格 30 元人民币/吨,合计增加炭交易收益 310.5 万元。

(2) 据清华大学环境科学与工程系提供的数据显示,国四排放标准的柴油公交车每行驶 1 千米会排放 0.075 克 PM2.5,按 1 000 辆柴油公交车测算,每辆车每天行驶 300 千米,即

① 1 辆燃油公交车 1 天的 PM2.5 排放：$300 \times 0.000\ 075 = 0.022\ 5$ 千克 PM2.5。

② 1 000 辆公交车 365 天的碳排放：300×0.000 075×1 000×365＝8.2 吨 PM2.5

综上，银隆纯电动公交车具有零排放绿色性能，按 1 000 辆银隆纯电动公交车一年工作 365 天可减少颗粒物排放 8.2 吨。

（五）银隆商业模式创新战略分析

珠海银隆新能源创新商业模式如图 11-8 所示。

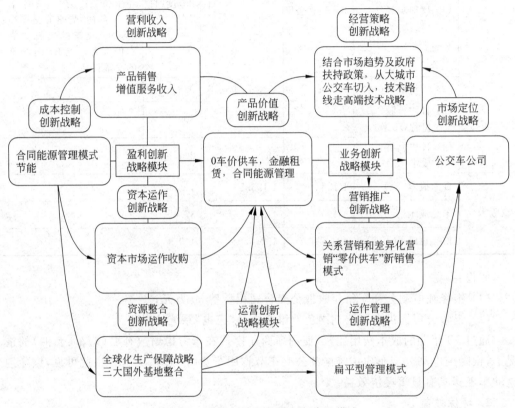

图 11-8　珠海银隆新能源创新商业模式

珠海银隆新能源有限公司作为国内新能源产业大型现代化高新技术企业之一，凭借自身在客户价值主张、差异化市场定位、资源整合、资本运作等方面的创新和领先地位，赢得市场，求得生存与发展。

在客户价值主张方面，银隆始终秉承"信誉第一，用户满意"的服务宗旨，立志服务品牌定位，为顾客提供涵盖售前、售中、售后一体化的阳光服务。同时，顺应形势需求，在当前城市雾霾、气候异常、能源危机的大背景下，着手开发新能源汽车并于 2010 年推出市场。关注客户前期购入成本过高现状，提出"0 车价供车，金融租赁，合同能源管理"的新商业模式。

在战略和市场定位方面，结合市场趋势及政府扶持政策，从大城市公交车切入，技术路线走高端技术战略，以钛锂为主（快充、长寿命）磷酸铁锂为辅（安全）。纯电动公交车的选择，避免与传统燃油车厂及传统电池厂短兵相接，而且又能得到政府的相关政策支持，也顺应产业结构调整的宏观规划政策。

在资源整合方面,银隆走全球化生产保障战略,在中国南方(珠海)、中国北方(河北武安)、美国(内华达州里诺、印第安纳州安德森)三大基地对锂离子电池材料、动力电池、电机电控、整车安装等相关领域的技术研发与生产制造,急速降低产业成本,保证全球市场需求,迅速扩大国内外市场占有率。为企业的高速发展提供不竭内生动力。

在资本运作方面,通过资本市场运作 2012 年收购美国奥钛公司 53.6%的股权,掌握钛锂电池材料关键技术;2012 年全资收购珠海广通汽车有限公司,解决新能源车生产资质问题;2012 年河北武安 1 万亩基地开始建设,提高生产能力,扩大规模效应。

第十二章

资本运作创新战略

对投资对象要有全方位的思考、不同的观点。重要的是,要想想什么是超越时间而有意义、有价值的东西。

——沃伦·巴菲特

第一节　资本运作创新战略的概念

一、资本运作创新战略的定义

1. 资本运作创新战略

简单地说,资本运作创新战略是以资本最大限度增值为目的,对资本及其运动所进行的运筹和经营活动。所谓资本运作创新,是指以利润最大化和资本增值为目的,以价值管理为特征,使企业结合内外资源状况,寻求进一步发展的内在需求,将企业所拥有的有形或无形资本,通过流动、优化配置等各种方式进行有效运营后,变成可增值的活化资本,最大限度地实现资本增值的目标。

资本运作创新又指通过以货币化的资产为主要对象的购买、出售、转让、兼并、托管等活动,实现资源优化配置,从而达到利益最大化。资本运作是指围绕资本保值增值进行经营管理,把资本收益作为管理的核心,实现资本盈利能力最大化。

2. 广义和狭义的资本运作

资本运作的含义有广义和狭义之分。

广义的资本运作是指以资本增值最大化为根本目的,以价值管理为特征,通过企业全部资本与生产要素的优化配置和产业结构的动态调整,对企业的全部资本进行有效运营的一种运作方式。包括所有以资本增值最大化为目的的企业经营活动,自然包括产品经营和商品经营。

狭义的资本运作是指独立于商品经营而存在的资本运作活动,以价值化、证券化了的资本或以按价值化、证券化操作的物化资本为基础,通过流动、收购、兼并、战略联盟、股份回购、企业分立、资产剥离、资产重组、破产重组、债转股、租赁经营、托管经营、参股、控股、交易、转让等各种途径优化配置,提高资本运营效率和效益,以实现最大限度增值目标的一种经营方式。

二、资本运作的创新方式

所谓资本运作,就是对集团公司所拥有的一切有形与无形的存量资产,通过流动、裂变、组合、优化配置等各种方式进行有效运营,以最大限度地实现增值。从这层意义上来说,我们可以把企业的资本运作创新战略分为下列几种运营方式。

1. 融资资本运作方式

融资就是一个企业的资金筹集的行为与过程。也就是公司采用一定的方式,从一定的渠道向公司的投资者和债权人筹集资金,组织资金的供应,以保证公司正常生产需要,经营管理活动需要的理财行为。企业融资方式的多元化决定了资本运营的复杂性。

2. 资产重组资本运作方式

企业上市需解决规范产权关系、同业竞争、关联交易、购销依赖等一系列重大问题,需要通过合并、分立、收购、剥离等方式对集团公司原有的组织架构、公司股权结构、资产布局进行资产重组。

资产重组的法律形式包括合并、分立、增资、减资、股权转让、股份制改造(可细分为整体改建和整体变更)和公司清算。常见的股权分置、股权激励、准股权(可转换债券、可转换权证)、增发、借壳、收购、债转股、资产剥离等资产重组的法律形式只不过是股权转让、增资扩股的特殊形式而已。

3. 扩张性资本运作方式

资本扩张是指在现有的资本结构下,通过内部积累、追加投资、吸纳外部资源即兼并和收购等方式,使企业实现资本规模的扩大。根据产权流动的不同轨道可以将资本扩张分为三种类型:横向型资本扩张、纵向型资本扩张、混合型资本扩张。

4. 收缩性资本运作方式

收缩性资本运作是指企业把自己拥有的一部分资产、子公司、内部某一部门或分支机构转移到公司之外,从而缩小公司的规模。它是对公司主营业务范围而进行的重组,其根本目的是追求企业价值最大以及提高企业的运行效率。其主要实现形式有:资产剥离;公司分立;分拆上市;股份回购。

第二节　资本运作创新战略影响因素和赋值分析

一、资本运作创新战略影响因素

(一)融资能力

融资能力是指在一定的经济金融条件下,一个企业可能融通资金的规模大小,即持续获取长期优质资本的能力。多渠道、低成本融资的企业融资能力是企业快速发展的关键因素,能为企业创造更多的价值。

(1)银行借贷能力。是指企业获得银行以一定的利率将资金贷放给资金的能力。

（2）VC 融资能力。是指企业获取风险资本的投融资能力。

（3）租赁经营能力。是指利用资本金杠杆的要求，引入租赁资产管理的能力以及融资能力的提升。

（4）资金拆借能力。是指企业在资金调度困难或紧张时，与银行或其他金融机构之间在经营过程中相互调剂头寸资金的信用活动能力。

（二）财务治理能力

财务治理能力是指企业协调、控制财务管理，构建财务管理工作体系的能力。包括财务预测能力、财务决策能力、财务计划能力、财务控制能力和财务分析能力。

（1）产业结构动态调整能力。是指推进产业结构合理化和高级化发展的过程能力，即实现产业结构与资源供给结构、技术结构、需求结构相适应的整合能力。

（2）资本与生产要素的优化配置。是指调整生产要素的配置方式，通过企业全部资本与生产要素的优化配置和产业结构的动态调整，对企业的全部资本进行有效管理配置。

（3）资本扩张能力。是指在现有的资本结构下，通过内部积累、追加投资、吸纳外部资源即兼并和收购等方式，使企业实现资本规模的扩大的能力。

（4）资本收缩能力。是指企业资本运作的主体通过各种剥离方式使企业在一定时间内所掌握的经营资本规模绝对或相对减小，以达到资源优化配置、资本增值最大化或资本损失最小化的能力。

（三）投资能力

投资能力是指企业资本经营的收入水平、融资能力和投资效率，其资本结构、信贷能力，通过兼并、投资控股等方式迅速扩大企业规模，获得其发展的能力。投资经营能力分析是企业经营最重要的一项经济能力。

（1）资产重组能力。是指企业将原企业的资产和负债进行合理划分和结构。

（2）资本增值最大化。是指将资本收益作为管理目标，其核心是根据资本保值增值进行资本经营管理，实现资本盈利能力最大化。

（3）资产证券化能力。是指将流动性差的资产，通过在资本市场上发行证券的方式予以出售获取融资，以最大化提高资产的流动性的能力。

（4）资产剥离能力。是指在企业经营中将原企业不良资产、负债从原有的企业账目中分离出去的能力，去除不良资产的负担，提升企业的盈利能力。

（四）上市能力

上市能力是指企业通过证券交易所首次公开向投资者增发股票，在证券交易所挂牌交易，以期募集用于企业发展资金的能力。上市能力包括 IPO 能力、借壳上市能力、发行债券能力等。

（1）IPO 能力。是指首次公开募股（Initial Public Offering），即一家企业首次将它的股份向公众出售的能力，它可为企业获取社会资金。

（2）借壳上市能力。是指企业把资产注入一间市值较低的已上市公司（壳，Shell），得到该公司一定程度的控股权，利用其上市公司地位，使母公司的资产得以上市的能力。

（3）兼并收购能力。是指企业利用自身剩余资源完成并购活动的实力，是企业竞争力的一种表现。

（4）托管能力。是指企业将企业的整体或部分资产的经营权、处置权，以契约形式在一定条件和期限内，委托给其他法人或个人进行管理的能力。

二、资本运作创新战略赋值分析

为了方便进行测量分析，在第三章，我们构架了商业模式创新战略赋值分析表。表 12-1 是商业模式创新战略赋值分析表的二级量表——资本运作创新战略赋值分析表。这是一个李克特量表的五等级赋值选项。我们要求受测企业对每个回答给一个分数，如从非常同意到非常不同意的有利项目分别为 5、4、3、2、1 分；对不利项目的分数就为 1、2、3、4、5 分。

表 12-1　资本运作创新战略赋值分析表

资本运作创新战略影响因素	评估赋值（1~5）				
	1	2	3	4	5
融资能力（COI$_1$）					
银行借贷能力					
VC 融资能力					
租赁经营能力					
资金拆借能力					
财务治理能力（COI$_2$）					
产业结构动态调整能力					
资本与生产要素的优化配置					
资本扩张能力					
资本收缩能力					
投资能力（COI$_3$）					
资产重组能力					
资本增值最大化					
资产证券化能力					
资产剥离能力					
上市能力（COI$_4$）					
IPO 能力					
借壳上市能力创新					
兼并收购能力					
托管能力					

根据受测企业的各个项目的分数计算代数和，得到企业态度总得分，并依据总分多少将受测企业划分为高分组和低分组。我们选出若干条在高分组和低分组之间有较大区分能力的项目，构成一个李克特量表。计算每个项目在高分组和低分组中的平均得分，选择那些在高分组平均得分较高并且在低分组平均得分较低的项目。这样，我们就可以测量得到资本运作创新战略的分值。

例如，某 A、B、C 三家公司资本运作创新战略赋值分析图如图 12-1 所示。

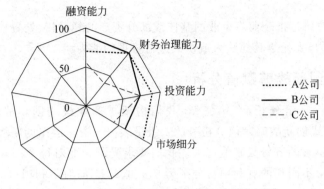

图 12-1　公司资本运作创新战略赋值分析图

第三节　资本运作创新战略最佳实践分析

一、国美公司介绍

1. 低价策略

国美所售商品之所以比竞争对手低得多，一方面有赖于国美的规模，它通过自己的渠道优势而尽可能压低厂商的供货价格，另一方面则是通过直接从厂家进货，省略中间环节，降低了成本。

（1）压低供货价格。经过近年来迅猛的全国性扩张，国美已经织就了一张疏而不漏的"零售大网"。凭借着这张网，黄光裕有了足够的资本挟"价格"号令诸侯，将上游生产商的利润一刀割下让利给消费者。因此黄光裕被众多的厂家称为"价格屠夫""价格杀手"，也成了他们眼中"最可怕的人"。

（2）降低进货成本。通常，销售商为了减少资金占压，也为了降低经营风险，和厂家合作多为代销制。国美以很低的价格拿到货。"勤进快销，以销定进，注意库存的合理性，以明天能卖多少或后天中午能卖多少来决定今天的进货量"，"销量越大，进价越低，进价越低，销量越大"。这就形成了国美低价扩张的良性循环。

2. 国美连锁经营

国美连锁经营已经成为一种商业模式。国美是中国零售业的一个商业奇迹，支撑这个商业奇迹策略是规模扩张。从低价导入到规模扩张，从规模扩张到资本扩张，国美走出一条充满争议和风险的成长道路。

长期以来，国美电器凭借其垄断性的渠道优势，拖占供应商货款，形成现金池进行资本运作，并将如此"融资"得来的巨额占款用于自己的渠道扩张，进一步增强其渠道优势。以此循环，不断强化在产业链中的议价能力，形成了其特有的"类金融"商业模式。国美的高速扩张对"类金融"商业模式极为依赖。以 2010 年为例，国美电器的应付账款占国美电器总负债的 78.7%，占总资产的 46.7%，长期负债只占较小部分。应付账款和利润呈现出极强的高度相关，应付账款的增长推动了店面数量的增加，进而又带动了利润的增长。

在国美电器的商业模式中，应付账款占据着极为核心的地位。强大的渠道使得国美电器能够通过占款的方式获得廉价的资金,低成本的融资支持使得国美电器得以高速扩张,而国美电器的高速扩张带来的销售提升又使得供应商愿意为国美电器输血。这种"类金融"模式依赖于两大要素:供应商的配合;较高的销售周转率。

3. 国美的盈利模式

国美快速扩张的同时又保持强劲盈利能力的根本原因在于其核心竞争力,也就是它的终端管道价值。这种终端管道价值即国美的盈利模式——现金池模式(沉淀现金)和非主营业务盈利模式(各种管理收费和年终返点利润等)。

国美在中国内地电器零售商中所处的地位可谓非同小可,这样的市场地位使得国美与供货商交易时的议价能力处于主动位置。通常情况下,国美可以延期6个月支付上游供货商货款,这样的拖欠行为令其账面上长期存有大量浮存现金,形成现金池,池中大量的沉淀现金有利于国美的资本运作和业务扩张。

简而言之,占用供货商资金用于规模扩张是国美长期以来的重要战略战术。也可以说,国美像银行一样,吸纳众多供货商的资金并通过滚动的方式供自己长期使用,"现金池"也由此产生。

传统零售商的盈利模式是通过提高销售规模来增加自己对供货商的议价力,从而降低采购价格,用薄利多销的方法获取差价以达到盈利的目的。

国美的非主营业务盈利模式包括各种管理收费和年终销售返点利润等,如进场费、装修费、管理费、节庆费、广告费、新品推广费、堆头费等收取供应商厂家的钱。在年终时,还收取供应商厂家的销售返点,销售返点高达17%。这些都是来自其非主营业务所带来的利润收入。

除此以外,国美更强调以低价销售的策略吸引消费者从而扩大销售规模,然而低价带来的盈利损失并非由国美独自承担,相反地,国美将其巧妙地转嫁给了供货商,以信道费、返利等方式获得其他业务利润以弥补消费损失。低价策略带来的强大的销售能力使得供货商对国美更加依赖,于是国美的议价力得到进一步提高——以更低的价格采购货物,同时以更低的价格销售,这种业务经营模式也便如此不断循环。

4. 上市资本运作

国美电器之所以发展成为今日中国电器零售业的领军企业,很大程度上要归功于其对资本市场的利用。正是因为国美电器在中国香港的上市使得国美获得了充裕的资金,从而为各项业务的扩展打下了坚实的基础。

(1)借壳上市。"国美电器"在中国香港顺利借壳上市,黄光裕及其拥有的"耀冠"控制着上市公司74.9%的股权。2004年8月11日,上市公司改名为"国美电器控股有限公司"(Gome Electrical Appliances Holding Limited)。

(2)套现58亿港元。顺利借壳上市后,黄光裕借助资本市场的公布估价、到场商誉、品牌代价以及将来利润贴现等因素,其持有的资产和股权敏捷增值,当年就被列为中国腹地首富。

(3)成功利用资本市场的杠杆作用快速融资,支持其电器零售业务规模的爆炸性扩大。从2004年6月到2005年6月的一年间,国美电器上市目标集团的门市店由94家增至169家,增加75家;非上市目标集团的门市店更由37家增至112家,增加了75家;整个集团一年间合计增幅为 150 家之多。通过资本市场的杠杆作用，国美不断快速地融资，从而不断地进行扩张。

（4）上市后的资本运作——地产投资。黄光裕利用家电零售和地产进行产业互补，很好地证明了李嘉诚提出的"商者无域，相融共生"的经营理念。黄光裕有效地利用了地产加零售业务这对黄金组合，其中电器零售业可以提供大量的现金流，而这些现金流又可以投入到地产公司以求得高额回报，二者兼容互补，即获得了 $1+1>2$ 的效果。

二、国美商业模式创新战略分析

结合九要素商业模式分析模型对国美商业模式创新进行了具体分析。按照该模型，商业模式由三个层面的要素构成：业务模块、运营模块和盈利模块。其商业模式要素分析图如图 12-2 所示。

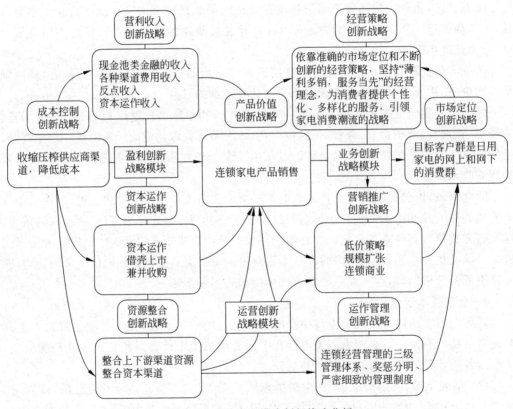

图 12-2　国美商业模式创新战略分析

第四节　资本运作创新战略模式

一、整体上市创新模式

整体上市创新模式是将企业全部资产打包上市的模式，给公司带来产业扩张的新契机,也为其带来一个新的资本运作平台。这是企业集团资本运作的一个里程碑。集团整体上市将给集团以更大的运作平台。企业要面对全球化竞争,要做大做强,都需要资金,金融资本集资是最有效的方式,集团上市后无疑可以让集团更加有效地通过集资发展。而在行业整合、产业重组方面,让大集团完全靠现金收购来进行产业重组显然不大现实,整体上市可以让大集团通过股权收购实现更有效的扩张,这对大集团来讲极具意义。

例如,阿里巴巴即将在中国香港股市上市,就是一个例子。

上市模式,还有海外上市商业模式、借壳上市商业模式等模式。

二、行业整合创新模式

把资本经营作为产业整合的手段。通过资本经营,收购同行业中最优秀的企业,然后通过这个最优秀的企业去整合和提升整个行业。把资本经营与产业整合相结合、二级市场与一级市场相结合。把证券市场作为企业整合的一个手段。

例如,联想集团的行业整合。

三、产业资本、金融资本结合创新模式

当产业资本发展到一定阶段时,由于对资本需求的不断扩大,就会开始不断向金融资本渗透;而金融资本发展到一定阶段时,也必须寻找产业资本支持,以此作为金融产业发展的物质基础。于是,产业资本与金融资本的融合就成为市场经济发展的必然趋势。

例如,图12-3就是某企业的产权融资和信用融资的模式。

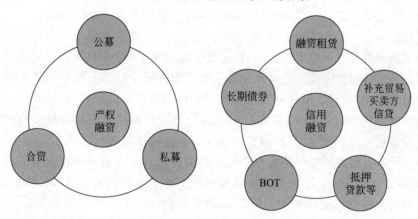

图 12-3　产权融资和信用融资模式

四、横向型资本扩张创新模式

横向型资本扩张是指交易双方属于同一产业或部门,产品相同或相似,为了实现规模经营而进行的产权交易。横向型资本扩张不仅减少了竞争者的数量,增强了企业的市场支配能力,而且改善了行业的结构,解决了市场有限性与行业整体生产能力不断扩大的矛盾。

五、纵向型资本扩张创新模式

纵向型资本扩张是指处于生产经营不同阶段的企业或者不同行业部门之间,有直接投入产出关系的企业之间的交易。纵向资本扩张将关键性的投入产出关系纳入自身控制范围,通过对原料和销售渠道及对用户的控制来提高企业对市场的控制力。

六、混合型资本扩张创新模式

混合型资本扩张是指两个或两个以上相互之间没有直接投入产出关系和技术经济联系的企业之间进行的产权交易。混合型资本扩张是适应了现代企业集团多元化经营战略的要求,跨越技术经济联系密切的部门之间的交易。它的优点在于分散风险,提高企业的经营环境适应能力。

七、收缩性资本运作创新模式

收缩性资本运作是指企业把自己拥有的一部分资产、子公司、内部某一部门或分支机构转移到公司之外,从而缩小公司的规模。它是对公司总规模或主营业务范围而进行的重组,其根本目的是追求企业价值最大以及提高企业的运行效率。收缩性资本运作通常是放弃规模小且贡献小的业务,放弃与公司核心业务没有协同或很少协同的业务,宗旨是支持核心业务的发展。收缩性资本运营是扩张性资本运营的逆操作。其主要实现形式有以下几种。

(1) 资产剥离创新模式。资产剥离是指把企业所属的一部分不适合企业发展战略目标的资产出售给第三方,这些资产可以是固定资产、流动资产,也可以是整个子公司或分公司。资产剥离主要适用于以下几种情况:不良资产的存在恶化了公司财务状况;某些资产明显干扰了其他业务组合的运行;行业竞争激烈,公司急需收缩产业战线。

(2) 公司分立创新模式。公司分立是指公司将其拥有的某一子公司的全部股份,按比例分配给母公司的股东,从而在法律和组织上将子公司的经营从母公司的经营中分离出去。通过这种资本运作方式,形成一个与母公司有着相同股东和股权结构的新公司。公司分立通常可分为标准式分立、换股式分立和解散式分立。

(3) 分拆上市创新模式。是指一个母公司通过将其在子公司中所拥有的股份,按比例分配给现有母公司的股东,从而在法律和组织上将子公司的经营从母公司的经营中分离出去。分拆上市有广义和狭义之分,广义的分拆包括已上市公司或者未上市公司将部分业务从母公司独立出来单独上市;狭义的分拆指的是已上市公司将其部分业务或者某个子公司独立出来,另行公开招股上市。

(4) 股份回购创新模式。股份回购是指股份有限公司通过一定途径购买本公司发行在外的股份,适时、合理地进行股本收缩的内部资产重组行为。通过股份回购,股份有限公司可以达到缩小股本规模或改变资本结构的目的。

八、天使或风投融资模式

(1) 企业直接融资(股权融资)。包括:引入新股东(战略投资者、财务投资者)、原股东增资扩股、股票市场融资(发现新股上市融资、增发新股融资,如定向增发和市场增发)和配股融资(定向配股、市场配股)。

(2)企业间接融资。包括银行信托融资、企业信托融资、产业投资基金与区域投融资、企业债券融资、企业典当融资和中小企业信用担保与融资。

九、财务治理模式

财务治理模式是指通过企业间的财务关系,运作资金,使企业间的交易关系能够解决现金流的问题。例如,TCL 的担保贷款模式(见图 12-4)。

图 12-4　TCL 的担保贷款模式

再如,深国投的财务治理模式(见图 12-5)。

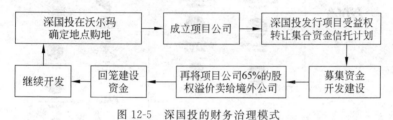

图 12-5　深国投的财务治理模式

第五节　案 例 分 析

一、海航集团滚动式融资拓展模式

(一)海航集团简介

海航集团有限公司于 2000 年 1 月经国家工商行政管理局批准组建,产业覆盖航空、实业、金融、旅游、物流和其他相关产业。其年营业收入如图 12-6 所示。

1. 海航产业结构

(1)海航航空。是海航集团旗下的核心支柱产业集团,海航航空总资产逾 1 400 亿元,旗下航空公司机队规模 300 余架,下辖成员企业包括:大新华航空、海南航空合并四家、香港航空及香港快运、天津航空、祥鹏航空、西部航空、扬子江快运、myCARGO、加纳AWA 航空、法国蓝鹰航空、海航航空技术、海航航空销售、海南航空学校、海航货运、myTECHNIC 等。

海航集团旗下核心业务如图 12-7 所示。

(2)海航实业。业务涵盖房地产开发、零售百货、机场运营、金融投资四大领域,致力于通过实体企业经营与金融投资运营的有机结合,海航实业总资产逾 1 500 亿元,旗下拥

单位：亿元人民币

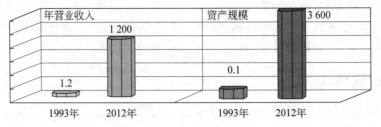

图 12-6　海航集团年营业收入增长图

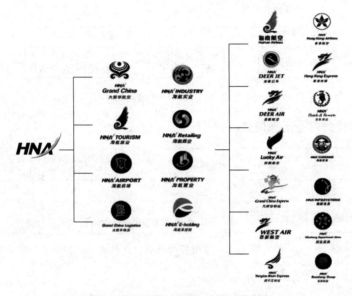

图 12-7　海航集团旗下核心业务

有 4 家上市公司、15 家机场、240 余家商业门店。机场运营业态拥有全国第三大机场管理集团，其中海口美兰、三亚凤凰两家国际机场年旅客吞吐量纷纷突破千万人次，并运营国内首家、全球第四家机场离岛免税店。

（3）海航资本。立足通过优势产业领域的投资银行服务，海航资本资产规模近 2 500 亿元，拥有各类成员公司近 30 家。海航资本拥有投资银行、租赁、保险、信托、证券、银行、期货、基金、保理等传统及创新金融业务，致力于打造境内外两个平台，发展虚拟金融与实体金融，构建并完善金融服务体系。

（4）海航旅业。主营业务涵盖航空、传统旅游、旅游金融、酒店、IT 及互联网产业等五大类别，拥有首都航空等 20 余个成员品牌及 1 家上市公司（九龙山）。海航旅业连续两年成为中国旅游集团 20 强第 6 名，成为国内大型旅游企业快速发展的典范。

（5）海航物流。坚持实体物流与虚拟物流联动的发展模式，为客户提供速运、装备制造、海运三大类服务，积极推动"实体＋金融＋贸易＋服务"四位一体的发展循环模式。此外，海航集团其他产业还包括海航文化、海航财务公司、三亚航空旅游职业学院、长沙南方职业学院、海南海航航空进出口有限公司、海航集团香港有限公司等。

（二）海航商业模式创新特征

海航发展商业模式,主要是通过并购,通过资产杠杆实现资本增值。并购策略为:先横向一体化,再纵向一体化。

(1)商业模式1:贷款—负债—扩张—再贷款—再扩张,循环往复,已经到了停不下来的地步了,资产是资本运作的核心。

(2)商业模式2:体内循环,通过频繁的左右腾挪,实现资本效率最高化。

(3)战略伙伴:在并购的过程中,海航身边总是有着不同的"伙伴",而且绑定政府一向是海航的重要战略。

通过以上策略的发展,海航做到了以1千万的起点,实现了截至2012年年底,近4千亿的资产规模,堪称业界的一个奇迹。其发展的过程,值得我们分析探讨。

（三）海航扩张的特点述评

分析海航案例特点,它主要是通过资产的重组、并购模式来完成其发展的。

下面看几对航空板块的并购。

(1)2000年,海航控股美兰机场,成为国内第一家控股机场的航空公司。

(2)2003年,海航先后并购长安航空、新华航空、山西航空。

(3)2003年,海航重组并控股西安民生股份公司。

(4)2006年,海航集团重组陕西大型商业上市公司宝商集团。

(5)2006年,海航集团入股45%的香港航空有限公司正式宣布成立。

(6)2007年,西部航空有限公司正式成立。

(7)2011年,海航先后收购土耳其ACT货运航空公司、GE Seaco集装箱。

(8)2012年,牵头组建福建福州航空公司,海航占60%股权。

海航业务发展图如图12-8所示。

发展所需资本,主要通过直接融资和间接融资两个渠道进行资本运作而来。

1. 直接融资

(1)第一次直接融资。1993年以重新评估的1 334.055 2万元国家股与光大国际信托等17家发起人,组建了海南航空股份有限公司,总资产12.4亿元,负债率66.3%。

(2)第二次直接融资。1995年向有索罗斯量子基金背景的美国航空责任有限公司出让10 000亿股的外资股,募集2 500万美元,占当时海航总股本的25%。

(3)第三次直接融资。1997—1999年发行A、B股转为公众公司。1997年海航在境内发行B股1 700万股,募集3 337万美元,1999年在上海证券交易所上市成功募集9.43亿元,总资产达66.02亿元。

(4)第四次直接融资(预测)。大新华航空整体上市。

2. 间接融资

(1)通过证券市场的操作,股本金的增长,不但意味着企业规模的扩张,还意味着企业间接融资有着更多的信用担保。

(2)1993年,海航初次募集2.5亿元后,以这笔资金作为抵押,又向银行贷款6亿元,买下2架波音737,然后以2架波音737为担保,再向美国方面订购2架飞机。如此循环

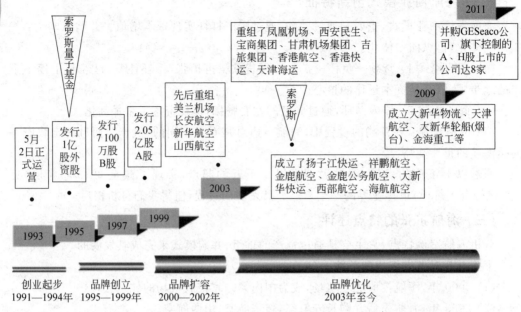

图 12-8　海航业务发展图

利用财务杠杆,并说动了华尔街金融家索罗斯投资 2 500 万美元,海航得以起步。

（3）与银行密切合作,短期贷款、长期贷款并存。

（4）发行企业债券,发有海航债 01 和海航债 02。

（5）飞机融资租赁、融资购买、经营租赁。

还有一个方式,就是利用其集团下庞大的关联企业的优势,利用资金的左右对倒腾挪,实现资产价值最大化。

以北京科航大厦项目为例,2004 年及 2005 年集团下属海南航空及西安民生投入 6 亿多元参与前期建设,然后分别于 2007 年年底和 2008 年将工程以成本价转让给海航集团。而到了 2008 年 12 月,海南航空又以 17.28 亿元的价格向集团收购了科航大厦 95% 的股权。上市公司海南航空因此于 2008 年再度爆出 14.24 亿元巨亏,而海航集团业绩则从巨亏转为盈利 9 699 万元,并得以在随后发行了 28 亿元公司债,拯救了因大新华航空上市失败而濒临断裂的资金链。曾操纵其持有的 6 家航空子公司相应的股权与宝商集团进行置换,以获取宝鸡商业 100% 股权,之后海航将置换得来的宝鸡商业 100% 的股权卖给民生百货,海航此举就是靠出售"非优质"资产部分股权,集中获得零售业资产股权。

（四）海航商业创新模式分析

结合九要素商业模式分析模型对海航商业模式创新进行了具体分析。按照该模型,商业模式由三个层面的要素构成：业务模块、运营模块和盈利模块。其商业模式要素分析图如图 12-9 所示。

通过对航海发展历程和案例分析,运用商业模式九要素分析模型,我们可以分析得出,海航商业模式主要运用的是三个方面：业务模块的战略模式,运营模块的资源整合模

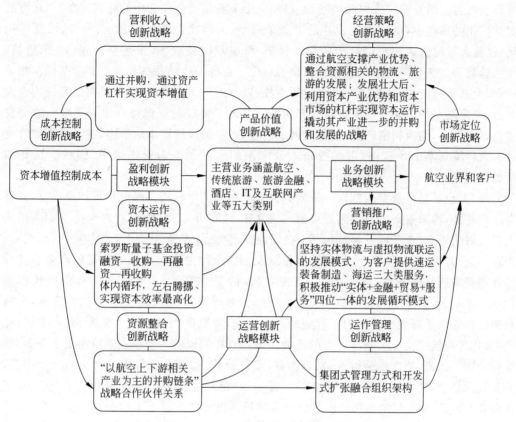

图 12-9　海航商业模式创新战略分析

式,盈利模式的资本运作模式。

　　首先是战略模式。战略是运营和盈利的指导大方针,有了正确的战略指导,才能使得后续的活动有序、高效。海航集团对其内外环境及优劣势进行分析,明确了自己的优势,航空业属于产业的高端,适合发展拓展下游的物流、旅游产业,实现相关多元化发展。具备国有企业和外商投资背景,特别是索罗斯量子基金投资,使其获得了资本运作的战略支撑和资本市场高度的认可,为其战略扩张提供了有效的支撑;加上海南本身是国家重点发展旅游产业的省份,具备经济特区的背景,更为其后续扩张,提供了国家和政策的背书。因此按照分析结果,制定了符合其发展条件的战略:选择了以航空为主业向物流、旅游等具有良好前景,符合国家和地区产业政策的行业;并充分发挥其金融背景,拓展了资本和金融市场,为其扩张、兼并,提供了有效的资金保障。按照其战略选择,制定了可行的战略计划,并且非常高效地进行战略执行,才有了之前海航的迅速扩张。

　　然后是运营的资源整合模式。这个部分是支撑海航能够不断融资,不断扩张最重要的一环。很多企业集团,包括之前的德隆系等资本运作大鳄,融到资金之后,不善投资经营,拿到钱之后,只是简单的再次资本运作,最终无力支撑资产增值的神话而破灭。海航在清晰的战略指导下,紧紧抓住非常有发展前景的航空业,不断做大做强,在南航、国航、东航三大航空公司的市场压迫下,依然走出了自己服务的特色,并且不断高效地扩张。海航曾经将自己的并购扩张思路概括为"以航空上下游相关产业为主的并购链条"。在海航对外扩张的过程中,也的确先后并购了新华航空、山西航空等航空公司;美兰、凤凰等机场;以及大量的酒店和旅行社的股份。目前,海航集团控股 13 家航空公司,13 个机场。飞机总数为 389 余架,为后续的物流、旅游奠定了良好的拉动品牌和核心产业基础。相关产业,大新华物流控股(集团),以海运为支柱,以空运为品牌,以地面物流网络系统为客服平台,是海陆空一体化的物流运输服务企业。实现了良好的资源整合协同效应。这些发展良好的产业,均为朝阳产业,前景发展非常好,可以诉说的资本故事多,描绘蓝图非常美妙。为后续资本市场运作,以实业资本及未来的发展预期为资本融资,提供了良好的基础。

最后,也就是最重要的杠杆——盈利模式的资本运作模式。海航资本产业成立,完善金融产业链,为海航集团提供融资渠道。成立于 2007 年 5 月,注册资本金为 43.04 亿元人民币海航资本,业务涉及领域包括:投资银行、金融租赁、信托、保险、证券、银行、期货、产业基金、融资担保、保理、小额贷款等传统及创新金融业务。依托于已有的产业和背后的外资资本运作的支撑,体系引进,高速发展,截至 2010 年 1 月 31 日,总资产规模达 1 015.08 亿元,其中自有报表资产 528.09 亿元,管理资产 917.18 亿元。这些资本,为海航的运作提供了有效支撑。为了有效的资本运作,海航也大量介入了金融、商业零售、地产、文化等与航空主业关联度不大的产业。通过直接融资引入金融家索罗斯量子基金,募集资金购买飞机,再次抵押融资;发行债券,银行贷款;加上下属集团子公司的资产腾挪,为其资源整合,奠定了良好的资本支撑。海航人,已经提出了超级 X 计划:至 2015 年实现营业收入 10 000 亿的目标——传统产业发展速度肯定支撑不了这个目标的实现,因此通过资本市场的支持,海航后续的并购步伐不会停止。

问题分析:这种商业模式,融资—收购—再融资—再收购带来最大的一个问题——高负债率,应该如何解决?

根据公开年报资料显示,海航集团的资产负债率呈逐年上升的态势。

(1) 2008 年的资产负债率为 67.59%。

(2) 2009 年上升至 75.01%。

(3) 到 2010 年则进一步上升到 75.75%。

截至 2010 年年末,海航集团净资产 99 亿元,对外担保额却达到 116.80 亿元。如此高的负债率,对企业经营风险非常之高,根据海航的对外资料,可以分析得出它的解决之路还是资本运作——上市。

一个被逼出来的上策:从 2003 年"非典"的阻碍到 2005 年股权分置改革看到的一丝曙光。

(1) 第一阶段:筹备阶段,始于 2002 年,当时航空业处于整合阶段。

(2) 第二阶段:私募阶段,2005 年筹集 50 亿元资金,用于推动大新华航空的整合以及筹备上市。

(3) 第三阶段:上市阶段,大新华航空香港 H 红筹股上市,成为新的融资发动机。

(4) 第四阶段:全面收购阶段,逐步全资收购海航股份、新华有限、长安航空和山西航空的股权。

大新华航空原期望于 2008 年完成上市,但又恰逢金融危机,至今未完成 H 股上市。如果上市,有望达到其资产负债率 2015 年下降到 70% 的目标。

最后,归纳其商业模式创新战略如表 12-2 所示。

表 12-2   商业模式创新战略分析归纳

商业模式要素	特　征	描　述
产品价值模式	综合旅游服务	完整的服务链完成你的旅行
战略模式	全产业链	海航推出的全产业链模式,在一定程度上体现了高铁经济以及航油价格波动对民航业的冲击。作为商业模式创新者,海航打造的产业链效应具有一定的标杆意义
市场模式	市场细分,全系列运输产业集群	海航关注到市场细分的必要性,逐步建立起全系列的航空运输产业集群。集群下的航空公司有专为高端客户服务的金鹿公务机公司、专门为支线旅客提供服务的大新华快运航空公司。还有专业提供旅游包机服务的金鹿航空公司、专业提供货运服务的扬子江快运公司和提供高效及低成本服务的祥鹏航空、西部航空。整合旅游资源,在产业链层面竞争,体现了民营航空业面对新局面的灵活性,在中长期竞争中的优势将会得以彰显
营销模式	服务赢得一切	通过高水准服务锁定客户,海航是中国大陆境内唯一获得 skytrax 五星服务标准的航空公司
管理模式	仁信	海航集团的管理理念以现代企业制度建设为根本,充分借鉴国外先进的企业管理经验,在内部管理上与国际接轨
资源整合模式	全方位整合	拥有全服务链的旅游服务公司,从订票、乘机、机场服务、酒店服务、综合度假服务,进行资源整合。降低飞行成本,资源配置于衍生的非航品业务
资本运作模式	并购	并购已经成为海航集团的一种生存模式,资金越不宽裕,越需要通过频繁的交易来运转,这也是海航因欠债被围追堵截之时,还大举并购的原因所在
成本模式	降低边际成本	拥有全服务链的旅游服务公司,边际成本大大降低
营收模式	全服务链打包收入	拥有全服务链的旅游服务公司,从订票、乘机、机场服务、酒店服务、综合度假服务,完整服务链的打包收入

总结,参照商业模式九要素分析理论,海航集团发展模式非常清晰,通过制订明确的战略计划,指导其产业的迅速发展;通过航空支撑产业优势,整合资源相关的物流、旅游的发展;发展壮大后,利用资本产业优势和资本市场的杠杆实现资本运作,撬动其产业进一步的并购和发展。其中产业的良好发展,为其资本市场的运作提供了良好的基础,提供了想象的空间,加上其国资背书和外资的光环,有别于其他只会资本运作一条路不平衡发展的企业,为其万亿之路提供了发展的希望。

二、湖南中宝现代供应链商业模式创新战略分析

(一)公司背景

湖南中宝现代供应链有限公司(以下简称"中宝")是一家专注于企业非核心业务外包

的专业供应链集成服务商,注册资金1 500万人民币,也是中南地区率先引入供应链创新管理模式的专业供应链集成服务商。公司通过建立对客户需求的快速响应机制,灵活的服务产品组合,实现"商流、物流、资金流、信息流"集成管理的创新经营模式,综合仓储、物流、信息、流程控制、保险、资金与结算等供应链要素,通过广度和深度的供应链要素整合,为客户提供专业的供应链服务,降低企业成本,最大限度创造价值,并以此形成公司的核心竞争力。中宝致力于服务快速成长的优势品牌或在某一领域内具有专有性或在某一领域内具有相对垄断优势的企业,为企业发展提供专业化非核心业务外包服务并形成基于战略合作的关系,帮助他们实现有效的快速成长。中宝的业务涵盖了采购执行(外包)、销售执行(外包)、库存管理(外包)以及集中采购、渠道分销、虚拟生产,供应链集成等产品与服务。公司创立于2008年,目前在全国共拥有3个分支服务机构,服务网络主要分布在广州、深圳、长沙、南京、西安等城市,共有8个服务网点。

(二)九要素模型商业模式创新分析

结合九要素商业模式分析模型对中宝公司商业模式创新进行了具体分析。按照该模型,商业模式由三个层面的要素构成:业务模块、运营模块和盈利模块。其商业模式要素分析图如图12-10所示。

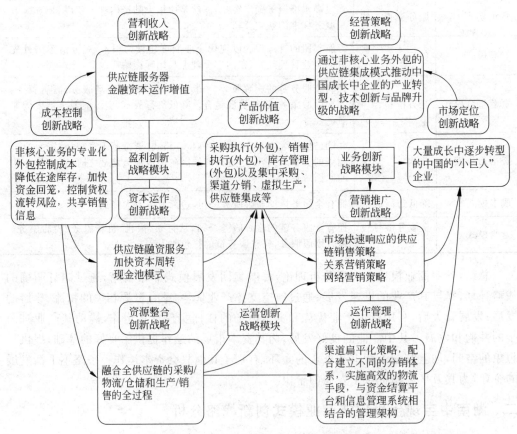

图12-10　中宝公司商业模式创新战略分析

（三）中宝公司的价值链定位

中宝公司的价值链定位如图 12-11 所示。

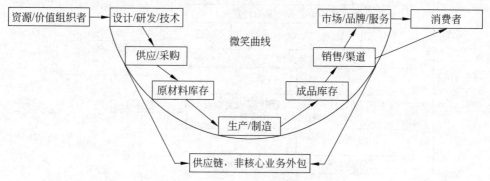

图 12-11　中宝公司的价值链定位图

中宝公司价值链管理的内容如表 12-3 所示。

表 12-3　中宝公司价值链管理内容

供应链管理	设计/研发	采购	原料库存	生产/制造	成品库存	销售	营销/品牌	产品链条中资金流、信息流、商流、物流的综合集成
传统的供应链管理	自有投入	自有投入	自有投入	自有投入	自有投入	自有投入	自有投入	小而全/大而全
现代企业供应链管理	核心/专注	外包	外包	外包	外包	外包	核心/专注	强化专业化优势分工，专注核心业务，非核心业务外包，实施统一流程控制
中宝的供应链集成管理	集成/密合	承接采购执行外包	承接库存管理外包	虚拟生产	承接库存管理外包	承接销售执行外包	集成/密合	涵盖结算/资金/物流/仓储/信息处理/数据/商务等外包
中宝商业模式的核心价值与市场定位	中宝拥有不断发展和创新供应链的专业团队和专业技术，在整合产业链条的供应链要素的基础上深度集成，通过推动企业非核心业务的专业化外包，让企业专注于核心业务的发展，从而聚焦于推动企业的转型、技术创新以及品牌升级。中国市场上，大量成长中的企业正在逐步转型，他们拥有良好的研发/技术/品牌基础，他们是某一领域内的优势品牌或在某一领域内具有专有性或在某一领域内具有相对垄断优势，他们有望成长为中国的"小巨人"企业，成为"微笑曲线"中最有价值的节点。而中宝通过非核心业务外包的供应链集成模式，成为这些"小巨人"企业专注核心业务，实施转型并实现持续技术创新、品牌升级强有力的推进剂，从而成为这些"小巨人"企业轻装前进的战略合作伙伴，并进而推动中国成长中企业的产业转型、技术创新与品牌升级。这便是中宝的核心价值和坚定不移的使命							

（四）中宝公司业务流程

中宝公司业务流程如图 12-12 所示。

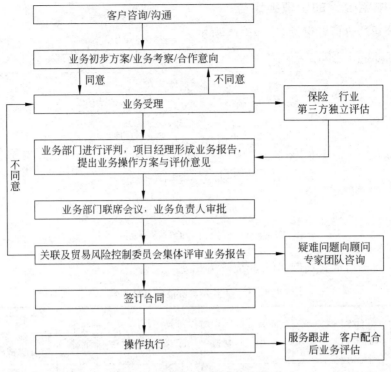

图 12-12 中宝公司业务流程

（五）中宝公司的服务功能

中宝公司的服务功能如下。

（1）专注企业需求。能为合作企业提供适合灵活、适合企业特点的业务解决方案与服务。

（2）良好的增值服务。突破传统的简单贸易，提供基于供应链平台的战略性增值服务。

（3）服务特点。实行合作企业业务专人跟踪制，每个合作企业的业务都有专人协调跟踪，能在客户需求的第一时间作出回应，快捷高效。

（4）低成本。中宝的解决方案在降低合作企业采购成本、控制采购库存成本方面具有良好的竞争力。

（5）高效能。中宝的解决方案在提供企业销售效率、降低在途库存、加快资金回笼、控制货权流转风险、共享销售信息等方面具有良好的竞争力。

（6）快捷高效的第三方服务。中宝与中远物流合作，在仓储、物流等方面具有服务点分布广、提货速度快、安全保障的优势。

（7）推进一种可保证市场快速响应的供应链战略。有效的、高成本效率的供应链运营在今天比以往任何时候都更加重要。在因特网、低成本外包，以及全球化的扩展的共同作用下，收入和利润已经降到新低。同时，客户已开始期待即时服务，或者至少是对他们的问题的即时答复。幸运的是，造成收入和利润被压缩的技术和组织创新同样可以为希望精简其供应链并为其注入活力的公司所用。今天,如果有恰当的技术和组织结构,那么,几乎所有行业中任何规模的公司都可以开创一种保证快速市场响应的供应链战略。中宝的供应链咨询服务通过一系列基于深刻洞察力的技术,帮助公司理解和改进其供应链管理方法。

① 市场分析。通过根据客户的特定细分市场和客户群对客户的供应链管理需求进行评估。

② 基线分析。通过评审客户的现有供应链运营管理系统,以确认运营瓶颈、成本低效和有待改进的区域。

③ 建议。为客户提供一整套关于技术部署和运营变革的战略建议,以削减成本、促进运营流程,并使有关方面更方便地获得关于这些流程的必要信息。

(六) 产品与服务模式

1. 采购执行服务

采购执行又称采购外包,是指中宝在不改变合作企业原有的供应商结构、供应关系、产品、价格等供应要素的基础上,合作企业将采购业务外包给中宝执行。

(1) 提供基于战略合作的原材料供应、信息处理、集货、分拣、配送、仓储等专业服务。

(2) 提供采购资金结算,流程控制、交易风险管理等服务。包括提前垫款支付给企业指定的供应商,延长指定供应商给企业的货款支付账期,垫款采购等。

(3) 根据客户具体需要,协助客户建立最适合的采购模式,配合建立不同商品的集中采购体系,与资金结算平台和信息管理系统相结合,提高产品的市场反应能力及速度,达到促进资金流动、缩短资金周转率的目的,降低企业的采购成本。

采购执行如图 12-13 所示。

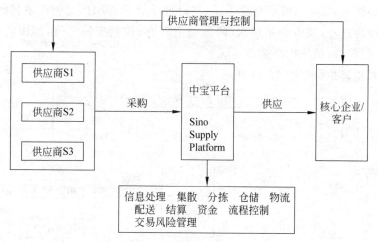

图 12-13　中宝公司采购执行

2. 采购执行业务运作程序与结算流程:

(1) 确定战略采购执行合作关系后,中宝与核心企业签订包括但不限于供应链服务协议以及供应链服务协议项下的中宝与核心企业的供应合同及中宝与核心企业指定供应商 S 的采购合同等合约。

（2）根据合同，核心企业向中宝发出采购订单，通过中宝信息处理系统，中宝向核心指定供应商 S 发出采购指示。

（3）供应商 S 将指定采购的货物经中宝平台供给核心企业验收后，供应商 S 开出发票给中宝公司，中宝公司再把发票开给核心企业。中宝公司不改变 A 买家对供应商、价格、数量、质量、验收等的管理。

（4）中宝凭发票、合同、货物验收单等支付给供应商 S 一定比例的货款（该比例由核心企业和中宝公司确定，如 80％的货款）。而后，核心企业再将货款支付给中宝公司。根据需要，中宝公司可以在评估核心企业的信誉、实力等因素的基础上，给予核心企业一定的货款账期（如 2 个月、4 个月等），待账期到后，核心企业将货款支付给中宝公司。

（5）供应链服务费。中宝对物流、仓储、结算、信息处理等服务采取"分项核算，统一计收"供应链服务费。

3. 销售执行服务

销售执行又称销售外包，是指中宝在不改变合作企业原有的销售体系、下游客户结构、产品、价格等要素的基础上，合作企业将销售业务外包给中宝执行。

（1）为合作企业提供基于销售战略合作的产品销售、信息处理、物流、分拣、配送、仓储等专业服务。

（2）为合作企业提供销售结算服务，包括代指定下游客户提前支付货款给合作企业，延长合作企业指定的下游客户的货款账期，代指定下游客户提前支付货款而对该指定下游客户分期收取货款（分期结算）等结算方式。

（3）协助客户建立最适合的分销模式，优化分销渠道，实施渠道扁平化策略，配合建立不同的分销体系，实施高效的物流手段，与资金结算平台和信息管理系统相结合，提高产品的市场反应速度，减少分销层次，降低渠道库存，控制交易风险，加快货款回款周转率，扩大市场覆盖率，最终提高企业利润率。

中宝公司销售执行如图 12-14 所示。

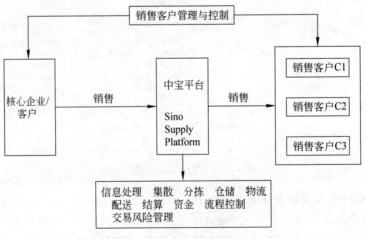

图 12-14　中宝公司销售执行

4. 库存管理服务

库存管理,又称库存外包,是指中宝公司在不改变合作客户的库存产品、库存体系、库存价格等库存要素的基础上,合作企业将库存管理外包给中宝执行,合作企业从而实现零库存管理。库存管理包括原材料库存管理和成品库存管理。

原材料库存管理是指在不改变合作客户原有的采购体系、采购结构、采购价格、库存结构、库存体系等的基础上,中宝公司联合合作客户指定的供应商签订三方购销协议,由中宝向合作客户指定供应商采购指定原材料,然后以第一供应商身份向采购商提供 JIT 物流配送服务和原材料仓储管理服务,帮客户囤积合理的原材料库存,这样既能保证客户充足的库存供应,不影响生产计划,也能实现原材料的零库存管理服务,减少库存资金占用,降低库存成本,加速资金周转,增强供应链的持续改进能力。中宝公司原材料库存管理如图 12-15 所示。

图 12-15　中宝公司原材料库存管理

5. 原材料库存管理业务运作程序与结算流程

(1) 确定原材料库存管理合作关系后,中宝与核心企业签订包括但不限于供应链服务协议以及供应链服务协议项下的中宝与原材料供应商 S/核心企业的原材料供应合同及中宝与核心企业的库存提货合同等合约。

(2) 在核心企业与中宝公司认可或指定的库存地点(也可是核心企业的自有仓库),核心企业或核心企业指定的供应商 S 将库存销售给中宝公司,并开出发票给中宝公司。中宝公司则支付该库存的原材料货款给核心企业或核心企业指定的原材料供应商 S。而中宝则拥有该原材料库存的货物所有权,并派驻监管该库存。

(3) 约定期限内(如 4 个月),核心企业根据其生产计划和需要随时打现金款到给中宝指定账户提取部分或全部原材料库存,而中宝开出相应的原材料发票给核心企业。

(4) 核心企业对中宝公司所管理的库存货物须提供全额回购。

(5) 供应链服务费。中宝对仓储、结算、信息处理等服务采取"分项核算,统一计收"供应链服务费。

(6) 成品库存管理。是指在不改变企业的销售体系、销售客户结构、产品价格、库存结构、库存体系等的基础上,对需要一定成品备用库存的企业,合作客户将这些成品备用库存以现款支付的方式销售给中宝,中宝帮助该合作企业来管理这些成品库存,并将这些库存在约定的未来某个时间以合作企业指定的价格在指定的地点卖给合作企业指定的销售客户;如果在未来的约定时间合作企业无指定销售客户到中宝付款提货,则合作企业需将该成品库存全额等价回购。成品库存管理可以协助企业实现零库存管理,降低库存成本,加速销售资金回笼,加快企业业务发展。中宝公司成品库存管理如图 12-16 所示。

图 12-16　中宝公司成品库存管理

6. 成品库存管理业务运作程序与结算流程

（1）确定成品库存管理合作关系后,中宝与核心企业签订包括但不限于供应链服务协议以及供应链服务协议项下的中宝与核心企业的成品销售合同及中宝与核心企业指定销售客户 C 的库存提货合同等合约。

（2）在核心企业与中宝公司认可或指定的库存地点(也可是核心企业的自有仓库),核心企业将库存成品销售给中宝公司,并开出发票给中宝公司。中宝公司则支付该成品库存的货款给核心企业。而中宝则拥有该原材料库存的货物所有权,并派驻监管该库存。

（3）约定期限内(如 4 个月),核心企业根据其销售计划和指定销售客户 C 的需要随时打现金款到给中宝指定账户提取部分或全部成品库存,而中宝开出相应的成品销售发票给核心企业指定的销售客户 C。

（4）核心企业对中宝公司所管理的库存货物须提供全额回购。

（5）供应链服务费。中宝对仓储、结算、信息处理等服务采取"分项核算,统一计收"供应链服务费。

7. 集中采购服务

集中采购是指中宝公司利用自身平台以及供应链整合优势,为集团客户或行业客户群或关联行业客户群进行集中国内外采购,完成订单集成、境内外集货、进出口通关、仓储配送、国内结算、外汇结算等服务,从而降低客户的采购成本,提高货物的交付时效。集中采购的执行和结算方式可参照采购执行业务模式。中宝公司集中采购如图 12-17 所示。

8. 渠道分销服务

渠道分销是中宝致力于渠道垂直化、渠道扁平化,优化核心客户渠道,提升渠道效益的优势服务之一。中宝在全国重要城市与市场建立了从品牌运营商/制造商到各类终端卖场、终端零售店、终端经销商的分销执行网络及平台,结合分销渠道的优化,可同时实现优化和集成信息管理、高效物流、及时结算等服务,帮助核心客户减少渠道层次,加快销售资金回笼,达到垂直供应的目的,全方位持续提升供应链效益。在渠道分销业务外包给中宝后,核心客户可以将精力更集中和专注在市场、营销、品牌管理等方面。中宝已经成功建立了快速消费品、粮油、电子等产品的渠道分销体系,深入拓宽了服务领域,为核心客户建立了高效的分销渠道以及产品销售平台。渠道分销的运作模式可以参照销售执行的运作程序与模式。渠道分销执行如图 12-18 所示。

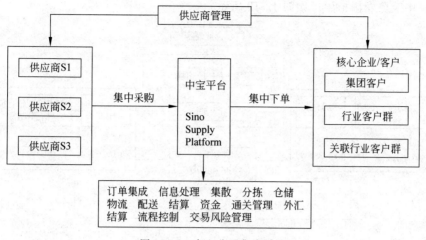

图 12-17　中宝公司集中采购

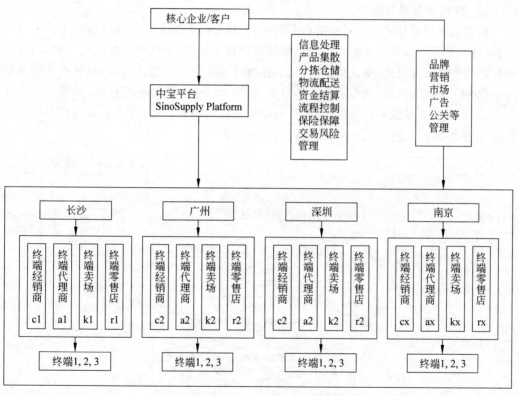

图 12-18　渠道分销执行

9. 虚拟生产服务

中宝的虚拟生产业务是指中宝的核心企业/客户(尤其是制造型企业)将非核心的采购、库存、销售、物流、结算、信息系统、数据等外包给中宝公司,而其自身则专注于其核心的研发、生产制造以及市场领域,从而提升其核心竞争力。中宝公司通过内部、外部的资源整合,以及供应链要素的集成,实现资源共享,帮助企业提高供应链效益,打造企业核心竞争力。中宝公司虚拟生产如图 12-19 所示。

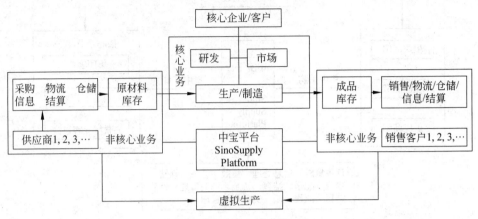

图 12-19 中宝公司虚拟生产

10. 供应链集成服务

供应链集成是指中宝公司根据核心企业(尤其是行业高端客户,如掌握核心技术的研发、设计型企业或掌握市场和品牌的优势品牌运营企业)的个性化和定制化需求,整合行业资源和衔接行业链条,集成供应链要素,并通过整合进生产制造环节,强化产业链条的专业化分工和成本优势,构建了一个集商流、物流、资金流、信息流四流合一的供应链服务平台,帮助核心企业提高供应链效益,推动企业供应链创新,提升合作企业的核心价值与核心竞争力以及行业地位。中宝公司供应链集成如图 12-20 所示。

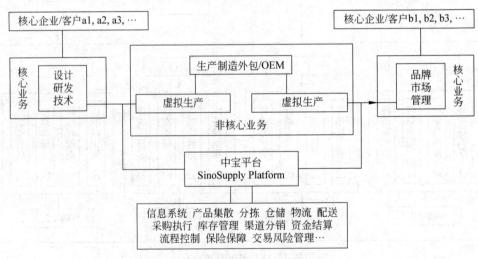

图 12-20 中宝公司供应链集成

11. 供应链全方位的咨询与解决方案服务

为合作企业的供应链提供全方位的咨询与解决方案,打造适合企业自身特点的供应链运营模式,使合作企业能够将企业资源配置在核心业务上,而将非核心的供应链管理业务进行外包,进行高效的企业内外资源配置和整合。

高效率、低成本的供应链运营在今天比以往任何时候都更加重要。在互联网、专业化外包，以及全球化扩展的共同作用下，传统利润已经降到新低，而基于供应链外包模式的核心技术与品牌运营商，他们的利润在进一步推高。幸运的是，造成收入和利润被压缩的技术和组织创新同样可以为希望精简其供应链并为其注入活力的公司所用。今天，如果有恰当的技术和组织结构，那么，几乎所有行业中任何规模的公司都可以开创一种保证快速市场响应的供应链战略。中宝的供应链解决方案通过一系列基于深刻洞察力和市场实践的技术，帮助公司理解和改进其供应链管理方法。

第五篇

PART FIVE

商业模式创新战略理论与设计

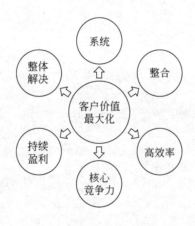

"我们要创造一个巅峰，而不是努力迈向巅峰。"

——马云

商业模式创新战略的基本理论

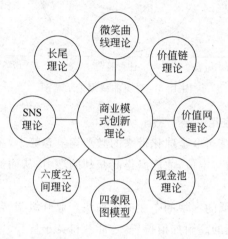

理论是灰色的，而生活之树常青。

——歌德

第一节　产业商业模式理论

一、微笑曲线理论

1. 何谓微笑曲线理论

微笑曲线（smiling curve）理论，是宏碁集团的创始人施振荣于 1992 年为"再造宏碁"的战略而提出的分析框架，以作为宏碁的企业战略方向指导使用的。后来，施振荣又将"微笑曲线"加以修正，推出了施氏"产业微笑曲线"，以作为中国台湾各种产业的中长期发展战略方向的指南。

微笑曲线理论示意图如图 13-1 所示。

如图 13-1 所示，微笑曲线是一条形如微笑嘴型的曲线，曲线的中间是生产制造；左端是技术研发，属于全球性的竞争；右端是市场营销，主要是当地性的竞争。微笑曲线认为，在当今全球制造供过于求的环境下，处于中间环节的制造利润和附加值最低，而处于两端的研发与营销的附加价值高，因此产业未来应朝微笑曲线的两端发展，也就是在曲线左端加强研发以创造知识财产权，在曲线右端加强以客户为导向的品牌与服务的营销。

具体而言，微笑曲线理论的产生主要源于近年来随着竞争加剧企业所面临的生存压力：全球化带来的竞争压力、高科技产品生命周期不断缩短的压力、低附加价值产业的微薄利润越来越难以维持企业生存和独立稳定发展的压力，以及迎合追随产业发展趋势的压力。

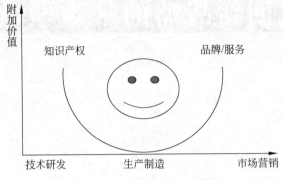

图 13-1　微笑曲线理论示意图

2. 微笑曲线理论的应用

根据微笑曲线理论,在当今全球化带来的激烈竞争态势下,企业只有不断地向附加值高的研发或营销区块移动与定位,才能赢得高获利的潜力,从而实现自身的持续发展和长久经营。

因此,尚处于附加值低的区块的企业应该加快产业升级与转型,谋求在全球产业分工的"微笑曲线"中占据有利的高附加值位置,才能获得竞争优势。

一般而言,企业可以通过以下几种方式实现向高附加值区块的移动与转型。

(1)产品升级或产品下移。产品升级是指产品从原来的低档往中档、原来的中档往高档走;产品下移,并不是指追求附加价值的提高,而是致力于创造不同的市场,降低固定营销成本,从而创造规模经济。

(2)垂直一体化的整合。包括向上游的整合与向下游的整合。

(3)缩短销售渠道。建立直接供销关系,因为销售渠道越短,附加价值越高。

(4)水平延伸。包括产品的水平延伸与产品线的水平延伸。

(5)多元化发展。包括相关产业的多元化和非相关产业的多元化,后者的风险相对较高。

(6)技术升级与创新。通过研发和自主创新,增加企业生产技术的科技含量,培养核心竞争力。

企业在微笑曲线中的这些价值移动方式如图 13-2 所示。

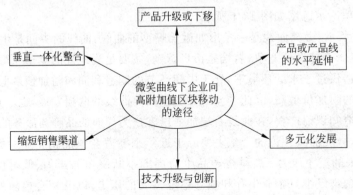

图 13-2　微笑曲线下企业价值移动途径

3. 应用案例——格兰仕的"微笑曲线"

2009 年,金融危机爆发,中国的传统家电行业受到了严重冲击,然而,正是在这样的环境下,格兰仕却实现了绝地反击、危机突围,在外贸领域取得 12% 的增长,在国内市场依托国家相关产业的积极政策,也获得大幅增长,取得了相当不俗的成绩,走向了它的大品牌时代。而这很大程度上要归功于格兰仕的"微笑曲线"发展模式。

根据"微笑曲线"理论,企业应该向附加值高的研发与营销区块移动。而格兰仕的"微笑曲线"正是研发与营销并重的。在格兰仕的"微笑曲线"中,嘴角的一头是工业设计,格兰仕通过强大的三维的工业设计和外观的设计,把自身的产品和当地的文化、不同的消费喜好联系在一起;嘴角的另一头则是营销技术,格兰仕依靠增强全世界包括中国市场庞大的营销能力来推动整个产业的快速发展和市场边界的发展。研发与营销两点互相拉动,就形成了格兰仕的"微笑曲线"。

在研发方面,2009 年格兰仕产品的自主研发和创新占到集团销售份额的 70% 以上。通过产品与组织的自主创新,格兰仕实现了核心部件技术上的自主创新,真正拥有了其独有的产业竞争力。从一开始进入家电行业,格兰仕就对当时被外国垄断的微波炉技术进行了破解,并建立了具有格兰仕自身鲜明特性的产品。而 2009 年以来,格兰仕紧跟当前低碳经济与低碳生活的需求,从整体上对原有的核心部件进行了升级,通过技术研发进一步提升了核心部件的能效。这使格兰仕冲破了很多国家目前所设定的技术壁垒,让格兰仕能够站在更高的制高点上推动技术的发展。

在营销方面,一方面,格兰仕坚持"5+1"品牌发展模式(OEM、收购、参股、租赁、自控品牌及自主品牌),为其走上品牌发展之路起到重要推动作用;另一方面,格兰仕增强对自主研发能力的宣传,用高、中、低档极具竞争力的产品来满足客户一站式采购需求。在金融危机的时候,格兰仕采取了积极进攻的营销举措。在海外市场,格兰仕首先进行的是组织创新,将遍布世界各地的营销组织进行了彻底的改造,将微波炉外贸销售总公司、空调外贸销售总公司和生活电器外贸销售总公司都加以拆分,分裂繁殖、深耕细作,使组织更具有灵活性、专业性;并按照不同的专属品类进行了细分的操作,使自身的营销平台进行分支裂变,将金融危机中所出现的空白市场、空白渠道,以及许多客户,从高等级到低等级进行了彻底的梳理,从而扩大了整个海外市场的边际。在国内市场,格兰仕紧跟国家的"家电下乡""以旧换新""节能惠民"等政策,进行渠道革命,在拓深城镇市场的同时,开拓了农村市场。

通过研发与品牌及营销的二者并重,格兰仕成功描绘了自身的"微笑曲线"。正如格兰仕的集团总裁办副主任陆骥烈所说,这条"微笑曲线"有可能也是中国传统家电行业真正发展的一条"微笑曲线"。

二、价值链理论

1. 何谓价值链理论

价值链(value chain)理论是由美国哈佛商学院著名战略学家迈克尔·波特(Michael Porter,1985)在其《竞争优势》一书中提出的。波特认为,每一个企业都是在设计、生产、销售、发送和辅助其产品的过程中进行种种活动的集合体,企业的价值创造正是由这一系列活动构成的。由此,波特创造了价值链模型。

波特"价值链"示意图如图 13-3 所示。

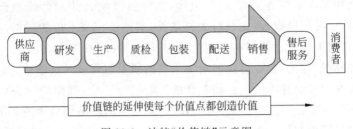

图 13-3　波特"价值链"示意图

如图 13-3 所示,价值链理论认为,企业的价值创造是通过一系列活动完成的,这些活动可以分为基本活动和支持性活动两大类。其中,基本活动包括进料后勤、生产、发货后勤、市场和销售、售后服务等;而支持性活动则包括采购、研究与开发、人力资源管理和企业基础设施(如财务和计划等)。这些互不相同但又相互关联的生产经营活动,构成了一个价值创造的动态过程,即价值链。

2. 价值链理论的应用

根据价值链理论,一方面,企业要关注整个价值链的优化与总体竞争力的提高;另一方面,企业又要识别价值链中真正创造价值的核心环节。

价值链在经济活动中是无处不在的,上下游关联的企业与企业之间存在行业价值链,企业内部的各业务单元之间的联系构成了企业的内部价值链。企业与企业的竞争,并不只是其中某个环节的竞争,而是整个价值链的竞争,因为价值链上的每一项活动都决定着企业的综合竞争力,都会对企业最终能够实现多大的价值造成影响。正如波特所说:"消费者心目中的价值是由一系列企业内部的物质与技术上的具体活动所构成的,当你和其他企业竞争时,其实是内部的多项活动在进行竞争,而不是其中某一项活动的竞争。"

然而,对于不同的企业而言,其生产经营的过程中创造价值的环节可能是不同的。因为并不是每个环节都能创造价值,实际上,只有某些特定的价值活动才能真正创造价值,而这些真正创造价值的活动,就是企业价值链上的"战略环节"。企业所要保持的竞争优势,实际上就是企业在其价值链的这些特定的战略环节上的优势。

因此,企业可以在以下几个方面应用价值链理论。

(1) 运用价值链的分析方法来识别企业的价值活动。企业要能识别其关键活动,从而识别价值来源的具体环节和活动,以在这些关键环节上进行改进,从而获得重要的核心竞争力,以形成和巩固企业在行业内的竞争优势。

(2) 运用价值链的分析方法来联系整合企业的所有活动。由于价值链的各个活动环节彼此联系,企业的每一项活动都不是单独被处理的,每一项活动都影响企业的最终绩效。因此,企业要能识别各项活动间的联系,要能识别价值链上的成本和价值驱动因素,通过系统化协调与优化整个价值链来获得竞争优势。

3. 应用案例

海尔从家电业起家,历经名牌发展战略阶段、多元化发展战略阶段和国际化发展战略阶段,已成为集科、工、商、贸于一体的实现跨国经营的大型企业集团。

自 1990 年以来,海尔采取"先难后易"的出口战略,即首先进入发达国家建立信誉,创出牌子,然后再以高屋建瓴之强势辐射占领发展中国家的市场,取得了显著成效。海尔以其高质量的产品树立了国际市场信誉,并坚持在发展中对国际市场布局进行多元化战略调整,在国内市场稳固发展的同时,有力地开拓了海尔国际化的大好局面,并正在逐步迈向"国际化海尔"的新阶段。国际化的海尔是三位一体的海尔,即设计中心、营销中心、制造中心三位一体,并最终成为一个有竞争力的、具备在当地融资、融智功能的本土化海尔。

价值链理论认为,企业所创造的价值,实际上来自企业价值链上的某些特定的价值活动,即企业价值链的"战略环节"。企业在竞争中的优势,尤其是能够长期保持的优势,追根究底是企业在价值链某些特定的战略价值环节上的优势。因此抓住了这些关键环节,也就抓住了整个价值链。而这些决定企业经营成败和效益的战略环节可以是产品开发、工艺设计,也可以是市场营销、信息技术,或者知识管理等,视不同的行业而异。

而海尔在国际化的过程中正是成功地抓住了其价值链上的关键环节。

海尔首先通过名牌化战略和多元化战略积聚了一定的竞争实力,但作为后发展型企业(企业的新技术是引进的,并且在成长过程中,有许多同行业竞争者),在海尔的国际化经营阶段没有必要也没有能力像实力雄厚的跨国公司那样创造企业的全球价值网,其明智的选择就是根据企业外部环境和自身条件选择价值链上一两个关键环节,集中资源,建立相对竞争优势。因此,海尔选择了价值链上基本活动的后两个环节——市场营销和服务作为关键环节。针对这两个"战略环节",海尔一方面通过大规模销售服务,建立起遍及全球的营销网络和服务体系;另一方面通过严格内部管理和质量控制,树立了"高质量服务"的信誉,提高了市场美誉度,形成了自己独特的竞争优势。

三、价值网理论

1. 何谓价值网理论

价值网的概念是由 Mercer 顾问公司的著名顾问 Adrian Slywotzky 于 1997 年在其颇具影响力的《发现利润区》(Profit Zone)一书中首次提出的。他指出,由于顾客的需求增加、国际互联网的冲击以及市场高度竞争,企业应该改变事业设计,将传统的价值链转变为价值网。

随后,学者 Gulatietal(2000)指出,价值网是由客户、供应商、合作企业和它们之间的信息流构成的动态网络。它是由真实的顾客需求所触发,能够快速可靠地对顾客偏好作出反应的一个网状架构。价值网的概念突破了原有价值链的范畴,它从更大的范围内根据顾客需求来组成一个由各个相互协作企业构成的虚拟价值网。

随后,美国学者大卫·波维特(2001)在其《价值网》(Value Nets)一书中进一步发展了价值网的思想,使价值网理论得到了广泛关注。波维特指出,价值网是一种新业务模式,它将顾客日益提高的苛刻要求与灵活、有效率、低成本的制造相连接,采用数字化供应链快速配送产品,避开了代价高昂的分销层;将合作的供应商连接在一起,以便交付定制解决方案;将运营设计提升到战略水平,适应不断发生的变化,从而达成高水平的顾客满意度和超常的公司利润。

Adam Brandenburger 和 Barry Nalebuff 提出了价值网(value web)概念,企业的利益相关者包括顾客(customers)、供应商(suppliers)、竞争者(competitors)、合作补充者(complements),这四者相互合作相互竞争,相互之间的信息、资源、资金等的流动形成了一个复杂的联系网络,便形成了价值网。

价值网的提出突破了原有企业内部价值链的链式思考,也把企业的分析视角提升到利益相关者这一更高更远的平台上,使企业在分析企业战略、打造商业模式的时候,不仅考虑自身的资源整合和价值链接,也考虑到与外部利益相关者的利益链接和利益共享,尤其是将顾客、供应商以及合作补充者纳入考虑范围,能够使企业与这些利益相关者共享资源和信息,形成规模效应和网络经济效益,降低风险和成本,提高企业的竞争力,形成一个更加巨大而有效的价值网。如图 13-4 所示。

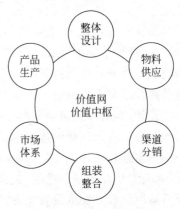

图 13-4　价值网模型

国内学者胡大立指出,价值网模型体现了一种新的战略思维和商业模式,即"以顾客价值为核心的竞争战略;以紧密合作为基础的双赢竞争策略,以塑造核心能力为主要手段的公司成长途径"。价值网十分强调相关利益者之间树立整体价值创造观念,采取紧密合作战略,优化整合各自的核心能力,核心能力得以优势互补,发挥协同效应,创造资源的规模效应,互为支持和依靠,为满足另一种产品或服务的需要展开合作,共担风险和成本,共享市场和顾客忠诚,以最有效地创造价值。

2. 价值网理论的应用

从商业模式的角度出发,我们认为价值网的打造可以形成一个价值网互动商业模式,即企业通过对自身在价值网中的准确定位和明确分工,与价值网中的相关利益者形成战略合作关系,通过核心能力和资源的互补,形成自己的盈利模式和核心竞争力。

要打造价值网互动商业模式,需要做好以下几个方面,具体如图 13-5 所示。

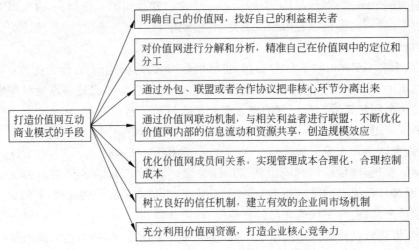

图 13-5　打造价值网互动商业模式的手段

（1）明确自己的价值网,找好自己的利益相关者,尤其是顾客和合作补充者,确定顾客的核心价值,确定自己的战略合作伙伴和能力互补者,建立起联盟关系。

（2）对价值网进行分解和分析,精准自己在价值网中的定位和分工,从提高自身核心能力出发,重新审视自己所参与的价值过程和优势方面,以确立自己的核心能力,控制并不断增强那些具有战略意义和创造利润多的环节。

（3）通过外包、联盟或者合作协议把不具有优势的或非核心的一些环节分离出来,利用市场寻求合作伙伴,共同完成整个价值链的全过程。

（4）通过价值网联动机制,与相关利益者进行联盟,不断优化价值网内部的信息流动和资源共享,创造规模效应。

（5）优化价值网成员间关系,实现管理成本合理化,合理控制成本;

（6）树立良好的信任机制,建立有效的企业间市场机制。

（7）充分利用价值网资源,关注和培养在价值网中获得的核心能力,打造企业核心竞争力。

3. 应用案例

在海尔的国际化道路上,除了成功地抓住了价值链的关键环节外,构建并有效利用了价值网也是海尔获得成功的一个重要因素。

面对复杂多变的国际市场,为提高海尔管理体系对环境的应变能力,自 1999 年起,海尔实施了以市场链为纽带的业务流程再造模式,从根本上对原来的业务流程做彻底的重新设计,把直线职能型的结构转变成平行的流程网络结构,优化管理资源和市场资源配置,实现组织结构的扁平化、信息化和网络化,从结构层次上提高企业管理系统的效率和柔性。海尔的市场链集成模式,在横向层次上把企业内部业务流程价值链活动通过 SST (索酬、索赔和跳闸)机制整合起来;在纵向层次上,优化整合了分供方价值链、买方价值链、渠道价值链,形成了一个基于市场化关系的纵横交错的网络结构,获得了价值链集成效益。从管理体系上看,把分属于不同业务流程的先进管理技术通过市场链集成起来,形成一个完整系统的管理体系,把市场的压力通过相互咬合业务流程无差异地传递给每一个岗位,使信息的流动货币化,加快了信息沟通和反馈的速度,全面激活了流程的活力,进而在 OEC 管理基础上,把核心流程与支持流程集成起来,形成了一个最大限度的共享企业资源的价值链集成平台。

同时,海尔还与世界其他知名公司建立技术联盟,使其成为海尔价值网的一个战略环节,为其进行全球化的技术、资本、资产以及市场的全方位合作,在全球范围内构建企业价值网,实现资源的全球配置打下了基础。

第二节 运营商业模式理论

一、盖伊·川崎商业模式四象限图模型

1. 商业模式四象限图模型

格威·卡瓦萨奇(Guy Kawasaki)在《创业之道》一书中,指出了商业模式四象限图

模型。

曾任苹果公司"软件布道师"的格威·卡瓦萨奇(Guy Kawasaki)提醒人们：能最终形成商业模式的创意和想法少之甚少。为了帮助人们找到真正的商业模式，他提出了一个商业模式识别坐标。这个坐标以"对客户的价值"为横轴，以"提供独一无二的产品或服务的能力"为纵轴，由此出现了 4 个象限：

第 1 象限：不但你的东西对用户非常有用，而且只有你知道该怎么做；

第 2 象限：没有人觉得你的东西有用，但只有你在这么做，处于这个象限的企业，可以称为"冤大头型企业"；

第 3 象限：不但没有人觉得你的东西有特别的用处，还有一大帮人在跟你做一样的东西，这样的企业可以称为"凑趣型企业"；

第 4 象限：你其实没什么独到的能力，但你做的东西有一定的用处，这样的企业只能是惨淡经营的平庸型企业。

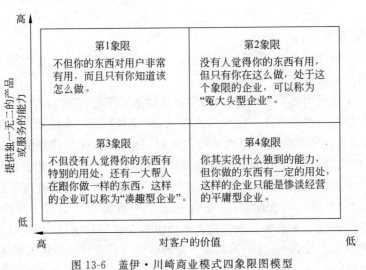

图 13-6　盖伊·川崎商业模式四象限图模型

只有处于第 1 象限的企业，才可能成为拥有自己的商业模式的企业。令人遗憾的是，处于这个象限的企业相当少。大量声称自己有商业模式的企业都可归入第 2、3、4 象限。

卡瓦萨奇的这个识别坐标对于我们判断一项设想中的生意是否有价值很有用处。不过，这个坐标缺失一个维度，而且这种缺失是一个致命的缺失，这就是盈利维度。一个企业能为客户创造独特价值，如果没有良好的成本结构和盈利模式，最终也只能因为持续亏损而难以为继。

2. 四象限图模型的应用

四象限图模型运用数学矩阵方法，划分和分析出不同产品的独特性和客户价值获利性的关系，抽象出商业模式的基本要素，揭示了其理论联系机制，从而发展出一个具有确切逻辑分析关系的商业模式方阵，深化了人们对产品价值创造机制的认识，由此为企业解决商业模式辨识和设计提供具有可操作性的分析工具，并为企业整合产品资源提供了新思路。企业运用此模型来分析企业的产品集群会收到极佳的效果。

3. 应用案例

通过四象限图模型的应用,解决"定位"问题,企业就可以知道从哪里去盈利,并以什么样的模式去盈利,而且制定的盈利点要更多。例如,2006 年,荣获"中国驰名商标"的金六福,就是通过四象限图模型分析产品群,品牌重塑成功。在原有产品的基础上,金六福并没有满足和止步,而是对运营不同产品的获利程度进行了分析,重塑商业模式。因为,金六福希望挖掘更多的盈利点。

其分析模式的基本框架是:以"金六福"为核心组建华泽集团,将未来的业务业态分为 4 块,即将以销售金六福酒为核心的"金六福销售",以运作五粮液年份酒为核心的"华致酒业",以运营湘窖、邵阳大曲、刀郎酒等中低档酒为核心的"金六福投资"和以运营诸如"古越龙山""无比古方"等有色酒为核心的"华悦酒业"。这种新的商业模式将金六福从过去的产品经营模式逐渐向规模化、品牌化的投资商业模式转型,从而也为金六福打造了更多的盈利机会。

二、现金池理论

1. 何谓现金池理论

现金池(cash pooling),又称现金总库,是一种以账户余额集中的形式来实现资金的集中管理的资金管理模式,最早是由跨国公司与国际银行联手开发的,通过统一调拨集团的全球资金,最大限度地降低集团持有的净头寸,以满足企业集团内部的资金需求和供给,降低整个集团的财务成本,从而提高资金管理效率。

但是,后来现金池的概念应用使其内涵有了改变,成为了一种"类金融"的资金池积累、沉淀资金的方式。这一概念,在企业管理的资本运作中,应用最为广泛。现金池就是这样一种模式,在零售商与消费者之间进行现金交易的同时,延期数月支付上游供应商货款,这使得其账面上长期存有大量浮存现金,并形成"规模扩张—销售规模提升带来账面浮存现金—占用供应商资金用于规模扩张或转作他用—进一步规模扩张提升零售渠道价值带来更多账面浮存现金"这样一个资金内循环体系。

在现金的流动中,钱的流入和钱的流出同时发生,但依然会有一定的现金沉淀在池里头。有多少呢? 根据统计学的测算,现金池一般都会沉淀有 70%～75% 的现金在现金池里头。

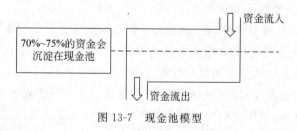

图 13-7　现金池模型

2. 现金池理论的应用

利润来源主要通过对供应商资金的占用。许多大型的零售商和通道商,通常采取现金池这种模式,来延迟对生产商货款的支付,利用延迟付款将这部分资金投入资本市场、房地产市场或者设立连锁分店,通过在资本市场和房地产市场赚取利润来弥补零售市场的低利润甚至是负利润,同时利用连锁扩张增加分销渠道的覆盖面,进一步提升对上游生产企业的影响力和控制力。这种现金池的"类金融"的预付模式,不仅在美容美发业普遍,商业、餐饮、洗车、洗浴等服务行业都普遍存在。预付卡在方便消费者的同时,也是一种现金池的模式应用,成为商家的"变相融资"渠道。每张卡的金额从几百元到数千元甚至上万元,卖卡成了商家现金池"沉钱"的新途径。

3. 应用案例

例如,国美快速扩张的同时又保持强劲盈利能力的根本原因在于其核心竞争力,也就是它的终端管道价值。这种终端管道价值即国美的盈利模式之一——"现金池"模式。国美在中国内地电器零售商中所处的地位可谓非同小可,这样的市场地位使得国美与供货商交易时的议价能力处于主动位置。通常情况下,国美可以延期6个月之久支付上游供货商货款,这样的拖欠行为令其账面上长期存有大量浮动现金,大量的拖欠现金方便了国美的扩张。简而言之,国美通过占压供应商的资金,实现家电提供其地产需要的产业资金,而通过地产利润来反哺家电,同时其通过占压的供应商资金用于新店的扩张。

淘宝网的支付宝的盈利模式也是一种现金池模式。成为中国最大的银行外的第三方支付平台(每日现金超过30亿人民币)成为了在银行、消费者、淘宝三方中的最大赢家。以支付宝每天的日交易额测算,考虑到出项资金和进项资金之间的时间差,支付沉淀资金每月至少在900亿元,再加上淘宝商城征收的保证金带来的资金沉淀,淘宝可谓坐拥"金山"。

第三节 电子商务商业模式理论

一、SNS 理论

1. 何谓 SNS 理论

SNS,即社会性网络服务(social networking service),是旨在帮助人们建立社会性网络的互联网应用服务。所谓社会性网络(social networking),是指个人之间的关系网络。而 SNS 理论便是基于六度空间理论发展而成的一种创新的社会性网络服务的理论。SNS 理论包括下面一些理论和概念。

(1) 社会网络。是由多个社会行动者及它们之间的关系组成的集合。

(2) 弱关系。美国社会学家格兰诺维特在研究找工作的过程中发现了弱关系的概念,提供工作信息的人往往是弱关系。他据此首次提出了关系强度的概念,将关系分为强关系和弱关系,认为能够充当信息桥的关系必定是弱关系。强关系维系着群体、组织内部的关系,弱关系在群体、组织之间建立了纽带联系。通过强关系获得的信息往往重复性很高,而弱关系比强关系更能跨越其社会界限去获得信息和其他资源。

(3) 嵌入性强弱关系概念。嵌入性强弱关系概念的提出对社会网络分析产生了重要影响,回应了经济社会学家波拉尼提出的"嵌入性"观念。在此基础上,格兰诺维特对经济行为如何嵌入社会结构作出了进一步的阐释。他认为,经济行为嵌入社会结构,而核心的社会结构就是人们生活中的社会网络,嵌入的网络机制是信任;信任来源于社会网络,嵌入社会网络之中。因此,人们的经济行为也嵌入社会网络的信任结构之中。

(4) 结构洞概念。结构洞理论(structural holes theory)是由美国社会学家伯特在格兰诺维特等研究的基础上提出来的。什么是结构洞?"一个结构洞是两个行动者之间的非冗余的联系。"例如,对于三个行动者 A、B、C 来说,如果 A 和 B 有联系,A 与 C 有联系,但是 B 和 C 之间不存在联系的话,那么 B 和 C 之间就相当于存在一个洞。A、B、C 之间关系的这种结构就是一个结构洞。A 是结构洞的中间人。伯特认为,结构洞能够为中间人获取"信息利益"和"控制利益"提供机会,从而比网络中其他位置上的成员更具有竞争优势。

(5) 社会资本理论。许多社会学家提出的社会资本理论也可以归于社会网络理论。例如,美籍华裔社会学家林南对格兰诺维特的"弱关系强度假设"进行了推广,进而提出了社会资源理论。他认为,那些嵌入个人社会网络中的社会资源——权力、财富和声望,并不为个人所直接占有,而是通过个人直接或间接的社会关系来获取的。

当行动者采取工具性行动时,如果弱关系的对象处于比行动者更高的地位,他所拥有的弱关系将比强关系给他带来更多的社会资源。个体社会网络的异质性、网络成员的社会地位、个体与网络成员的关系力量决定着个体所拥有的社会资源的数量和质量。

2. SNS 理论的应用

目前,SNS 理论的应用主要包括以下几个方面:社会现有已成熟普及的信息载体,如短信 SMS 服务;社会性网络网站(social network site),如新浪微博、人人网、开心网等;社会性网络软件(social network software),是指采用分布式技术(P2P 技术)构建的基于个人的网络基础软件,支持人们建立与维持社交关系。

在互联网已经成为人们生活中不可或缺的一部分的今天,在通信和交通发达、技术日新月异的今天,人们超越了时间和空间的距离,前所未有地被紧密联系在一起。人们也都希望网络能为自己的个人人际网络发展提供更加便捷、高效的支撑和帮助。因此,与互联网紧密结合,SNS 的商务价值正在逐渐展现出来。而许多企业,正是抓住了这个机遇,实现了商业模式的创新,如美国的 MySpace、Facebook、Twitter,中国的人人网、新浪微博、豆瓣网等都是其中利用 SNS 理论的佼佼者,它们的成功让人们意识到了社交网站发展的无限潜力。

3. 应用案例

例如,微博和微信这些 SNS 工具的应用,就是一个典型的例子。现在所有企业和政府部门都开设了自己企业或部门的微博或微信,进行信息发布来推广自己的产品、品牌和公关传播,甚至进行网上电子商务的在线销售。

二、六度空间理论

1. 何谓六度空间理论

六度空间理论,又称作"六度分隔"(six degrees of separation)理论,用最通俗的语言来描述就是:一个人和任何一个陌生人之间所间隔的人不会超过 6 个,也即是说,在人际脉络中,一个人最多通过 6 个人就能够认识其他任何一个陌生人(见图 13-8)。

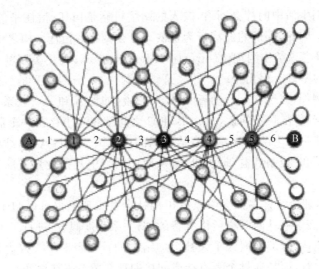

图 13-8　六度空间理论示意图

六度空间理论是由哈佛大学的心理学教授斯坦利·米尔格兰姆(Stanley Milgram, 1933—1984)提出的。1967 年,米尔格兰姆做了一次著名的连锁信实验。他从内布拉斯加州和堪萨斯州招募到一批志愿者,随机选择出其中的 300 多名,并请他们邮寄一个信函,信函的最终目标是米尔格兰姆指定的一名住在波士顿的股票经纪人。由于几乎可以肯定信函不会直接寄到目标,米尔格兰姆就让志愿者把信函发送给他们认为最有可能与目标建立联系的亲友,并要求每一个转寄信函的人都回发一封信件给米尔格兰姆本人。出乎意料的是,最终有 60 多封信到达了目标股票经纪人手中,而且这些信函经过的中间人的数目平均仅为 5 个人。由此,米尔格兰姆提出了著名的六度空间理论。

在随后的几十年中,许多著名的社会心理学家、数学家和相关学科的学者对六度空间理论进行了反复的计算和验证,得出了类似的结论。

2. 六度空间理论的应用

六度空间理论的出现,肯定了人与人之间的普遍联系,说明了社会中普遍存在的"弱纽带"所能发挥出的强大的作用,使人们对于自身人际关系网络的影响力量有了新的认识,也带来了新的营销方式。

例如,早在 20 世纪 80 年代初,《读者文摘》就已经利用六度空间理论,鼓励订户向公司推荐其他潜在订户。又如现在中国香港的保险业,一般保险经纪人在完成交易之后,都会要求客户提供一个至少 5 人的新名单。

而近年来随着科技的进步与通信的发达,人们的人际网络扩大已不再受制于若干年前的时间与空间上的沟通障碍。飞速发展的互联网,与六度空间理论一经结合,就开始显露出巨大的商业价值,在直销网络、SNS 网站、电子游戏社区等领域都得到了广泛应用。

随着社会型网络服务迅速兴起,社会性软件和 SNS 网站也不断涌现。就国内而言,人人网、开心网、豆瓣网、新浪微博等,堪称 SNS 的典范。这些社交型网站实质的应用表现为关注的人、被谁关注、共同爱好、好友动态和互动游戏等。它们是建立在真实的社会网络上的增值性软件和服务,一方面它们迅速渗透进人们的生活,支持人们建立更加互信和紧密的社会关联,扩大其人际网络;另一方面,相关企业利用其用户的人际网络不断扩大其影响力,创造了巨大的商业价值。

在互联网发展日新月异的今天,六度空间理论的商业潜能是无法估量的。

3. 应用案例

最有说服力的例子,就是 Gmail 的网络营销推广。Gmail 原来只是 Google 公司的内部邮箱系统,每年要花大量的经费去维护这个超过 6 万人使用的邮箱系统,成本很高。为此,Google 公司准备将 Gmail 邮箱系统的服务商业化和市场化运作,以降低成本和获取更多利润。如果通过传统的营销推广方式,根据网络定律,每获取一个客户,就要花费 500 元左右的成本,这就要花费巨额的市场推广费。为了节省这笔开支,Google 给公司 6 万多员工的每一位都发去一封奖励的邮件,恭喜他们获得了 50 个免费注册 Google 公司邮件的权利,员工们都非常珍惜这一权利,都发给他们的亲朋好友们抢先注册,不出一个月,每个人的 50 个信箱全都注册完毕,这样就有 300 万个用户了。然后,Google 在一个月后又如法炮制,给每位 Gmail 用户发去和 Google 公司员工同样的邮件,恭喜他们也获得了和 Google 员工同样的权利,有 50 个免费注册邮箱的权利。这样,根本不用通过 6 度分隔的推进,只用了 2 轮,Gmail 就获得了 1.5 亿的用户了,没有花一分钱的推广费。

三、长尾理论

1. 何谓长尾理论

长尾理论(the long tail),又称长尾效应,是指那些原来没有受到重视的销量小但种类多的产品或服务由于总量巨大,累积起来的总收益超过主流产品的现象。长尾理论最初是由《Wired》的总编辑克里斯·安德森(Chris Anderson)于 2004 年发表于其杂志中,用来描述如亚马逊公司、Netflix 等网站的商业模式的。

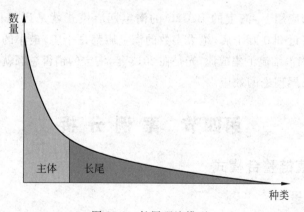

图 13-9　长尾理论模型

在长尾理论出现之前,"二八定律"一直被商业界视为铁律。"二八定律"认为,企业 80％的业绩来自 20％的产品,因此,商业经营应该看重的是在销售曲线左端的少数畅销商品,而不是曲线右端的多数冷门商品。

然而,长尾理论却认为,互联网的崛起已经打破了这项铁律,发达的销售渠道让 98％

的产品都有机会销售,将庞大的长尾利基商品量乘以相当小的单项长尾商品销售量,其获利和共同占据的市场份额就可以和那些为数不多的畅销商品相匹敌甚至超越它们,因此这些长尾商品具有极大的增长企业营利空间的价值。

2. 长尾理论的应用

根据长尾理论,企业经营者应该反向思考,不再只是将眼光聚焦于 20% 的畅销商品,而应该聚焦于 80% 的"长尾",积极注意消费者的个性化需求。也就是说,企业应该思考如何去提供一个可以将不同种类的商品集合于一个大市场的平台,而互联网时代的 Web2.0 相关的网络平台恰好成为最好的解决方案。

另外,早在长尾理论提出之前,就有学者对亚马逊网站进行了研究。他们用指数曲线研究了亚马逊网站的图书销售量和其销售排名的关系,发现亚马逊网站 40% 的图书销售来自于本地书店里不卖的图书。用长尾理论来解释,就是亚马逊网站一半左右的图书销售来自畅销图书,而另一半却来自相对不畅销的冷门图书。

而 Google 的成长历程就是把广告商和出版商的"长尾"商业化的过程。以往,广告商总是青睐大企业,对小企业则不屑一顾。而这数以百万计的小企业,大多从未打过广告,甚至不曾想过自己可以打广告。然而,Google 却反其道而行之,其 AdSense 将广告这一门槛降了下来:广告不再是高不可攀的,而是自助的、价廉的。如今,对成千上万的小企业小网站来说,在 Google 网站上打广告已不再罕见。Google 目前有约一半的广告收入来自于这些小网站,而不是搜索结果中所放置的广告。这数以百万计的中小企业代表了一个巨大的长尾广告市场,而这条"长尾"有多长,谁都无法预计。

新互联网时代的来临,将深刻地改变企业的市场格局和经营战略。所有的企业都面临着同样的商机,如果可以紧跟消费者需求来调整自己的经营策略,恰当运用"长尾理论",涓涓细流也可以汇聚成巨大的利润海洋。

3. 应用案例

在长尾理论的应用上,淘宝的 B2C2C 的淘宝网店模式就是运用长尾理论的典型代表。淘宝网店有将近 300 万个店,绝大多数的淘宝店都是小店,最小的销售额可以每年只有几万元。但是,涓涓细流汇集成流,光是在 2013 年,淘宝的销售总额就达到 12 000 千亿元人民币。这就是长尾理论的效应。

第四节　案例分析

一、怡亚通价值链整合模式

(一)公司背景

1997 年,怡亚通建立了全国性的保税物流网络和功能完善的四大运营中心及欧洲、美洲、东南亚等海外运作平台,形成资源共享平台后,再通过整合资源,减少供应链环节,为客户提供集物流、商流、资金流和信息流于一体的供应链服务平台。

这样的资源整合的结果是,思科、通用、松下等世界 500 强公司都渐渐成为它的客户。而此时的怡亚通才刚刚形成"广度供应链"。所谓广度供应链,是指处理供应链中的委托分销和采购(执行)两个环节,委托分销主要还是生产商与消费者之间,帮助企业管理众多的客户,主要有订单管理、商务管理、物流管理、结算管理和信息管理;采购(执行)是指从原料供应商(或设计所等)到生产企业的环节,主要帮助企业进行供应商管理和采购运作管理,其中包括物流、订单、商务、结算和信息互动等。

然而这些还远远不够,2009年,怡亚通开始了它的新的转型,也就是"深度供应链"。这里所说的深度供应链是指,包含深度物流、深度商流、深度结算、深度信息流、深度业务流的供应链平台。2009年年底,怡亚通在全国各地建立了30多个深度供应链平台。

现在的怡亚通公司总部设在深圳,员工1 000余人。现在全球共拥有9家分公司,18家子公司,并在全国各大中城市设有物流分拨中心和物流节点,建立了遍布全国主要经济区域的全方位保税物流平台,并积极发展海外市场,形成覆盖全国,辐射全球的供应链服务网络。

怡亚通与全球众多顶尖企业建立了长期战略合作伙伴关系,包括 GE、IBM、TOSHIBA、CISCO、PHILIPS、HP、INTEL、PANASONIC、英迈、清华同方、ACER、LG……以卓越的创新经营能力,成为福布斯中国顶尖企业之一。

(二)怡亚通特点评述

怡亚通起初来源很有意思。1997年由于电脑行业日益红火,各电脑商的配货、采购、配送等重要价值链环节就被分解独立出来,这时候怡亚通董事长周国辉就成了这些独立出来的价值链的接棒者。被分解独立出来的价值链环节,它不再特定地对应某个价值链环节,也不局限于某个行业,而是通过关键资源的整合积累,价值链各个环节被整合形成一个独特模式。怡亚通首先将采购、配货、资本流通、分销执行和物流整合起来,逐步建立广度供应链平台。怡亚通已与百事可乐、可口可乐、雀巢、中粮以及娃哈哈等品牌建立了战略合作关系。这些企业都在寻找让商品更快到达终端的"快车道"。而已经把路修好的怡亚通,正在等待更多的"名车"进入行驶通道。

现在不仅是快消品,其他行业的企业也在积极摸索如何搭建敏捷的供应链。例如,从分销加直销的混合模式,到脱离神州数码等分销商直接给苏宁供货的惠普电脑,以及正在建设湖北荆门园区,拟尝试从工厂直发至门店,跳过中间的配送中心,从而使物流周期缩短8~10天的李宁服装等公司,都是值得关注的对象。它们的用意在于通过渠道扁平化,优化中间环节,缩短供应链时间。而要辅助这些企业实现想法,像怡亚通这样的供应链服务公司,就具备它的价值与意义。

现在的怡亚通定位为具有高速发展前景、行业领先的"一站式供应链管理服务"提供商,服务的客户群体主要是各类工商企业,目标客户群体非常庞大,在物流业飞速发展的今天,其市场潜力非常乐观。公司目前主要集中在 IT、电子产品及医疗设备等行业。尤其是在 IT 行业,业务量一直居于领先地位,并正在向其他行业渗透。

怡亚通在目标客户定位方面具有典型意义:抓住优质客户带来品牌效应。公司确信一个核心思路:通过与全球500强公司建立了良好的业务关系,抓住了全球物流的核心企业,带来良好的品牌声誉,快速成为细分行业的领军企业。目前,怡亚通已经从 IT 行业成功延伸到通信、医疗设备、化工、汽车配件等行业,建立起强大的客户群,拥有了超过400家一流客户的阵容,包括思科系统(Cisco System)、通用电气(GE)、飞利浦(Philips)、惠普(HP)、AMD、艾睿(Arrow)、日立、柯达、NEC、利盟(Lexmark)、希捷(Seagate)等世界500强企业和国内 TCL、海尔、康佳、清华同方、海信数码、中国财险(PICC)、农行、建行、神州数码、方正等著名大企业,并创造了良好的经济效益。这些优质客户一般信誉良好,本身发展迅速,业务不断增长,使得公司的服务业务稳定,且增长潜力巨大,业务风险较小,同时,公司可借助这些优质客户在各行业的巨大影响力拓展服务业务范围,为拓展潜在客户奠定良好基础,逐步扩大和强化公司的品牌优势。

怡亚通的高速发展自然引来许多的跟随者与模仿者,当然也是由于这样的供应链服务模式具备了它生存与发展的环境与趋势。作为领先者的怡亚通自然意识到,这个模式将成为"红海模式",怡亚通也首先开启了新一轮的转型,也就是向"深度供应链"转型。

怡亚通的供应链平台建设过程中,吸取样板店加盟的方式,减少自身资金投入,大量整合经销商、增值服务商、物流商的资源,使得整个建设过程中自身资金的投入大大削减。

帮助客户扁平渠道,让产品直供门店,怡亚通的尝试正在改变传统的产供销模式,并使用其资金流、物流和商流的规模优势,影响生产企业的发展路径,重塑新的价值链。怡亚通的模式与"生产性服务公司"的业务核心类似。生产性服务业(producer services)的概念最早由美国经济学家格林福尔德于1966年提出,意思是主要为生产活动提供中间投入的服务业(中间需求性服务业,与最终需求相对应),是指直接或间接为生产、经营活动等提供中间服务,而不是直接面向最终的消费者。

(三)怡亚通模式创新分析

结合九要素商业模式分析模型对怡亚通商业模式创新进行了具体分析。按照该模型,商业模式由三个层面的要素构成:业务模块、运营模块和盈利模块。其商业模式要素分析图如图13-10所示。

"用传统的采购模式,渠道的物流费用要占到15%,而怡亚通则只用到3%;配送安装方面,传统的需要25天,而怡亚通的采购执行模式则能简化到10天。无论是国际10余家500强在华企业,还是数十家中国大型企业,在与怡亚通合作两年后,年成长率几乎均超过30%。目前,怡亚通已与雀巢、可口可乐、百事可乐、中粮集团、达能多美兹、欧莱雅等世界500强,娃哈哈、康师傅、红牛、青岛啤酒等行业前三名客户建立了战略合作关系。"周国辉说。

试问,如果和一家供应链服务公司合作,不仅可以省掉物流配送的麻烦,还能让新产品摆脱冗长的谈判过程,以进入门店和卖场,而且还能立即付款给你,让你少了45天的回款周期,你做不做呢?答案是肯定的。

怡亚通强大平台实力,更为它增加了整合资源的资本。据了解,中国100万渠道商面临转型的压力,一方面是很多大公司基于扩大销售量和加强对分销渠道的控制,或者出于对营销效力、企业形象维护的考虑,而自建分销渠道系统。这样的后果是渠道商面临"被抛弃"的命运:一方面,飞利浦、宝洁、苹果等跨国公司与中国渠道商10年姻缘一夕彻底瓦解;另一方面,随着品牌商的强大,"去渠道风"越来越严重。据不完全统计,最近三年中国有不下12 000个品牌厂商不约而同地收回代理权,转向直接控制终端,这样大量的渠

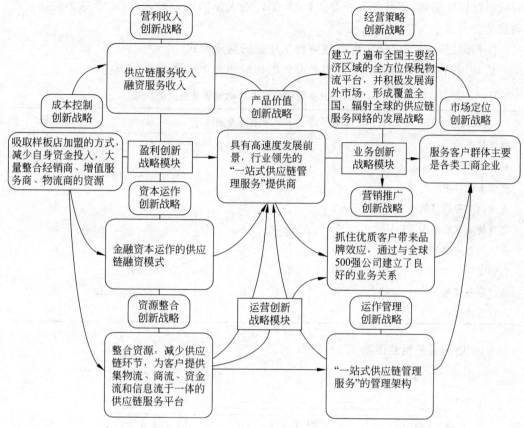

图 13-10　怡亚通营销商业模式创新战略分析

道商就要丢失多年苦行经营的饭碗。怡亚通的模式为渠道商的转型提供了一个极好的路径。

　　这些可以形象地理解怡亚通的模式,但要真正理解怡亚通,必须理解三个概念:"广度供应链"、"深度供应链"和"虚拟生产"。所谓供应链,按照国家标准《物流术语》对供应链的解释是,生产及流通过程当中,涉及将产品和服务提供给最终用户活动的上游和下游企业所形成的网链结构。它包括供应/采购、制造、营销和零售。

　　怡亚通的"广度供应链"主要包括采购执行和分销执行。怡亚通伟 GE、思科提供的就是采购、库存管理、分销执行等服务。其他如进出口通关、国内国际物流、供应链金融等根据客户需求,全方位地提供专业的服务。

　　怡亚通的"深度供应链"是指深度商流、深度物流、深度结算、深度信息管理和深度金融服务,这使得企业只需要专注于研发和品牌建设,研发出新产品后,采购/供应、物流、制造、营销、零售可以统一通过怡亚通进行处理,并且接受怡亚通的金融服务,将资金回流时间缩短 40 多天,同时使产品上架时间大大缩短,并节约大量的营销成本、物流成本等,形成成本领先优势。

　　怡亚通的"虚拟生产"是指怡亚通整合设计事务所、制造商。一个企业研发的新产品,可以由怡亚通的合作公司设计,由怡亚通执行原料采购,并交由制造商制造。整个周期时间可以比以往缩短，而且免去企业的机器、工厂的大量的资金投入，专注于品牌的建设和研发的投入。

下面通过一些图表来更形象地解释怡亚通的商业模式。

怡亚通商业模式与传统物流服务模式的比较如表 13-1 所示。

表 13-1　怡亚通商业模式与传统物流服务模式的比较

比 较 项 目	物流服务商	增值服务商	采购服务商	怡亚通
存货管理	否	是	是	是
拥有存货	否	是	是	否
接受采购订单	否	是	是	是
直接向供应商订货	否	是	是	是
将货物运送给终端客户	是	否	是	是
向终端客户收款	否	是	否	是
营销支持	否	是	一般没有	是
客户服务管理	否	是	是	是
结算支持服务	否	是	是	是

怡亚通的服务模式图如图 13-11 所示。

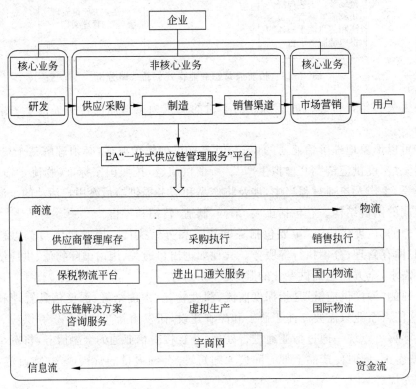

图 13-11　怡亚通的服务模式图

（四）怡亚通商业模式特色

怡亚通商业模式特色分析如表 13-2 所示。

表 13-2　怡亚通商业模式特色

服务模式要素	特　色
目标客户	IT、电子产品及医疗设备等行业
价值主张	"一站式供应链管理服务"
收入模式	供应链服务费用
合作网络	整合其他物流商、渠道商、增值经销商形成的遍布全国的网络
运营系统	集物流、商流、资金流、信息流四位一体的运营平台

总括而言,怡亚通的商业模式是:将传统的物流服务商、增值经销商、采购服务商等服务功能加以整合,并且对服务项目进行专业化分工,形成强有力的服务产品,根据业务量一定比例收取服务费,形成"贸易＋金融＋物流"的供应链融资与管理服务。同时整合供应商、制造商、设计事务所,使之能提供设计、虚拟生产等服务。

怡亚通的供应链整合服务平台如图 13-12 所示。

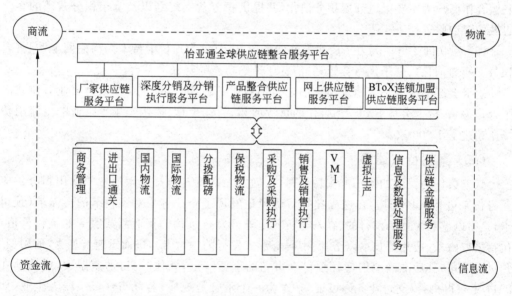

图 13-12　怡亚通的供应链整合服务平台

怡亚通取得成功的因素,并不是建立于技术的创新,而在商业实践中敏锐的商业嗅觉,抓住机遇,进行商业模式上的不断创新而取得的成功。怡亚通的商业模式的创新,强大的资源整合能力,平台建设极具竞争优势。

但是怡亚通也面临着挑战,首先是行业的发展有着传统观念的约束以及大量的追随者和模仿者的进入,其次,随着服务的增加,机构部门的增加,整个供应链服务及资源的管理的难度也在提升,考验着怡亚通的管理能力。另外,这样的经营,企业的负债率极高,而怡亚通对资金流动的要求也比较高,如若客户出现问题,则可能造成资金问题。

二、壹卡会"预付卡金融"商业模式创新分析

壹卡会是预付卡金融创新的商业模式,采用了九要素的商业模式分析模型对预付卡企业现在模式进行了基本分析,同时也介绍了未来的发展动向。应该说,在2005—2011年这几年,是预付卡发展的黄金时期,在这段时间内做大做强的企业,基本上都在2011年9月央行的牌照"大限"前拿到了批文。壹卡会作为一家民营企业不容易,虽然后人再没有条件去模仿和复制了。

(一)企业介绍

深圳市壹卡会科技服务有限公司(以下简称"壹卡会")成立于2006年6月,企业总部设在深圳,同时设立广州分公司,注册资金1.033亿元,是国内首批获得央行颁发《支付业务许可证》(许可证编号Z2002744000016)的第三方支付企业,是专为企、事业单位提供定点消费服务的专业服务机构。壹卡会主营业务包括以下几个方面。

(1)预付卡的发行和受理。紧密联盟合作商户,为各大企事业单位提供员工福利、差旅管理、商务接待等方面的整体解决方案。

(2)积分营销。接受金融、通信、石油、航空等大型积分发行机构的委托,协助它们以联盟合作商户为主要渠道开展积分消化,并提供积分营销规划以及基于积分营销的客户忠诚的咨询服务;

(3)互联网支付。大力拓展线上消费场所与应用,为预付卡持卡人构建网上购物(含积分交换与消化)、电子优惠券管理、消费评论等功能的互联网平台。

壹卡会已经成为华南地区最大的定点消费服务机构,与5000多家企事业单位建立了合作关系,持卡会员近80万,合作的百货商超、餐饮美食、休闲娱乐等行业的主流消费场所超过了1000家。

(二)案例特点述评

壹卡会作为民营的第三方支付公司,在创立之初就开始打算以消费的通用积分供应商身份来进行市场开拓,在遭受挫折后敏锐地发现了企业客户对预付卡的再需求(预付卡,是指以盈利为目的发行的、在发行机构之外或发行机构购买商品或服务的预付价值,包括采取磁条、芯片等技术以卡片、密码等形式发行的预付卡),进而迅速转型为"通用型"预付卡公司;其后准确地把握住预付卡市场的经营特点,抓住时机,迅速做大,成功地在2011年获得央行《支付业务许可证》。作为一个不管是规模、名气与众多一线大企业,如"淘宝"等和具有"国字号"背景的"银联系"企业比起来都是很普通的一个民营企业,能获得全牌照的"支付业务许可证"实属难得!现在,壹卡会又进入新的转型阶段,产品的同质性和客户的低黏合度迫使它再思考应该采取怎样的经营模式来建立和消费者的持久关系,或许又要重新开始考虑最开始的方案。

(三)案例分析

1. 起步期

壹卡会最初的目的是打算通过利用统一各种商户的积分,打造"积分联盟"方式,让商户赠送给客户的积分可以用起来,流转起来,对于客户,通过使用"壹卡会"的产品,可以做

到积分共通、共享、共用；对于商户，一个是可以让共同积分在自己这里使用，提升交易，也省去积分平台开发和维护的麻烦，同时也有助于提升客户的忠诚度。壹卡会则可通过商家手续费和积分运作的差额收益来赚取利润。这一模式看起来很好，但现实无法执行。这是因为合作方之间实力、资信并不对等，消费者愿意去往往集中的都是些大商户，这些商户怎么会相信这样一家公司能为自己带来更多的客源呢？于是大商户的缺席使得这个平台失去了对消费者的吸引力，而其他参与的小商户也渐渐失去了兴趣。

2. 转型发展期

"壹卡会"迅速转型，其发现企事业单位每年给员工发福利、回馈客户和合作伙伴，于是通过前期积累的商户资源，"壹卡会"计划应用自主研发的 POS 系统在深圳、广州建立了一张涵盖百货商超、餐饮美食、休闲娱乐、美容美发、酒店机票等定点消费类的商户网络。以"通用型预付消费卡"为载体，为各大企事业单位提供员工福利、礼品馈赠、商务接待等解决方案。搞定这些企事业单位大客户，比做个人客户市场相对变得集中而"容易"；就商户而言，也更乐于接受实实在在的购物消费。随着采购卡的企事业单位越来越多，持卡人消费的频次越来越高，签约商户得到的新增客源和新增交易额显然也越来越多。

（四）九要素模型商业模式创新分析

按照商业模式九要素模型，对壹卡会的商业模式进行逐一解析。按照该模型，商业模式由三个层面的要素构成：业务模块、运营模块和盈利模块。其商业模式要素分析图如图 13-13 所示。

1. 产品价值模式

（1）创新实用性。预付卡购物当然不是完美无缺，现时还存在不足之处。一是消费者使用受限制。一种预付卡只能在发卡的同一系统内的商店使用，无法在更多的商店使用，更无法在多种行业中使用。二是商家投资回本难度大。商店须配备读卡机，加之使用和维修费用，支出不小，对营业利润率较低的便利商店来说，回本并不太容易。这两个问题，对预付卡的进一步推行自然是有阻碍作用的。壹卡会的方式则是打破这种但渠道封闭式的预付卡模式，捅破现有局限，通过自建商圈的半开放式通卡可让客户在该商圈内方便使用。大大增强其对消费者的吸引力，从而使经营效益进一步提高。

（2）服务价值。随着商圈的不断扩大，消费者使用起来更为便利，具有更好的服务体验；同时非常重视服务，一开始就开通了 400 全国服务热线方便客户的咨询、购买和体验。

（3）品牌价值。受理市场的便利不仅刺激了卡片的销售，同时也加快了卡片的使用频率，加速了资金的流转，促进了公司业务发展，也提升了整体品牌认知度；正是因为使用者和接受者人群的不断增长，加上壹卡会自身对品牌的不断推广，包括采取各种媒体、线下，如合作商户渠道等推广不断强化了消费者对壹卡会这一品牌的认知度。

2. 战略模式

（1）环境分析。在起步期壹卡会虽然提出了自己的商业模式，但显然没有足够的影响力使得商户加入其建立的这一模式中，因此其积分卡计划难以执行；相反，其转为做"通用型预付消费卡"，由于大量企事业客户有这样的需求，因此这是一个具有巨大商机的市场。

（2）战略选择。面对这样的巨大商机，加上自身一些企业客户资源的积累，壹卡会最

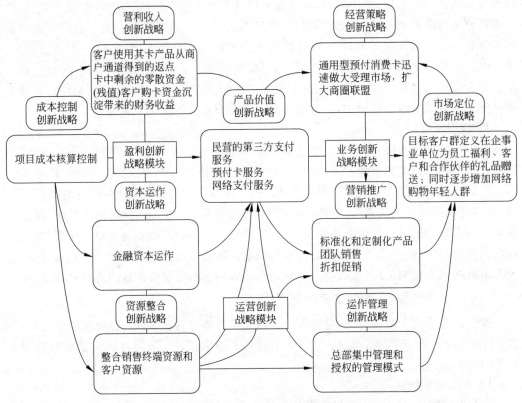

图 13-13　壹卡会商业模式创新战略分析

终转变战略，决定进入预付卡市场。而这么多的预付卡公司，要想脱颖而出，一是规模必须做大，二是必须和别人有所不同，因此壹卡会把打造自己的商圈作为重点突破方向。

（3）战略计划。为迅速抢占市场，壹卡会从两个方面开展工作，一是迅速做大受理市场，扩大商圈联盟；二是积极营销企事业单位，通过灵活的折扣和营销方式使得企事业单位选择购买自己的预付卡。当然，发票问题是关键，壹卡会成功解决发票问题，可以开出多样的合法发票以供企事业单位作为购买凭证。

（4）战略执行。为执行战略计划，壹卡会根据自己的资源配置情况除了总公司外还成立了广州分公司，建立商户渠道的建设队伍，大量拓展可使用的商户，为了更好拓展特约商户，壹卡会设计了两种付费方式，签约商户可以选择为购买壹卡会的技术系统每月付出固定的服务费，也可以选择按照消费的金额向壹卡会支付一定比例的佣金提成。一些比较新的商户或者正在一个地方开始推广会员制的商户则往往比较青睐后一种付费方式。而消费者使用壹卡会的服务则是不需要任何代价。这样很快壹卡会便建立起自己的商圈联盟。

3. 市场模式

（1）市场机会。虽然壹卡会进入这个市场并不算早，但推广自己的预付卡还是有市场机会的，原因如下。

① 前期进入的这些大公司普遍集中在北京、上海市场，商圈也集中在此区域；南方地

区,尤其是广、深并未涉足,不构成直接威胁;而广、深地区有发行预付卡(通卡)的商家在规模和名气上并没有特别突出的企业,基本处于同一起跑线。

② 广、深地区经贸发达,预付卡的需求很大,存在很大的市场发展空间,这是不容置疑的。

(2)市场壁垒。在2010年前商务部和相关金融管理机构并没有相关监管的条文来限制和管理预付卡市场,因此在2010年进入时可以说没有市场壁垒,唯一要想办法解决的是发票问题。

(3)目标客户群。壹卡会主要目标客户群定义在企事业单位为员工福利、客户和合作伙伴的礼品赠送;同时逐步增加网络购物年轻人群,以提供快捷、便利的预付卡进行网络的模式争取这些年轻人的支持。

(4)市场细分。市场细分情况不太明显,对客户还属于粗放式经营,目前可根据企业的不同情况提供个性的解决方案;但只能提供如限制使用的商户类型,不同种面值的预付卡和特殊包装等服务,略显单一。

4. 营销模式

(1)市场策略。很明确集中有限的精力只开拓深圳和广州两个华南区域主要的市场。市场策略采取快速扩张政策,做大市场。在监管机构规范预付卡市场前尽可能发出更多的卡,沉淀更多的资金,从而一方面占领市场,另一方面是在中国市场(维稳)这一特殊背景下争取获得政府的支持。

(2)产品策略。产品分为标准化和定制化两种。定制化的产品主要是在限定商圈和面值及卡面设计上凸显差异,其他服务基本一致。

(3)分销渠道。基本上是建立自己的销售团队进行预付卡的推广,销售团队采取基本底薪＋高提成的方式来推动销售;同时发展企业关键人员成为自己的销售人员。

(4)促销推广。对预付卡的采购又根据采购的不同金额,给予一定的折扣率,但所有的折扣均以计算赠送的预付卡形式给予;同时根据企业的合作情况可采取灵活的促销措施。

5. 管理模式

由于目前公司规模并不大,且只有一家分公司,在部门设置上基本由系统开发和维护(科技)、大客户销售(分为商圈事业部和卡销售事业部)、渠道管理和市场推广及其他后勤部门等组成。采取总部集中管理和授权的管理模式。

6. 成本模式

该行业的成本投入主要有三大块,一是前期系统开发及前期设备铺设需要一定的投入;二是建立销售队伍进行商圈扩张和卡销售;三是在前期没有品牌知名度情况下需投入的市场推广费用。另外可能有一个隐形的水税收成本,这方面取决于当地政府的相关政策。

7. 营收模式

壹卡会目前主要的收入来源有三个,一个是客户使用其卡产品从商户通道得到的返点;二是卡中剩余的零散资金(残值);三是客户购卡资金沉淀带来的财务收益。由于该公司非上市公司并没有会计报告披露。但根据以往行业经验,往往购卡资金沉淀带来的收益比其他收入显得更可观。随着相关监管制度的不断完善,为保证资金安全,这部分资金将以更安全的方式进行投资,整体收益将会下降;同时受理市场大商户由于议价能力强,返点不断降低将成为持续的趋势,因此在没有新的收入店支持下,其整体收入很可能会受到较明显的影响。

8. 资本运作模式

资本运作模式主要是金融资本的运作和网络金融的模式创新。

虽然壹卡会成功转型并在这几年努力做大了市场,还成功地获得央行第三方支付牌照,但对预付卡企业而言除了解除政策风险,也被戴上更多的监管镣铐,盈利模式趋近单一:要从商户获得更多议价能力的码价,无非是做大发卡的数量和金额,更准确地说,是发展更为庞大的持卡客户,客户不仅带来规模,更带来庞大的消费行为数据可供研究开发。据介绍,持卡人消费的所有记录都会进入壹卡会的后台系统,壹卡会能够非常方便地横向、纵向地分析各类消费数据。壹卡会甚至为此成立了内部的咨询部门。但是靠售卡给大客户再由大客户分发到最终持卡人手里的 B2B 形式,持卡用户的黏性很难保证;同时由于竞争的激烈,壹卡会自身的品牌定位也限制了其进一步发展壮大。因此综合起来有必要进行继续提升。

(1)品牌的提升。为了改变客户心目中对壹卡会纯粹是一个"卖卡"这样的一个形象,加强客户对"壹卡会"的认识,从 2011 年开始,壹卡会通过开展各种市场活动,包括客户教育、理财培训和组织品牌形象活动,如"城市生活达人"评选等来强化自己在消费者心目中的形象。同时通过与合作商家开展深层次合作,为壹卡会客户提供更多的附加值服务,进一步丰富壹卡会产品的价值内涵。

(2)产品的提升。壹卡会 B2B 的便捷模式也要开始"转型"。在积累一定的零售客户和一定的知名度背景下,壹卡会也需要构思如何提升客户的忠诚度。因此,由原来的"预付"变成"预付＋积分"的产品模式势在必行,从而与其他预付卡公司有效区别开来。

壹卡会的商业模式并不新奇:打破封闭的消费网络发行可在商圈内使用的预付卡;也不是首家开展这样的业务,全国有多家公司开展类似的业务。但任何事情的成功本身就是天时、地利、人和等因素共同作用的。应该说,壹卡会作为一个后起之秀,得益于其敏锐的市场嗅觉,果敢的及时转型进入预付卡市场;同时对建立商圈的理解非常深刻,投入大量的资源建立其商圈,拉拢了大量知名的大商户,包括实体商户和网络商户;再加上灵活的销售方式,大大促进了发卡。也正得益于以上措施,使得壹卡会在广、深地区发展了大量客户,最终凭借这已成形的巨大市场,成为唯一一家获得第三方支付牌照的民营企业。而如今做大的壹卡会再次筹划提升转型,其发展正是"变则进,不变则退"最好的诠释。

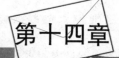

第十四章

商业模式创新战略设计
策略、方法、流程

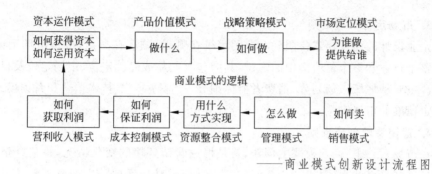

——商业模式创新设计流程图

第一节　商业模式创新战略的设计标准和准则

一、商业模式创新战略设计的标准

在明确商业模式的设计流程之前,我们必须明确商业模式的一些成功标准,契合标准就是商业模式设计的目的,企业必须明确这个目标导向,才能够事半功倍而不迷失方向。

长期从事商业模式研究和咨询的埃森哲公司认为,成功的商业模式具有以下三个标准:第一,成功的商业模式创新要能提供独特价值;第二,成功的商业模式的创新也是难以模仿的;第三,成功的商业模式创新必须是脚踏实地的。

一般认为,商业模式创新设计的标准是指商业模式的内涵、特性,是对商业模式内容的延伸和丰富,是每一个成功商业模式都必须具备的属性。在我们看来,商业模式设计原则的核心要素有:市场、顾客价值及盈利。这三个标准要素最为基础,是商业模式最基本和最根本的要求。

二、商业模式创新战略设计的基本准则

除上述设计标准外,还必须包括其他的一些基本准则,它们为:客户价值最大化准则、战略管理优化准则、市场定位准确准则、营销策略创新准则、组织管理效能准则、资源整合配置准则、持续盈利发展准则、资本运作效率准则和成本严格控制准则等九大准则。

1. 客户价值最大化准则

提供什么产品,如何提供,企业能为顾客提供怎样独特的价值和服务,使之客户价值最大化。我们在设计商业模式时,首先需要分析顾客需求,目的就是要为产品寻找能够比较容易呈现价值的顾客群。分析和把握顾客需求,并寻求产品在市场中的最佳定位,满足

客户的最大需求,使客户价值最大化,是设计商业模式的一项首要工作。

2. 战略管理优化准则

在商业模式创新中,需要企业战略的方向和决策指导。商业模式创新要以未来的环境变化趋势作为决策的基础,这就是战略管理决策功能。战略管理是决定企业长期问题的一系列重大管理决策和行动,包括企业战略的制定、实施、评价和控制。战略管理优化是企业在制定长期战略和贯彻战略活动中,把商业模式的创新落实到具体的战略实施行动方案中去。

3. 市场定位准确准则

企业设计的商业模式要明确企业的市场在哪里,顾客在哪里,进行市场定位,包括企业在整个行业和整个价值链中的定位,其中包含产品或品牌定位、市场定位及目标消费群定位。主要从地域市场划分、消费者群体细分、产品差异化、技术壁垒和营销模式等差异,来确定精准的市场定位。

4. 营销策略创新准则

在市场营销上,商业模式的创新,就是根据营销环境的变化情况,并结合企业自身的资源条件和经营实力,寻求营销要素在某一方面或某一系列的突破或创新的过程。管理大师彼得·德鲁克说过这样一句话:"企业的目标就是为了创造客户,因此企业只有两个基本的功能,就是营销和创新。"因此,采用有效的营销策略,就是创新的商业模式的应用。

5. 组织管理效能准则

成功的商业模式不一定是在技术上的突破,而是对企业价值链环节的改造,或是对原有管理模式的重组、创新,致使对整个管理体系的颠覆。创新的商业模式在运营上,必须建立组织高效的管理系统,进行管理流程设计和再造,清晰界定管理层与业务层之间的管控关系与权责关系,最大限度地提升企业组织效能。商业模式的创新形式贯穿于企业经营的整个价值链过程之中。也就是说,在企业经营管理的每一个价值链环节上的创新可能变成一种成功的商业模式。

6. 资源整合配置准则

商业模式创新就是要整合优化资源配置。资源整合是优化配置的决策,是根据企业的发展战略和市场需求对有关的资源进行重新配置,以凸显企业的核心竞争力,并寻求资源配置与客户需求的最佳结合点,目的是要通过企业内部安排和管理运作协调以及企业外部竞争环境的制约机制来促使资源的整合优化,增强企业的竞争优势,提高资源利用水平。资源优化配置指的是能够带来高效率的资源使用,包括企业内部的人、财、物、科技、信息等资源的使用和安排的优化,也包括社会范围内人、财、物等资源配置的优化。

7. 持续盈利发展准则

企业能否持续盈利,是判断其商业模式是否成功的唯一标准。我们必须考虑,企业如何以最低成本、最大利润为顾客提供这些价值,并从中获得企业的盈利。盈利是经济型组织运营的最大目标,同时,还必须通过盈利达到企业的可持续性的发展,成为永续经营的百年企业。因此,在设计商业模式时,盈利和如何盈利、盈利的持续性发展也就自然成为重要的原则。

8. 资本运作效率准则

资本运作模式的打造对企业有着特殊的意义,资本运作是企业运营的最高层次。谁能操作资本运作,谁就赢得了企业发展的先机,也就掌握了市场的主动权。成功的资本运作,可以给企业带来事半功倍的收益。

9. 成本严格控制准则

如何以最低成本来换取最大利润,这是企业运营时必须考虑的。降低成本和控制成本,能够大大增强企业的盈利能力,不容忽视。

第二节　商业模式创新战略设计的思路、流程、逻辑和途径

一、商业模式创新战略设计的基本思路

明确企业商业模式设计中的标准和九大原则之后,我们来明确商业模式设计的基本思路。在整个企业中,商业模式战略的创新,在产品价值创造中,由于产品和服务的创新形式的不同,更多表现的是盈利模式的创新、流程的创新、营销模式的创新、管理的创新,而在管理和资源的整合上,更多强调的是价值链的、产业链的创新,这是在整个创新模式上的不同。一个新创业企业最根本的创新是商业模式的创新。在商业模式创新这个核心的基础上,必须通过技术创新、管理创新和业务流程的创新去实现。

基于以上商业模式的特性要点和逻辑关系,结合我们提出的 9 条设计基本原则,我们整合出商业模式设计的基本思路如下。

(1) 定位。确定客户的产品价值,提供何种产品和服务给客户,是企业战略定位。

(2) 打造核心能力。通过价值链打造企业核心竞争力,是商业模式的核心。

(3) 设计运作流程。通过运作流程优化,反映出企业前述的战略定位和竞争优势。

(4) 盈利模式。持续盈利,实现企业价值最大化,是商业模式运营的结果。

商业模式创新战略设计的基本思路如图 14-1 所示。

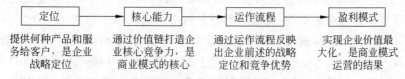

图 14-1　商业模式创新战略设计的基本思路

二、商业模式创新战略的设计流程

一般认为,商业模式创新战略设计流程遵循的核心步骤应该包括三个方面,即商业模式分析－商业模式选择－商业模式实施。商业模式创新战略设计流程如图 14-2 所示。

首先,必须进行商业模式分析。先分析企业所处的外部宏观环境,分析行业产业链,分析企业所处的竞争环境,明确行业的发展趋势和竞争情况;再分析企业内部的资源和能力,然后,进行波特的"五力图"分析,遵循以上提出的"资源—能力—核心能力—核心竞争力"的分析逻辑;最后再进行价值网分析,也就是从企业的利益相关者和价值相关者、从企

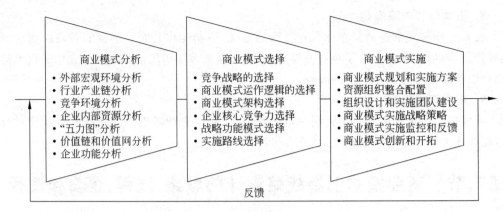

图 14-2　商业模式创新战略设计流程

业的价值网进行分析,如分析企业的合作伙伴、上下游等,了解企业在价值网中所处的地位,也分析价值网中有哪些资源可以供企业充分利用,发挥集聚效应。

其次,进行商业模式选择。首先是制定出企业竞争战略,根据企业竞争战略的目标和方向,可以收集到适合企业的商业模式方案,并结合商业模式9要素模型对商业模式方案进行评估分析,可以采用量化指标进行选择和分析,根据我们提出的雷达图,可以看到每个商业模式方案的优劣,并结合企业所处的外部环境、消费者需求和企业资源能力进行商业模式选择。作出选择后,确定企业的9要素模式,即从这9个要素去给自己的商业模式定义和阐述,细化和明确企业的商业模式组成。

最后,实施和打造商业模式。根据上面的选择和商业模式,在公司内部进行计划和资源调配,尤其需要从战略高度来进行计划和组织,明确要打造商业模式所需要做的事情和进程,根据所需做的事情形成阶段性目标,采用目标管理法,明确进程和所需要配套的资源,进行必需的进程控制和资源调配。然后,根据进程和目标管理法,形成相应的组织架构和执行结构,进行管理和实施团队建设,保障计划高效完整地执行。而后,就确定的9要素进行打造,明确各个方面的目标和所需要完成的任务,将所需要完成的人为细化,也可以利用目标管理法来实现,完善9个要素的指标也就等于形成了一个完整的商业模式。最后,随着市场环境、消费者需求和竞争对手的变化,不断形成商业模式创新和商业模式再创新。没有一成不变的商业模式,对于商业模式而言,唯一不变的就是变化,商业模式创新越来越受到重视,因此,下面,我们将重点论述商业模式创新战略的设计路线图。

三、商业模式创新战略的设计逻辑

经过以上论述,我们明确了商业模式创新的基本流程,那么如何进行商业模式的创新和改造呢?我们提出了商业模式创新的九步曲的设计逻辑图(见图14-3)。

如图14-3所示,我们规划出商业模式创新战略的设计逻辑路线如下。

第一步,作为商业模式创新的起点,是如何获得资本(融资)和如何运用资本。以利润最大化和资本增值为目的,以价值管理为特征,以融资为资金来源渠道,将本企业的各类资本,不断地与其他企业、部门的资本进行流动与重组,实现生产要素的优化配置和产业结构的动态重组。

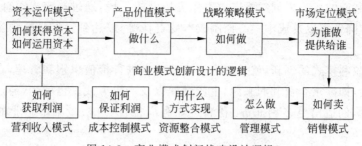

图 14-3　商业模式创新战略设计逻辑

第二步,定位产品价值模式,进行企业环境调研,其中既包括行业环境、行业趋势,也包括竞争对手调研,目的是确定提供给我们的客户什么样的产品和服务价值。深入了解客户所经营业务的本质,以及该客户如何满足他自己的客户的需求。通过重新定义新目标市场来创造产品的价值优势,重新定义顾客的新的需求认知来达到产品或服务价值创新,也可经由价值链的重组与价值活动的创新等方式来增加产品的价值优势。

第三步,确定企业战略的目标的方针,找到企业战略发展的可持续性增长的模式,尤其是商业模式创新的方向,明确商业模式创新9要素的发展方向。制定出具有独特商业模式要素和特征的竞争策略和经营目标,取得核心竞争力优势,适应企业外部宏观和微观环境的变化,利用竞争对手间的利益相关性和优势互补性,实现战略定位,提升竞争力,寻找增长的潜力。

第四步,确定企业的产品是为谁而做,进行市场定位,对目标客户进行细分和定位。在市场定位和市场细分的基础上,企业需要根据市场潜量、竞争对手状况、自身特点选定和进入特定市场。企业运用目标市场定位策略对客观存在的不同消费者群体,根据不同商品和劳务的特点,采取不同的市场营销组合。

第五步,根据制定好的企业战略和企业商业模式9要素的发展方向,根据市场定位的目标客户群,制订出基于企业战略的营销方案,以营销来带动商业模式创新,因为营销可以保证企业接触自己的目标市场,了解消费者需求的变化,并且能够尝试验证企业的盈利能力。制定市场策略,开拓市场和建立销售渠道,涉及如何制定企业的市场和分销策略。

第六步,经过制定基于企业战略的管理组织结构和管理模式,也就是确定商业模式创新的具体方案,细化到9个要素需要达到什么目的和指标,需要采取哪种手段和步骤,将这些目标和措施进行统一和整合,并通过相应的组织架构和执行机构来保障创新的组织和控制,把新的管理要素(如新的管理方法、新的管理手段、新的管理模式等)或要素组合引入企业管理系统以更有效地实现组织目标的创新活动。

第七步,创新的资源整合配置,可达到企业资源最佳利用。资源整合创新是优化配置的决策。创新的资源整合配置,是对不同来源、不同层次、不同结构、不同内容的资源进行识别与选择、汲取与配置、激活和有机融合,使其具有较强的柔性、条理性、系统性和价值性,并创造出新的资源。这就是根据企业的发展战略和市场需求对有关的资源进行重新配置,以凸显企业的核心竞争力,并寻求资源配置与客户需求的最佳结合点。

第八步,创新方案的具体执行,重点在于成本控制和进度的控制,通过目标管理方法来实施,保证利润的落实。创新要以成本作为控制的手段,通过制定成本总水平指标值、可比产品成本降低率以及成本中心控制成本的责任等,以达到对经济活动实施有效控制的目的。

第九步,盈利模式的创新,就是对企业经营要素进行价值识别和管理,在经营要素中找到盈利机会,即探求企业利润来源、生成过程以及产出方式。也就是,通过企业所有创新的业务活动,创造出更多利润源、利润点和利润杠杆,进一步丰富企业的收入来源和渠道。

四、商业模式创新战略的八大创新途径

关于创新的途径,有赛迪顾问公司的商业模式创新"六步法",值得参考。它提出了中小企业如何进行商业模式创新的六个步骤。

第一,打破市场常规边界,进行创新式的思维。

第二,整合创新资源。

第三,把握经济规律,掌握创新核心和本质。

第四,选择创新路径。

第五,形成商业模式机制。

第六,形成整个企业的核心竞争优势。

在这里,我们提出通过下述八大途径彻底地去改变和创新企业现有的商业模式(见图 14-4)。

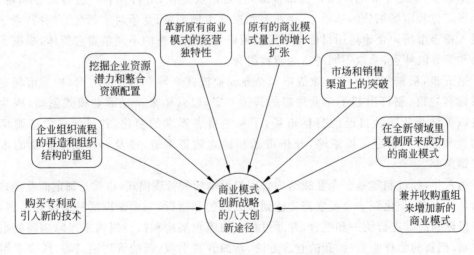

图 14-4　商业模式创新战略的八大创新途径

第一,通过购买专利或引入新的技术,转变原有的商业模式,创造新的商业模式。例如,富士就是引进数码相机的技术,对原来的光学胶卷技术进行了更新换代,转变成数字摄像摄影产品的生产商和服务商。

第二,通过企业组织流程的再造和组织结构的重组,来实现商业模式上的创新。例如,富士康从原来的流水作业线工厂,转变成为虚拟生产经营的模式。

第三，挖掘企业资源潜力和整合资源配置，增加创新的商业模式。在企业的成长过程中，企业会不断形成自己的能力和特有资源，利用这些新增资源和能力和原有的资源能力整合配置，就能够使企业形成新的商业模式，促进企业的不断发展。例如，广州恒大地产整合地产资源、足球俱乐部资源、女排资源，然后开创出恒大冰泉的品牌，不断形成新的商业模式。

第四，革新原有商业模式的经营独特性，这是一个根本性的改变和突破，是对商业模式经营独特性的更改。经营独特性的改变，能使企业进入到一个新的商业模式上来运营。例如，IBM 将原来靠销售硬件为主的商业模式改变成为依靠软件和服务为主的商业模式。

第五，通过原有的商业模式量上的增长扩张来创造全新的商业模式。也就是在原有领域不断积累以实现扩大，如亚马逊开始时是专注于书籍的网络销售，后来形成庞大的用户和消费者群体，就将产品和服务扩大到电子产品，直至扩大到所有消费产品的网上销售等，在量的增长基础上，实现了质的转变，从原来图书销售的垂直模式，变成了全方位的网上销售平台模式。

第六，通过在市场和销售渠道上的突破来形成新的商业模式。市场的客户目标群的改变，以及销售渠道和方法的改变，就可以创造出新的创新模式。例如，苏宁从家电连锁业的店铺销售，转型到网店销售，然后形成新的 O2O 的云商模式。

第七，在全新领域里复制原来成功的商业模式，创造新的商业模式。也就是依靠现有的客户群和现有的管理经验和经营优势，将现有成功的商业模式复制到其他的领域和行业中。例如，腾讯公司将原有的在 QQ 上的用户群的优势作为基础资源，开发出微信产品业务，实现在新领域的扩张，从 SNS 社交网站模式转变成移动社交平台，进而成为移动电子商务平台的模式。

第八，通过兼并收购重组来增加新的商业模式，这是商业模式转型的一个捷径。通过收购和兼并来扩展企业，引入新的模式和新的资源，通过兼并原有企业的资源使之和原有资源有效整合和利用。例如，Oracle 公司就是在不断的兼并收购中，从原来一个软件服务提供商转变成为 ERP 的供应服务商，实现了商业模式的转型。

第三节　商业模式创新战略的设计方式

一、商业模式创新战略的平面设计

在商业模式设计的概念上，我们提出平面设计的概念，与创新领域的其他理念相互融合。主要体现在以下三个方面。

（1）创意上首先要突出企业的特色，也就是商业模式要有一定的创新性和独创性，要体现出企业和行业的特色，如阿里巴巴的商业模式就充分体现行业和公司本身的特色；创意也需要考虑消费者的需求，消费者的需求是商业模式的出发点，因此在设计商业模式的时候要以消费者的需求为基础，充分考虑消费者的消费体验和价值；创意也要考虑行业背景，行业是企业发展的基础和依靠，因此在设计商业模式的时候要将行业的发展特点、发展现状和发展趋势考虑进去。

（2）商业模式平面设计中强调结构空间关系的整合和平衡，做到新颖、合理和统一，企业需要注意将商业模式与企业内部资源能力、企业外部环境进行契合，要结合公司所拥有的异质性资源以及所形成的整合资源的能力，来判断企业的内部核心竞争力，要结合外部环境，尤其是行业环境和竞争对手情况，来衡量和提升商业模式的竞争优势和可持续性。

（3）商业模式平面设计中需要注意对比、平衡、节奏与韵律，要注意处理好业务模块——产品价值模式、战略模式、市场模式，运作模块——营销策略、管理模式、资源整合模式，盈利模块——资本运作模式、成本模式、营收模式，这三大模块九个要素之间的关系，尤其是需要做到业务模式、运作模式和盈利模块三者的有机联系，将这三者形成一个完整的整体，相互配合。

企业的盈利点和利润点是一个点，但是单靠这个点，企业是难以维持的，因此，需要由点带面，由盈利点出发，将企业其他的因素都纳入这个面上来，包括企业的产品、渠道、客户等，这就是平面设计的核心意义所在。

因而，平面设计的基本逻辑就是：每个行业的利润点都是流动的，我们要找到行业高利润区之所在；然后依据该利润区，创立新的价值提供模式，再将品牌、战略和营销模式定位在那里；再根据产品、渠道、客户、管理、技术、供应链等环节来进行关键资源和能力的配置，并设计一套运营系统，去打造企业自己的组织架构、管理流程和考核机制以及营销系统，由此建立起企业天然的保护屏障。这样，企业就拥有了整体的竞争优势，而不是某一个单点的容易被模仿的优势。也就是说，企业有必要以利润区定位为核心，对运营活动进行取舍，并建立与之相对应的运营系统，因此建立起了企业的商业模式。

经过以上的水平推断，我们从企业的利润点出发，发散到企业的其他方面，那么接下来就将这些点连接起来，形成一个逻辑关系强烈的平面设计逻辑思路。从企业明确自己的融资模式获得资本出发，企业需要理解清楚应该拿资本做什么，应该如何去进行市场定位、找准消费者以及精确分析消费者的需求，根据消费者的需求和偏好进行产品的生产，并需找到最能够广泛接触到消费者的渠道和手段向消费者提供产品和服务，从而通过获得利差和服务差来获取利润。这便是一个完整的商业模式平面设计的逻辑，一个企业需要不断地进行这样的思考和自我检查才能发现现有商业模式的缺陷，使企业的盈利可持续。

平面设计的一个最典型的应用方法，就是平台设计，或者平台商业模式的打造。平台设计着眼于整个产业链的控制、整合或者创新。"平台"的概念原来是IT设计中软件系统分层结构思想的具体体现。通过平台和中间件，以及业务组件来构造平台的基础，进一步形成应用系统的开放平台。平台是一个框架性的东西，在平台框架上的运用，可以把业务组件领域划分为金融、制造、电信、保健、电子商务、运输等各个方面，开放给其客户和商家以及供应商共同搭建联盟式的社会系统，共同创造价值。

谢文的《平台战略》认为，"平台模式"是一个商业生态系统。平台生态圈里的一方群体，一旦因为需求增加而壮大，另一方群体的需求也会随之增长。一旦一个良性循环机制建立起来，通过此平台交流的各方也会促进对方良性循环增长。而通过平台模式达到战略目的,包括规模的壮大和生态圈的完善,乃至对抗竞争者,甚至是拆解产业现状、重塑市场格局。把"平台"上升到战略层面,设计为新商业模式,这是一种新的商业模式设计方法和手段。平台商业模式的精髓,在于打造一个完善的、成长潜能强大的"生态圈"。它拥有独树一帜的精密规范和机制系统,能有效激励多方群体之间互动,达成平台企业的愿景。平台设计如图14-5所示。

例如,阿里巴巴就是平台商业模式设计方法打造的企业。马云规划了阿里巴巴"千亿社会化平台"的愿景,具体部署方面,已规划20年的三大业务分别是:平台、金融及数据。这是一个很典型的案例,这个以平台为中心的产业当中,平台的参与者越多,平台就越具有价值。换句话说,上网的企业越多,访问平台的人数越多,阿里巴巴就越有价值。

因此,商业模式的平面设计注重的是由点带面,从利润点出发,形成一个全过程的组织系统,实现全面的设计和覆盖。此外,也有企业只针对商业模式中的一个环节或者一个节点进行深挖

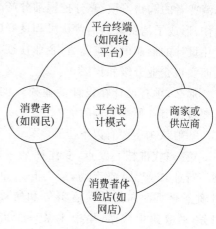

图14-5 平台设计方法图

掘,也从中找到了商业模式,这就是下一节我们要讲述的垂直设计。

二、商业模式创新战略的垂直设计

在上一节平面设计中,我们重点强调的是商业模式的整体配合和全面开展,既包括企业内部职能的全面配合,也包括企业业务的全面开展,企业通过平面设计达到的目的是实现企业内部职能全面的壮大和对全市场的覆盖,并在"大而全"中获取稳定的收益。但是反其道而行之,其实企业也未必一定需要做到对全部职能的介入和对全市场的覆盖,目前很多企业不断地缩小规模,细化自己的市场,在细分市场找到利基市场,并且不断地将自己的职能外包,只留下关键的职能,从而优化资源的利用效率,集中力量获取更多的收益。这个也是目前企业比较认可的一个趋势,基于这个趋势,我们提出了垂直设计的概念。垂直设计强调的是企业关注于某一个细分市场或者细分领域,关注价值链的某一个环境,而非覆盖整个市场领域和所有价值链环节。

垂直设计在电子商务领域运用最为广泛,垂直设计和电子商务相结合催生了一个新的概念——垂直电子商务。垂直电子商务是指在某一个行业或细分市场深化运营的电子商务模式。垂直电子商务网站旗下商品都是同一类型的产品。这类网站多从事同种产品的B2C或者B2B业务,如中国化工网、中国小商品市场网,其业务都是针对同类产品的,如商品,与其相对的则是综合电子商务网站,类似淘宝、易趣这类网站。

垂直电子商务的核心是专业和关注。例如,卓越、当当、淘宝、阿里巴巴等属于多元化的电子商务网站,主要是覆盖全体的大市场,有点类似综合的大百货商店。但是随着电子商务的发展,消费者更加注重消费体验,垂直化服务才开始受到重视,目前,凡客诚品等公司和网络平台的兴起正说明了这个必然的趋势。类似的例子还有一大把,如第一家大米

电商品正电商,第一家眼镜电商可得眼镜,第一家孕妇电商"十月妈咪",还有卖表的万表网、卖木门的 tata 木门、买卖旧书的孔夫子旧书网等。这些电子商务公司成功的原因主要是选择了垂直化的商业模式。

垂直化的商业模式创新设计,是在细分品类精耕细作,挖掘细分产业的线上能量,培养消费者的购物习惯,充分挖掘细分产品的特色和地域特色,在专业的产品和服务中精耕细作,形成了消费者的消费认可和良好的消费体验,受到消费者的欢迎和认可。在基于垂直化设计的商业模式成熟后,企业往往采取由专而博、由单一而宽泛的全品类扩张之路,从而实现企业升级和扩展。

那么,垂直设计在设计商业模式的时候需要遵循哪些原则和步骤呢?

一般认为主要有以下步骤。

第一,找准核心要点,专注在某一领域,某一行业或产品,或市场,或客户。也就是明确企业所面向的消费者群体和所提供的服务,采取集中战略,集中于某一个群体的消费者,满足某一消费群体的某一个消费需求,为消费者提供某一个特定的价值。这是垂直设计的重中之重,只有找准这个核心要点,才能够确立整个垂直设计的基础。

第二,围绕第一步所选择的核心要点进行资源配置,包括人员和组织机构等的相应配置;所有资源都倾注在这一垂直的市场和客户。

第三,确定专注的营销方案和物流等方案对专注的客户进行配套,占领垂直化的目标营销。

图 14-6 就是一个可以借鉴的电子商务常用的垂直设计逻辑分类模式的例子。

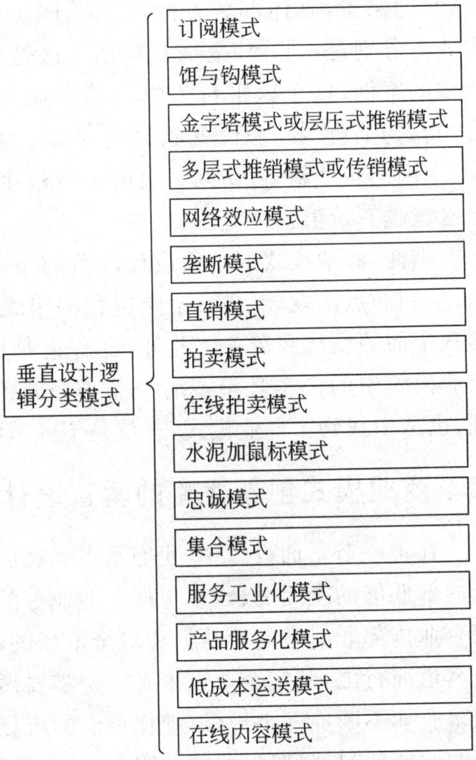

垂直设计逻辑分类模式
订阅模式
饵与钩模式
金字塔模式或层压式推销模式
多层式推销模式或传销模式
网络效应模式
垄断模式
直销模式
拍卖模式
在线拍卖模式
水泥加鼠标模式
忠诚模式
集合模式
服务工业化模式
产品服务化模式
低成本运送模式
在线内容模式

图 14-6　垂直设计逻辑分类图

三、商业模式创新战略的价值链设计

我们在第十三章中已经对价值链的概念和含义等进行了充分的阐述,价值链是我们全面思考和分析一个企业的有利工具。

追求沿价值链延伸所产生的价值,是商业模式创新方法之一。整个产业的不同区域价值链的同步相互作用将创建一个延伸的价值链。波特将这种价值链的更大的相互联系的系统称作"价值系统。"一个价值系统包括公司的供应商的价值链、公司本身的价值链、公司分销渠道的价值链,以及该公司的买家和其产品的延伸购买者的价值链。例如,一个制造商可能会要求其零部件供应商位于组装厂的附近,以尽量减少运输成本。沿着价值链的上游和下游,通过利用信息流,公司可以绕过中间商,建立新的商业模式,或以其他方式促进其价值系统的改善。

使用这一方法设计,主要是通过产业价值链的重新定位,来创新商业模式的战略。例如,我们由"微笑曲线模型"来选择产业链条上的企业战略位置;还有,通过产业链移位来创新企业的商业模式:向上延伸模式创新、业务外包模式创新,以及反向 OEM 模式创新等。还有,社会产业链多赢模式创新、接力地产模式创新、横跨行业模式创新、传统与互联网结合模式创新,等等。

商业模式的价值链设计强调的是运用价值链的视角,在服从企业战略和商业模式的基础上,优化价值链上的业务流程管理,通过对所有业务流程进行优化和完善,提供产品精益求精,卓越运营,从而为客户提供卓越的价值。尤其是要重视优化价值链上的六大业务功能,包括研发产品、服务或进程的设计、生产、营销与销售、配送、客户服务,如图 14-7 所示。

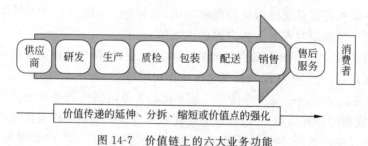

图 14-7　价值链上的六大业务功能

企业每项生产经营活动都是其为顾客创造价值的经济活动;那么,企业所有的互不相同但又相互关联的价值创造活动叠加在一起,便构成了创造价值的一个动态过程,即价值链。企业所创造的价值>成本,就能盈利;企业所创造的价值>竞争对手创造的价值,就会拥有更多的竞争优势。企业是通过比竞争对手更廉价或更出色地开展价值创造活动来获得竞争优势的。

因此,商业模式的价值链设计要求创业者通过审视一个产品或服务的价值链,来发现价值链的哪个阶段能够以其他更有意义的方式增加价值。这种分析可以集中于:价值链的某项基础活动(如营销);价值链某个部分与其他部分的结合处(如运营和外部后勤之间);某项辅助活动(如人力资源管理)。不管集中于价值链的哪一种活动,创业者都要确定自己在整个价值链中的地位和角色,并进一步明确合作伙伴以给新企业提供有效支持。

四、商业模式创新战略的价值网络设计

价值链强调的是企业内部职能部门和职能环节的有机联系和整合,相类似地,企业处于产业中,也是产业价值链中的一个环节,因此我们将价值链的概念扩大到价值网的概念,引入商业模式的价值网络设计,以强调企业在设计商业模式的时候也需要考虑相关利益者。价值网络设计的思想打破了传统价值链的线性思维和价值活动顺序分离的机械模式,围绕顾客价值重构原有价值链,使价值链各个环节以及各不同主体按照整体价值最优的原则相互衔接、融合以及动态互动,利益主体在关注自身价值的同时,更加关注价值网

络上各节点的联系,冲破价值链各环节的壁垒,提高网络在主体之间的相互作用及其对价值创造的推动作用(见图14-8)。

商业模式创新的价值网设计主要强调以下几个方面。

(1)顾客价值是核心。把客户看作价值的共同创造者,即价值流动由顾客开始,把顾客纳入价值创造体系中,并把他们的要求作为企业活动和企业价值取得的最终决定因素。

(2)领导企业是价值中枢。网络中的厂商不仅是价值网络形成的主要动力,而且可以整合其他成员创造的价值,并最终影响价值创造的方式和价值传递的机制。市场与客户的需求等信息是激活价值网的关键,而领导企业的作用在于敏锐地发现有关客户群的需求信息,并

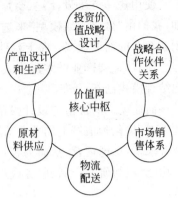

图14-8　价值网模式设计图

把这些需求信息及时、准确地反馈给生产厂商和供应商,使得价值网络里的每个参与者都能够贴近其客户,并对市场状况及其变化迅速作出响应。

(3)数字化的关系网络是支撑体系。数字化的关系网络可以迅速地协调网络内的企业、客户及供应商的种种活动,并以最快的速度和最有效的方式来满足网络成员的需要和适应消费者的需要。此外,当企业不能充分利用自己积累的经验、技术和人才,或者缺乏这些资源时,也可以通过建立网络关系实现企业间的资源共享,相互弥补资源的不足。

(4)具有核心能力的生产厂商、供应商是微观基础。价值网的整体竞争力来自于价值网络成员之间的协同运作,这种协同运作强调网络中的企业集中精力和各种资源做好本企业所擅长的业务工作。具有核心能力的生产厂商、供应商是保证价值网络正常运转的微观基础。

因此,商业模式创新战略的价值网设计的思路如下。

第一,构建以顾客价值为核心的竞争战略。价值网是一种以顾客为核心的价值创造体系,优越的顾客价值是价值网模型中价值创造的目标。同时,价值网是一种需求拉动系统,通过顾客需要激活整个价值网络,以顾客价值为核心的竞争战略,从对企业长期生存发展至关重要的战略逻辑与远景层面、价值链配置层面和对企业短期生存举足轻重的最终产品与市场层面来实施。

第二,采取以紧密合作为基础的双赢竞争策略。企业应树立合作竞争观念、整体价值创造观念,冲破价值链各环节的壁垒,考虑整体成本,提高网络在主体之间的交互作用和对价值创造的推动作用。

第三,塑造核心竞争力作为企业主要成长途径。核心竞争力是价值网得以存在和运行的关键环节,是合作关系建立的基础。价值网强调成员公司核心能力的优化整合,发挥成员之间的协同效应,以最有效地实现顾客价值。

第四,分解收缩价值链,专注于核心能力。价值链分解就是企业从提高自身核心能力出发,重新审视自己所参与的价值过程,从功能与成本的比较中,研究在哪些重要的核心环节自己具有比较优势,保留并增强这些环节上的能力,把不具有优势的或非核心的一些

环节分离出来,利用市场寻求合作伙伴,共同完成整个价值链的全过程。

第五,集成价值链,实现总成本领先。通过价值链的整合,可以设计一个新的价值链,通过市场选择最优的环节,把它们联结起来,创造出新的价值。在生产能力相对过剩和市场竞争激烈的情况下,这种整合的机会也就越多。

第六,发挥价值链的协同效应,培育企业的核心能力。协同效应,是指企业整体协调后所产生的整体功能的增强。企业核心能力来源于企业价值链管理的协同效应,表现在企业的研发、设计、采购、生产、营销、服务以及人力资源管理各项战略活动的协调互补和统一,尤其是在资源上的共享、资金上的互补、人员的合理流动等。

第四节 案 例 分 析

一、宜信公司 P2P 网络金融模式创新

(一)宜信概况

2006 年,在美国拿到经济学博士学位并拥有华尔街 DLJ 投行数年工作经验的唐宁,创办了宜信公司,并开办了中国第一个 P2P 信贷模式业务——宜农贷。宜农贷的运营模式是建立一个网络平台,让资金闲置的人群向需要资金支持的人群提供融资,并从这些借贷中获取利息,宜信收取一定的服务费用,负责审核信用和控制风险。这是非常典型的民间融资的例子,但是宜农贷的金额非常小,单笔业务金额可从 100 元算起,并将借款人群主要定位为农民,为需要资金启动农业生产的农民提供资金支持,倡导有能力的中产人士或者有爱心的人士提供闲置资金来帮助农民致富,但是与做公益不同,这是借贷关系,借款人需要支付利息,出借人获得利息。随着业务的发展,宜信的业务从小额农户贷款扩展到个人贷款,目标客户也拓展到学生、工薪阶层,为他们提供助学贷款、助业贷款、装修贷款、车贷等。在 P2P 的基础之上,宜信的业务拓展到财富管理,开办了理财业务。

P2P 信贷模式,Peer-to-Peer,中文简称“人人贷”,为小额贷款之父——孟加拉国的尤努斯教授所创立,其所创立的格莱珉银行在 30 多年间,为 650 万人提供信贷支持,被称为“穷人的银行”,30 多年间对贫困人的帮助,让尤努斯教授在 2006 年获得了诺贝尔和平奖。2005 年,这种小额信贷模式被联合国称为“普惠金融”,认为人人均有获得金融支持的权利,这种权利是平等的,微金融和小额信贷被纳入了金融体系,并广泛推广。唐宁在创办宜信之前,拜访了尤努斯教授,尤努斯教授告诉他,穷人的信用并不比富人差,唐宁深受启发,决定在中国创办这样一家公司,为中国农民提供融资服务,于是有了宜信公司。

(二)小额信贷在中国

在中国,小额贷款的发放对象为中小微企业、个人经营者、农民等,提供这类服务的机构有银行、小额贷款公司等。其中,农民一直是匮于获得资金支持的,原因在于农民不能提供有效的抵押物,抗风险能力低,一直不是银行的首选客户。数年前,国家提倡要发展新农村经济建设,鼓励银行发放三农贷款,于是,邮储银行成立后,小额农贷产品上市,农业银行也向农民广泛发放惠农卡,推广惠农贷款业务。不同银行在不同地区推出了不同

的小额农贷业务,如在广西宜州,当地政府为了扶持种桑养蚕,为农民提供2年期无息贷款,只要农民能够找到公务员做其保证人,并经银行审核实际情况后,就能获得贷款,政府从其财政支出中为农民支付贷款利息。有的地区为了稳定猪肉价格,给予养猪户等贷款优惠,但是审核非常严格。有的银行对小额农贷的担保方式采用农户联保方式,不需要抵押物,贷款的农户之间互保,但是效果并不好,贷款快到期的时候,银行发现坏账风险潜伏,农户联保为舶来品,但是在信用体系并不健全的中国,农民是不愿意为违约的连带关系人还钱的。资金需求量大和不健全的信用体系之间的矛盾,一直是中国小额贷款的难点。在今天,中央提出要关注民生,关注实体经济发展,尤其是关注中小微企业和三农的发展,鼓励银行在这类客户业务上进行创新。然而在2006年的中国,这类客户在中国还是比较弱势,求贷颇难,当时关注微贷业务的银行少之甚少,这对其他银行来看,单笔业务的管理成本过高,银行还是更青睐大客户。贫穷农户就游离在银行贷款的对象范围之外,成为了宜信的目标客户,宜信以进入这片蓝海领域开始了它的人人贷业务。

(三)宜信模式

宜信公司不是银行,只是一个平台的提供者,这种模式与淘宝类似,淘宝不是一个卖家,而是一个网络交易平台的提供者,并提供一定的服务。宜信公司的宜农贷平台,是为农户提供信用贷款支持的平台,这些资金的提供者可以是任何人,只要在网站注册,浏览需要资金的农民名单,选定出借对象,经过审核后,就可以将资金提供到出借对象处,并定期收到贷款利息。一直以来,农民抵押物缺乏,在银行信用评级中获得评级较低,同时,千百年来农民的生产活动被认为是靠天吃饭,难以抵御自然灾害的侵袭,银行对这类客户一直是非常惜贷的,尤其是贫困的农民,更不可能从银行获得融资。但是唐宁选择相信穷人,因为他受到尤努斯教授的启发,认为普惠金融,他相信信用是有价值的,他选择了以贫农作为对象开始了他在中国的金融之路。

信用,成为宜信公司做业务的最基本的出发点。宜农贷是宜信公司的第一个P2P平台。在这个平台上,发布着需要借款的农户的基本情况,农户需要资金来进行什么生产,养牛、种田或者开小店,由资金出借人自行选择借款对象。这是带有公益性质的借贷,向借款人收取2%的年息,收取1%的服务费,低于贷款年利率。宜信在此不只是一个信息平台的提供者,唐宁数年的金融工作经历,让他对宜农贷服务增加了不少内容,宜信会对风险进行控制,对借款人信息通过面审的方式进行调查和核实,保证了信息的真实性,对借贷双方都有负责。同时,宜信还设立了风险保证金账户,一旦出现坏账,则先从风险保证金中提钱还给出借人,然后再去催收贷款。通过宜农贷模式积累的经验,宜信的业务扩展到宜人贷、宜车贷和理财业务。2006年成立至今,宜信已经在全国40多个城市设立了服务网站。

(四)P2P模式在中国

宜信模式只是P2P模式在中国的一个例子,P2P在世界和中国都有几种不同的运作模式。P2P模式是受尤努斯教授的格莱珉银行的例子启发,2005年在英国发起,之后在几个国家得到快速复制。在国外,P2P网络借贷有几种运营模式,有的是只提供一个网络平台,让借贷双方自行联络,风险自担,这是美国的prosper公司的模式,依靠的是美国完善的信用体系;有的是参与风险控制的,英国的 Zopa 公司就是这种模式。在国内,与 prosper 公司模式相似的是拍拍贷公司,与 Zopa 公司相似的是宜信公司。这些公司的收入来自各种服务费,像淘宝一样,收取一定比例的服务费、账户管理费等。

(五)案例特点述评

选择这样的一个案例,主要在于其运作模式的特色。首先,P2P 网络借贷有着金融特点,但是未纳入金融范畴进行管理。宜信公司一开始关注的是贫农,认为穷人有信用,并强调信用的价值,与其他金融机构的抵押物崇拜非常不同,因此在客户和担保方式的选择上,与银行或小额贷款公司不同。同时,宜信选择相信穷人,从事的事业却并非完全公益,而是通过低息借贷来帮助贫农解决一些必要的问题,如提供小额的资金支持,使那些生活贫困的人能够启动生产来自给自足。中国的公益大多是为贫困人民提供物资以维持他们最基本的生活,仅仅停留在吃饭和孩子上学问题上,鲜有支持贫农进行生产的,而宜信要做的是,为贫农的生产提供有效的助力,这是宜信宜农贷的又一个特点。随着宜信的发展,宜信的业务拓展到其他种类的个人贷款,并在此基础上开发了理财业务,但是,宜信总的市场定位不变,为那些不被银行业务范围覆盖的人群提供借贷服务,解决他们对资金的需求,这形成了宜信自己的市场差别化战略,使宜信发展成为目前国内最好的 P2P 公司,并在 2010 年获得了国际顶级创业投资机构 KPCB 千万美元级的战略投资,2011 年,IDG 资本和摩根士丹利亚洲投资基金(MSPEA)与宜信进行战略合作。

尽管宜信成立的初衷和愿景是美好的,但是 P2P 网络借贷业务也并非完美无缺。由于未纳入金融范畴管理,这类业务还处于监管空白区,拍拍贷公司也于 2011 年由于坏账率过高而关闭。随着业务品种的增加,业务复杂程度的增加,给这类业务的运营和管理带来了挑战,由于是类金融模式,还款能力成为了风险控制的首要关注点。另外,也发现了有些出借人从银行获得贷款转而在 P2P 平台上放贷以赚取利差,银监会为此提示银行对 P2P 网络借贷业务筑好防火墙,以防银行信贷资金被挪用。除了爱心项目之外,这类借贷业务有的利率高达 28%,超过了国家规定的基准利率的 4 倍,这也是这类业务被诟病之处。但是,P2P 网络借贷业务是民间借贷的一种良好方式,是民间资本再投资的一种较好的渠道,应该受到鼓励,并得到正确的引导,让其健康发展,这种方式也成为中国金融改革可以借鉴的方式之一。

(六)九要素模型商业模式创新分析

宜信的成功,在于其市场定位把握得较好,而且以爱心借贷为出发点,为宜信赢得了较好的社会声誉,但是,从事金融行业的企业最重要的还是为客户创造价值的能力,作为宜信的 CEO,唐宁积极进行创新,在 P2P 网络借贷平台上开发出理财产品,收益率是市场上银行理财产品的两倍,为宜信赢得了不少客户。宜信的理财业务与 P2P 业务相辅相成,形成了协同效应。宜信商业模式的创新之处以及所展现出来的前景,使宜信公司赢得了 2011 年中国十大最佳商业模式的奖项,也获得了国际高端投资机构的投资。

按照商业模式九要素模型,对宜信的商业模式进行逐一解析。按照该模型,商业模式由三个层面的要素构成:业务模块、运营模块和盈利模块。其商业模式要素分析图如图 14-9 所示。

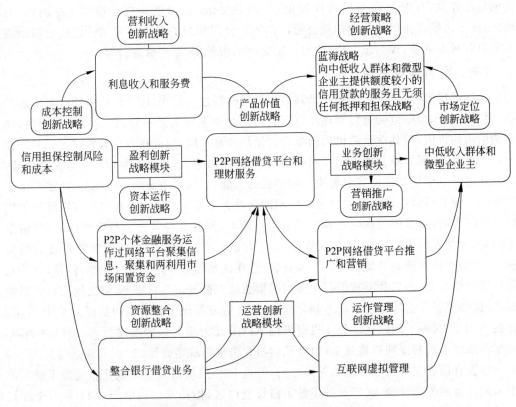

图 14-9　宜信商业模式创新战略分析

（七）商业模式创新要素解构

1. 产品价值与战略模式

宜信的产品有 P2P 网络借贷平台和理财服务。P2P 网络借贷平台为不同种类的客户服务，有为农民服务的宜农贷，有为普通个人服务的宜人贷，这个网络平台如同淘宝，为无抵押小额信贷提供一个信息交流的平台。宜信的理财产品与市面上其他理财产品有共同之处，但为客户提供能产生固定收益的理财产品，客户能从中获得 10% 以上的年利收入，对比一般的银行代理销售的理财产品要有竞争力。宜信的理财产品是在 P2P 网络借贷中衍生出来的，以"宜信宝"为例，该产品将投资者手中的富余资金以信用贷款的方式出借给信用良好但缺少资金的大学生、培训学员、工薪阶层、小企业主，帮助他们实现培训、电脑或家电购买、装修、创业等理想，同时还能通过利息收入的方式为投资者带来稳定较高的收益。"宜信宝"理财所依托的小额信用贷款是一种向中低收入群体和微型企业主提供额度较小的信用贷款的服务且无须任何抵押和担保。

宜信选择蓝海战略，为传统银行最为惜贷的贫民，后来拓展到了学生，为学生提供助学贷款。而且，宜信所推出的借贷业务，无抵押担保，开拓了一片广阔的蓝海，这些贫穷、不能提供有效抵押物的人群，基本上不可能从银行处获得融资，而宜信选择提供一个网络平台，将中产阶级的小部分闲置资金提供给这类人群，也为民间借贷提供了一个有效的渠道。宜信的战略定位也释放了信用价值，使信用在改变部分人群融资问题上发挥了重要作用。

2. 市场营销模式

宜信的市场定位在银行贷款不覆盖或者鲜少覆盖的但又缺乏资金的人群,支持它进入这片蓝海领域的最重要的一个认知是,信用是有价值的。宜信并不是为这类人群无限量地提供融资,这类人群由于长期处于贫困闭塞的状态,他们的要求也不会超出自身能承受的能力,他们只是需要一笔资金帮助完成生产的启动,所以他们会信守承诺偿还借款,他们的信用并不比所谓的精英阶层差。相比之下,银行的资金向有实力的企业和个人靠拢,钱越多,欲望膨胀得越快,难以保证这类客户将贷款挪作他用,所以有的银行坏账发生在信用评级良好的客户贷款上,国企产能过剩破产导致贷款重组的案例不是没有过,而这些客户在出事之前在银行的信用评级都是比较高的。

2007年,宜信的P2P网络借贷平台建立以后,借着互联网的快速传播优势,使越来越多的人了解到宜信的业务。其他P2P借贷公司也是靠着这样的方式来传播他们的业务。宜信成立初期,从助学贷款入手,面向教育机构提供个人信用咨询的服务,在助学贷款上取得了广受认可的成绩。2009年,宜农贷平台上线,宜信以公益、爱心吸引了社会视线,以社会责任的担当为企业赢得了良好的形象和声誉。宜信通过差别化的市场定位,与农民、学生、工薪阶层取得了良好的沟通关系,并将业务拓展至理财业务,沿袭公益的理念,宜信的理财产品中也有以公益为卖点的产品。宜信通过业务、整合营销传播,树立了其履行社会责任的良好形象,与"宜人宜己,信用中国"的标语相匹配,在宜信所获的奖项中,充满了创新、助学、公益等字眼。

3. 运作管理模式

宜信从事的是金融类业务,还款履约率对业务质量控制非常重要,影响业务发展。宜信的P2P业务为寻找资金来源和去处提供了便利,但是更关键的是对借贷业务的管理。由于宜信的业务主要是以信用担保,在中国信用体系并不完善的市场环境下,陌生人之间的信任需要宜信运用优越的风险管理能力来构建。信用管理和风险控制是P2P网络借贷模式可持续发展的重要支撑。宜信的风险管理模式具体如下。

一是风险管理机制建设。宜信引用了美国先进的信用审查及风险控制机制,与中国实践相结合,建立了一套贷前、贷中、贷后管理的服务流程和风险控制制度,以保证交易高效、安全地运行。

二是风险控制操作。宜信的团队为资金出借人进行贷前调查,对借款人的情况进行取材和面审,这与银监会对银行信贷业务风险管理的要求非常相似。但是,借贷业务不会100%地没有坏账,宜信也有一定的不良率,但是控制得非常低,为0.79%左右,比很多国有银行、股份制银行的贷款质量要高。为了分散风险,宜信对出借人的资金,并非一对一地发放给借款人,而是分散成多笔发放给多个借款人,降低了单笔业务的风险集中度。另外,借鉴格莱珉银行的经验,采取一次发放,分次还本付息的管理模式,即便在信用担保的抵押方式下,也能有效降低风险。

三是设立风险保证金制度。宜信对保证出借人利益的重要创新之处在于,从服务费用中抽取借贷资金的2%作为风险保证金,如果借款人出现了不能按时还款的情况,先从风险保证金账户中提取资金优先偿还,以保证出借人的利益,催收团队而后再对借款人进行贷款催收。

4. 资源整合模式

宜信的理财项目是在借贷业务之上衍生出来的。宜信的宜农贷产品由于公益性质定价非常低,向借款人收取2%的年利和1%的服务费。而其他信贷产品利率定价则较高,有的产品月息高达2%,在此基础之上开发出来的理财产品则具有较高的收益率,有的理财产品月度收益率可达1%。宜信的理财业务是最近几年才发展起来的,由于国家信贷规模紧缩,国民融资成本变高,有的小额贷款公司和银行与融资担保公司合作,为无抵押物的客户提供抵押担保,但是担保公司也要收取一定的担保费用。而宜信以纯信用作为担保条件,客户定位更低,利率定价也偏高,由此宜信的理财产品收益率也高于一般市面上的理财产品。

5. 资本运作模式

宜信公司不是金融机构,不是银行,没有吸储和放贷,只是一个资金借贷的中介,它的功能在于通过网络平台聚集信息,聚集市场闲置资金,并发放到合适的需要的地方去。由于宜信公司未纳入金融机构范畴管理,则不受国家金融法规约束,在中国,设立金融机构需要非常高的资本金,而宜信只提供一个网络平台,便可形成大流量的借贷交易。

宜信实行债权转让制度,借贷双方不是直接进行资金收付,而是通过第三方账户进行,如同淘宝的支付宝。有时候,唐宁个人会以个人资金出借给借款人,等到有出借人认购这些债券的时候,再进行转让。这种模式被指唐宁以个人账户进行交易,有非法集资之嫌。不管第三方账户落在何处,宜信的借贷资本流转是以债权债务买卖的方式进行,即资金出借人在网上认购债券,出借资金。

宜信公司从事的是小额信贷,但是与小额贷款公司不同,小额贷款公司没有吸储的功能,只能放贷,因此只能通过股东投入和向不多于两家银行融资不超过资本金50%的方式进行融资。宜信模式不需要耗费股东的大量投入,而且,宜信的成功运营吸引了国际顶级投资机构的眼球,它们为宜信注入风投,或与之达成战略联盟。这些投资机构的认可,再次证明了宜信模式的可行性。

6. 营收模式

根据宜信提供的服务,有小额借贷中介服务、理财服务、咨询服务,宜信的收费也对应到这些业务上。首先是借贷业务的服务费,除了向宜农贷的农民客户收取的服务费较低以外(1%),其他业务向借款人征收4%的服务费,同时也向资金出借人收取一定比例的服务费,这与银行不同,银行的贷款资金来源是居民储蓄,要对存款人支付利息,而在宜信,借贷业务也是帮助出借人进行理财的一种方式,所以向资金出借人收费。其次是账户管理费,对一次性购买50万元以上产品的客户免收费。第三是理财服务收益,与其他理财产品服务一样,客户购买理财产品需要支付佣金,同时,由于理财产品主要是宜信公司自己开发的,可从中赚取利差,宜信有的产品月息为2%,年息即达到24%,而理财产品的收益率大多为10%~12%,宜信可从中赚取10%以上的利差,由于这部分未受利率管制,且属于宜信自己开发的理财产品,没有多方利益者参与分成,很多利润便保留在宜信内部。相比之下,银行有的理财产品是信托、基金等机构为某个项目募集资金而发售的,这类项目的年收益率为百分之十几,但是由银行、信托、理财产品购买者三方分成,所以市面上大多数的理财产品收益率最高也就是5%~7%。宜信的理财产品收益率较高,而用款人愿意支付这么高的年息,说明市场是存在的,或许是因为民间金融未受到太多利率管制的原因。但是,这也是这类 P2P 业务被质疑之处,不少产品利率定价高达 20% 以上,接近甚至超过了国家规定的贷款基准利率的 4 倍,如同高利贷,而这另当别论,总之,宜信的理财业务带给宜信的利润率不低。第四是其他业务带来的收入,如提供财富管理咨询服务的收费。

(八)商业模式整合效应

在中国,选择创业的人越来越多,要想成功创业,必须发现有利可图的产品和可行的商业模式。唐宁在创立宜信之前,在业务寻找的过程中,发现了信用这个价值,当时在中国,在国家管辖的金融范围内,从个人信用中释放的价值非常微薄,因此有一大批人群失去了融资的权利。唐宁从尤努斯教授的普惠金融中受到启发,选择以个人信用为担保的借贷中介服务为产品进行创业。这类客户存在于中国各个角落,贫农、等待助学的学生、希望通过培训改变命运的学生、希望买房买车的工薪阶层、淘宝小店的店主等,这些都是等待资金支持以期改变命运的人,这都成为了唐宁认为可以考虑的对象。同时,市场上还有很多闲散资金在寻找投资路径,宜信为这两类人群牵线,开拓了中国金融市场上的一片蓝海领域。

在运营上,围绕信用管理这个核心,宜信从方法、制度流程、人才上进行不断探索,从三方面保证借贷业务的安全性,如同宜信所言,“通过建立、释放和创造信用价值,将有助于降低社会和经济活动的交易成本,提高效率,有助于获得发展所需的物质资本和社会资本,并且创造新的商业价值和社会价值”。在安全性保障之下,宜信进行适度的业务拓展,客户更加多元化,带来了利润结构的多元化。

简而言之,宜信运用网络平台运作借贷业务,网络向来是一个虚拟世界,但是宜信用以完善的信用管理和风险控制手段,并结合线下操作(贷款调查、贷后管理等),将 P2P 模式复制到信用环境与国外有较大差距的中国,宜信用自己的方法来弥补中国征信系统的不足。有的时候,信任也是一种机会,在人类最早发生的信贷行为中,信用是最先产生的担保方式,信用的价值在宜信模式中被释放出来。虽然,宜信等公司的运作模式并不是被所有人接受,而且时常受到监管部门的关注,若是人的欲望膨胀,一念之差,这种模式可能演变成非法集资的手段之一。但是不可否认,宜信的价值发现对于中国金融业发展来说是有较好的借鉴作用的,并且在社会责任履行上也做得不错。

二、龙文教育的商业模式创新战略

龙文教育,听起来像一个非营利机构,但不管名字如何,其本质是企业而非学校。企业的成功标准包含两条,一是盈利,二是承担它应该承担的社会责任。所有成功的企业,都是因为它完成了社会赋予的责任担当,因此得到相应的以利润为表象的价值认同。不同于事业单位的是,企业承担的责任是自我的而非统治者强制分工的,我们可以把它理解为“社会责任的市场化”。古典经济学理论认为,一个社会通过市场能够最好地确定其需要,如果企业尽可能高效率地使用资源以提供社会需要的产品和服务,并以消费者愿意支付的价格销售它们,那么企业就尽到了自己的社会责任。确定了具体的恰当的服务内容,后面要做的就是找到市场,并找到方法迅速打开市场、占领市场,继而产生高额的企业利润。目前,龙文教育已经成为培训机构中的佼佼者,其扩张速度及融资金额都令人咋舌,其几乎在民间教育界打造了一个神话。

(一)案例背景

中国中小学课外辅导市场近年来增长迅速。据艾瑞统计,其市场规模已从 2007 年的 1 238 亿元增长至 2009 年的 1 897 亿元,年复合增长率为 23.8%,预计到 2014 年将增长至 4 472 亿元(约合 655 亿美元)。同时由于中小学人数庞大、学生地理位置分布广泛和进入门槛低等原因,中小学教辅市场呈现出高度分散特征。目前,中国市场上有超过 10 万家公司从事中小学课外辅导,但没有一家公司所占的市场份额超过 1%。而根据 IDC 报告,2009 年该行业的前五大公司的中小学课外辅导营收仅占整个家教市场总营收的 1.6%。

随着经济发展,家长的经济实力增强,对教育也产生了更高的需求。一方面学校大班化的教学以及片面追求升学率的考核标准,使得学校老师对差生普遍缺乏关注,或没有精力去转化后进生,于是"一对一辅导"应运而生。

1999 年 3 月,杨勇先生创办了欲速达教育,同时兼并了龚老师家教等多家知名教育机构,于 2006 年在北京市海淀区教育局正式注册成立"龙文学校"。龙文教育是一家专业从事一对一个性化课外辅导的教育机构。龙文业务范围涵盖了中小学专业个性化辅导、高考复读、幼教、图书出版、出国留学等诸多领域。到 2011 年 8 月,北京总部已设立 160 余家分校,上海设立 90 余家分校并成功开发建设杭州、成都、天津、苏州、南京、无锡、广州、西安、深圳、哈尔滨、沈阳、大连、长春等 50 多个城市 1 100 余家分校。到 2012 年 8 月,龙文教育有 1 200 多个校区,教职员工达两万多人。

龙文教育的品牌魅力赢得了"爱心妈妈"倪萍老师的倾情代言,赢得了"最具公信力教育集团""最具公信力课外辅导机构"等多项殊荣。"龙文教育基金"发布会的成功召开、教育行业首份社会责任报告的发布都是龙文教育集团国际化发展战略的重要举措。信中利集团投资 4.5 亿巨资助龙文上市,是目前国内教育产业最大的一笔股权 PE 投资。

(二)龙文商业模式创新特点

1. 领先的教学理念

龙文教育积极倡导以人为本的教育。在业内率先推出"个性化"创新教育理念,推出一个学生一个教学团队、一个学生定制一套教学计划的因材施教模式,最大限度地尊重和关注学生的个性差异,把中小学生从繁重的课业负担中解放出来,让学生有更多独立思考、独立实践的学习机会,提升素质并发挥潜能,促进学生的全面发展。

2. 全程个性化服务流程

龙文教育通过对学生的全程个性化服务流程,为每一个学生进行个性化的诊断测评、匹配适合的优秀教师、量身定做个性化的教学方案、进行个性化的辅导教学,帮助学生培养良好的学习习惯、开拓学习思维,获得学习成绩与综合素质的双丰收,为学生的终身学习能力打下基础。

3. 丰富的辅导内容

龙文教育根据学生不同的学习阶段、学科特点和辅导需求,为学生定制个性的辅导内容。包括：校内各科目个性化1对1同步辅导,面向基础知识薄弱的考生提供的个性化委托辅导,考试串讲与模考,暑假的预科课程辅导,优等生单科或全科强化,小升初培优等。

4. 雄厚的师资力量

龙文教育具有丰富个性化教学经验的教师,履行客户至上的理念,为学生提供优质专业的服务。龙文教育的教师在个性化教育教学方面体现了诸多特色:相信所有学生都能出色地学习、充分了解全国中小学教学和考试特点、创造丰富的教学情境、加强教师团队的培训与教研活动,这些都是龙文教育优质教学服务的基础。

5. 6对1服务模式

根据以学生学习为中心的服务理念,龙文教育在业内率先提出并实践了6对1服务模式,为每一个学生提供全方位的个性化教学辅导服务,包括:专业的教育咨询师、资深的学科教师、细致周到的班主任(学习管理师)、优秀的陪读教师、心理咨询专家、个性化教育专家。

6. 独特的教学特色

根据教学组织形式的不同,龙文教育的模式包括1对1、小组教学和班级串讲等教学形式;根据个性化教学对学生全面发展的要求,龙文的个性化教学计划,可以理解为全程1对1个性化教学,通过授课、陪读、答疑3种辅导方式,获得知识、能力、习惯3种提升结果的"133"提升计划。

(三)龙文商业模式创新分析

在激烈的竞争中龙文教育能够脱颖而出,成为培训机构的龙头,并能够得到目前国内教育产业最大的一笔股权PE投资4.5亿元,又是怎样做到的呢?我们可以用商业模式九要素模型中的几个模式来进行分析(见图14-10)。

1. 产品价值模式

显而易见,龙文教育的并不是生产制造工厂,而是一个服务性质的企业。那么,龙文教育的服务内容是什么?龙文认为,其可以利用社会上教育业界的优秀教师资源和剩余劳动力资源,通过"个性化教育"为主体教学模式的教育团队,承担教育责任,创造社会价值,满足公众需求。

目前,太多的家长在课外给自己的孩子上各种辅导班,有针对考学的,有希望学习到一些特长。在这些家长的眼中,孩子教育方面的投入是很有必要的,相当一部分家长认为教育是影响孩子未来一生的大事,只要孩子的成绩确确实实有提高,高昂的学费也是值得的,在孩子以后的人生道路上,现在交的学费都能得到相应的回报。

同时,又因为教育行业有许多剩余劳动资源,可以提供相应的服务。但目前各种培训机构层次水平良莠不齐,家长们一时也很难识别哪些机构是真正的专业机构,哪些又是不负责任、只为挣钱的黑心场所,万一选了错误的辅导班,不但白白浪费金钱和精力,更重要的是,耽误了孩子的学习。

所以,龙文教育正是满足了两方面的需求,一方面,家长希望孩子上这类辅导班,另一方面,很多人员需要这样一份工作。整合二者的需求,定位高端市场,进行大规模品牌战略,为自己赢得利润。

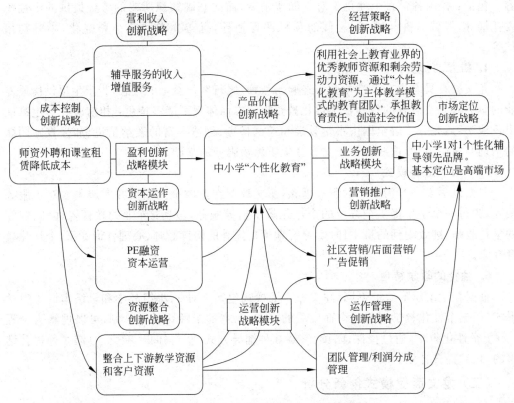

图 14-10　龙文商业模式创新九要素模型分析

2. 战略模式

数量繁多且鹤立鸡群的龙文教育学校招牌，向所有人宣告：龙文在进行一次围猎式的扩张。教育机构诞生的时间仅为 5 年多，却达到了 200% 的扩张速度。打开龙文的官方网站，"全国 1 200 多家分校区""遍及 55 个大中城市""2 万名精英型师资团队"等字眼格外显眼。有记者作过统计，龙文在北京地区的分校数量就达到了 189 所。即使如早已赴美上市的新东方、学大、学而思等，其北京分校也不过为 58 所、49 所、34 所，三者的数量之和尚不及龙文。龙文的发展速度超过新东方，有业界人士把龙文模式称为"沙县小吃"模式。龙文已经遍布全国。

但不得不提的是，龙文这种飞速的规模扩张，引来了许多关于其资质及教学质量的质疑。龙文必须遏止、消除这些质疑声，否则事情愈演愈烈，对企业的打击是非常大的。

3. 市场模式

龙文打出的是中国中小学 1 对 1 个性化辅导领先品牌。可见，其基本定位是高端市场。显然，这种定位是出于利润最大化的考虑。前面已经提到过，龙文教育，毕竟是一个盈利性的企业，而不是一个国有学校，其存在的根本目的是赚钱，在偏远的山区，向贫困学生提供免费补习，不是龙文存在的目的。所以，龙文定位在城市中家庭环境较富裕的人群，这些家庭可以拿出更多的资金投入到孩子的学习当中，有的为了提高孩子的学习成绩，多少钱都在所不惜，由于疼爱孩子，希望孩子得到 VIP 级的专业辅导。龙文锁定的正是这一部分人群。

从其网站上可以看出,其主要提供的服务是为提高学生升学成绩而对主修科目进行专科辅导。

这是由于在目前的教育体制的引导下,更多的家长们更愿意把金钱投入到语数外这些考试主要科目,而非音乐、体育等小科目上。

4. 营销模式

龙文没有在大街小巷进行巨幅广告宣传。但那则由倪萍代言的广告,很大程度上帮助了龙文,让其以一种朴实、向上、健康的形象示人。

龙文教育教学点采用底层商铺形式,便于引起来往行人注意,增加了广告效应。它分布在居民区里,在中小学旁,而不像其他很多民营教学机构,盘踞在城市写字楼里,在外墙玻璃上张贴自己公司的广告吸引路人。

龙文教育的网站可以说做得非常全面和豪华,一打开网站,就会自动弹出询问对话框,可以在线向龙文教育的客服人员询问。

还可以在网上看到如命题预测、应试备考方法等,这些都为龙文教育起到了很大的宣传作用,家长们可以通过这些信息,对龙文教育有个初步的判断,龙文的师资力量、教学水平及质量等。

5. 管理模式

一个学生的课时费由咨询师、主任、教务和老师按照比例来分成,是利益均沾的模式。这样做的目的是使大家能够更注意团队合作,大家都需要对学生负责,一旦一个人的工作没做好,可能会影响到其他人的所得,这样会产生一个约束作用,每个人都不能只顾完成自己的任务,而不与其他人合作。

龙文教育教师的薪资是按底薪加提成的方式来支付的,以提高教师的上课积极性和上课质量。据了解,在某地的龙文学校,老师的工资是试用期 1 200 元,要完成 30 个课时的教学,正式员工的工资是 1 500 元,要完成 30 个课时的教学,超过部分按课时来付工资。

龙文希望用公立学校的价值标准要求老师,渗透商业意识,尊严和利益双重激励。龙文制定了《一对一辅导教师职责》《龙文学管师工作职责、要求及奖罚措施》《学生成长记录操作规范》来管理监督老师的工作。

从目前来看,龙文的商业模式是比较成功的,很难有其他教育机构在短时间内做到比其规模更大。目前它已经拿到了巨额融资,一旦上市后,必将通过增加其教学点、扩大招生规模、提高教师水平等一系列措施来提升其高品质的形象,巩固其龙头的地位。龙文的成功,给我们的启示是,需要找准自身定位,提高教学质量,再进一步做出品牌,才能使自己不被众多的竞争对手淹没。

后 记

海归报国,十载有余。本人不才,唯有勤勉。在中山大学管理学院教书十年光阴,在 MBA 和 MPM"商业模式创新管理"课程教学,在创业学院黄埔创业班"创业中商业模式的创新"的教学,在花旗银行 TOT 培训三年共三期的"创新的商业模式管理"的教学,以及在社会上许多企业的商业模式创新培训和项目咨询,积累了不少的经验和理论总结。写作断断续续 3 年有余,在 2014 年元旦,终于完成了本书的写作,也了却一直以来的一桩心愿。本书的写作,完成了我在商业模式研究独有的基本框架和理论思路,使教学和科研的成果终于形成了一个完整的理论体系。在此,对美国迈阿密大学杰出讲座教授、中山大学管理学院院长陆亚东博士给予我的鼓励、支持和帮助,表示深深的感谢。对中山大学管理学院和创业学院的同仁们的支持和帮助,尤其是任荣伟教授,深表感谢。我还要特别感谢我的夫人兼秘书陈莎莎女士,她为本书的写作整理资料和校对文稿,给予了不少帮助,作出了不少的贡献。

在本书写作完成之际,在这里,我还要感谢的是以下的企业家、公司老总和我已经毕业和正在研读的研究生、EMBA、MBA 学生和 MPM 学生和创业学院黄埔班的同学们的支持和帮助,他们为本书的写作收集或提供大量的案例素材,做了大量的工作。他们是:方俊洪、彭韬、彭顺丰、陈卓欣、佘泽鑫、张丰、张家俊、黄晨、杨辉、邹昂、叶振华、齐彬、庞智、茅芯、刘冉、杨刚、陈燕连、李雅杰、张瑜、姚钟涛、何能文、赵军、阳勇、廖莹莹、苏伟升、吴小虎、张书波、付文俊、刘泽彬、陈杰、于佳宁等。

最后,也非常感谢关注本书的热心读者,希望能听到您的斧正之言,以便为本书的姊妹篇《商业模式创新教程》的写作提供改进意见和写作建言。也非常感谢我的学生们和聆听我课程的企业家和企业职业经理人,他们非常支持和关注本书的出版,也提供了许多支持和帮助,在此,一并致谢。

作 者

2014 年元旦于中山大学蒲园

参 考 文 献

[1] Magretta J. What management is—How it works and why it's everyone's business. Profile Books, 2003.

[2] Michael Morris, Minet Schindehutte and Jeffrey Allen. The Entrepreneur's business model: Toward a unified perspective. Journal of Business Research, 2003, 58(1): 726-7351.

[3] Alexander Osterwalder, Yves Pigneur, Christopher L Tucci. Clarifying business models: Origins, present, and future of the concept. Communications of AIS, Volume 15, May 2005.

[4] Zott C, R Amit. The fit between product market strategy and business model: Implications for firm performance. Strategic Management Journal, 2007.

[5] Oliver Grasl. Business model analysis—A multi-method approach. in Proceedings of the 26th Systems Dynamics Conference, 2008.

[6] 李政勇. 商道逻辑——成功商业模式设计指南. 北京: 中国水利水电出版社, 2009.

[7] [美]亚德里安·斯莱沃斯基, 大卫·莫里森, 劳伦斯·艾伯茨, 等. 发现利润区. 3版. 北京: 中信出版社, 2007.

[8] 魏炜, 朱武祥. 发现商业模式. 北京: 机械工业出版社, 2010.

[9] [德]孔翰宁, 奥赫贝, 张维迎. 2010 商业模式——企业竞争优势的创新驱动力. 北京: 机械工业出版社, 2009.

[10] 亚历山大·奥斯特瓦德, 伊夫·皮尼厄. 商业模式新生代. 北京: 机械工业出版社, 2010.

[11] 奥斯坦丁诺斯·C.马凯斯. 商业模式创新路线图. 北京: 东方出版社, 2010.

[12] 魏炜, 朱武祥, 林桂平. 商业模式经济解释. 北京: 机械工业出版社, 2013.

[13] 夏云风. 商业模式创新与战略转型. 北京: 新华出版社, 2011.

[14] 郑翔洲, 叶浩. 新商业模式创新设计. 北京: 电子工业出版社, 2013.

[15] 亨利·伽斯伯. 开放型商业模式. 北京: 商务印书馆, 2011.

[16] 马瑞光, 马涛. 商业模式连锁密码. 广州: 广东经济出版社, 2011.

教学支持说明

 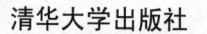